《二战德军三大文件》

闪击英雄

古德里安将军战争回忆录

[德] 海因茨·威廉·古德里安 著
（Heinz Wilhelm Guderian）

戴耀先 译

ERINNERUNGEN
EINES
SOLDATEN

民主与建设出版社
博集天卷
CS-BOOKY

图书在版编目（CIP）数据

闪击英雄 /（德）古德里安著；戴耀先译. —北京：民主与建设出版社，2015.7

ISBN 978-7-5139-0610-4

Ⅰ.①闪… Ⅱ.①古… ②戴… Ⅲ.①古德里安，H.（1888～1953）—回忆录 Ⅳ.①K835.165.2

中国版本图书馆CIP数据核字（2015）第151097号

© 民主与建设出版社，2015

闪击英雄

出 版 人	许久文
责任编辑	郭长岭
出版发行	民主与建设出版社有限责任公司
电　　话	（010）59419778　59417747
社　　址	北京市朝阳区阜通东大街融科望京中心B座601室
邮　　编	100102
印　　刷	三河市兴博印务有限公司
开　　本	787mm×1092mm　1/16
印　　张	31.5
字　　数	445千字
版　　次	2015年8月第1版　2019年2月第4次印刷
书　　号	ISBN 978-7-5139-0610-4
定　　价	48.00元

注：如有印、装质量问题，请与出版社联系。

出版说明

第二次世界大战结束至今已经七十周年。这场史无前例、几乎将全世界卷入进来的战争，已经有太多的文字和影视资料进行了全面的记录和深刻的反思。这些记录和反思大多数来自于作为战胜一方的国家。他们为了取得正义的胜利，付出了血与火的代价。因此无论是亲历者，还是研究学者、文化工作者，都有责任去重现和凭吊这段可歌可泣的历史。然而还有另外一方，他们同样是亲历者，也是这场大战的主角。他们在不同程度上充当了法西斯的帮凶，单纯从军事角度来说，他们确实取得了相当的成就。他们如何看待这场战争的发动、进程，以至自己的失败？我们推出这套丛书，就是希望读者能从更全面的视角，来了解这场战争。

这套丛书包括了德国二战时期最著名的三位将领，隆美尔、古德里安、曼施泰因的作战回忆录，具有较高的史料价值。"沙漠之狐"隆美尔，国内读者应该比较熟悉。这位二战德国陆军中最年轻的元帅，统率德军在北非战场屡出奇兵，彻底改变了非洲战局。虽然最终以悲剧收场，但是他却以其军事成就和个人魅力赢得了敌我双方的尊敬。海因茨·威廉·古德里安，德国装甲兵和"闪击战"理论的创建人。第二次世界大战爆发前，在他组织与推动下，德国建立了一支技术先进的装甲部队。以"曼施泰因计划"而著称于军事史的冯·曼施泰因元帅，是德国当年军事界所公认的战略家。

本书系不仅亲述者均是德军二战时期鼎足而三的著名将领，而且译者也是一时之选。《隆美尔战时文件》的译者钮先钟先生是著名军事史学家、中西方战略研究学者。《闪击英雄》和《失去的胜利》的译者戴耀先先生是中国人民解放军军事科学院研究员，从业三十余年，一直从事德国军事研究。

当然，三位传主都是二战纳粹德军将领，他们所从事的战争从本质上来说是侵略性的，是非正义的，给全世界包括德意志民族自己带来了深重的灾难。他们在叙述战事的过程中，难免带有主观的色彩，往往有自我辩解、自我开脱的成分，有的人甚至对自己的所作所为不以为耻，反以为荣。这些言论无疑应该受到严肃的批判。我们出版这套书系，主要是从他们作为战争的亲历者，提供了敌方角度的史料，有助于我们今天研究二战历史出发的，同时，他们作为现代机械化战争规律的探索者，其回忆有助于我们了解当时军事变革的情态，对我们今天探索未来战争的演变形态，保卫和平，遏制战争有一定借鉴意义。因此，我们希望读者朋友在阅读本书系时，对于这些纳粹将领在行文中表达出的错误的历史观、价值观要有正确的认识和判断。

译者前言

本书作者海因茨·威廉·古德里安是第二次世界大战时期德国军队的主要将领之一，被誉为"德国装甲兵的创始人"，"创造历史的人"，他的建军、作战思想是"闪击战"理论的主要组成部分。第二次世界大战初期，德国在"闪击战"思想指导下，驰突沙场，横扫欧洲，世界为之瞠目，一时无以应对。可以说，如果没有古德里安，二战史的某些章节或许会是另一个写法。

海因茨·威廉·古德里安出生在普鲁士的一个军人兼地主家庭，不满13岁便被送入候补军官学校。他在此接受了严格的军事训练和作风、纪律的养成教育，学习了基本的文化课程，为其后的军旅生涯打下了坚实的基础。1907年11月，他又以优异成绩毕业于候补军官学校。学校给他的评语是："知识水平和业务能力十分优秀"，"才华出众，积极进取，忠于职守"，"性格坚强，和蔼可亲，热爱本职"。他被德国总参谋部的军事学院录取，成为最年轻的学员。在第一次世界大战中，他历任电台台长、参谋和营长等职，参加过凡尔登和索姆河等战役。自1922年4月，他开始接触并研究坦克作战理论与实践。自1931年至1934年，历任国防部运输兵监察司参谋长、机动作战部队参谋长、装甲兵司令部参谋长，参与研制新型坦克和创建德军、也是世界上首批装甲师。1938年3月和10月，奉命率部参加侵占奥地利和捷克斯洛伐克的苏台德区行动。11月，晋升装甲兵上将，任快速部队长官，主管陆军的摩托化和装甲兵、反坦克兵、装甲侦察兵、摩托化步兵和骑兵的技战术训练。1939年9月率第19军参加侵波战争，首次实践"闪击战"理论。1940年5月，率部参加入侵西欧作战，经卢森堡、比利时，横扫法国北部，创日推进速度90余公里的记录。6月1日，古德里安就任古德里安装甲集群司令。7月19日晋升大将。1941年6月，率部参加侵苏战争，在比亚韦斯托克－明斯克战役、斯摩棱斯克战役和基辅合围战役中接连获胜。10月升任第2装甲集团军总司令，后在莫斯科会战中受挫，遂被希特勒解职。1943年3月，出任装甲兵总监。1944年7月，代理陆军总参谋长。1945年3月德军败降前夕，因在作战问题上与希特勒发生矛盾，被再次免职，5月被美军俘虏，1948年6月获释。1954年5月病逝，终年65岁。

古德里安不仅戎马一生，勇猛善战，而且勤于笔耕，著述颇丰。早在20世纪20年代，他就接连发表许多有价值的军事学术论文。战争期间因军务繁忙暂时搁笔，战后又重新写作。他的主要著作有：《装甲部队以及与其他兵种的协同》（1937）、《注意！坦克！》（1937）、《西欧守得住吗？》（1950）、《一个士兵的回忆》（1950）、《决不会这样！》（1951）、《坦克—前进！》（遗作，由奥斯卡·蒙策尔少将编辑出版，1956）等著作；发表了《机动部队》《装甲车辆及其防御》《汽车行军中的侦察与防护》《行进间和敌火下的坦克进攻》、《装甲战》、《装甲兵在未来战争中的角色》等20余篇军事学术文章。

《闪击英雄》（原书名为《一个士兵的回忆》）是古德里安的代表作。作者在这本战争回忆录中，以其亲身经历详细描述了德国装甲兵的组建、发展、作战史及其经验教训，介绍了他率领德国装甲部队吞并奥地利、捷克斯洛伐克、苏台德区行动，以及对法、苏作战经过，并对第三帝国的领袖人物和德军领率机关进行了评论。该书问世后得到国内外普遍关注，在奥地利、英国、美国、巴西、法国、西班牙、意大利、芬兰、南斯拉夫、波兰、俄罗斯和中国等国以各种文字出版。

在以执行命令为天职的古德里安来说，忠实执行希特勒的政策是其应尽的义务，他因此也就成了希特勒侵略扩张政策的忠实执行者和得力干将，尽管在作战的方式方法上与希特勒存有诸多分歧，但作为希特勒的帮凶难辞其咎。因此，我们所说的"闪击英雄"绝非这个意义上的英雄。我们认为，古德里安值得称道和值得借鉴之处在于，他的有关"闪击战"的建军、作战思想对丰富世界军事思想宝库所做出的重要贡献，以及他的思维方式、思想境界及其作风给予后人的多方面的启示。

"闪击战"德文为Blitzkrieg，即"闪电式战争"，是二战初期西方国家对以古德里安为代表的德国作战方法的一种形象表述。德国利用这种"闪电式战争"，仅用一个月时间便将波兰击倒，用1个半月先后击败荷、比、卢，继而降伏法国，四天突入俄国纵深200公里……在短短三年的时间里，希特勒的卐字旗几乎插遍整个欧洲大陆。

"闪击战"理论是在大量使用坦克和飞机等机械化武器装备的条件下，赋予集中优势兵力、各个击破、突然袭击、出奇制胜、快速机动、速战速决等作战原则以崭新内容的一种作战思想。它的基本内涵可以概括为：主力隐蔽集中和展开于主要突击方向上；不宣而战，集中强大的装甲兵团，在强大的航空兵支援下，突然、迅速地突破敌方防御，分割并围歼敌军集团，向敌方纵深快速推进；与此同时，空军对敌方飞机场、交通枢纽、防御工事、军队集结地域、重要政治中心进行猛烈空袭，瘫痪敌人指挥、运输及作战能力，给敌方以强大的心理震撼。"闪击战"的核心是构成兵力兵器、尤其是装甲兵和航空兵的巨大优势，以及行动的突然性和快速性。

"闪击战"理论自出现至今虽已过去半个多世纪，但作为一种理论并没有随着二战的结束而消失，而是向着更高的层次发展、完善和变革。在未来战争中，全新的技术将为"闪击战"提供更加淋漓尽致表现的物质条件。

古德里安之所以能在总结前人经验和理论的基础上，提出"闪击战"思想，不仅是因为经过普鲁士－德意志总参谋部正统培训的他，继承了普鲁士－德意志总参谋部的传统思想和作风："多做实事，少出风头，多些实在，少些虚假"，以及每个普鲁士－德意志参谋部军官所应具备的基本素质和品质："品行端正，聪明机智，谦虚朴实，先公后私，自信自强"，"决断力，责任心，应变能力，健壮体魄，忍耐力，以及勤奋上进"；更是因为他承袭了普鲁士－德意志总参谋部创始人老毛奇的精髓，即以一个永远年轻、具有超前思维的头脑和敏锐眼光，先于他人捕捉到世界最新技术可能会给军事领域带来革命性变化的蛛丝马迹，并能根据准确的预测，结合本国实际，对过时的作战原则加以大胆革新，不畏反动保守势力的种种嘲讽和压制，目标坚定地加以贯彻。正是这种能力和品质，使古德里安脱颖而出，使他的军事思想带有明显的超前性。当欧洲大国仍将呆板的阵地战奉为基本作战模式的时候，领先于世界、疾风暴雨式的"闪击战"，顷刻间冲破传统的牢笼，给战争注入无限活力，使战争形态发生翻天覆地的变化。

《闪击英雄》德文版自问世已过去60多年。我们今天站在21世纪这样一个全新的时代翻译和出版这本书，其意义是多方面的。

首先，这本书不仅可以为军事研究工作者提供研究二战史的第一手资料，还可以使读者管中窥豹，从古德里安身上体察德意志民族的特质和优长，从其经历中寻觅到整个德意志民族成功的密码和钥匙。读者可以从普鲁士－德意志总参谋部的严谨、务实、超前、创新的传统中，从古德里安那种永远站在时代前沿的思维境界和创造性的幻想力，以及将这种幻想力与科学务实、百折不挠精神紧密结合的作风中，汲取启示和激励。

其次，这本书向世人展示了一场由德日意法西斯发动的侵略战争由发生、发展及其结局的全部轨迹，同时也再次验证了一条历史规律和真理——以战争起家，横行于世，最终必将葬身于战争的火海。它一方面告诫世界爱好和平的人民，时刻警惕新的军国主义的抬头，团结一致，捍卫二战的胜利成果，防止历史悲剧重演；另一方面也向企图称霸地区和世界的黩武好战分子发出警告：玩火必自焚。战争从未给好战者带来任何利益和光彩，留下的只有千古骂名，万年遗臭。从这个角度说，值此世界反法西斯战争胜利和中国抗日战争胜利70周年之际，这本书更具深远的意义。

最后必须指出的是，古德里安虽在军事思想上称得上卓而不群，但其世界观却与希特勒一脉相承。古德里安不仅至死也没有对这场战争给人民造成的空前劫难表示过任何愧疚和反省，反而在书中为法西斯德军的侵略罪行进行开脱和辩解。就此而论，古德里安理应受到世界爱好和平人民的公判。

本书译自《一个士兵的回忆》1979年德文版。除原书附录（21份作战指令及两份编制体制图）外，译者将全文译出，补齐了其他中译本删节的许多饶有趣味的部分。

译文不妥之处敬请读者指正。

目录

◆◆◆ 第一章　我的家庭与青年时代

◆◆◆ 第二章　德国装甲兵的建立

◆◆◆ 第三章　希特勒独揽大权

吞并奥地利　　　　　　　　　　　　　　045
吞并苏台德区　　　　　　　　　　　　　054
形势再趋紧张　　　　　　　　　　　　　056

◆◆◆ 第四章　灾祸开始

走向战争　　　　　　　　　　　　　　　062
波兰战局　　　　　　　　　　　　　　　064
两次战局之间　　　　　　　　　　　　　083

◆◆◆ 第五章 西线战局

作战准备	090
向海峡方向突破	101
占领海峡港口	115
希特勒下达后果严重的停止命令	118
向瑞士边境突击	122
停　战	137

◆◆◆ 第六章 1941年的俄国战局

战前形势	144
战争准备	150
初　战	159
强渡第聂伯河	172
斯摩棱斯克—叶利尼亚—罗斯拉夫尔	179
莫斯科还是基辅？	195
基辅会战	208
奥廖尔和布良斯克会战	231
突击图拉和莫斯科	248
我首次被免职	270

- ◆◆◆ 第七章　退职

- ◆◆◆ 第八章　1942年1月至1943年2月装甲兵的发展

- ◆◆◆ 第九章　装甲兵总监

任命和初步措施	296
格德勒博士的来访	313
"堡垒"行动	315
1943年下半年的争论	325
决定性的一年	339

- ◆◆◆ 第十章　1944年7月20日事件及其后果

- ◆◆◆ 第十一章　总参谋长

东线的作战	384
阿登攻势	390
东线的防御准备	391
俄军的突击	399

第十二章　最后的崩溃

第十三章　第三帝国的领导人物

希特勒　446
党　460
中央党部领导和省党部头目　467
希特勒的亲信　469
政　府　469

第十四章　德国总参谋部

现在的问题是，有所为还是不作为？　486

附录

　1. 我的经历　487
　2. 国防军最高指挥机构（1944）　491

第一章

我的家庭与青年时代

1888年6月17日一个星期天的早晨,我来到这个世界上,维斯瓦河畔的库尔姆便是我的降生地。那时候,我的父亲弗里德里希·古德里安在波美拉尼亚第2轻步兵营服役,是一名中尉,他1858年8月3日出生在图赫尔县的大克罗尼亚。我的母亲叫克拉拉,原姓基希霍夫,1865年2月26日出生在库尔姆县的尼姆奇克。根据我粗略的调查得知,我的曾祖父母是地主,而我的其他祖辈要么是瓦尔特高或东、西普鲁士的农场主,要么是那里的法官。在直系亲属中,只有我的父亲算是第一个现役军官。

1890年10月2日,我的弟弟弗里希也降生了。

我父亲于1891年被调到阿尔萨斯的科尔马服役。于是,我从六岁便开始随父在科尔马入学读书,直到1900年12月父亲又被调往洛林的圣阿沃尔德。这是一座小城,由于没有高级中学,父母就把我们兄弟俩送到其他城市的寄宿学校。父亲生活拮据,可又想让他的两个儿子成为军官,所以就将我们送入候补军官学校。1901年4月1日,我和弟弟进入巴登的卡尔斯鲁厄候补军官学校。一直到1903年4月1日,我又从这里转到一所重点候补军官学校,这座学校位于柏林附近的大利希特费尔德。两年后,我的弟弟也转学到这里。1907年2月我从这个学校毕业了。如今回忆起那段时光,还不由得从心眼儿里感谢我的那些教官,对他们有一种崇敬之情。在军校学生团所受的军事教育虽然非常严格和枯燥,却是宽容和公正的。我们的课程以高级文科中学的教程为基础,特别注重现代语言、数学和历史等课程。这为我此后的生活打下了一个扎实而牢固的基础,这里的教育水平一点儿也不比同级的民办中学逊色。

1907年2月，我被分配到洛林的比奇，在汉诺威第10轻步兵营当候补军官，直到1908年12月。我的父亲一直担任这个营的营长。这使我有机会在经过六年艰苦乏味的候补军官学校生活之后，再次享受到家的温暖。1907年4月至12月，我在梅斯军事学校接受了短期训练，1908年1月27日便被授予少尉军衔，而且任命日期是从1906年6月22日算起。从这个时候直到第一次世界大战爆发，我度过了一段轻松愉快的少尉生活。1909年10月1日，我们的步兵营又搬回了位于汉诺威省的老驻地，即靠近哈尔茨山的戈斯拉尔。在那里，我与我的爱妻玛加丽特·格纳订了婚，并于1913年10月1日结婚。从这一天起，她就成为我忠实的生活伴侣，在飘摇不定和艰难困苦的军旅生涯中，与我同甘共苦。

婚后不久，我们甜蜜的生活就被1914年8月2日爆发的战争打断了。在四年的战争期间，我只能利用短暂的休假时间去看望我的夫人和孩子。我们的第一个儿子海因茨·京特是1914年8月23日出生的。1918年9月17日，我们又有了第二个儿子库尔特。

我的父亲在1914年5月经历一次大手术之后便退役了，战争刚刚爆发他就与世长辞。从此我便失去了做人的典范和军人的样板。父亲去世16年后即1931年3月，慈爱善良的母亲也离开我们，随父而去。

1918年停战以后，我先在西里西亚担负守卫边境的任务，后调到波罗的海沿岸地区。从这本书的附录中可以详细了解我的军旅生涯。直到1922年我一直在前方的参谋部或总参谋部服役。我本来自步兵，但是在科布伦茨第3电报营的工作，以及一次大战中接触了几个月的无线电方面的工作，使我学到了许多通信方面的知识，这对我以后组建一个划时代的新兵种有着非同寻常的意义。

第二章

德国装甲兵的建立

我在两次世界大战中间的这段时间里所从事的主要工作，与建立德国装甲部队有密切关系。虽然我是步兵出身，也不懂技术，可命运却偏偏要我与摩托化结缘。

1919年秋，我从波罗的海地区返回后，有一小段时间是在汉诺威国防军第10旅服役。1920年1月才被调到我从前的老步兵营担任一名连长。虽然我在1920年1月之前曾在总参谋部工作过，但实在没有想到要重操旧业。我之所以离开波罗的海地区，一是由于一些不愉快的原因，二是在这样一支只有十万人的小型军队❶中很少有发展前途。于是，1921年秋，当我那可敬的团长冯·哈姆斯贝格上校问我，是不是想回总参谋部工作时，我喜出望外，立刻便答应了。但事情如石沉大海，很长时间都杳无音信，直到1922年1月约阿希姆·冯·施蒂尔普纳格尔中校从德国国防部部队局❷打电话，问我为什么至今还没到慕尼黑报到。从他口中，我才知道我已被调到运输兵监察部汽车部队处了，因为运输兵监察部监察长冯·奇希维茨将军曾要求调派一名总参谋部军官到这个处工作。我的调令从4月1日开始生效。但我首先被分配到了慕尼黑第7（巴伐利亚）汽车营实习，

---

❶ 第一次世界大战德国战败后，根据《凡尔赛和约》的规定，德国国防军数量不得超过11.5万人。——译者注

❷ 根据《凡尔赛和约》规定，德国总参谋部必须取缔。为此，魏玛共和国特成立国防军部队局，以替代总参谋部的职能。——译者注

以便在我正式到职之前对汽车部队勤务有一个感性认识和大致了解。

我对所分配的工作很满意，于是便立刻前往慕尼黑，到营长鲁茨少校那里报到。在以后的年月里，我和他一直在一起工作，我对他心悦诚服，他对我也一直关照有加。我被派往慕尼黑第 1 连工作。这个连的连长维默尔起初是一位飞行员，后来又返回空军。当我见到鲁茨少校时，他就向我点明，我将来要从事的工作是汽车部队的组织和运用。我被调到慕尼黑来工作，主要就是为我将来所从事的工作打基础。鲁茨少校和维默尔少尉尽其最大能力把他们的知识传授给我，使我终身受益。

1922 年 4 月 1 日，我到柏林向冯·奇希维茨将军报到，很想知道他将怎么安排我的新工作。他对我说，他本来打算让我负责汽车部队运用方面的工作。但是他的参谋长佩特少校却不同意这么安排，说我应当先去研究汽车制造厂、加油设备、汽车制造和技术人员的培训，以及公路、运输方面的问题。这一点完全出乎我的意料。我对他说，我对技术方面的问题实在是一无所知，无法胜任。冯·奇希维茨将军回答说，他原先也和鲁茨少校的想法相同，但他的参谋长却搬来1873年的皇家普鲁士国防部工作条例，说分配工作属参谋长的权限，而不是监察长的事。因此，他对工作安排的改变也爱莫能助，对此深表遗憾。但他表示，他将想办法帮助我进行系统学习。这样，我想回到轻步兵连的希望也只能作罢。

于是，我踏上一条技术之路，只好硬着头皮努力地工作。除了几个在国防部的老同事之外，我的前任没有给我留下任何有价值的东西。但是，这几个老同事对业务都十分熟悉，他们对我的工作给予了极大帮助。等我开始工作之后，我才感到我的工作确实很有价值，对我们的军队未来的发展大有益处。其中，最有价值的是由冯·奇希维茨将军领导的一项有关运用汽车运输部队的研究项目。通过这个研究项目和在哈尔茨山进行的一次小型实战演练的结果，我第一次认识到摩托化部队是可以在实际中运用的，而且下决心要从中得出一些结论。冯·奇希维茨将军是一个十分严厉的上司，对细微之处也从不放过，作风严谨周密。在他手下工作确实能学到许多东西。

在第一次世界大战中，倒是有许多使用汽车运输部队的实例。不过，这种运输大多都是在固定战线的后方实施的，从来没有在运动战中直接面对敌人进行过。不管未来战争是不是以固定战线后方的阵地战为开端，但对无险可守的德国来说都无关紧要。因为我们在未来战争中必须立足于机动防御。研究工作开始后不久，又出现了一个问题，即在运动战中如何对摩托化部队的输送进行防护。要想解决这个问题，唯一有效的方法就是利用装甲车辆进行输送。于是，我便开始搜寻装甲车辆方面的事例，想从其中得到启发。在这个过程中，我结识了年轻的福尔克海姆上尉。他有许多关于德国小型战车部队的运用经验，搜集了丰富的坦克部队运用的资料，这些经验对于我们的小型陆军非常有用。我从他那里得到一些资料，这些资料虽说理论上尚欠全面深刻，但对于我研究工作的起步和启发思路还是发挥了重要作用。在这方面具有丰富经验的要算英国和法国，我尽力查找英、法的资料，认真地向它们学习。

在学习过程中，我对英国人富勒❶、李德·哈特❷和马特尔等人的著作产生了极大的兴趣，也激发了我的想象力。这些具有远见的军人当时已经打破了仅将坦克作为一种步兵辅助兵器的桎梏，将其置于我们这个摩托化时代的中心位置。也正因为如此，他们无愧于新型大规模战争开拓者的美誉。

---

❶ 约翰·弗雷德里克·查尔斯·富勒（1878—1966），英国少将、军事理论家、军事历史学家。近代装甲战理论创始人之一。参加过第一次世界大战，历任坦克军团参谋长、英帝国总参谋长军事助理、旅长等职。1930年晋升为少将。著有《大战中的坦克》《论未来的战争》《第二次世界大战》《西洋世界军事史》《机械战》等30余部军事著作。他的《关于野战勤务条令（三）的讲义》被德国、苏联、捷克陆军用作教材，后正式出版时取名《装甲战》。——译者注

❷ 巴兹尔·李德·哈特（1895—1970），英国军事理论家、战略家。因倡导机械化战争而著名。1924年负伤致残，1927年退役。自1925年任军事记者，任英国国防大臣的私人顾问。他和英国军事理论家富勒大量使用坦克的理论，被德国的古德里安等将领所采纳，成为德军"闪击战"的基础理论。——译者注

在一个盲人的国家里，独眼龙也能成为皇帝。当时国内还没有人从事这方面的研究，因此不久我就被冠以这一研究领域的专家之称。我在《军事周刊》上发表的几篇文章，使我小有名气。有好几次，这本杂志的主编冯·阿尔勒特罗克将军找我，鼓励我同他一道工作。他为人平和，常常在他的杂志上发表有关当时热点问题的文章。

通过这些活动，我又认识了《坦克手册》的作者弗里茨·海格尔，他是一个奥地利人。我曾经给他提供过一些战术方面的资料。我一直觉得他是一个诚实正派的德国人，所以愿意虚心向他学习。

1923年到1924年的冬天，布劳希奇❶中校，也就是后来的陆军总司令，让我负责一项演习的任务，试验一下摩托化部队与航空兵协同运用的可能性。这次演习引起了陆军训练处的重视。于是，他们提议让我去担任战术和战史教官。在经过考核之后，上级便命令我进行一次所谓"教官旅行考察"。1924年秋，我又被派到什切青第2师参谋部服役，当时该师的师长正好是冯·奇希维茨将军，于是他再次成了我的长官。

在我尚未到职之前，冯·纳茨默尔上校已接替奇希维茨担任监察长，在他的领导下我还主持进行了一系列关于坦克与骑兵协同执行侦察任务的演习和图上作业，目的是为了试验装甲车辆的各种运用。在演习中，我们只能使用一种体积庞大的"装甲运兵车"，因为《凡尔赛和约》只允许我们使用这种车。这种车虽然是四轮驱动，但由于体大笨重，只能在公路上行驶。不过，我对我的演习结果还很满意。在讲评时我对参演部队说，希望通过这些演习能使运输部队从后勤部队脱颖而出，变为战斗部队。可是我的监察长却对我的演习嗤之以鼻，粗暴地对我说："见鬼去吧，你的战斗部队只配运面粉！"

---

❶ 瓦尔特·冯·布劳希奇（1881—1948），德国元帅。1932—1937年，历任炮兵监察长、师长、军长、东普鲁士军区司令。1937年任第4集团军群司令。1938年晋升大将，任陆军总司令。1940年晋升元帅。1941年因主张撤退被希特勒解职。1945年被英军拘捕，死于战俘营。——译者注

后来，我便被调到什切青，分配给我的任务是给将来要到参谋部工作的军官们讲授战术课和战争史课。这一新的任务使我异常繁忙，我要面对的学生都是些既天资聪慧又喜欢吹毛求疵的家伙，我必须认真备课，以便应对他们提出的种种问题，给予详细的讲解。在战争史方面，我着重研究了1806年的拿破仑战争。由于德国在这次战争中遭到惨败，所以在德国很少有人提及拿破仑战争。但是，从机动作战角度来看，此次战争颇能启发人的思路。与此同时，我还研究了1914年秋德国和法国的骑兵史。对1914年骑兵活动的认真研究，使我当时在战术战役机动理论方面的研究得以不断深化。

在战术演练和图上作业时，我常常借机发表我的研究心得和最新看法，结果引起了我的顶头上司赫林少校的注意，所以在他给我的鉴定中专门指出我在这一方面的兴趣爱好。正是基于这个原因，我在担任三年的教官职务之后，又被调回国防部，分配到部队局的运输处。当时这个处的处长是哈尔姆上校，后来先后由韦格中校和屈内中校继任。这个处当时是作战处的一个附属机构。我所在的这个部门是新设立的，主要任务是研究用汽车运送部队的问题。当时我们没有专门的车辆，所以在运送大量部队时，部队局通常使用普通的商业汽车。鉴于这种运输状况，我在研究这个问题时遇到了许多困难。在第一次世界大战中，在这方面也有突出的战例，比如法国人在凡尔登战役❶中就在这方面取得了很好的成绩。可那是在固定防线的后方进行的，而且当时也不需要把一个完整的师及其全部所属马匹车辆，特别是火炮迅速运送到所需要的地方。如果要想在运动战争中，利用汽车把整个师连同其马匹、车辆一并运送到战场，那所需要的载重汽车的数量就多得无法统计了。因此，围绕这个问题自然而然引起了激烈的讨论。

---

❶ 第一次世界大战中，德军与法军于1916年在法国凡尔登地域进行的战役。战役之初，德军进攻取得很大进展。为阻止德军推进，法军从后方地域向凡尔登调集大量援兵，一周内组织3900辆卡车，运送人员19万、物资2.5万吨，从而扭转了战局。这是战争史上首次大规模汽车运输的典型战例。——译者注

大多数都认为此事不可行，或持怀疑态度，认为可行者寥若晨星。

1928年秋，汽车训练司令部长官施托特迈斯特上校请我去给他的学生讲授装甲车战术的课程。我的部队局上司批准了我的这一兼职。于是，我又重新回到装甲车研究领域，重操旧业，虽然只局限在理论研究。在装甲车的运用方面我没有任何实际经验，而且直到现在为止，我还从来没有亲眼见过装甲车到底是什么样子，而现在居然要我去当装甲车战术教官。这就迫使我必须在这方面仔细认真地备课，深入全面地研究我所能搞到手的各种各样的资料。在此期间，已经出版了许许多多有关第一次世界大战的书籍，从外国军队的勤务条令❶中可以发现，他们在装甲车领域已经有了明显的进步。所以说，这次的理论研究要比我第一次在国防部时容易许多。至于说到实践方面，我们当时只能利用一种模型进行演练。我们过去使用的模型是用人力推动的帆布模型，现在已经改进为一种铁皮模型，而且是摩托化的。在施潘道第9步兵团第3营的热情帮助下，我们利用这种模型开始了实际演练。在演练过程中，我结识了一个人——当时第9步兵团第3营的副官文克，后来他成了我的同事。我们在一起工作，关系很好，我们对装甲车的运用进行系统研究，首先一辆车一辆车地进行，后来便是一个排、一个连，再后来就是一个营。

虽然我们进行实际演练的机会极为有限，但足以使我们非常清楚地看到装甲车在现代战争中运用的前景。但使我尤为高兴的是，我被派到瑞典进行了四周的考察，在此期间我有机会亲眼看到了Ⅱ型装甲战车❷，而且亲手进行了驾驶。

我和妻子经过丹麦前往瑞典，在哥本哈根极其优美的郊区饶有兴趣地

---

❶ 当时英国关于装甲车的条令已被译成德语，多年来被我们当作推动装甲兵思想发展的理论标尺。——作者注

❷ 这种装甲车是德国于第一次世界大战末期生产的，没有来得及在战场上使用，后卖给了瑞典。——译者注

待了几天。托尔瓦德森❶的美妙雕刻给我们留下了非常深的印象，站在赫尔辛格城堡的花台上，我不禁想起哈姆雷特❷的一句诗：

"霍拉旭，天地之间有许多事情，是你们的哲学梦想不到的。"

当我们站在这个花台上的时候，灿烂的阳光映照在海峡上面，使那些古老的铜炮发出碧绿的光芒，不过却没有精灵出现。

我们由穆塔拉坐船，渡过约塔运河和瑞典的湖泊。有一天晚上，我们离开船去参观美丽而古老的弗雷塔屈尔卡修道院。第二天，我们到了堪称北欧威尼斯的斯德哥尔摩，这里美不胜收的壮丽建筑实在令人感叹。

我被派到约塔第2近卫营服役，当我去向营长布伦上校报到时，他十分友善地接待了我。他把我分配到由克林斯普尔上尉所领导的连，没多久我就与他建立了深厚的友情，一直到他过早地去世。凡是我所认识的瑞典军官，都与他们的德国同事坦诚相见，热情周到，从他们的言行中可以看出，他们的这种友好确实发自内心，而不是装出来的。在野外演练时，他们常常会邀请我们到他们的营地做客。我们还参观了位于海边的辉煌的布兰达尔孙德宫殿，拜见了克林斯普尔上尉的岳母塞德隆德，现在她独身一人，是一位令人尊敬的夫人。在这里，我们有幸品尝到了上等的瑞典潘趣酒，而且是在这种酒的原产地，因为这个酒厂的主人就是塞德隆德夫人。我们还参观了图尔冈皇家庄园，现在由一名叫巴格尔的退役装甲兵军官管理，他在他的家里热情地款待了我们。我还和布伦上校驱车到岛礁上去打了猎。我们还在斯坎森观看了露天剧，参观了伟大的狩猎画家利耶瓦尔克斯的绘画作品。在皇后岛，我们参观了瓦伦斯坦在布拉格宫殿的皮帐，据说这个皮帐曾在"三十年战争"中"救过"

---

❶ 托尔瓦德森（1770—1844），蜚声国际的古典主义时期的雕塑家、丹麦美术家。——译者注
❷ 莎士比亚著名戏剧《哈姆雷特》中的主人公。——译者注

伟大的瑞典国王古斯塔夫·阿道夫❶一命。这位管理员向我们详细讲述了这个皮帐在当时所起到的伟大作用。当时我们还觉得这位管理员的讲解有点可笑。今天必须得承认，这些宝藏如果不是被拯救出来，就会全部毁于第二次世界大战的火海。还需要提到的一件东西，就是来自布拉格的《阿根托伊法典》，它陈列在乌普萨拉大学图书馆❷的一个玻璃橱柜内，在柜子前面挂着一道紫罗兰色的丝绒幕布。在这个无价之宝的旁边，我还发现了海因里希三世国王送给戈斯拉尔大教堂的一本《圣经》。这本《圣经》来自德国的一个城市，这个城市曾被古斯塔夫·阿道夫占领长达250年之久，也算属于被拯救文物之列了。

在瑞典的这段时光，不但美好而且颇富教益，每当回忆起来都感到格外愉快，觉得不虚此行。

在1929年这一年，我逐渐确定了一个理念，坦克无论是单独使用，还是与步兵一起使用，都不会具有决定性意义。依据我对战争史的研究结果和英国人的演练，以及我自己利用模型进行演练所获得的经验，我坚信，除非其他兵种也具备与坦克一样的速度和越野能力，坦克——这种一直被视为只能支援其他兵种的兵器——才能最大限度地发挥其应有的效力。我认为，在与所有兵种的协同行动中，坦克必须排在头等位置，其他所有兵种都必须位居坦克之后，处于辅助地位。把坦克塞入步兵师的做法是错误的，必须组建装甲师。此外，还应当在装甲师中编入各兵种，以便最大限度地发挥装甲师的效力。

1929年夏天举行了一次实地作业，我将演习的一方设定为一个装甲师，

---

❶ 古斯塔夫·阿道夫（1594—1632），即古斯塔夫二世，瑞典国王、统帅、军事改革家。指挥了对丹、俄、波战争及"三十年战争"。在征兵制度、训练方法、军队编制、军需供应等方面，进行了诸多军事改革，尤其是首创楔形阵的作战队形即线式战术，使其在"三十年战争"中屡战屡胜，被誉为"北方雄狮"。——译者注

❷ 乌普萨拉大学是瑞典最古老的大学，该校的卡罗林纳·雷达维瓦图书馆是瑞典的第二大图书馆。——译者注

以这样的假想作为演习想定的基础。演习结果很成功，这极大地增强了我的自信，确信我走的路是正确的。可是，在场的运输兵监察长奥托·冯·施蒂尔普纳格尔将军❶却不准许在理论上使用团以上建制的坦克部队。他认为，装甲师只不过是一种不切实际的乌托邦。

当时担任运输兵监察部参谋长的鲁茨少校，是我在慕尼黑的一位老朋友。1929年秋季的一天，他问我愿不愿意去领导一个汽车营。我高兴地答应了。于是，1930年2月1日我被任命为驻柏林－兰克维茨第3（普鲁士）汽车营营长。

这个营下辖四个连，其中的第1连和第4连驻在柏林－兰克维茨司令部，第2连驻在德伯里茨－埃尔斯格伦德的训练基地，第3连驻在奈塞。第4连的前身是运输营中的一个运输连。在我接管这个营的指挥权之后，鲁茨上校帮我对这支部队进行了改编：第1连装备装甲侦察车，第4连装备摩托车。这两个连合在一起就构成了一个装甲侦察营的基本框架。第2连装备的是安装有木制假炮的模型坦克，改编为装甲连；驻奈塞的第3连也与第2连一样，装备的是模型，编为反坦克连。第1连虽然装备的是《凡尔赛和约》所准许的旧式装甲运兵车，但为了避免被磨损，我们舍不得使用，训练时依旧使用模型。只有摩托化步兵连的装备是真的，甚至还装备了机枪。

现在，我就是利用这支临时七拼八凑起来的部队，以极大的热情，全神贯注地开始了我们的实际演练。虽然如此，但使我异常兴奋的是，我终于有这么一天可以在这个小小的领域内当一回家了。不管是军官还是士兵都对这一新鲜事物感到欢欣鼓舞，它像一股春风给这支运输部队带来了生机，因为他们早就腻烦了在这支十万人的陆军中担负这种乏味单调的工作。然而，我的上司却对这一点丝毫不理解。运输兵监察长对我们这支刚刚诞

---

❶ 奥托·冯·施蒂尔普纳格尔（1878—1948），德国步兵上将。参加过第一次世界大战，少校军衔。1935年任德国空军学院院长，1940年任驻法德军司令，因实行残酷的惩处、流放、枪杀人质等措施，遭人憎恶。1942年被捕，在国际审判之初自杀。——译者注

生的部队满怀疑惑。不仅如此，他甚至还禁止我们在演习场上与其他营队进行联合演练。当第3师举行演习的时候，我们只有一个排被允许参加。不过，毕竟还有例外，那就是我们的师长约阿希姆·冯·施蒂尔普纳格尔将军，也就是当年通知我到慕尼黑报到的那个长官。这位杰出的将军对我们的试验非常感兴趣，对我们深表同情，并尽其最大努力给了我们很大帮助。演习之后他对我们的演习进行了一番善意的指点，足以说明他的正直。但不幸的是，由于冯·施蒂尔普纳格尔将军与国防部意见不合，他决定于1931年春退休。

还是在这一年的春天，我们的监察长奥托·冯·施蒂尔普纳格尔将军也退休了。在我为他送行时，他对我说："您太性急了。请相信我的话，我们俩都不会再有可能看到行驶的德国坦克。"他本是个聪明的人，但恰恰是他这种怀疑一切的态度阻止了他的才智的发挥，使他无法下定任何决心。他能发现问题的症结，但不善于找到解决问题的关键点。

他的继任者是他的参谋长鲁茨将军。鲁茨将军是一个聪明人，他对技术的重要意义有十分透彻的认识，并具有很强的组织才能。他认识到了我在战术研究上所取得的进展有可取之处，便鼎力支持我的工作。他还任命我为他的参谋长，我于1931年秋正式上任。在尔后的几年里虽然充满了各种艰辛和斗争，但我们最终还是取得了丰硕的成果。我们的装甲兵就是在这些日子中诞生的。

我们十分清楚，在将来编组装甲兵的时候，必须要使它能够成为一种具有决定性的战斗兵种。因此，它的编制组织形式只能是装甲师，下一步则是装甲军。现在，摆在我们面前的急迫和重要的任务是，想方设法使其他兵种和陆军部❶的首脑们都承认，我们所走的道路是一条正确的道路。

---

❶ 第一次世界大战德国战败后，按照《凡尔赛和约》的规定，德国只能保留一支11.5万人的军队，德国陆军总司令部和海军总司令部分别被缩编为陆军部和海军部，但仍担负总司令部的职能。——译者注

但是这说起来容易，做起来却十分困难。因为，不会有人相信，汽车驾驶员和一支后方勤务部队能在战术，甚至在战略上提出什么有价值的新思想、新观念。比如那些具有老资格的步兵，特别是骑兵等兵种，都将自己视为战场上的主要兵种。步兵一直自诩为"战场上的皇后"。由于《凡尔赛和约》禁止我们这支十万人的军队装备坦克，因此没有人看过我们所鼓吹的这种新型武器。于是，当我们在演习中使用我们用铁皮制作的模型时，许多参加过一战的老兵都觉得太可笑了。不过，他们看我们实在穷酸可怜，也就不拿我们的所作所为真正当回事了。最后，他们只认可将坦克作为步兵的一种支援武器，但绝不同意将其作为一种新型的主要兵种。

在这方面，最激烈的要属我们与骑兵监察部之间的斗争。我的上司到骑兵监察部，问他们在未来发展中想充当什么角色，是想当一支侦察部队，还是争取能担负作战任务。骑兵监察部监察长冯·希尔施贝格将军说，他们要充当作战的骑兵，并情愿将作战侦察任务转交给运输部队。为了接受这一任务，我们决定对我们的装甲侦察营进行这方面的训练。此外，我们要争取组建多个装甲师。最后，我们还想为所有的步兵师配属摩托化反坦克营。因为我们认为，坦克必须具备与其运动速度相匹配的防护能力，其效能才会得以充分发挥。

不久，骑兵监察部的长官希尔施贝格将军去职，由克诺亨豪尔将军接任，他是步兵出身，他不甘心于将他前任所垄断的地盘送入我们的手中。当时我们这支十万人军队编有三个骑兵师，于是，他将这三个骑兵师合并成了一个骑兵军，并打算将作战侦察任务从我们手中夺回去，重新交给骑兵来担负，甚至还想将我们的新发明窃为己有。为此，他们还将骑兵军官安插在我们这支年轻的部队中。我们之间的争论经常会演变成一场争吵。但是，最终的结局是，新思想的开拓者还是战胜了反对派，内燃机战胜了马匹，大炮战胜了长矛。

与组织和运用同等重要的是装备，它能将我们的思想转化为实际行动。在这个技术领域我们曾做过一些相应的准备工作。自1926年起，我们就已在国外的试验基地对德国最初装备的坦克进行了试验。德国陆军兵器局已与多家公司签订了生产坦克的合同，其中有两种是当时称为中型的坦克，以及三种轻型坦克。每一种型号的坦克都已生产出两台样车，这样算起来总共就有了十辆坦克。我们在中型坦克上装备了75毫米口径火炮，轻型坦克装备37毫米口径火炮。这些样车用的不是装甲钢，而是低碳钢。所有型号的最大时速约为20公里，在平坦地面上可达35公里至40公里。

负责坦克设计的军官是皮尔纳上尉，他经过艰苦努力，最终将一系列现代坦克所应具备的要素，如良好的密封性、较强的涉水能力、火炮和机枪可全方位射击以及合理的离地间隙和灵活的机动性能等，都在新型车辆上体现出来。可以说，所有这些要求他基本上都已经满足了。但是这种车依然存在某些弱点，主要是车长的座位不得不被安排在坦克的前身、紧靠驾驶员的位置，这就使得车长无法向后观察，而且由于履带很高和座位过低，使他向两侧的观察也受到局限。因为，当时在车上还没有无线电设备。尽管20年代的样车比起第一次世界大战初期已经在技术上有显著进步，但并没有完全达到我们预想的战术要求。正因为如此，我们不能随意将现在这种试验样车投入批量生产，必须精益求精，研制和生产出更为新型的坦克。

在我们当时的理想中，装甲师最终要装备的坦克应当是这样的：在两种型号中，轻型坦克装备一门穿甲炮，炮塔和车身上各装备一挺机枪；中型坦克装备一门大口径火炮，炮塔和车身各装备一挺机枪。一个坦克营编三个轻型坦克连以及一个中型坦克连，每个坦克连都装备中型坦克，这样可为轻型坦克提供火力支援，弥补小口径穿甲火炮射程较近的不足。在火炮口径问题上，兵器局主管和炮兵总监的看法与我们完全相左。这两个部门的专家们认为，37毫米口径火炮对轻型坦克来说已经足够了，而我主张使用50毫米火炮，以备将来对付国外坦克可能增厚的装甲，从而使我们在火力方面占有较大的优势。不过，由于步兵现已装备37毫米口径反坦克炮，而且考虑到生产小口径穿甲炮和弹药比较简便的因素，鲁茨将军和我不得不放弃原来的设想。但是，我们有一个意见还是被大家采纳了，即轻型坦克的炮塔直径大小要以能安装50毫米口径火炮为宜。中型坦克决定安装75毫米口径火炮。而坦克的总重量不应当超过24吨，其中的主要制约因素是德国公路桥梁的载重量。坦克的时速定为40公里。每一种型号坦克的乘员设计为五人，一名车长、一名射手、一名装填手、一名驾驶员和一名无线电员。射手和装填手都坐在旋转的炮塔里，车长坐在射手上方的一个小型瞭望塔里，这个瞭望塔是专门为车长设计的，可以进行全方位观察，驾驶员和无线电员则坐在车身部位。乘员通过喉头送话器接受车长的指令。在行进过程中，坦克之间的联络则通过无线电进行。你如果把这种新型坦克的要求和试验时的坦克做一个比较，就会发现由于新型战略战术原则的运用所带来的变化。

在拟订这个未来计划的时候，我们心里就十分清楚，要到这种新型坦克诞生，还必须等很长很长时间。在此期间，必须先要有一种供训练使用的坦克。于是我们想到了一种从英国购买的卡登·劳埃德型车的底盘，很适合这种用途。这种底盘在设计的时候是为了装载20毫米口径高炮之用，因此只能在炮塔上安装一挺机枪。在我们1934年制造出作战坦克之前，就一直使用这种坦克进行训练，我们将这种坦克取名"Ⅰ型坦克"。在1932年那个时候，决不会有人料想到，我们将来会有一天开着这种用于训练的小型坦克去与敌人作战。

要生产我们所设计的主要型号坦克需要花费很长时间，远远超过了我们原来的预想。为解燃眉之急，鲁茨将军另辟蹊径，决定由奥格斯堡－纽伦堡汽车制造厂研制另一种型号的坦克，装备一挺20毫米口径机关炮和一挺机枪，取名"Ⅱ型坦克"。

1932年夏，我们在鲁茨将军的领导下，在格拉芬沃尔和于特伯根训练基地，进行了首次有装甲营参加的加强步兵团的演习，当然使用的还是模型坦克。此后，在这一年的其他演习中还使用了我们自己制造的一种制式装甲侦察车，这种车使用的是装甲钢，装在一个六轮底盘上。这是签署《凡尔赛和约》以来德国制造的首批装甲车辆。过去，小学生们为了能知道模型坦克里面装的究竟是什么东西，常常用铅笔把我们的模型戳穿，这次可让他们大失所望了。在过去的对抗演习中，步兵也常常用石块砸我们的模型车，迫使我们的战车退出战斗。现在好了，在坦克面前，他们的刺刀只能甘拜下风。

在这次演习中，对能不能运用摩托化分队和装甲分队遂行作战任务的问题进行了试验。骑兵虽然对我们的演习提出一些带有偏见的指责，但由于我们的演习异常成功，所以并没有多少人去理睬他们的指责。当然，在骑兵中也有一批头脑清醒的年轻军官，十分看好这种新式武器。大量的骑兵军官都纷纷站到了我们这一边。因为他们已经认识到，在我们这个时代，要想将骑兵的传统原则运用到实战之中，不采用新的作战手段是绝不可能的。

1932年的演习是冯·兴登堡元帅❶参加的最后一次演习。演习之后，已是耄耋之年的他对我们的演习做了讲评，对于他如此清晰而透彻地指出演习中出现的差错，我真是从内心深处表示敬佩。在谈到骑兵军领导时，这位老先生说："在战争中，只有简便易行才有可能取胜。我曾经到过骑兵军司令部，在那里我没有看到简便易行的东西。"他的话或许是正确的。

1933年希特勒被任命为德国总理，德国的内政外交也随之发生根本性转变。2月初，在柏林举办了一次汽车展览会。在那次展览会的开幕式上，我第一次看到了希特勒，而且聆听了他的演讲。德国的总理亲自在开幕式上讲话，这在德国历史上实属罕见的奇闻。而且，他讲的话完全有别于部长们和前任总理们在类似场合所惯用的言辞。他宣布废除汽车税，声言要建造帝国高速公路和"人民汽车"❷。

---

❶ 保罗·冯·兴登堡（1847—1934），德国元帅，魏玛共和国总统。1876年毕业于柏林军事学院。1893年—1903年历任团长、军参谋长、军长。第一次世界大战爆发后，率第8集团军对俄作战，取得东普鲁士战役胜利。后升任东线德军司令，晋升元帅。1916年任德军总参谋长，负责东西两线的战略指挥。1919年退役。1925、1932年两度当选魏玛共和国总统。1933年授命希特勒组阁。——译者注

❷ 希特勒为笼络人心，允诺每个德国人拥有一部私人汽车（即所谓的"大众汽车"）。每个德国人不分阶级、地位和财产，只要每周储蓄5马克，待到储蓄总额达到750马克后，便可收到一张"大众汽车"的预定单。但最终这一允诺因希特勒发动的对波兰战争而化为泡影。——译者注

对我后来在军事领域发展发挥主要影响的事情是，冯·布洛姆贝格将军❶被任命为国防部部长，冯·赖歇瑙❷将军被任命为部办公厅主任。因为，这两位将军都崇尚现代观念，这对我的装甲兵来说，至少在国防军的高层里增加了两位同情者。不仅如此，不久希特勒也对摩托化问题以及装甲兵产生兴趣。我这样说的第一个证据是，在陆军兵器局在库姆斯多夫举办的武器发展状况展览会上，我花费半个小时的时间，将当时运输战斗部队的各种兵器和编制展示给这位德国总理看。我向他介绍了一个摩托化步兵排、一个反坦克排、一个当时正在进行试验的Ⅰ型坦克排、一个轻型装甲侦察排和一个重型装甲侦察排的编制和装备情况。这些分队运动的快速性和精确性给希特勒留下了异常深刻的印象，他不断大声喊道："这个我用得着！这就是我想要的！"自此次展览之后，我就产生了一个信念，只要有机会把我的看法说给他，这位政府首脑就一定会赞同我关于组建现代化国防军的观点。现在横在我面前的主要障碍是，我们的僵化的公文程序，以及陆军总参谋部领导的抵制态度，尤其是后者成了横在国防部长布洛姆贝格和我之间的一道鸿沟。

此外，在希特勒之前，俾斯麦侯爵❸是唯一一位到库姆斯多夫参观陆军兵器展览的帝国首相，他对这种展览表示出极大的兴趣，这在1890年

---

❶ 维尔纳·冯·布洛姆贝格（1878—1946），德国元帅。1933年由兴登堡推荐，被希特勒任命为国防部长，1935年任国防军总司令。在占领莱茵兰地区行动后，晋升为元帅。1937年虽曾对希特勒的战争政策表示不满，但仍无条件效忠于希特勒。1938年被其对手戈林和希姆莱冠以玷污国防军名誉罪名，免除一切职务。战后，被美军关押，死于狱中。——译者注

❷ 瓦尔特·冯·赖歇瑙（1884—1942），德国元帅。1930年—1933年任第一军区（普鲁士）参谋长。1933年任国防部办公厅（后改称国防军局）主任。1935年任第七军区（巴伐利亚）司令。第二次世界大战中，任集团军司令、集团军群司令。——译者注

❸ 奥托·爱德华·利奥波德·冯·申豪森·俾斯麦（1815—1898），德国政治家、普鲁士宰相。1859年—1862年历任驻俄国、法国公使。自1862年任普鲁士首相兼外交大臣。提出采取"铁血政策"统一德国。先后发动对丹麦、奥地利和法国的战争，于1871年完成德国统一。1871年—1890年任德意志帝国首相。——译者注

以后的政治上也是一个极具重要意义的事。在此之后，除了希特勒就再也没有哪一位总理到过这里。而且，当兵器局局长贝克尔将军请求总理在来宾留言册上签名时，希特勒竟然答应了。这件事也说明，德国的政策并没有"军国主义"色彩。

1933年3月21日，我参加了在波茨坦举行的德国国会开幕式。我的座位位于高处，在女皇座椅和马肯森元帅❶座椅的后面，因此我能看到他们激动的样子。

在这个于波茨坦举行的隆重的国事活动中，由于"民族阵线"和中央党投了赞成票，国会在3月23日通过了臭名昭著的授权法❷，从而使这位新上任的总理大权独揽。只有社会民主党以极大的勇气投了反对票，值得称赞。对于这个法案可能会给未来带来什么有害的影响，当时很少有政治家能够看清。因此，法案产生的恶劣后果，应当归咎于那些投赞成票的政治家。

1933年的夏季，纳粹汽车队队长阿道夫·许恩莱邀请我去参加在格德斯贝格举行的一次冲锋队首领年会，据说阿道夫·希特勒也已答应出席。我很想看看希特勒在他的亲信中间是个什么样子。加之，许恩莱是个爽快正直和可交的人，于是我欣然接受了他的邀请。在这个会议上，希特勒发表了一个关于革命的发展历史的演讲。通过这个演讲，可以看出他具有丰富的历史知识。他洋洋洒洒地发表了长达数小时的演讲，他在演讲中举例说明，任何一次革命在达成其目标并经过一定时间后，必将发生剧变。而

---

❶ 奥古斯特·冯·马肯森（1849—1945），德国元帅。第一次世界大战中的名将。1891年—1893年历任总参谋长施利芬的副官、军长、集团军司令、集团军群司令、驻塞尔维亚德军司令，以及驻多布罗加和驻罗马尼亚德军司令等职。1915年因指挥突破戈尔利采防线取得重大胜利，晋升为元帅。1918年—1919年被法国拘留。1920年退役。——译者注

❷ 授权法全称为《消除人民和国家痛苦法》。根据授权法，希特勒在四年任期中拥有立法权。希特勒可以不经国会同意擅自制定法律，政府还可直接同外国签订条约而无须国会批准。1937年和1941年，授权法在纳粹党人把持下任其延长。授权法的通过标志着国会名存实亡，以及希特勒独裁统治的确立。——译者注

民族社会主义革命现已到了这个时刻。所以他要求他的追随者们，要有预见性地考虑到将来要发生的变化。人们真的希望，希特勒的要求能够成为现实。

在这次会上，我还结识了最高党务法官布赫，他是一个严肃而安详的人，理性，讲原则。遗憾的是，他的理性和原则在此后的几年里并未能付诸实际。

我带着一种期望离开格德斯贝格，希望希特勒所宣讲的剧变能在不久的将来变为现实。

德国的装甲部队已建立起了它的雏形，到了1933年就已经取得相当大的进展。在利用模型车进行一系列试验性演练和教学演练之后，各兵种的协同问题更加清晰，同时也增强了我的信念：要想使坦克部队在现代军队中充分发挥其应有的效能，就必须将坦克当作主要兵器，必须组建装甲师，必须与其他完全摩托化的辅助兵种协同行动。

如果说战术的发展还差强人意，那么坦克装备的发展就不免让人担忧。由于《凡尔赛和约》对德国坦克装备的限制，所以我们的军事工业许多年来都无所作为，各种专业人才和机器设备奇缺，我们的美好愿望因此难以迅速实现。尤其是在研制具有足够韧性的装甲钢铁方面遇到了极大困难。我们生产出来的第一批钢片简直就像玻璃一样脆弱。同样，无线电设备和光学仪器是我们朝思暮想的东西，我们花费了相当长的时间才生产出来。由于我始终坚持，要求坦克必须具备良好的视野和上佳的指挥能力，因此在指挥方面我们一直具有优势，后来当遇到某些困难的时候，这种优势常会使我们化险为夷。

1933年的秋天，弗里奇男爵将军被任命为陆军部长官，自此军官团有了一个可信赖的军队首脑。弗里奇男爵将军具有高雅的气质和骑士风度，头脑灵活，做事谨慎，具有正常的战术战略判断力。尽管他不大精通技术，却能不带任何偏见地对新思想进行认真考察，一旦认识到它是正确的，便会欣然接受。因此，每次与他谈到装甲部队发展的问题时，我心情都格外舒畅，有一种偶遇知己的感觉，而与陆军最高司令部的其他长官接触时，决不会如此。当他还在部队局任第一处处长的时候，就对摩托化和坦克问题很感兴趣，为了研究装甲师问题他还特地做了一次考察旅行。虽然现在他已身居要职，但对我们所研究问题的兴致依然不减。有一次，当我向他解释一个技术发展问题时，他抱着一种怀疑的神态问我："您难道不知道，技术家们所说的一切都是谎言？"我回答他说："他们肯定会常常说谎。但一两年过后，当技术家的思想没有变成现实的时候，他们的谎言一般就会不攻自破。战术家们也会说谎，但是要想知道他们是否真的在说谎，那只有等到战争失败后才会见分晓，那就为时已晚了。"弗里奇习惯性地换着他的单片眼镜，深沉地说："您说的也许是对的。"从这件事足以窥见弗里奇将军的人品。他平时有些矜持，甚至在大庭广众之下还略显腼腆；而在他所信赖的同事面前又经常袒露胸襟，平易近人，给人一种亲切感，使人们愿意接近他。

与之相反，新上任的总参谋长贝克将军❶是一个难以接近的人。他很有教养，是个头脑冷静但过于冷静的人，属于深思熟虑的旧学派，是毛奇❷的忠实信徒。依照毛奇的思想，他认为应当为第三帝国的新型陆军组建总参谋部。他对当今现代技术的伟大意义可谓一窍不通。因此，当他在总参谋部的关键位置上，尤其是在他周围，全部安排了他的人之后，久而

---

❶ 路德维希·贝克（1880—1944），德军大将。参加过第一次世界大战，历任总参谋部参谋、集团军参谋长。1933年任部队局局长（相当于总参谋长，935年改称总参谋长），直至1938年。1935年晋升为炮兵上将。1938年因在出兵捷克问题上与希特勒发生分歧，提出辞呈。同年，晋升为大将。1938年退役。他认为，德国财力有限，不主张组建大量装甲部队；主张德国应力争避免两线战争；反对"闪击战"思想，认为欧洲未来的战争不会是速决战。1944年7月22日在密谋暗杀希特勒行动失败后被枪决。——译者注

❷ 赫尔穆特·卡尔·伯恩哈德·冯·毛奇（1800—1891），德国元帅、军事理论家、总参谋长。自1822年在普鲁士军中服役，工作认真，学习刻苦，出版发表多部著作、论文，并学习掌握五种外语，遂受到普鲁士国王重视。1836年以军事顾问身份被派往土耳其军队。1945年任普鲁士亲王副官，同年任总参谋部二处处长。1855年任威廉亲王首任副官，1856年晋升为少将，1858年任普鲁士总参谋长，在位30年。任总参谋长期间，指挥了对丹麦、奥地利和法国的战争，为德国的统一做出重要贡献。——译者注

久之便在陆军的核心构筑起了一道反动势力的围墙，形成一道难以逾越的障碍。他反对组建装甲部队的计划，认为坦克的首要任务是充作步兵的辅助兵器。因此，他认为，最大的装甲部队单位只能是装甲旅，对组建装甲师他没有丝毫兴趣。

为了使贝克将军能够同意我组建装甲师的计划，以及编印装甲兵训练条令，我与他进行了长期不懈的斗争，最终取得了胜利。我要求立即组建三个装甲师，可是他最终只同意组建两个装甲师。我竭尽所能向他讲述了新型装甲师的种种优长，尤其介绍了它的战略价值。结果，他却说："不，不，我不想再跟您谈下去了。我觉得，您太超前了。"接着，我补充说，尽管装甲部队以极高的速度行进，但是由于有了无线电技术的发展，仍能确保指挥的顺畅。但他不相信。我们在战斗条令中多次提出要求，任何一级指挥官都应尽量靠前实施指挥，他对这一点尤其表示不赞同。他说："您没有展示地图的桌子，也没有电话，您怎么可能进行指挥？您没读过施利芬❶的书❷吧？"也难怪，对他来说，一个师长应尽量靠前指挥的思想，确实不太好理解。

如果撇开我们之间在装甲兵问题上的争论不谈，那么，无论在军事上还是在政治上，贝克都是一个优柔寡断的人。他走到哪里，哪里的事情就会停步不前。他对所目及的一切都认为是困难的，并为此忧心忡忡。最能代表他的这一特性的，是他所吹嘘的阻止战斗的作战方式。其实，这种作战方式早在我们一战前的作战条令中就有了，也就是所谓的"迟滞作战"，他只不过是在当下这样一支十万人的小型军队中再次提出来。贝克的"阻止战斗"理论一直贯彻到步兵班一级，而且还进行演练，并

---

❶ 阿尔弗雷德·冯·施利芬（1833—1913），德国元帅，军事理论家。1853年毕业于军事学校，1861年毕业于军事学院。1891年—1905年任普鲁士总参谋长。1906年退役。为解决德国的两线作战问题，他在对历史进行长达10年的深入研究的基础上，于1905年制定了《对法战争的备忘录》，即有名的"施利芬计划"。——译者注

❷ 指施利芬伯爵的文章《现代战争》，载于《德国周刊》，1909年。——作者注

请人参观。要说到这种作战方式的突出特征，那就只能说是一团乱麻、杂乱无章。没有一次演习让参观者满意过。在组建了装甲师以后，弗里奇将军就把它废除了。

1934年，我们从总参谋长那里拿到一本书，名叫《装甲战车战争》[1]，作者是奥地利的里特尔·冯·艾曼斯贝格尔将军[2]。贝克将军对这本书的价值不屑一顾，而鲁茨将军和我发现，书里的观点与我们不谋而合。因此，我们很希望尽快出版这本书。因为，当时大量持客观的即所谓中性观点的文献资料，已经开始在国内流行——这也是我们所希望的。不管能否将人们的注意力集中到艾曼斯贝格尔将军的思想上来，我们下决心要将他的书出版。这是因为，一方面我们必须借助各种力量排除军队有关部门所设置的障碍；另一方面当时在德军的有关单位存在一种倾向，他们往往相信国外的观点，对自己身边的参谋顾问提出的建议嗤之以鼻。后来，我认识了里特尔·冯·艾曼斯贝格尔将军，他是一个诚实的德国人[3]和军人，他为德国装甲兵的创建立下了莫大功勋。他的书在我们部队图书馆的藏书里分量很重，我们装甲兵的人从他的书里学到很多知识。

总参谋部上校冯·艾曼斯贝格尔像他父亲一样颇具才华。他的父亲在第二次世界大战中身负重伤，在与伤痛进行多年顽强斗争之后，于1951年去世[4]。

1934年春，成立了运输兵司令部，由鲁茨将军任司令，我还是担任他

---

[1] 原文为 Kampfwagenkrieg，并非 Panzerkrieg。前者含义较宽。如译为《坦克战》，词意似乎过于狭窄。——译者注

[2] 里特尔·冯·艾曼斯贝格尔（1878—1945），奥地利军事理论家，炮兵上将。1918年任奥匈帝国炮兵总监，1929年任奥地利陆军总监。1930年开始从事坦克作战问题研究，并在对一战坦克运用实例进行分析研究后，撰写了《装甲战车战争》一书。提出"坦克是战争的决定性力量"的观点。——译者注

[3] 里特尔·冯·艾曼斯贝格尔里奥地利人，作者在这里将其称为德国人，可能是因为认为奥地利本就属德国。——译者注

[4] 据其他资料称，艾曼斯贝格尔的父亲战死于1878年，而非1951年。——译者注

的参谋长。此外，鲁茨将军还兼任运输兵监察长和国防军陆军办公厅兵器处处长。

在这段时间内，希特勒第一次到韦内迪希拜访了墨索里尼，但结果好像并不太满意。在这次访问之后，他将国防军的将军们，以及纳粹党和冲锋队的首脑们召集到柏林，对他们发表了一次讲话。对希特勒的这个讲话，冲锋队的领袖们并不以为然。当我准备离开大厅时，听见有人说："阿道夫得好好改变一下他的思想方法。"从这话中我吃惊地发现，在纳粹党的阵营里意见分歧还如此之大。到6月30日，谜底终于揭开了。冲锋队参谋长勒姆，以及一大批冲锋队的领袖们被枪决了。不仅是他们，还有一批与他们毫不相干的人也被处决。到现在我们才明白，他们之所以被枪决，是因为他们在某时某地发表过某些反对纳粹党的言论。在被枪决的人当中有国防部长、总理冯·施莱歇尔❶及其夫人，以及他的同事冯·布雷多将军。人们一直为这两位将军的死鸣冤叫屈，但人们的努力一直没有获得一个满意的结果。只不过是在1935年举办的施利芬纪念晚会——总参谋部军官一年一度的聚会上，年事已高的冯·马肯森元帅声言，这两位将军的声誉永世长存。希特勒虽在国会上对这一事件进行了说明，但极不充分。当时，人们都希望党在今后不要再犯类似的错误。现在回想起来，只有一件事是令人遗憾的，那就是当时的国防军领导没有坚决要求有关人员对此进行赔礼道歉。当时如果他们这样做了，那将不仅是对国防军，也是对全德国人民做出的一大贡献。

1934年8月2日，德国又遭受一重大损失。兴登堡元帅去世了。他把他的人民丢弃在一场前途未卜的国内革命的半途之上。这一天，我给妻子

---

❶ 库特·冯·施莱歇尔（1882—1934），德国上将。魏玛共和国最后一任总理。1929年任国防军局长，成为魏玛共和国决策者之一。1932年在其策划下，外交部部长被迫下台，巴本接任，施莱歇尔担任国防部部长。半年后又将巴本搞下台，施莱歇尔出任总理。希特勒上台后，被希特勒视为主要敌人。1933年被解职。翌年，在希特勒清洗中被党卫队杀害。——译者注

写了一封信，信中写道：

> 我们的那位老先生离开了我们。我们大家对这一无法弥补的损失感到异常悲痛。他对整个人民尤其是对国防军而言，如同慈父一般。他的去世使我们的民族生活出现了一个巨大的缺口，我们只能通过艰难和长期的努力，慢慢将它填补起来。对于外国人而言，仅仅是他的存在就能抵过许多条约和华丽的辞藻。全世界的人都信赖他。对于像我们这样爱戴他、崇拜他的人来说，丧失的东西就更多了。
>
> 明天我们就要向希特勒宣誓效忠了。这可能是一次会带来严重后果的宣誓！上帝保佑，为了德国人民的福祉，愿双方都能忠信不渝。军队一贯信守誓言。希望军队能以荣誉为重，履行誓言。
>
> 还是你说得对。如果各种组织的代言人能利用这样一个机会，进一步削减庆典，少说废话，那将是一件令人欣慰的事……现在我们需要的是恪尽职守和谦恭做人。

这是我1934年8月2日写下的感受，那不仅是我自己的，同时也是我的许多同事，甚至是我们当时大多数人民的感受。

1934年8月7日，德国军人们把这位不朽的元帅和总统安葬到坦嫩贝格的陵园。希特勒说的最后一句话至今还在我的耳边回响："逝去的统帅，魂回故里吧！"

早在8月1日，德国总理和内阁就已经根据授权法向全国人民宣布，在兴登堡去世之后，总统职权与总理职权便合二为一。于是，阿道夫·希特勒于8月2日合法地成了德国元首兼国防军最高司令。由于他依然执掌着总理的职权，所以说，德国的一切权力就落入他一人之手。自此，他在独裁专制的道路上就几乎一路绿灯，横行无忌。

在经过整整一个冬天的忙碌之后，1935年来到了。在这一年的3月，德国宣布重整军备。我们所有军人都为此欢呼雀跃，表示欢迎。因为它终于使《凡尔赛和约》那些侮辱性的条款化为泡影。在阵亡将士纪念日，马肯森元帅亲临纪念会场，主持了由各兵种参加的阅兵式，我们几个刚刚组建的装甲营也第一次参加了阅兵式。这是一次徒步阅兵式，绝大部分参阅部队都没有带装备。早在准备这次阅兵的时候，装甲兵就备受歧视。他们的理由是——如一个总参谋部的军官对我说的："看你们那短小的卡宾枪，恐怕连举枪致敬的动作你们也做不了。"尽管他们对我们如此蔑视和抵触，但我还是做到了让我的装甲部队参加阅兵式。

这一年的3月16日，英国武官邀请我到他那里参加一次晚间聚会。当我刚要出门的时候，收音机里正好播送德国政府的一个公告，宣布德国恢复普遍义务兵役制。这一晚上，我与我的英国朋友以及被邀请来的瑞典朋友，围绕这个话题进行了热烈的议论。一种极大的满足感在我心中油然而生，而这两位先生对我的兴奋之情也给予充分理解。

从理论上说，我们现在开始进行扩充军备的目的，是想使我们的装备能与装备充足的邻国，保持在同一水平上。但实际上，不论是武器数量还是装备性能，我们都与邻国相差甚远，更谈不上什么接近了，特别是在装甲兵方面。所以，我们必须奋发努力，争取在组织和指挥方面弥补与邻国的差距，将我们不甚充裕的兵力编组成较大的单位，发展成装甲师、装甲军，用以抵消我们在数量上的劣势。

首先，必须使我们的军事长官们相信，我们的道路不仅是完全可行的，而且也是正确的。为了达到这一目的，我们在1934年6月建立了由鲁茨将军领导的运输兵司令部，并将我们现有的一些分队合并成装甲师，准备在1935年夏天举行一次为期四周的演习。这个装甲师由冯·魏克斯男爵将军指挥。我们将这个师集中到明斯特军营训练基地，按照四种战术训练计划进行系统训练。这次训练的目标，并不只在于训练提高指挥官自主定下决心并付诸实施的能力，更多的是要向大家表明，大规模的装甲部队在与其支援兵种的协同下，完全能够实施机动并进行战斗。冯·布洛姆贝格将军和弗里奇男爵将军亲临现场，对这次演习表现出极大兴趣。鲁茨将军还曾邀请希特勒参加，只是由于其副官的极力反对希特勒才没有到场。

这次训练演习的结果令人十分满意。当表示演习结束的黄色气球升空的时候，冯·弗里奇男爵大将开玩笑地对我说道："现在就只差一件事了，那就是在这个气球上写上：'古德里安的坦克是最棒的！'"鲁茨将军被任命为新成立的装甲兵司令部的司令。我们本想组建一个与其他兵种一样的军司令部，但陆军总参谋长贝克将军极力反对，因此只得作罢。

1935年10月15日，三个装甲师正式组建起来：

第1装甲师，由魏克斯男爵将军指挥，驻在魏玛；

第2装甲师，由古德里安上校指挥，驻在维尔茨堡；

第3装甲师，由费斯曼将军指挥，驻在柏林。

10月初，我离开柏林，由军队上层机关转到部队工作。装甲兵司令部的工作由我尊敬的鲁茨将军掌管，这使我十分放心。但是，面对总参谋部日益增强的反对呼声，也不得不加以提防。在这种情况下，始终使我放心不下的是，接替我职务的参谋长能不能坚持自己的立场，不退让半步。此外我还担心，编在陆军总司令部内的装甲兵监察处，在陆军办公厅主任领导下，还能不能按照我们原来的计划继续得到发展。事情的发展确实证明我的担忧不无道理，因为总参谋长正企图组建装甲旅，而他成立这种旅的目的仅仅是为了用它与步兵协同。1936年在斯图加特组建的第4装甲旅，就是为了这个目的而成立的。另一件事情是，由于旧式的骑兵受到摩托化部队越来越大的影响和压力，所以放弃了原本组建新装甲师的计划，而代之以组建三个所谓的"轻型师"。每个轻型师由二个摩托化步兵团、一个侦察团、一个炮兵团、一个装甲营和其他兵种编成。为了提高在公路上的行进速度，他们还对其中的装甲营进行了一种试验，将这种营的坦克由低车架拖车牵引改为载重汽车装载。这无疑是一个懒办法，因为当时只有Ⅰ型和Ⅱ型坦克能够用载重汽车和低车架拖车装载，自1938年开始有了Ⅲ型和Ⅳ型坦克后，就不再需要汽车了。

除了这种轻型师以外，还组建了四个摩托化步兵师，其做法就是把通常的步兵师完全加以摩托化，这样就需要大量的运输汽车。最后，又将数个摩托化步兵师合编为第14军，将数个轻型师编为第15军，同时将三个装甲师编为第16军。这三个军后来都隶属于新组建的第4集群，司令部设在莱比锡，由冯·布劳希奇将军指挥，担负的主要任务是训练和调研。

原来装甲兵统一的兵种颜色为粉红色，现在也发生了变化。装甲团和反坦克营仍使用粉红色；装甲侦察营最初改为黄色，后改为褐色；装甲师的步兵团和摩托步兵用绿色；轻型师的骑兵步兵团改用骑兵的黄色；摩托化步兵团仍使用白色。当然，为了部队的颜色问题，在步兵监察长和骑兵监察长之间也曾发生过激烈的争执。

对于将摩托化部队和装甲部队进行这种分割的做法，我十分遗憾。但是，起初我并没有能力控制这种事态的发展。直到后来，我才将此事校正过来，但也仅仅是一部分。

我们在摩托化领域的可用资源本来就十分有限，再加之在陆军其他兵种的编组方面所犯下的错误，使我们的这种资源都白白浪费掉了。比如说，陆军办公厅主任弗罗姆将军就曾下令，将步兵团第14连以及反坦克连都加以摩托化。我曾对此提出过反对意见，我认为在徒步行军的步兵团中，这些连最好还是使用马匹牵引，不要实行摩托化。他却反驳我说："步兵也得要几辆汽车啊！"最后我请求他，与其将第14步兵连摩托化，还不如将重型炮兵营摩托化。我的这个请求同样遭到拒绝。这样，重型火炮就一直由马匹牵引，后来在战争中一直表现不佳，尤其是在俄国战场上。

为了给坦克配备一种辅助兵器，我们着手发展履带式车辆，但这件事始终没有我们想象中那样顺利。事情很清楚，在开进中，步兵、炮兵和其他兵种越是能紧随坦克行进，坦克就会取得越大战果，这是毋庸置疑的。因此，我们提出要求，希望为步兵、工兵和卫生兵装备一种有轻型装甲的半履带式车辆；此外，为炮兵和反坦克营装备一种有轻型装甲的自行炮架；最后，为侦察兵和通信兵配备各种型号的坦克。然而，各师所需要的这些车辆始终就没有得到全部落实。尽管我们尽最大努力不断提高生产数量，但终因我们的工业生产能力有限，无法满足国防军、党卫军及经济生活对机械车辆急剧增大的需求量。虽然专家们对此一再提出警告，但最高当局仍未对各方的使用量加以限制，加上个别当权者的浮夸蛊惑，更使这种状况雪上加霜。我在下面介绍1941年战争时还会再谈及这个问题。

当时我正在位于维尔茨堡的师部里，无意间听到了上面谈到的问题。我当时的任务是组建和训练新建部队，其兵员来自各个单位。1935年至1936年的冬天，生活很平静。我在维尔茨堡的时候，无论是在博兰特将军的军营里，还是在城市和乡村，都受到了友好热情的款待。我在伯尔克大街购置了一所小房子，从这里一眼望去，可以越过前面坐落在美因塔尔的城市，观看精彩的圣母节，欣赏巴洛克风格的建筑。

1936年，我们都为希特勒军事占领莱茵兰的决定感到震惊。由于这次占领只是一种军事姿态，所以没有动用装甲部队。我所属的师虽然也被动员起来，并调到明辛根的训练基地，但为了避免增添不必要的紧张气氛，装甲旅原地未动。几周后，又全部返回驻地。

这一年的8月1日，我晋升为少将。

这一年的秋季演习，唯一参加演习的就只有从施韦恩福特赶来的第4装甲团。演习中，由于步兵师仅编了一个装甲团，因此未能清晰全面地展示我们装甲部队的能力。

在参观演习的来宾中，我还见到了从远东归来的冯·泽克特将军[1]。我有幸向他概略地介绍了装甲兵，而对于装甲兵他迄今还没有听说过。此外，我还向应邀参观演习的新闻记者们介绍了这种新型兵种的组织和作战方法。

1937年平安地度过了。为在格拉芬沃尔训练基地进行一次装甲师演习，我们全身心地投入准备工作。受鲁茨将军的委托，我在1936年至1937年

---

[1] 冯·泽克特（1866—1936），德国大将。第一次世界大战中，先后任军参谋长、集团军参谋长。1916年—1918年，以皇家陆军"德国将军"的身份，先后任奥地利卡尔亲王和约瑟夫大公爵的参谋长，以及奥斯曼陆军总参谋长。1919年任德国总参谋长。魏玛共和国时期任陆军部队局局长（相当于总参谋长）。1926年晋升大将。同年，因与国防部长发生矛盾被迫离职。1934年—1935年，应邀来中国，任蒋介石的军事顾问。1936年死于柏林。——译者注

的冬天写了一本书，名为《注意！坦克！》。在这本书里，我介绍了装甲兵的组建历史，阐述了德国装甲兵建设的基本思想。我们想通过这本书让更多的人了解和知晓我们的观点，这种方式要比通过层层审批的僵化程序更易达到目的。此外，我还不断在专业军事报刊上发表我们的意见，批驳对立面的观点，这是绝对必要的。后来，我们将这本书的主要观点压缩成一篇文章，刊登在1937年10月15日的德国军官协会的官方杂志上。通过这篇文章，可以清晰地再现当时双方的斗争状况和意见分歧。我想将此文引述如下。

在运动中及运用火力时坦克实施攻击

一旦谈起坦克攻击，外行人总会联想起在战争报道中所描述的康布雷❶和亚眠❷的钢铁巨怪。他们会以丰富的想象力为自己勾画出一幅生动的画面：坦克像割稻草机一样将层层叠叠的铁丝网轧断，掩蔽部被压塌，机枪被碾碎。由于"坦克"的碾压威力和发动机发出的轰隆隆的巨响，以及从排气管喷出的红色火焰，会使人们患上一种"坦克恐惧症"。这种"坦克恐惧症"常被人们认为是1918年8月8日失败的原因所在。坦克的碾压效力只不过是它的特性之一，但绝不是最重要的。但是，由于这一特性在许多评论家的心中印象太深了，因此从这一片面的印象出发，就凭空想象出一种场景：大量密集的坦克，以几乎同等的速度朝着同

---

❶ 法国北部城市。第一次世界大战中，英军在此地区对德军实施了一次坦克进攻战役。1917年11月，英军集中8个步兵师、3个骑兵师和3个坦克旅，配备坦克470辆、飞机1000余架、火炮1000余门，在宽约9.6公里的正面向德军发起进攻。创下不经炮火准备、集中使用大量坦克的先例。——译者注

❷ 法国城市。第一次世界大战中，英法联军在亚眠以东地区对德军实施了一次进攻战役。协约国在主攻方向上投入17个步兵师、3个骑兵师、600余辆坦克、2000门火炮和800架飞机，在30公里宽正面上对德军发动突然袭击，重创德军。联军投入大量坦克，是取得亚眠战役胜利的重要原因之一。——译者注

一个方向实施攻击时，坦克就是一个为反坦克步兵和炮兵开路的巨大压路机，冲向防御者，将他们碾碎，即使受命在不适合坦克运动的地形上也是如此。坦克武器的作用被低估了。坦克被他们理解成一种又瞎又聋的东西，认为它不具备坚守被己方占领地域的能力。实际上恰恰相反，配备坦克的防御者具有多种优长：防御者不再会遭受敌坦克的突袭，己方的反坦克步兵和炮兵可以不必顾忌自己的损失而打击敌人的目标，也不会受烟幕、浓雾、地面遮蔽物和其他设施的妨碍，凡坦克实施攻击的地方，己方反坦克步兵和炮兵也能够到达。他们可以利用其光学仪器在浓雾和昏暗时节获得良好的观察效果，他们虽然戴着头盔，但能听得清清楚楚。

从上述片面的印象出发，有人就认为坦克攻击不再有前途了。那么，是不是就像一位评论家所说的，坦克可以作废了，坦克时代可以越过了呢？如果真是这样的话，那么人们就无须对旧式兵器进行战术改革了，那就只好再重新启用1914年—1915年阵地战的老模式了。如果你还不知道是否能够以及在什么地方着陆，那最好就别鲁莽地跳下去。所以说，如果我们的批评家们还不能指出一条新的、能比我们现在的这条路更好的路，那我们就决心为我们的观点奋斗到底。我们的观点就是：只要正确地使用坦克，坦克就是今天遂行陆上战斗的最得力的武器。不过，为了使人们更好地了解坦克攻击的前景，我们首先介绍一下它最主要的特征。

装　甲

凡是准备参加重大战斗的装甲战车，都至少能抵御钢心尖头弹的攻击。但是，在防御敌人的坦克炮以及在面对敌人坦克的时候，这一防护措施还显得不够。因此，世界大战中的所谓战胜国，尤其是法国，都大大地增强了坦克的装甲防护能力。比如，为了击穿"沙尔2C"型坦克，就需要一种75毫米口径的火炮。如果进攻者将坦克作为进攻的第一梯队，用以抵御敌人大量的反坦克火力，那么战胜这一极其危险的敌人是毫无问题的。接下来，在己方轻型坦克消灭敌人的反坦克武器之后，在强大坦克的掩护下，敌人的步兵和工兵也迟早会随之被消灭。如果敌人成功地将能击穿目前进攻者所有坦克装甲的反坦克炮，及时配置在战场的关键地点，那么坦克攻击要想取得成功就肯定要付出一定代价；但是如果防御者有足够的火力密度和纵深，那么进攻者就不一定能够稳操胜券了。盔甲和枪弹之间的斗争从未停止过，这是我们数百年前就已知晓的事。这种斗争在装甲部队身上也是不可避免的，而且必将延续下去。在要塞的构筑、海军乃至空军那里，也是如此。这个斗争的现实及其攻防角色的相互转换，不能作为放弃坦克遂行地面战斗任务的理由。否则，我们就等于又回到了世界大战时期，幼稚地将棉衣作为士兵防御进攻者唯一的防护措施。

运　动

有人说过："胜利只能来源于运动。"我们同意这一说法，而且想利用我们这个时代的技术辅助手段来说明这一思想。运动的目的是将己方的部队调向敌方。为了达到这一目的，我们可以利用人和马的腿脚以及铁路，或近期出现的载重汽车和飞机。一旦靠近敌人，一般会在敌人火力下被迫停止运动。为解决这一问题，必须将敌人消灭，或将其压制，或迫使敌人放弃其阵地。要想做到这一点，就要利用己方的火力优势，将敌人的炮兵和机枪火力压制，或使其丧失抵抗能力。从坚固阵地发射出的火力，可以达到大部分火器肉眼所及的距离，步兵可以在这一距离内利用火力掩护实施攻击，一旦超出这一距离，重型武器和炮兵必须转移阵地，以便重新利用火力为步兵运动提供掩护。如以这种方式作战，就需要大量武器和弹药。而准备这样的攻击，需要很长时间，且难以伪装。因此，作为取得胜利的前提条件——突袭，就难以达成。即使达成突袭，在进攻之初进攻者的意图就会暴露无遗，防御者的预备队可以源源不断地开向攻击点，阻止其攻击。自从预备队实施摩托化以后，构筑新的防线已经比过去容易许多。因此说，步兵和炮兵这种在时间上需要密切协同的进攻，其成功概率比上次世界大战还要小。

因此，关键的是，要以比现在更快的速度运动，在运动中不顾忌敌人的防御火力，这样才有望阻止敌人构筑新防线，一直突入防御者的纵深。支持装甲兵器的人相信，在有利的前提下，装甲兵器是能够做到这一点的。而怀疑论者则认为，在1918年战争中曾经使用过的突袭战法，"对于今天的坦克攻击来说已不再是可能的事"。如果按照他们的说法，那么坦克攻击是不是就不再能对防御者达成突袭了？可是，为什么在以往的战争中无论使用新兵器还是旧兵器，都曾取得突袭胜利呢？步兵上将冯·库尔曾于1916年向最高统帅部建议，在实施突破进攻时必须对突袭给予极大重视，尽管突然袭击已不算新的进攻手段。1918年的迈克尔攻势就是因突袭成功而取得胜利，尽管没有使用新型武器。如果除了运用通常能达成突袭的措施之外，再加上新型作战手段，那么取胜的可能性会更大。但并不是说，新型武器是达成突袭的先决条件。我们相信，利用坦克实施进攻可以达到比现在更高的运动速度——更重要的是，在突破成功之后，它依然能够保持高速运动。我们还相信，只要具备一定前提，高速运动是完全可以保持的。所谓的前提就是目前坦克攻击取胜所依据的条件：在适合的地形上集中使用兵力；敌人的防御不完善；敌方坦克居于劣势，只有屈指可数的几辆。如果有人指责我们说，我们不可能无条件地保证每一次进攻都能取得胜利，利用装备机枪的坦克也不可能突破要塞防御。那么，我们也不得不遗憾地指出，大量实例证明其他兵种的进攻能力更加不如人意。而且我还要说，谁都不可能是万能的。

有人曾说，任何一种武器只有在它刚刚出现之时，以及在不惧怕其他防御兵器期间，才会发挥它的最大效能。如果是这样的话，那炮兵有多可怜啊！因为它已有百年历史了。空军多么可怜啊！因为它飞翔在防空火力之上，按说早就开始衰退了。我们认为，一种武器效能的大小取决于当时与之对抗的武器的水平。如果坦克遇到优势之敌——敌坦克或反坦克炮，坦克也会被摧毁，此时坦克的效能也就变小了；但是如果反过来，它就会具有毁灭性的效能。如果把防御者的强与弱先放到一边不谈，那么每一件武器的威力还取决于人的意志的发挥程度。人的意志能使技术成就得到最大限度的利用，永远站在你所处的那个时代的最高峰。从这个角度说，坦克是不会被其他武器超过的。有人说："防御者炮兵的炮弹要比坦克的炮弹飞得快得多。"对此，迄今还没有人表示过怀疑。然而，早在1917年和1918年，在步兵线之后就已经有过配置数百辆坦克的先例，数百辆坦克冒着敌拦阻火力向前开进，同时有几十个步兵师甚至是骑兵师紧随其后，而且这种进攻还是在未实施炮火准备的条件下进行的，也就是说在防御者的炮兵尚未受到任何损失的情况下进行的。敌人的炮兵只有在特别有利的情况下才能阻止坦克的运动。坦克一旦突破成功并攻击到敌炮兵阵地，敌炮兵很快就会变哑，己方步兵也不会再遭受敌炮火的伤害。而这种僵化的炮兵战术，以及"在受威胁地点前方纵向不间断地实施火力封锁"的理论，早已在第一次世界大战中销声匿迹了。地面建筑、尘土、蒸气以及防御者炮火造成的烟雾，可能会局限坦克的视野，但这种局限并没有到达坦克不可忍受的地步。我们在和平时期就已经学会了如何克服这种障碍。坦克可以依靠罗盘在夜间和浓雾天行驶。

在依靠装甲兵取胜的进攻作战中，"决定性角色"不是步兵，而是装甲兵。因为，装甲兵的进攻一旦失利，也意味着全部进攻失利；而装甲兵进攻的成功，就会带来全局的成功。

火　力

装甲和运动只是装甲兵所具备的部分作战性能，最重要的性能是火力。

坦克可以在静止状态下发射火力，也可以在运动中发射。在这两种情况下，都可以进行直接瞄准。当坦克处在静止状态，如果对已知目标发射火力，就可以利用良好的光学仪器进行直接瞄准，能在有效距离内利用最短的时间和最少弹药，将目标摧毁。

坦克在运动中时，坦克射手会由于观察的局限，不易识别目标。但是，由于坦克的炮位较高，尤其是在被植被覆盖的地形上，识别目标对它来说也并不难。不过，备受人们指摘的坦克的高炮位，为防御者提供了良好的射击目标，但对坦克射手来说则是有利的。如果必须在运动中射击，那么对近距离目标的命中精度会很高。但随着目标距离的增加，坦克行驶速度的日益提高，以及起伏地形的不断增多，命中精度会降低。

　　但不管怎么说，在地面战斗中，只有坦克具备在防御者的全部机枪和火炮尚未被压制的情况下，携火力一直冲到敌阵前。我们不怀疑，静止的武器要比运动中的武器具有更高的命中精度。但是我们最划算的手段是将两种射击方式都放弃，只有一点就足够了：“胜利只能来源于运动。”现在，面对敌人以梯次配置、配属有装备反坦克武器的步兵和炮兵的主战场，难道还要求坦克攻击时按世界大战的模式，利用炮火准备射击将目标摧毁吗？肯定不是的。提出这种要求的人，是基于纯粹的"步兵坦克"思想，认为装甲部队的任务仅限于与步兵协同，并以步兵的——在我们看来是极慢的——节拍去作战。我们既不能也不想依靠数周乃至数月时间的勘察及消耗大量的弹药；我们要的是，在计划时间内，将整个防御体系纵深的敌人同时消灭。我们明白，我们的坦克弹药储备量有限，无法进行"有计划的炮火准备"，也无法做到"炮兵的集火射击"。我们要的恰恰是它的反面，即直接瞄准，一发命中。因为我们从数年的战争中得出的经验认为，长达数周的猛烈炮火准备，并不能保证步兵赢得胜利。我们也从敌人的经验中得出结论认为，将坦克运用在足够的宽度和纵深，同时对敌各种防御配系实施快速攻击，也是能够取得胜利的。这要比按照世界大战的模式进行有限突破，更有利于取得全盘胜利。我们的火力不仅会像那种耗费巨量弹药、漫无目标的面积射一样，从敌人头顶"呼啸而过"，而且在进攻有足够密度、宽度和纵深的情况下，通过消灭已知的目标，在敌人防线上打开一个缺口。预备队可以通过这个缺口在装甲部队之后跟进,这就使进攻速度远远快于1918年。为此,我们要求预备队也能按照装甲师的编组模式组建。因为,我们不可能赋予其他兵种以装甲兵同样的、在攻击和追击时所需要的战斗力、快速性和机动性。说到这里我们就可以看出来了,装甲兵不只是"实施决定性会战时的辅助手段,不只是与其他兵种协同、只能在某些情况下帮助步兵运动的手段"。如果装甲兵真是这样的话,那么一切就又都回到了1916年时的情景,而且任何人都无回天之力,战争必定从一开始就沦为阵地战,迅速取胜的希望将被彻底埋葬。无论敌人如何鼓吹他们有充足的弹药,还是火炮日益提高的命中精度和射程,以及已经改进的射击技术,都不可能动摇我们的观点!恰恰相反,我们认为,装甲兵绝对是一种适用于进攻的主要兵种。我们将利用时代赋予我们的最新技术,使我们的装甲兵得到不断发展。我们绝不会因有"火力是运动的先导"之说,就为进行炮火准备而耗费大量时间,并为此牺牲突袭战法。我们的观点恰恰相反,只要我们具备一些最重要的前提条件,比如适宜的地形、突然袭击和大量密集地使用,那么在尚未实施炮火准备的情况下,坦克也能保障我们的部队冲击到敌阵前。

"大量密集使用"这个用语,也使批评者们不寒而栗。他们在文章中写道:"如果从组织角度考虑,这就值得怀疑了:将全部装甲部队大量密集地使用,原则上是否正确;或者说是不是就忽略了另一个要求,即步兵原则上配属了装甲战车才能充分发挥其快速的攻击力。"我们从这句话里首先可以看出,他们已经承认,没有坦克就不会有步兵攻击的快速性。因此说,具备这种快速性,而又能赋予其他兵种以这种快速性的兵种,无疑就是主要兵种。至于是不是应当将坦克配属给步兵的问题,可以用一个例子中的数字加以澄清:

红、蓝是战争中的两方。每一方都有100个步兵师和100个装甲营。红方将其装甲部队配属给步兵师;蓝方则将这些装甲部队合编为装甲师作为统帅部预备队。我们假设在一条300公里的战线上，其中有 100 公里是坦克无法通过的，100 公里为坦克难以通过的，另 100 公里为适于坦克运动的地带。在实施攻击时，很容易会出现这种情况：红方把相当一部分装备有坦克的师配置在蓝方阵地前坦克无法通过的地带，因此无法发挥它的作用。另一部分配置在坦克难以通过的地带。这样做虽然好一些，但也难以取得突破。结果，红方只有一小部分装甲部队使用在适于坦克运动的有利地形上。相反，蓝方却将整个装甲兵力集中投放到计划实施决定性会战的地点，或者根据地形条件也能取得决定性胜利的地点。这样，蓝方就会在坦克数量上以至少多于敌一倍的优势投入会战，并在其他实施防御的战线上抗击红方少量坦克攻击。一个装备有大约 50 门反坦克炮的步兵师，对付 50 辆坦克的攻击要比对付 200 辆坦克的攻击容易得多。因此我们认为，将坦克配属给步兵师使用，是一种倒退到 1916 年—1917 年英国的原始战术思想，当时就已宣告彻底破产。一直到他们在康布雷集中使用坦克之后，才取得了胜利。

我们想通过一种能快速攻入敌阵、有装甲防护、可实施直接瞄准的摩托化机动兵种来取得胜利。有人说："发动机算不上什么新式武器，它只不过是将旧式武器改头换面而已。"人所共知，发动机是不能用来进行射击的。当我们说坦克是一种新东西时，我们是指一类新型武器，比如海军的潜水艇。再比如有了发动机，才有了飞机，继而才可能出现空军。这些也都是人们所说的"武器"。我们自认为我们的坦克是一种地地道道的"武器"，而且深信，我们在未来战争中所赢得的胜利，会作为一个非同寻常的事件铭刻在人们的记忆里。如果我们坦克的攻击取得了成功，那么其他兵种就必须与我们保持同等攻击速度。因此，我们要求，利用我们战果的辅助兵种，必须具备与我们一样的机动性，而且必须在和平时期就配属给我们。因为，要想取得决战胜利，不仅需要大量步兵，还要有大量装甲兵。

德国国防军在 1937 年晚秋举行了一次大型演习，希特勒和许多外国来宾在最后几天参观了演习，其中还有墨索里尼、英国的西里尔·德弗雷尔元帅、意大利的巴多里奥元帅❶和匈牙利的一位军事代表。参加演习的装甲部队是由费斯曼将军指挥的第 3 装甲师，以及配属给其他演习部队的第 1 装甲旅。我担任坦克调理❷司令部的领导。

这次演习所取得的正面结果说明，装甲师是可以使用的。但是后勤供应和维修尚显不足，必须着力加以改进。为此，我向军指挥所提出了改进的建议。遗憾的是，他们并没有立即予以考虑，致使此次演习暴露的缺点在 1938 年春的演习中再次出现。

在演习的最后一天，还专门为外国来宾进行了一场大规模的总攻演习。所有参加演习的坦克都由我指挥。尽管我们当时使用的还是小型的 I 型坦克，但当时的情景依然给人留下深刻印象。

演习之后，又在柏林举行了一次阅兵式，接着冯·弗里奇大将与各国军队来宾共进早餐。我也受命参加了这个早餐会。利用这次机会，我与许多人包括英国的西里尔·德弗雷尔元帅和意大利的巴多里奥元帅进行了交谈。巴多里奥谈到他在埃塞俄比亚作战的经验，西里尔·德弗雷尔先生询问了我对摩托化的看法。而年轻的英国军官们感兴趣的则是，今天表演给墨索里尼看的大量坦克机动的场面，是不是也能在未来战场上出现。他们对此持怀疑态度。很显然，这说明他们还是赞同将坦克用来做步兵的支援兵器的。但是不管怎么说，我们谈得还是相当友好和融洽。

---

❶ 彼得罗·巴多里奥（1871—1956），意大利元帅。1919 年—1940 年间多次出任意大利总参谋长。1926 年晋升为元帅。1928 年任驻利比亚总督，1936 年任埃塞俄比亚总督。1940 年，在意大利参加第二次世界大战的问题上与墨索里尼产生分歧。1943 年参加推翻墨索里尼法西斯统治的政变，出任新政府总理，并通过与盟军达成停战，使意大利顺利退出第二次世界大战。1944 年引退。——译者注

❷ 在军事演习中，导演部派往演习部队负责检查、裁决、评定等工作的人员，称为调理员。类似于运动比赛中的裁判员。——译者注

第三章

希特勒独揽大权

1938年2月2日夜间我意外获知我晋升为中将的消息,并以此拉开了这一个多事之年的序幕。紧接着,我便接到命令,让我出席定于2月4日在柏林由希特勒主持的会议。4日晨,我正坐在行驶于柏林大街的电车上,突然有一个熟人把我从电车上叫下来。他告诉我,我已被任命为第16军军长。这真是个天大的意外。我赶忙买了一份晨报,上面的消息使我大惊失色,原来陆军的一批高级军官被免职,其中有布洛姆贝格、弗里奇和我的好友鲁茨将军。对于采取这一措施的原因,我在总理府被接见时略微知道了一点。国防军的所有军长都聚集在总理府的大厅里,站成一个半圆形。希特勒走进大厅,向我们宣布,国防部部长冯·布洛姆贝格元帅已被革职,起因是他的婚姻问题❶。同时,他说他还迫不得已把陆军总司令冯·弗里奇男爵大将也免了职,因为他触犯了刑法❷。对于其他人的免职,希特勒没有逐一进行解释。我们大家都惊呆了。我们一直将这几位最高上司奉为完美无缺的人,希特勒对他们的激烈谴责,深深地刺伤了我们的心。我们觉得这是完全不可能的事,但是又想,对于像这种如此重大的事情,作为

---

❶ 布洛姆贝格在其夫人去世后,于1938年1月与在国家粮食署的秘书、出身平民家庭的格鲁恩小姐结婚。格鲁恩一直向他隐瞒了她一段生活作风不检点的历史,这段历史曾被警方记录在案。希特勒、戈林以玷污国防部长和国防军总司令声誉为由,将布洛姆贝格革职。——译者注

❷ 纳粹秘密警察利用张冠李戴的手法,将与弗里奇的名字(Fritsch)只有一字之差的鸡奸犯弗里施(Frisch)的罪名扣在弗里奇的头上,并以此将弗里奇拉下陆军总司令的宝座。——译者注

一国之首的希特勒是不会信口开河的。希特勒讲完话后便离开大厅。接着我们也获准离去。当时没有一个人说话,因为在这个令人震惊的时刻,在没有对事情过程进行调查之前,谁能预言此事会对将来产生什么影响?

关于布洛姆贝格的事件已经是一清二楚了。他不可能留在国防部办公厅。至于冯·弗里奇男爵大将就完全不一样了,是一个需要进行军事法庭侦讯的事件。军事法庭在戈林主持下开庭了。尽管如此,冯·弗里奇男爵大将最终还是被宣告无罪。这说明,对这位大将的诬陷指控是没有任何根据的。在发生这个无耻的诽谤之后数月,我们又一次被召集到一个航空站,聆听最高军事法庭庭长海茨将军宣读判决书,以及对法律依据的详细解释。在宣读判决之前,希特勒发表了一个简短的讲话,他对此事表示歉意,同时还向我们保证,他不会让此类事件重演。我们当场要求为这位大将平反,彻底恢复他的名誉。但是,事后经新任陆军总司令冯·布劳希奇大将(他是由布洛姆贝格推荐的)的一番努力后,只是做到了恢复冯·弗里奇男爵大将的军籍,让他到什韦林第12炮兵团担任团长。从此之后他就一直没有调动工作,没有获得任何其他任命。但是,不管怎么说,这对于他所受到的侮辱而言,真是无法弥补于万一。虽然希特勒把那个制造假证据进行诬告的人枪毙了,但是躲在幕后进行密谋策划的人并没有受到应有的惩处。他们处死告密者也只不过是个烟幕弹。8月11日,在波美拉尼亚的大博恩训练基地,为冯·弗里奇男爵大将举行了第12炮兵团指挥权的交接仪式。8月13日,希特勒出席了在这里举行的演习,但是两个人并没有照面。

1938年2月4日,希特勒自任国防军总司令。国防部部长的职位仍然空缺。部办公厅主任威廉·凯特尔将军❶代理部长职务,但其职权范围不

---

❶ 威廉·凯特尔(1882—1946),德国元帅。参加过第一次世界大战。1935年任国防部国防军局长。1938年晋升为大将,任国防军最高司令部长官,参与各项计划的制订,但无实权。尽管军事将领们对希特勒的决断不时提出异议,但凯特尔却称希特勒为"天才""历史上绝无仅有的伟大统帅",因此被军官团嘲讽为"奴才"。1940年晋升元帅。1945年被盟军逮捕。1946年,以参与制定如政治委员命令等诸多反人类罪法规,被纽伦堡国际军事法庭判处绞刑。——译者注

能超过国防军总司令,也不享有对军队的指挥权。自此,他就被冠以国防军最高司令部长官的称呼。

驻莱比锡的第4集群已归属冯·赖歇瑙将军指挥,下辖三个摩托化军。赖歇瑙将军是一个思想进步的人,不久我们就成了好朋友。

继1934年6月30日事件❶之后,1938年2月4日成为陆军总司令部的第二个黑暗日。在这两天里,德国的所有将军都没有任何表示。对此,人们在事后给予了严厉谴责。不过,这种谴责用在高层权威人士身上最为恰当,因为大多数人对于真相不甚了了。就拿弗里奇的事件来说,起初人们觉得不可信,甚至连想都不敢想,只是等军事法庭判决之后,真相大白了,才有可能采取重要行动。我们曾经督促过新任的陆军总司令,让他采取有力措施,但他始终没有能下定决心。恰恰在这个时期,发生了具有重大影响的外交事件,即吞并奥地利事件,此事也就随之被束之高阁,采取行动的良机因此被错过了。但是,整个事件足以说明,在国家元首与陆军高层之间已出现信任危机。虽然我无法了解出现这种危机的真实原因,但已明显感觉到危机的存在。

我从我尊敬的上司装甲兵上将鲁茨手里,接受了第16军军长这一新职务。这个军的参谋长是保卢斯❷上校,几年前我就认识他,他是一个标准的总参谋部军官,头脑清醒,勤奋努力,而且人品极佳,使人对他的纯洁和忠诚深信不疑。我们在一起工作得很出色、很协调。后来,这位不幸的第6集团军司令因守卫斯大林格勒的问题,遭到了最严厉的指责和诽谤。除非保卢斯能有机会为自己辩护,否则我不相信任何对他的指控。

这个时候,三个装甲师都更换了师长:

---

❶ 指施莱歇尔将军被杀事。——译者注

❷ 弗里德里希·保卢斯(1890—1957),德国元帅。第二次世界大战中先后任第10、第6集团军参谋长。在斯大林格勒会战中,由他指挥的第6集团军被苏军包围于斯大林格勒。1943年1月31日不顾希特勒的坚守命令,率部向苏军投诚。1944年加入德国军官反法西斯联盟,后加入"自由德国"民族委员会。1953年定居德意志民主共和国。——译者注

第 1 装甲师师长为鲁道夫·施密特将军；

第 2 装甲师师长为法伊尔将军；

第 3 装甲师师长为盖尔·冯·施韦彭堡男爵将军。

吞并奥地利

3 月 10 日近 16 时，陆军总参谋长贝克将军召见我。在我答应严守秘密的条件下，他告诉我，元首正打算将奥地利并入德国，因此需要准备对一些部队下达开进命令。他说："您必须接管您原来的第 2 装甲师。"但我不同意这种安排。我说，法伊尔将军是一位优秀的将军，已经接替我继任该师师长，现在再让我去接管该师会伤害他的自尊心。贝克回答道："在这个时候，您无论如何都得指挥摩托化部队。"无可奈何之下，我建议动员第 16 军军司令部，此外除第 2 装甲师之外，还要再为其配属一个师。贝克将军还决定，将党卫队的"阿道夫·希特勒"近卫师配属给第 16 军军司令部。最后他说："如果真想吞并奥地利的话，也许现在是最佳时机。"

我回到办公室，开始做必要的准备工作。与此同时，也在考虑完成这次任务所应采取的必要措施。近 20 时，贝克再次召见我。他命令我务必在 21 时至 22 时之间，向第 2 装甲师和党卫队"阿道夫·希特勒"近卫师发出进入战备状态的命令，并在帕绍附近集中。现在我才知道，所有参加向奥地利开进任务的部队都受博克大将❶指挥。在我第 16 军南部的步兵师按计划要渡过因河，其他部队则用在蒂罗尔。

23 时至 24 时，我用电话向第 2 装甲师下达动员令，而后当面向党卫队的近卫师指挥官泽普·迪特里希下达同样命令。各部队立即向目的地帕

---

❶ 费多尔·冯·博克（1880—1945），德国元帅。第二次世界大战前，先后任军长、第 8 集团军司令、第 2 集团军级司令。第二次世界大战中历任北方集团军群、B 集团军群、中央集团军群、南方集团军群和 A 集团军群司令。——译者注

绍开进。向近卫师下达动员令并未遇到任何困难，可是在第2装甲师那里却遇到麻烦。因为，军队的所有参谋军官都正在师长领导下进行一次演习旅行，现正在特里尔的摩泽尔地区。全师在接到命令时，第2装甲师的师长并不在位。尽管情况很麻烦，但命令还是很快地下达了，部队也很快开始行动，踏上开进之路。

从第2装甲师驻地维尔茨堡到帕绍，平均距离为400公里，从帕绍到维也纳为280公里，从柏林到维也纳则为692公里。

我当时已经料到，这次兼并奥地利的行动不会发生战斗。因为我觉得，此次行动对两国来说都是可喜可贺的事。于是，我突发奇想，将坦克涂成鲜绿色，坦克上插满彩旗，以此向对方表达我们的友善之情。在我离开泽普·迪特里希之前，他对我说，他还要到元首那里去一趟。于是，我请泽普·迪特里希顺便代我向元首请示，希望他能批准我的做法。半小时后，我的建议得到批准。

3月11日约20时，第16军司令部到达帕绍。在这里，我们接到命令，让我们于3月12日8时开始行动。接近午夜时分，第2装甲师师长法伊尔将军率其部队抵达帕绍。他手头不但没有奥地利地图，而且燃料也已消耗殆尽，无法继续前进。为解决地图问题，我给了他一本游客用的普通旅行指南，至于燃料问题就难以解决了。虽然，我们发现在帕绍有一个陆军燃料库，但那是准备在西线的西壁工事实施防御时使用的，没有动员令谁都别想动用。当时负责管理燃料库的主管并不知晓我们的行动，况且深更半夜也难以找到他。虽然最终找到了他，但这位忠于职守的库管员拒绝向我们提供燃油。最后逼得我们走投无路，只好以武力相要挟，迫使他答应了我们的要求。

由于后勤供应纵队没有实施动员，所以我们不得不采取一些应急措施。帕绍市市长帮我们征调了一批载重汽车，迅速组成了一支临时油料运输纵队。此外，我们还请沿路的奥地利加油站为我们提供燃油。

尽管法伊尔将军尽了最大努力，但仍未能于8时准时越过边界。直至9时，第2装甲师的首批部队才通过边界线，部队在奥地利国内受到居民的热情欢迎。驻科恩韦斯特海姆的师抽出三个营组成前卫部队，即第5装甲侦察营、驻慕尼黑的第7侦察营和驻基辛的第2摩托步兵营。中午时分，前卫部队迅速通过林茨，向圣珀尔滕挺进。

自行动开始我就同第2装甲师主力一起开进，而党卫队"阿道夫·希特勒"近卫师也从柏林赶到这里，与第2装甲师会合。车上悬挂彩旗和将坦克涂绿的做法，成效非常显著。胸前挂满勋章的第一次世界大战的老兵们，站在路边向我们挥手致意。只要我们的车子一停下来，他们马上就会将鲜花撒在车子上面，往士兵们手里塞各种食物。任何地方都没有发生不和谐的事情，因为这种合并是双方渴望已久的，只不过多次被人为地阻断了。一家的同胞兄弟姊妹因倒霉的政治已被分割长达数十年之久，现在终于可以团圆了。

我们利用唯一一条通向林茨的公路向前开进。刚过12时，我们便到达林茨，拜会了当地的官员，匆忙吃了一点东西。正当我们要离开这里，向圣珀尔滕方向前进时，遇到了党卫队领袖希姆莱和奥地利的两位部长。他们告诉我，元首要在大约15时到达林茨，请我对沿进城的公路到集市广场一带进行封锁。于是，我让前卫留在圣珀尔滕，将主力部署在公路、林茨集市广场，对这里进行封锁。奥地利联邦军近卫军也参加了这次封锁任务。不久，公路和广场上便挤满了六万多人。群情激奋，人声鼎沸，热烈欢迎德国军队的到来。

差不多到黄昏时分，希特勒才来到林茨。我在进城的地方迎接他，目睹了他以凯旋般的姿态进入城市的全部经过，亲耳聆听了他在市政厅阳台上的演讲。此刻所呈现的狂欢场景，是我一生中唯一经历的一次。希特勒讲话之后，便去看望在冲突中负伤的伤员，然后返回他的旅馆。我到旅馆向他报告，我将率部继续向维也纳前进。此时我看到，希特勒也为广场上的热烈场面所深深感动了。

近21时，我离开林茨，半夜时分开进圣珀尔滕。我命令我的前卫冒着暴风雪再次踏上征途，我们于3月13日1时到达维也纳。

为了庆祝奥地利的合并，在维也纳举行了一场大型的火炬游行，大街上到处是欢颜悦色的人。当我们作为第一支德国部队到达这里时，群众所表现出的热情是完全可以理解的。在歌剧院旁边，举行了一个欢迎仪式，部队前卫在奥地利联邦军军乐团的伴奏下走过歌剧院，接受奥地利国防军维也纳师师长施蒂姆普弗尔将军的检阅。部队通过之后，群众又一次发出欢呼。我被群众抬进我的住所，甚至连我衣服上的纽扣都被人们揪下来当作纪念品。我们全体人员都受到了热情友好的招待。

稍事休息之后，我便于3月13日上午去拜访奥地利联邦军总司令，受到总司令的热情接待。

3月14日一整天，都在忙于计划15日举行的大型阅兵式的准备工作。这项工作由我负责，这也使我有机会第一次与我的新同事们合作，而且工作得很称心。我们在很短时间内便就各项准备工作达成一致意见。第二天，这个在已属于德意志的维也纳首次举行的活动非常顺利，令人十分满意。阅兵式以奥地利联邦军为先导，接着便是奥地利联邦军和德国陆军交替行进。居民的热情达到了高潮。

为了进一步巩固我们与奥地利将军们之间的联系，我又在第二天的晚上，邀请一批刚刚认识的奥地利将军来到布里斯托尔旅馆，参加我在这里举办的一个小型晚餐会。然后，我便启程去了解奥地利联邦军的摩托化部队及其编制情况。在行进途中有两件事使我记忆犹新。第一件事是到湖边参观了驻在诺伊齐德尔的一个摩托化轻步兵营。第二件是，到莱塔河畔的布鲁克参观那里的联邦军的装甲营。这个装甲营由泰斯中校指挥，他是一位很能干的军官，因一次严重的坦克事故而致残。他的部队给我留下良好的印象，我很快与这里的年轻人和军官们建立了友好的关系。这两支部队的士气都很高，纪律严明，我很希望他们能并入我们德国陆军中来。

为了让德国士兵了解奥地利，也让奥地利士兵了解德国，并增强同宗同族的感觉，奥地利联邦军派了一批人到德国进行短期的参观访问。其中有一支部队来到我在维尔茨堡的老军营。我的夫人出面，盛情地接待了他们。

不久，我亲爱的夫人来到维也纳，我们准备在3月25日这一天，庆祝她的生日。

从这次合并行动中，我们德国装甲兵也总结出一些重要的经验教训。

总的说来，行军还算顺利。汽车较少出现故障，而坦克的故障却较多。详细的数字我记不起来了，不过也不会超过 30%。到 3 月 15 日阅兵式，几乎所有坦克都已维修好，可以重新使用。由于路程较长和行进速度过快，出现较高的故障率也在所难免。然而，不了解坦克的外行人，甚至还包括冯·博克大将，都认为这个数字有点太高了。所以，自从这次进军以后，年轻的装甲兵便遭到来自这批人的严厉指摘。他们认为，坦克不具备长途行军的能力。我认为，在评价装甲兵向维也纳开进中的表现时，必须考虑到以下几个因素：

（1）装甲部队对于这一次所担负的任务无法进行任何准备。因为 3 月初的时候，装甲兵刚刚开始进行连一级的训练。到了冬天，第 2 装甲师也正在忙于进行参谋军官的理论训练，当接到命令时，这支部队正在演习途中，因此不得不停止在摩泽尔河畔。谁都不会想到会有这么一次师规模的冬季演习❶。

（2）高层领导对此也同样缺乏准备。此次行动的决心来自希特勒。因此，整个行动酷似一场即兴表演，而这对于刚刚在 1935 年秋组建的装甲师来说无异于一次冒险。

（3）这场向维也纳即兴式的进军，要求第 2 装甲师在 48 小时内推进约 700 公里，党卫队"阿道夫·希特勒"近卫部队约 1000 公里。这一要求基本完成。

（4）装甲部队出现的许多弱点，主要是由车辆尤其是坦克的保养维修不足造成的。这一问题早在 1937 年的秋季演习中已经暴露出来，但消除这一弊端的建议直到 1938 年都没有引起有关方面的重视。今后，这一

---

❶ 指吞并奥地利的行动。——译者注

错误决不会再次出现。

（5）这次行动证明，燃料供应是个重要问题。不过，这个问题不久便得到了解决。由于这一次没有使用弹药，所以在这方面的经验教训无法加以考察，只能通过推理的方法加以评估。但无论如何也足以引起我们的关注。

（6）不管怎么说，装甲师能够担负作战任务的理论，在此次行动中得到验证。尤其是它的行军能力和速度完全超过了人们原来的预期。通过这次行动，不仅部队增强了自信心，领导也获益良多。

（7）此次进军也告诉我们，一个以上的摩托化师在一条公路上开进是完全可行的，并没有困难。有关摩托化军的配置和战斗运用的理论，也证明是正确的。

（8）最后必须强调的是，这些经验只局限于装甲师的动员、运动和供给，并未涉及作战。然而，未来的事实将会证明，德国装甲兵在作战方面也会大有作为。

温斯顿·丘吉尔在他极具参考价值和非常著名的回忆录中，对吞并奥地利做了一种完全不同的描述。我有必要在这里引述其中一些段落：

凯旋进入维也纳，一直是奥地利二等兵的梦想。3月12日星期六的夜晚，维也纳的民族社会党准备以一场火炬游行来迎接这位胜利的英雄。但没有一个人到来。只有三个来自后勤部队的神经错乱的巴伐利亚人。他们是乘火车来这里为部队设营的，于是游行的群众便把他们抬起来，沿街游行。事情的缘由很长时间之后才泄露出来。原来德国的战车摇摇晃晃地开过边界之后，便停在了林茨附近。尽管天气和公路状况都十分良好，但大部分坦克都抛了锚。重型摩托化炮也故障频频。由林茨到维也纳的公路被重型车辆堵得水泄不通。希特勒的宠臣、第4集群司令赖歇瑙将军，应当对这一事故负责。这充分显示出德国军队在其重整军备阶段的不成熟状态。

当希特勒乘坐汽车经过林茨时，看到交通被堵塞成这个样子，不免大发雷霆。后来轻型坦克从混乱的交通中挤出来，于星期天早晨到达维也纳。重型坦克和摩托化炮兵不得不改由火车运输，要不然就无法赶上欢迎仪式。希特勒的车辆在夹道欢迎的人群中通过维也纳的照片，已有目共睹。但这一神秘荣光时刻的背后，却有着一个不平静的内幕。事实上，元首对他的军事机器存在如此明显的弱点大为震惊。他对他的将军们大加斥责，可将军们却反唇相讥。将军们指出，他没有听信弗里奇的忠告。弗里奇早就警告说，德国现在还无力承担一次重大冲突的风险。军队只不过是外表被伪装得像模像样，官方也一直进行着庆典和阅兵式……

很明显，温斯顿·丘吉尔有一点道听途说了。因为慕尼黑的铁路站长曾告诉我，在军队向奥地利开进的当天，没有任何运送军事人员或物资的特别列车由德国开往维也纳。如果需要运送的话，德国与奥地利的铁路部门必须事先约定。步兵师已在进军的前一天在边境附近的贝希特斯加登、弗赖拉辛和辛巴赫地区下了火车。之后，火车立刻空车返回，去运送下一批部队。进军的第二天，这些部队已在萨尔茨堡下车，第三天才到达维也纳。据我所知，3月12日那一天，并没有火车由巴伐利亚开往维也纳。那"三个神经错乱的巴伐利亚人"除非是从天上飞过去的。所谓德国战车在林茨停留，那是我下的命令，是为了在那里迎候希特勒，绝不是其他原因，否则我们早就在下午到达维也纳了。天气很坏，下午开始下雨，晚上还来了暴风雪。由林茨通向维也纳的唯一一条公路正在翻修，有数公里的地段被掘开，其他路段也极难通行。但是大多数坦克还是安全到达维也纳。至于说重型炮抛锚，纯属无稽之谈，因为我们根本就没有重型炮。公路任何时候也没有被堵塞。冯·赖歇瑙将军于1938年2月4日才接管第4集群的指挥权，他只在任五个星期，因此不应当对装备的失灵负责。至于说到他的前任冯·布劳希奇大将，他在职的时间很短，因此也很难说他应当负什么责任。

正如上文所述，我在林茨曾迎候希特勒，并没有发现他有丝毫动怒的神态。相反，我看到他被热烈的场景深深打动的样子，这也许是唯一的一次。因为，当他在林茨市政厅阳台上向欢呼的人群演讲时，我就站在他的身边，我能仔细观察到他的表情。当时，眼泪淌下他的面颊，我相信他肯定不是在演戏。

当时我们部队只有轻型坦克。如同我们没有重型火炮一样，也不存在什么重型坦克，因此谈不上用火车装载。

没有哪一位将军遭到训斥，至少我对此一无所知。因此，上面提到的所谓将军们的"反唇相讥"也实属子虚乌有，对此我也是一无所知。不管是在林茨，还是在维也纳，在3月的这几天里希特勒对我都非常客气。我受到的唯一一次指责是来自开进部队的总司令冯·博克大将，他认为我在坦克上插旗子有违条令。不过，在我向他说明这是经希特勒允许的之后，他也就没有再对此事进行追究。

还有那些"摇摇晃晃地开过边界"的战车。正是这些战车在1940年略加改进之后，就在很短时间内将西方强国的过时军队打败了。从温斯顿·丘吉尔的回忆录中可以看出，他是想证明，大不列颠和法国的政治首脑们完全有能力在1938年的一场战争中取得胜利；不过他们的军事首脑却有充分理由对此持怀疑态度。因为他们知道他们军队的弱点，却找不到革新之路。德国将军们也渴望和平，但不是因为自己有弱点，或者害怕什么革新，而是他们相信，通过和平的手段也能达到其民族所需要的目标。

第2装甲师留在维也纳地区，而且从那一年的秋天开始获得奥地利的补充。党卫队近卫师和第16军军部于4月返回柏林。1938年秋天，在维尔茨堡宿营区又组建了第4装甲师，由赖因哈特将军指挥。此外，还先后组建了第5装甲师和第4轻型师。

1938年夏，我在和平时期担负的主要工作是视察所属部队，作为一个军长我以全部身心投入其中。这一工作使我有机会了解我的军官和士兵，为在战争中的相互信赖打下了坚实的基础。对这种关系我一直引以为豪。

这一年的8月，我终于搬进了分配给我的位于柏林的官舍。在这个月，匈牙利摄政霍尔蒂偕夫人及首相伊姆雷迪来柏林访问。希特勒亲自到车站迎接，然后为来宾举行欢迎仪式、晚宴，并在歌剧院举行招待演出，这些活动我都参加了。晚宴之后，希特勒来到我的桌旁坐了一会儿，与我谈起了坦克的问题。

关于霍尔蒂这次访问的政治成果，希特勒表示失望。大概是他原本说服匈牙利摄政与德国缔结军事同盟的打算落了空。遗憾的是，他在席间谈话中就流露出了这种失望情绪，晚宴后的举止更是表露无遗。

9月10日—13日，我与夫人一同参加了在纽伦堡举行的党代表大会。在这个月里，德国与捷克斯洛伐克间的紧张关系达到顶点，可谓一触即发。这种气氛可以从希特勒在纽伦堡国会大厦所做的闭幕讲话中窥见一斑，当时他措辞强硬，毫不客气。对此，人们只能静静地凝神注视着未来形势的发展。

大会闭幕后，我前往格拉芬沃尔的训练基地视察，第1装甲师和党卫队近卫师就驻在那里训练。在之后的几周里，我都在忙于部队的训练和视察。到了月底，我们就开始为进军苏台德区❶做准备。鉴于捷克人拒绝做出任何妥协让步，战争的危险迫在眉睫。形势变得一天比一天紧张。

然而，没想到的是，《慕尼黑协定》为和平解决开辟了一条途径，吞并苏台德区行动也因此可以兵不血刃地进行了。

在这种形势下，我也不得不为此做出我个人的一点牺牲。10月1日这一天，我只能一个人在格拉芬沃尔庆祝我和夫人的银婚纪念日。同一天，我亲爱的夫人也只身在柏林与我异地同庆。而此时，我们的两个儿子正在

---

❶ 地区名，波希米亚和摩拉维亚的一部分，位于苏台德山脉附近。第一次世界大战结束时，作为特区并入捷克斯洛伐克，居民以德国人为主，后成为德国和捷克斯洛伐克争端的主要根源，以及希特勒出兵占领该区的主要借口。1938年法、英、意、德四国在慕尼黑会晤，签订《慕尼黑协定》，规定捷克斯洛伐克必须自1938年10月1日起的十天内从苏台德区撤出，所有军事、交通设施、厂矿企业和物资务必"移交"德国。自此，独立的捷克斯洛伐克被肢解。第二次世界大战后，苏台德区归还捷克斯洛伐克。——译者注

边境守备。这一天我们收到的最珍贵的礼物就是一息尚存的和平。

10月2日，我的司令部迁往福格特兰的普劳恩。3日开进苏台德区。

吞并苏台德区

负责进军苏台德区任务的部队是第16军，这个军下辖第1装甲师、第13、第20摩托化步兵师。占领苏台德区的行动分为三个阶段进行。10月3日，由奥托将军指挥的第13摩托化步兵师占领埃格尔、阿什、弗朗岑斯巴德。10月4日，由第1装甲师占领卡尔斯巴德。10月5日，三个师一同进占卡尔斯巴德以东至边境分界线之间地带。

在进军的前两天，希特勒一直都在我的军里。第1装甲师由卡姆向艾本施托克前进，最后进入萨克森，行程273公里。第13摩托化步兵师利用9月30日夜间，从格拉芬沃尔地区向北开进，没有遇任何抵抗便进入埃格尔地区，可以说是一次完美无缺的进军行动。

10月3日，我在距离阿什不远的边界等候希特勒，向他报告我的师已胜利完成进军任务。而后，我经过阿什到埃格尔附近，找到一个野战炊事班，与希特勒一起吃了点早点。这个炊事班没有别的，只有供战士们吃的一般食物，浓浓的汤和牛肉。希特勒看到汤里有肉，就只吃了几个苹果，并要求我明天最好能做一顿没肉的可口饭菜。在埃格尔，我们又受到了那里群众的盛情接待。大批居民身着别具埃格尔民族风格的服装，热情欢迎希特勒的到来。

10月4日，我在第1装甲师司令部炊事班，再次与希特勒共进早餐，我坐在他的对面，与他随意闲谈。我们对战争能够避免极为满意，不免喜形于色。希特勒驾车沿公路行进，不时向沿路的部队打招呼，精干的部队给他留下了良好的印象。到处都充满欢声笑语，跟3月份在奥地利时一样，我们的战车上也涂上了绿色，插满鲜花。我驱车来到卡尔斯巴德，检查在歌剧院前列队的仪仗队的准备情况。这个仪仗队由第1装甲团、第1步兵团和党卫队近卫师各一个连组成。站在装甲连右翼连长旁边的就是我的长子，他当时已经是第一装甲团第 1 营的副官。

刚刚把警戒工作忙完，希特勒就到了。他通过部队仪仗队的夹道，步入歌剧院。正当此时，外面下起了大雨，然而在剧院的大厅里却是另外一番情景。身穿鲜艳民族服装的妇女和姑娘们眼淌热泪，甚至还有许多人跪在地上祈祷，欢呼声震耳欲聋。这是因为苏台德区日耳曼人饱受苦难，一直处在贫困、失业和民族压迫的苦难之中。许多人已近乎绝望。现在，新的生活即将开始。我们立即开始将野战厨房的食物分发给穷人，直到社会救济机构接替我们的工作。

10 月 7 日至 10 日，我们又占领了一片日耳曼人居住的地区。为此，我渡过卡登河和萨茨河前往特普利采－舍瑙。部队所到之处都同样受到热情的欢迎。所有的坦克上都撒满了鲜花。欢蹦乱跳的青年男女将大街挤得水泄不通，有时甚至使我们寸步难行。数以千计的具有日耳曼血统的士兵获准离开捷克❶军队，步行返回他们的家乡，他们多数人还穿着捷克军服，肩上扛着一个包袱或一个箱子，一眼看去酷似一支不战而败的军队。捷克的第一道要塞防线已经落入我们的手中。看来他们并不像我们预想的那样强大。但不管怎么说，令人欣慰的是，我们未经流血就将其占领了。

最使大家感到庆幸的是，政治形势正朝着和平的方向转变。否则，德国领土将会遭到最沉重的打击，德国的母亲们将为此做出重大牺牲。

在特普利采，我暂住在属于克拉里－阿尔勒德林根亲王的疗养胜地。亲王和王妃十分周到和热情地款待了我。在这里，我们结识了许多日耳曼－波美拉尼亚的贵族，使我们高兴的是他们仍保持着典型的日耳曼民族特性。我相信，朗西曼勋爵对捷克形势的判断是正确的，他的意见为维持当时的和平做出了重大贡献。但和平未能继续下去，这不是他的过错。

紧张的政治形势暂时缓解了，我们大家都沉醉于兴奋之中，我也有机

---

❶ 作者在这里以及以下多处对捷克斯洛伐克均称"捷克"，而非"捷克斯洛伐克"。——译者注

会去狩猎了。在此后的14天内我击中好几只鹿，可谓收获颇丰。

当这个动荡不安的1938年临近岁末之际，像我这样远离政治的军人们，都希望眼前的风暴能尽快散去，使国家有一个和平发展的环境。我们认为，德国需要有一个较长的时期，来消化这些新增加的土地和人口，应当在没有战争的环境中加强和巩固德国刚刚在欧洲争取到的地位。我们认为，我们民族所追求的目标必须通过和平手段来达到。我亲自看到了奥地利和苏台德区的情况，尽管这里的人们对于合并表示热烈的欢迎，但这两个地区的经济状况都十分恶劣，而且在行政管理上与德国有天壤之别。所以，必须要有一个较长的和平时期来消化这些东西，以便将其与德国融合为一个整体。《慕尼黑协定》似乎能使这一希望成为可能。

此外，希特勒在外交上的伟大成就，将二月危机❶给人们留下的可恶印象一扫而光。甚至连9月份哈尔德❷接替贝克就任陆军总参谋长一事，也因苏台德区的胜利而没有产生显著影响。贝克将军辞职的原因是，他无法赞同希特勒危险的外交政策。他倡议由全体将军参加一次旨在呼吁和平的示威行动。但这一提议遭到布劳希奇的拒绝，而他也没有将这一提议通告给将军们。我由苏台德区返回柏林，还满以为会有一个较长时期的和平局面。但事实证明我错了。

形势再趋紧张

临近10月底，"大象饭店"在魏玛市落成，省党部借这个新建旅馆

---

❶ 指1938年2月国防部部长冯·布洛姆贝格元帅和陆军总司令弗里奇大将被革职事件。——译者注

❷ 弗朗茨·哈尔德（1884—1972），德国大将。1934年晋升为少将，1936年晋升为中将，任军需总监。1938年贝克被希特勒解职后，继任陆军总参谋长。自1941年希特勒自任国防军总司令之后，哈尔德与希特勒在战略问题上的矛盾日渐增多。1942年因反对希特勒将其他战线部队调往斯大林格勒，被希特勒解职。1945年被美军俘虏。战后，撰写有《哈尔德战时日志》（三卷本）、《统帅希特勒》等多部军事著作。——译者注

举行落成典礼的机会，召开了一次党代会，希特勒也应邀出席。我以第16军军长和驻魏玛军队最高长官的身份，受邀参加此次会议。党代会在城堡隆重开幕，当希特勒向在露天拥挤的群众发表演讲时，大会达到了高潮。在这次演讲中，希特勒用异常尖刻的语言猛烈抨击了英国，特别是丘吉尔和艾登。由于我在苏台德区，没有机会亲耳聆听他过去在萨尔布吕肯的讲话。这次当我听了他的讲话之后，大为惊讶，想必是形势再度变得紧张了。在希特勒讲话之后，在大象饭店里为客人们举行了一个茶会。希特勒请我坐在他的桌旁，我借机和他交谈了大约两个小时。我顺便问他，为什么在他的讲话里要那样严厉地抨击英国。他解释说，这是因为在戈德斯贝格时，他的对话者张伯伦对他不敬，一些知名的来访者也对他举止失礼，因此他才采取这样的态度。他曾向英国驻德国大使亨德尔森说过："如果你们英国再有衣着不整的人来见我，我就要派我的大使穿着套头衫去见你们的国王。请把我的话一字不差地转告给你们的政府。"至今说到此事，他还为曾经受到的歧视耿耿于怀，怒火满腔。他说，英国方面对和解毫无诚意。他本来很尊重英国，而且还曾想过要与英国永结友好，现在却使他大失所望。

尽管签订了《慕尼黑协定》，但摆在德国面前的形势依然充满紧张和不信任，令人失望和忧心忡忡。

在举行省党部大会的那天晚上，在魏玛歌剧院上演了歌剧《阿伊达》。我的座位又被安排在元首的包厢里，并与希特勒共进晚餐。在吃饭的时候，我与希特勒只谈了一般的问题和有关艺术的问题。希特勒谈到了他到意大利的情况和在那不勒斯看《阿伊达》的演出。已是深夜2点了，他又走到演员的桌旁，与他们聊天。

当我回到柏林之后，陆军总司令召见我。他通知我，他计划增设一个类似于监察长的职位，统管摩托化部队和骑兵，并将这两个兵种统称为"快速部队"。他亲自为这一职位起草了一份勤务规程草案，并将这个草案拿给我看。草案赋予这个新职位的权限是监督权和拟制年度报告权，但没有指挥权，没有编写和出版条令权，也没有组织和人事权。这分明是一个有名无实的职位,我拒绝接受。又过了几天,陆军人事局局长、国防军总司令部长官的弟弟博德温·凯特尔将军受陆军总司令之托,再次催促我接受这一新职务。我陈述了我的理由,并再次拒绝出任这一职务。在此之后,凯特尔才向我挑明,设立这个新职位并非布劳希奇的主意,而是希特勒本人的意思。这样一来,我就没有别的选择了,只有接受。我满脸失望地对他说,总司令事先并没有告诉我,这个职位是根据谁的命令设置的。虽然事情已经挑明,但我依然没有接受。我要求向元首转达我拒绝的理由,如有可能我要当面向元首陈述我的观点。

几天之后,希特勒单独召见了我,问我为什么要拒绝。我首先向他解释了陆军总司令部上下级之间的关系,向他说明了陆军总司令为这个新职位所起草的勤务规程的主要内容。然后我又指出,我现在担任三个装甲师的军长,对装甲兵发展所发挥的影响,远比在这个新职位上的影响大得多。我对陆军总司令部内的那些人物,以及他们对发展装甲兵这种可以大规模运用于作战的进攻性兵种的态度,有着深刻的了解。因此,我不能不认为设置这个新职位完全是一种倒退。我向希特勒解释说,陆军总司令部有一种将坦克配属给步兵的倾向,在这个问题上我们之间已经发生过激烈争论,这对日后的发展有百害而无一利。此外我还指出,将骑兵合并到摩托化部队,是与骑兵这个古老兵种的意愿背道而驰的,因此他们对这种革新并不欢迎,我已感到他们的对抗情绪。骑兵急需现代化,却遭到陆军总司令部和骑兵老军官们的强烈反对。在进行一番详尽的陈述之后,我最后说:"草案中所赋予我的权限并不足以平息这种对抗情绪,我上任之后必然还会引起不间断的摩擦和纠纷。因此我请求,还是让我留在现任吧。"希特勒没有打断我的话,他让我说了20多分钟。听完我的讲话,他向我解释了他设立这一职位的目的。他说,他希望能对全部的摩托化部队和骑兵进行集中领导。最后,他还是拒绝了我的请求,命令我担任这一新的职务。但是,他最后说:"您一旦发现您所说的对抗情绪妨碍了您的工作,您就可以直接向我报告。我们将一起来推动必要的革新。因此,我命令您接受这一新的任职。"

虽然在我上任后不久便遇到了一系列麻烦，但我从来没有直接向他报告过。

就这样，我被晋升为装甲兵上将，担任"快速部队"长官，并搬进了位于本德勒大街的一间很简朴的新办公室。他们给我选配了两名总参谋部军官，冯·勒叙尔中校和勒蒂格尔上尉，以及我的副官里贝尔中校。在我所属的每支部队里都设有一名主管。在安排停当后，我便开始了工作。这是一个费力不讨好的差事。装甲兵直到现在还没有一部训练条令。于是，我们开始着手编写一份有关的草案，并将这份草案呈送陆军训练处报批。但陆军训练处没有懂行的装甲兵军官，因此他们在审查我的草案时，并不是以我们装甲兵的需要为出发点，而是依据其他什么标准。他们常常在我的草案上进行这样的批注："所涉及内容之章法与步兵不符。故将草案退回。"他们所谓重要的依据就是章法的一致性、术语的一致性，他们总是拿这些东西来评判我们的工作。而我们的需要在他们眼里则无足轻重。

我认为骑兵的编制必须进行改革，即将骑兵改编为装备现代化的轻装骑兵师。但这一建议遭到陆军办公厅主任弗罗姆将军的否决，理由是如果这样做就需要增加2000匹马。结果，骑兵的编制一直到战争爆发时依然没有任何改变。因此，除了东普鲁士的一个旅之外，不得不在步兵师里组建混编侦察营。这种营由一个骑兵连、一个摩托车连和一个摩托化连编成，装备少量的装甲侦察车、反坦克炮和骑炮。要想指挥这种奇特的混编部队，不是一件易事。动员的时候，平时的现役师只能得到这种混编侦察营的配属。改编后的部队不得不改装摩托车。所以很明显，解决骑兵的问题决不应采取这种办法，而应另选其他途径。现在，骑兵已经陷入窘境，而它的上司们却依然对它情有独钟，偏爱至极。这就是理论与实践的差异。

另外我还顺便说一件小事，通过这件事可以使人了解我当时的处境。我作为快速部队司令所制定的动员令，要首先以一个预备役步兵军军长的名义提出。如果想在装甲兵的范围内付诸实施，还必须向有关部门提出申请。

第四章
灾祸开始

走向战争

1939年3月，捷克以被保护国的形式并入德国的版图，导致外交形势急剧恶化。此事应完全由希特勒个人负责。

在进军的那天早晨，陆军总司令召见我。他把已经发生的事情告诉我，命令我去布拉格，任务是收集摩托化部队和装甲部队在冬季开进的经验，并顺便察看一下捷克的坦克装备情况。

在布拉格，我在第16军司令部见到了我的继任者赫普纳将军，他向我介绍了他在进军中的经验。为收集第一手资料，我视察了一些部队。在布吕恩❶，我看到了捷克的装甲车辆，发现这些车辆尚可使用，后来这些车辆在波兰战局和法国战局中都发挥了很好的作用，直到俄国战局时才完全由德国重型坦克所取代。

步捷克的后尘，梅默尔❷也不战而落入德国之手。

4月20日是希特勒的50岁生日。为庆祝他的诞辰，特举行了一次盛大的阅兵式。国防军的所有兵种的旗帜都被集中起来，组成一个军旗营，以此表达对他的敬意。他的事业现在已如日中天。他会不会适可而止，既保住自己的地位又不把事情做过头？

---

❶ 今布尔诺。——译者注
❷ 今克莱佩达。——译者注

4月28日，他宣布废除与英国签订的海军协定❶，同时还废除了德国与波兰签署的互不侵犯条约。

5月28日，意大利外长齐亚诺伯爵访问柏林。德国外长为他举行了一个盛大的欢迎仪式。为能容纳更多的人，他在他的花园里支起两个大帐篷，几乎把整个花园都占满。但是，这年5月的天气十分寒冷，不得不在帐篷里生火，这倒成了一件难事。希特勒本人也光临现场。为了给客人助兴，还举行了一场小型歌舞演出，演出是在一个帐篷里搭的舞台上进行的。希特勒要求一定坐在奥莉嘉·切肖瓦❷身边，为了找到她，演出一直没有开幕。希特勒对艺术家一直有一种偏爱，喜欢和他们待在一起。估计，齐亚诺此次来访的目的大概是提醒希特勒不要轻启战端。不过我无从得知，墨索里尼交给他的这项任务，是不是圆满完成了。

接着6月，南斯拉夫摄政王保罗偕其漂亮的夫人来柏林访问。为此又举行了一次盛大的阅兵式。参加阅兵式的部队大部分是摩托化部队。因参阅部队数量过多，搞得客人精疲力竭，使阅兵式的影响力大打折扣。离开柏林后，摄政王还要飞往伦敦，此举颇为引人注目。据我所知，希特勒对此次访问的预期目的并没有达到。

政治上的警告并不是没有人提出过，但希特勒及其外交部部长里宾特洛甫深信，西方列强绝不敢与德国冒险一战，德国为达其目标可以在东欧放手行动。

1939年夏天的几个月里，我忙于准备计划于秋季举行的大规模演习，此次演习将有摩托化部队参加。演习将越过埃尔茨山一直向苏台德区推进。然而，为这次演习所做的大量准备工作最后都成为徒劳。

---

❶ 1935年德国与英国签订《英德海军协定》，德国承诺将水面舰只总吨位和潜艇总吨位分别限制在英国的35%和45%以下。随着希特勒势力与日俱增，遂将矛头指向西方，攻击英国对德实行"包围"政策。为建造一支强大海军与英国对抗，希特勒于1939年4月宣布废除海军协定。——译者注

❷ 德国著名演员。——译者注

波兰战局

1939年8月22日，我被派往波美拉尼亚大博恩训练基地，担任新组建的第19军军长。我们的任务是沿边界构筑一道取名为"波美拉尼亚要塞司令部"的工事，用以抵御波兰的进攻。我的第19军下辖第3装甲师，第2、第20摩托化步兵师和直属部队。第3装甲师加强有一个装甲教练营，装备最新式的Ⅲ型和Ⅳ型坦克。直属部队还有一个来自德伯里茨－克拉普尼茨的侦察教练营。我把他们调来的目的是，让这些来自学校的教练部队有机会积累第一手的实践经验。这对他们日后的训练工作将大有裨益。

希特勒在上萨尔茨贝格召开的一次会议上，对军队高级将领们讲过一次话。这次会议我没有参加。我是在他讲话之后，从第4集团军司令冯·克卢格大将那里知道我的任务的。他告诉我，我的第19军将隶属于第4集团军。我的南面（右翼）是施特劳斯将军的第2军，北面（左翼）是考皮施将军的边防部队。冲突一旦爆发，这支边防部队将由第10装甲师负责提供支援——该师是在3月占领布拉格时组建的，一直驻在布拉格附近。在我军的后面则是来自波茨坦的第23步兵师，它是集团军的预备队。

我的军的任务是，在泽姆波尔诺（右翼）和科尼采（右翼）之间，渡过布拉河。渡河后必须迅速到达维斯瓦河，将位于所谓"波兰走廊"[1]的波兰部队分割，并将其歼灭。然后，再根据新的命令继续前进。与此同时，位于我右翼的施特劳斯军，向维斯瓦河突击；位于我左翼的考皮施军，向

---

[1] 亦称但泽走廊，根据《凡尔赛和约》，德国被迫将原普鲁士省西部约1.6万平方公里的土地（33万居民，其中德国人和波兰人各占一半左右）割让给波兰。西普鲁士成为波兰领土后，中间形成一条狭窄地带，将东普鲁士与德国分割开。1933年和1938年德国先后向波兰提出对波兰走廊的领土要求，并要求在此地享有修筑通往东普鲁士的铁路、公路的权利，要求重新划分东部边界。——译者注

但泽[1]突击。

估计，波兰在"走廊"的军队有三个步兵师和一个"波莫瑞"骑兵旅，所装备的坦克为"菲亚特－安萨尔达"型，数量大概不多。波兰在其边界构筑了工事。从我们这里，可以清楚地看到他们构筑工事的士兵。此外，他们在后面的布拉河也构筑有防线。

进攻发起时间定于8月26日晨。

在这些日子里，希特勒与苏俄签订了协定，因此他认为苏俄不会为波兰撑腰，放手一战的条件已经具备。至于西方大国的反应，由于受里宾特洛甫错误观点的误导，希特勒一直认为西方国家不会介入这场战争。

不是说我有先知之明，我当时确实已觉察到陆军的心态是沉重的，幸好与俄国签订了协定，否则他们会变得更为忐忑。我们并不是怀着轻松愉快的心情开赴前线的，世界上从来没有一个将军愿意打仗。我们的许多老军官和数以万计的士兵，都亲历过第一次世界大战，尤其是当战争一旦超出波兰一国的范畴，他们知道战争将会带来怎样的结果。自3月成立波希米亚保护国之后，英国就已经对波兰的领土完整和主权提出保证。因此，事实上事态已经变得十分令人担忧。因为我们中的每一个人都会想到德国军人的母亲和妻子，即使战争能够取得胜利，她们也不免要为此蒙受重大损失。我们自己的儿子也在前线。我的长子海因茨·京特是第35装甲团副官。我的小儿子库尔特在9月1日那天，刚刚被授予少尉，他正在第3装甲师第3装甲侦察营服役，这支部队正好隶属于我的军。

战争爆发前，我的最后一个营地设在普鲁士弗里德兰附近的多伯林。我们在这里住得很惬意，因为我们的房主对我们的招待实在是太好了。

---

[1] 今波兰港口格但斯克。13世纪被德国骑士团占领。15世纪德国对波兰战争失利，但泽归属波兰。1793年并入普鲁士，1807年拿破仑授予该城"自由城市"特权，并由普鲁士和萨克森行使管辖权。1813年该市要求与波兰统一，未果。后并入西普鲁士，成为西普鲁士首府。一战后，《凡尔赛和约》将该市定为自由城市，置于国际联盟保护之下，在经济上与波兰保持密切联系。1938年希特勒要求但泽并入德国。——译者注

8月25日的夜间，进攻令撤销了。一些已做好出发准备的部队，陆续撤回原地。很显然，这说明外交谈判正在进行之中。一缕和平希望的曙光又出现在人们面前。但是到了8月31日，警报再次响起。这次，情况有点严重了。各师进入沿边界的出发阵地。其位置是：

右翼，是由盖尔·冯·施韦彭堡男爵将军指挥的第3装甲师，任务是在泽姆波尔诺河和卡苗卡河之间，向布拉河推进，在普鲁什奇东部的哈莫米勒附近渡过布拉河，而后继续向维斯瓦河畔的施维茨方向突击；

中央，是由巴德尔将军指挥的第2摩托化步兵师，计划由卡苗卡河东部、格伦瑙和菲尔豪之间出发，任务是突破波兰边境防线，向图赫尔方向突击；

左翼，是由维克托林将军指挥的第20摩托化步兵师，从科尼采西部出发，任务是占领该城，而后通过图赫尔草原，经奥舍向格劳登茨方向突击。

主突方向的进攻任务由加强有军属部队的第3装甲师担负，其后有集团军预备队第23步兵师跟进。

9月1日4时45分，全军同时越过边界。进攻刚刚开始的时候，地面笼罩着一层厚厚的浓雾，空军起初无法使用。我随第一波的第3装甲旅一起前进，在泽姆珀尔堡东部与敌人遭遇，发生第一次小规模战斗。遗憾的是，虽然我已经下达了不要随便开炮的命令，但是第3装甲师的重型火炮还是不照命令行动，居然向着大雾开了炮，惹来不少麻烦。第一发炮弹落在我的指挥车前50米的地方，第二发落在我后方50米处。我估计，下一发就要命中我，于是我立刻命令驾驶员赶紧向右转。突如其来的爆炸把驾驶员吓坏了，一踩油门，开足马力把车开进了一条沟里。我的这辆半履带式指挥车的前轴被撞弯，动弹不得。我不得不到军指挥所，换了一辆车，并向那些热情过度的炮手说明了当前的情况。在此我想顺便说一下，在战场上使用装甲指挥车实施指挥的军长，我算是第一个。因为这些车辆都装有无线电设备，可与军司令部和所属各师保持不间断的联系，使我能与我的装甲兵一同驰骋在战场上。

当浓雾突然消散之后，在泽姆珀尔堡北部，大克罗尼亚附近发生了第一次较大规模战斗。由于大雾消失，所以行进在最前面的几辆坦克突然出

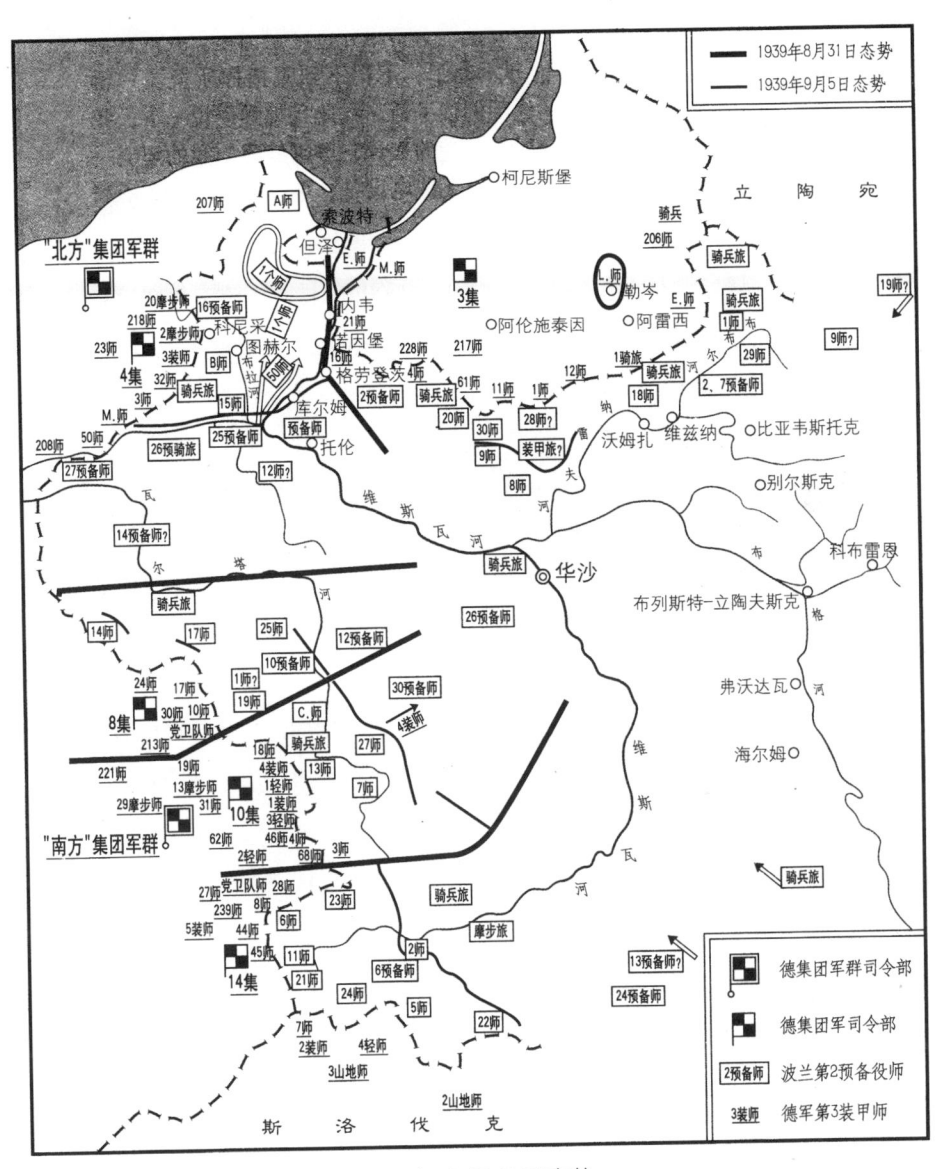

图1　1939年8月31日—1939年9月5日态势

现在波兰防线的前方，波兰的反坦克炮直接将它们命中，一名军官、一名士官生和八名士兵不幸阵亡。

大克罗尼亚是我曾祖父希勒·冯·格特林根男爵的地产。他和我的祖父古德里安都埋葬在这里。我的父亲在这里出生。这是我有生第一次踏上我家族所热爱的土地。

更换车辆之后，我又重新回到在前线的第3装甲师，这个师的先头部队已经到达布拉河。师的大部现正位于普鲁什奇和小克罗尼亚之间的地域，准备休息。师长不在这里，他已被集团军司令冯·博克大将召去商讨战事。于是，我向第6装甲团的军官们询问布拉河的情况。团长回答我说，他认为今天不可能渡河了，他们现正盼着下达休息的命令。因此，他们已把我下达的要在第一个进攻日强渡布拉河的命令忘得一干二净。这使我十分生气，于是我开始想办法，看能采取什么措施扭转眼前令人不愉快的局面。这时，年轻的费利克斯中尉走到我面前。他脱掉外衣，把衬衣的袖子卷得高高的，脸和胳膊都被烟火熏得黑黑的。他说："将军先生，我刚从布拉河回来，我知道对岸敌人的兵力很弱。波兰人想把哈莫米勒附近的桥梁烧掉，但我用坦克把火扑灭了。桥梁现在可以通行。我们之所以不能前进，是因为这里没人指挥。将军先生，您应当亲自去指挥。"我惊异地看着这个年轻人，他那一双充满自信的眼睛给我留下极好的印象。这简直可以说是"踏破铁鞋无觅处，得来全不费工夫"。我接受了他的建议。我们驱车驶过波兰和德国横七竖八的车队，利用狭窄砂质的林间小路，前往哈莫米勒，并在16时至17时间到达。在离河流大约100米的一棵大橡树下，站着许多参谋军官，他们一看我来了，便大声朝我喊："将军先生，他们还朝这里射击呢！"还真不假，因为第6团的坦克和第3团的火炮正猛烈向敌人射击。而敌人躲在对岸的堑壕里，根本观察不到。首先，我命令停止这种盲目的射击。此时，第3步兵旅旅长安格恩上校走来，他帮了我的大忙。我建议他首先把波兰阵地的配置搞清楚。然后，命令尚未投入战斗的第3摩托车步兵营，乘橡皮艇在敌人有效射击范围外的河段渡河。当他们渡河成功后，我便命令坦克过桥。他们以很小的代价便将防守的波兰摩托

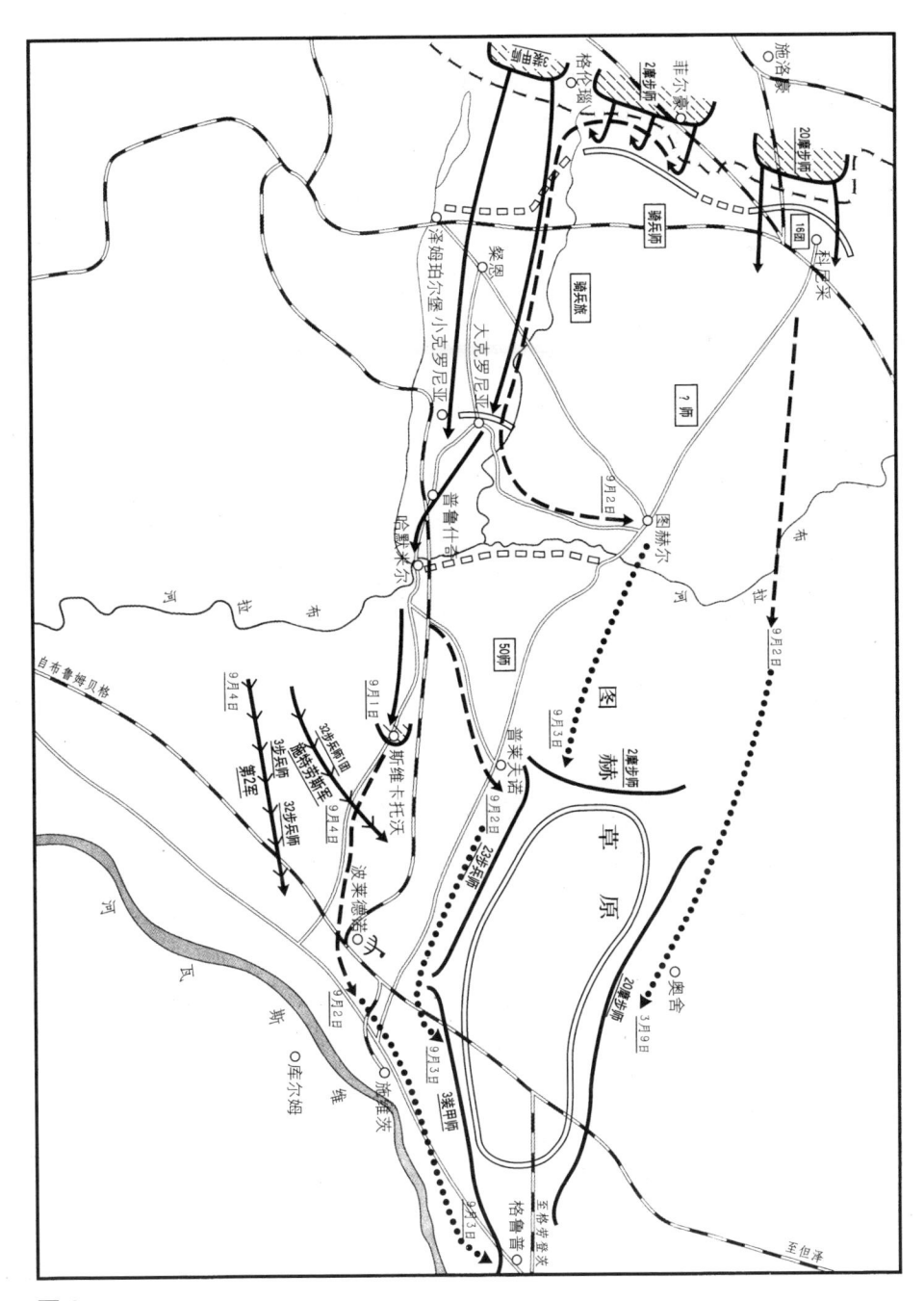

图 2

车连全部抓获。

我立即把目前所有的部队都组织起来，建立了一个登陆场。第 3 装甲侦察营受命，继续通过图赫尔草原向前推进，任务是利用向维斯瓦河畔的施维茨突击的办法，来确定波兰主力及其预备队的位置。夜间，第 3 装甲师到达攻击的目标斯维卡托沃。

我返回位于粲恩的军司令部，到达时暮色已经笼罩大地。

漫长的公路上空空荡荡，听不到一声枪响。我在粲恩前方突然接到一个电话，但更使我惊奇的是，司令部所有的人都头戴钢盔，正忙着将一门反坦克炮拉向阵地。我问他们在干什么，他们回答，波兰骑兵正向我们开来，随时都会到达。我让他们不要惊慌，然后走进我的司令部。

电话是第 2 摩托化师打来的。他们报告说，由于受到波兰铁丝网的阻碍，进攻未能取得新的进展。全部三个步兵团都投入到正面战线，师已没有预备队，因此我重新做了部署。我趁着夜色将左翼的团撤出一线，转移到右翼背后，次日随第 3 装甲师对图赫尔实施包围。

第 20 摩托化师通过艰苦的努力，终于占领科尼采，但实际并没有向前推进多少距离。我命令他们继续攻击。

到夜间，曾在第一天出现过的神经过度紧张的现象又再次发生。半夜，第 2 摩托化师向我报告说，他们在波兰骑兵的攻击下不得不撤退。起初，我真不知说什么好，但我终于还是克制住了自己，问这位师长，你听说过波美拉尼亚的掷弹兵有被敌人骑兵赶跑过吗？！他说，没听说过。接着他便向我保证，他一定能守住阵地。尽管有他的担保，我还是决定于次日清晨亲自到这个师去一趟。清晨 5 时，我到达这个师师部，看到这里的人仍是有些慌乱。我来到昨日夜间撤出的那个团，亲自率领这个团抵达大克罗尼亚北面的卡苗卡河渡口，准备由此向图赫尔突击。第 2 摩托化师现已发起攻击，看来第一个战斗日的恐慌已经消失了。

第 3 装甲侦察营于夜间抵达维斯瓦河。可惜的是，由于行动不慎，在施韦茨附近的波列德诺农庄，有多名军官伤亡。第 3 装甲师大部被布拉河分割为两部分，上午，东岸的部队遭到波兰人的攻击。中午，我军开始发动反击。该师一面在森林地带战斗，一面向前推进。第23步兵师随第3装甲师之后，以强行军速度开进。另外两个摩托化步兵师在图赫尔草原已取得重大进展。

9月3日，第23步兵师在布罗克多夫伯爵将军率领下，已推进至维斯瓦河畔，正好处在第3装甲师和第20摩托化步兵师之间，经激烈战斗，将位于施维茨以东和格劳登茨西部前方的敌人全部合围。波兰的"波莫瑞"骑兵旅对我们的坦克性能和作用一概不知，竟然使用马刀与我们的坦克对抗，结果遭受毁灭性的损失。波兰的一个炮兵团在向维斯瓦河开进途中，被我们的坦克追上，全部被歼，只有两门火炮来得及开火。波兰的步兵也损失惨重，补给纵队和舟桥纵队也有一部分在撤退途中被俘或被歼。

9月4日，我们缩小对波兰军队的合围圈。走廊的会战已近尾声。第32步兵师（隶属于施特劳斯指挥的军）抽调一个团向第23步兵师提供支援，第23步兵师的危险局面因此也趋于稳定。

部队战绩辉煌，士气也随之增加。部队的损失不算大，但军官伤亡的数字较高。因为他们忠于职守，以忘我的献身精神投入作战。亚当将军、冯·魏茨泽克男爵国务秘书和冯·冯克上校，都失去了他们的儿子。

9月3日，我视察了第23步兵师和第3装甲师，再次见到了我的小儿子库尔特。在我的出生地库尔姆，还看到了库尔姆钟楼的塔尖，心里有说不出的高兴，它似乎在维斯瓦河东岸向我招手致意。9月4日，我随第2、第20摩托化师在森林地带作战，一直推进到格劳登茨西部的德国老训练基地。夜间，我来到第3装甲师，这个师背后就是维斯瓦河，该师正向东推进，缩小合围圈。

走廊已被突破，尚未下达新的任务。正当我们艰难奋战的时候，波兰政治局势再度紧张。英国，以及在英国压力下的法国，正式对德国宣战。我们对即将迎来的和平的希望也完全破灭了。我们突然发现自己已经置身于第二次世界大战之中了。我们很清楚，这场战争的时间一定会拖得很长，所以我们必须以坚忍不拔的精神坚持到底。

9月5日，希特勒突然来我的军视察。我在由图赫尔至施韦茨的公路旁，距普莱夫诺不远的地方迎接他。我上了他的汽车，沿着德军实施追击的公路行进，掠过被我们摧毁的波兰炮兵阵地。经过施韦茨之后，我们就紧沿着合围线，到达了格劳登茨。在这里，希特勒在被炸毁的维斯瓦河大桥旁站了一会儿。当他看到被炸毁的波兰炮兵的火炮时，问道："这是我们的俯冲式轰炸机干的吗？"我回答："不，是我们的坦克干的！"听完，他显出一脸惊讶。为了接受希特勒的检阅，凡没有参加合围行动的第3装甲师的所有剩余部队，其中也包括第6装甲团和我儿子库尔特所在的第3装甲侦察营，都在施韦茨和格劳登茨之间集合列队。在返回的路上，我又陪同希特勒视察了第23、第2摩托化步兵师的一些部队。

在行进途中，我与希特勒首先谈到了我们军的作战过程。希特勒问我们伤亡了多少人。我回答他说，根据我现在得到的报告数字，在走廊会战中我所属的四个师，死亡150人，700人受伤。他对于这么小的伤亡数字感到非常吃惊。为了做一个对比，他向我列举了第一次世界大战中"李斯特"团在作战第一天的伤亡数字：竟高达2000多人。我向他解释说，伤亡数字之所以这样小，主要归功于我们的坦克。虽然在这次作战中，我们面对的敌人勇猛顽强，但我们的坦克发挥了极大的威力。所以说，坦克是一种可以减少伤亡的兵器。通过走廊会战的战绩，将士们对他们兵器优势的信心大大地增强了。敌人损失了两到三个步兵师和一个骑兵旅，数千人做了俘虏，数百门火炮被我们缴获。

当我们接近维斯瓦河的时候，可以看见天际出现一个朦胧的城市轮廓。希特勒指着那里问我，那是不是库尔姆。我回答说："是，那就是库尔姆。前年3月我有幸在您的家乡欢迎您，今天我又在我的家乡迎接您。我就出生在库尔姆。"多年后，希特勒还清楚地记得当时的这一幕。

我们的话题慢慢转到技术问题。希特勒很想知道，我们的坦克最突出的优点是什么，哪些地方还有待改进。我告诉他，当务之急是，要尽快将Ⅲ型和Ⅳ型坦克装备给作战部队，并要尽量提高坦克的生产数量。至于今后的发展，需要注意的是，现在速度已经够了，但是装甲的厚度还不够，特别是要增强正面装甲的厚度。此外，还要提高火炮的射程和穿透力，也就是说，需要加长炮身，提高炮弹的装药量。这些要求也同样适用于我们的反坦克炮。

希特勒在对我们部队的战绩表示了一番赞扬之后，便在天黑前离开我们，返回他的大本营。

还值得一提的是，当战事减少之后，居民们从他们躲避的遮蔽物中爬出来，向阿道夫·希特勒献花，对他表示热烈欢迎。施韦茨城挂起了黑白红三色旗。希特勒的这次视察，给部队留下了极好的印象。遗憾的是，在接下来的年月里，希特勒就很少到部队视察，而到了战争的最后几年他就根本不去了。他因此再也没有办法保持与部队的接触，也不再了解士兵的甘苦。

9月6日，军司令部和各师的前卫渡过维斯瓦河。军的大本营设在芬肯施泰因的多纳－芬肯施泰因伯爵的华丽城堡，这是弗里德里希大王❶赏赐给他的大臣芬肯施泰因伯爵的。这个城堡曾被拿破仑一世两度作为其大本营。这位皇帝第一次来到这里的时候，正值1807年对普鲁士和俄国的战争，当时他的部队正渡过维斯瓦河向东普鲁士挺进。当他通过贫瘠荒芜的图赫尔草原，望见这座城堡的时候，不禁大声喊道："真是一座漂亮的城堡啊！"然后，他从这里继续向普罗伊西施—艾劳方向前进，如今在城堡的地板上还留有他的靴刺划过的痕迹。1812年在远征俄国之前，他第二次来到这里，与漂亮的瓦莱夫斯卡伯爵夫人一起度过了几周的时间。

我现在就住在拿破仑曾经下榻的房间。

---

❶ 即弗里德里希二世（1712—1786），普鲁士国王、统帅、军事理论家。1734年作为王太子，首次参加波兰王位继承战争。1740年继承普鲁士王位，在位46年。即位当年便发动针对奥地利的奥地利王位继承战争。16年后又以先发制人战略，发动七年战争，确立了普鲁士的大国地位，因此被誉为"大王"（亦译为"大帝"），是德国人心目中的一尊偶像。弗里德里希二世不仅在军事思想上独树一帜，提出许多创新思想，成为德国军事思想的奠基人，而且在治国、经济、科学、文学、艺术等领域均有建树。他利用战争间隙撰写了多部重要的军事著作。其中《战争总则》一书，被拿破仑在作战中随身携带。——译者注

美中不足的是，我们的主人多纳伯爵因病住在柏林的一家医院，因此我们无缘与伯爵及其夫人相识。他十分客气，专门嘱咐下人为我提供了一头鹿，供我狩猎。关于我们下一步的任务，到目前还没有接到相关命令。我只知道，我们将脱离第4集团军，转隶由博克指挥的集团军群。因此，我决定这次一定要满足一下自己的狩猎兴趣，不能拒绝伯爵给我的好意。于是，我利用部队7日夜间渡河的机会，前去打猎，结果击中一只有12个角叉的鹿。但林场主严格按狩猎规则办事，不准我独自享用。

9月8日，我军所属各师在梅韦和凯泽马尔克渡过维斯瓦河，现在事态的进展速度明显加快了。当日晚，我前往位于阿伦施泰因❶的集团军群大本营接受新命令。19时30分我离开芬肯施泰因，在21时30分至22时30分之间接到下达给我的指令。集团军群起初的企图是，将我的军配属给由冯·屈希勒尔将军指挥的第3集团军，与其右翼保持密切接触，由阿雷西地带出发，经沃姆扎向华沙的东线推进。但是，我觉得要我的军与一个步兵集团军密切协同的做法，与我的部队特性不符。因为，这样做无法充分发挥我的摩托化师的速度优势，而这种缓慢的推进速度，会使华沙周围的波兰军队有机会向东逃跑，而后在布格河东岸重新组织抵抗。因此，我向集团军群参谋长冯·扎尔穆特将军提出建议，请求他允许我的装甲军直接隶属于集团军群，在屈希勒尔集团军左翼，通过布格河东面的维兹纳，向布列斯特－立陶夫斯克❷突击。

如果按照我的建议行动，波兰军队在华沙周围重新组织顽抗的一切企图，便会被粉碎。扎尔穆特将军以及冯·博克大将一致同意我的建议。我在接到相应的命令后，立即赶到阿雷西训练基地，向所属的各师下达命令。我现在手上还有两个师，即第3装甲师和第20摩托化步兵师。第2摩托化步兵师暂时作为集团军群预备队。现隶属于屈希勒尔集团军的第10装

---

❶ 令奥尔什丁。——译者注
❷ 令布列斯特。——译者注

甲师，以及一个最近由大龄兵员组成的要塞步兵旅，将接受第19军的指挥，这两支部队现正在纳雷夫河和维兹纳北部作战。

9月9日2时至4时30分，我在阿雷西向我的军所属的两个师下达命令，然后赶到我的新右邻第21军军长冯·法尔肯霍斯特将军那里，他的军指挥所在科任尼斯特，位于沃姆扎以北19公里处。我此行的目的是想听他介绍当前态势和将转隶于我的部队情况。我在早晨五六点钟便到达那里，把他们叫醒，让他们给我介绍这里作战的情况。通过他们的介绍我这才知道，由于波兰人英勇顽强的抵抗，德军用奇袭方式夺占沃姆扎的行动已告失利，失败的另一个原因是我们的士兵缺少战斗经验。此时第21军还停留在纳雷夫河北岸。

8时，我到达维兹纳，找到第10装甲师部，该师师长沙尔将军因故负伤，现归施通普夫将军指挥。他告诉我，他的步兵已经渡过河，并占领这一段波兰人构筑的防御工事。战斗还在进行中。我对这一态势感到几分欣慰，然后到达勒岑旅。这个旅原先的任务是守卫这个要塞，现在正在攻击纳雷夫河畔的波兰工事。这个旅及其旅长加尔上校都表现得十分出色，给我留下良好的印象。他们渡河成功之后，进展神速。对于这个旅所采取的措施我表示同意，而后便返回第10装甲师。

当回到维兹纳的时候，使我感到十分失望的是，早晨步兵师攻击成功的报告居然不是事实。实际上，步兵虽然渡过河，但并没有能攻占岸边的混凝土掩蔽部。一直到现在，还没有取得什么进展。于是，我渡过河，去找团长。由于各营的指挥所伪装得十分隐蔽巧妙，未能找到团指挥所。我赶到第一线，没有找到师的任何一辆坦克。因为他们还停在纳雷夫河北岸。于是，我命令随从返回，把他们叫来。前线发生的事简直让人无法理解，他们来到之后告诉我说，前线的连正在换防，而且按部就班，看上去好像是阅兵式。他们对于我下达的攻击命令一无所知。一个重型炮兵营的观察员居然无所事事地混在步兵之中。敌人在哪里，他们不知道，对前线也不进行侦察。我首先命令他们停止这种换防行动，让他们的团长和营长立刻赶到我这里。然后，命令重型炮兵瞄准波兰的永备发射点射击。不久，团

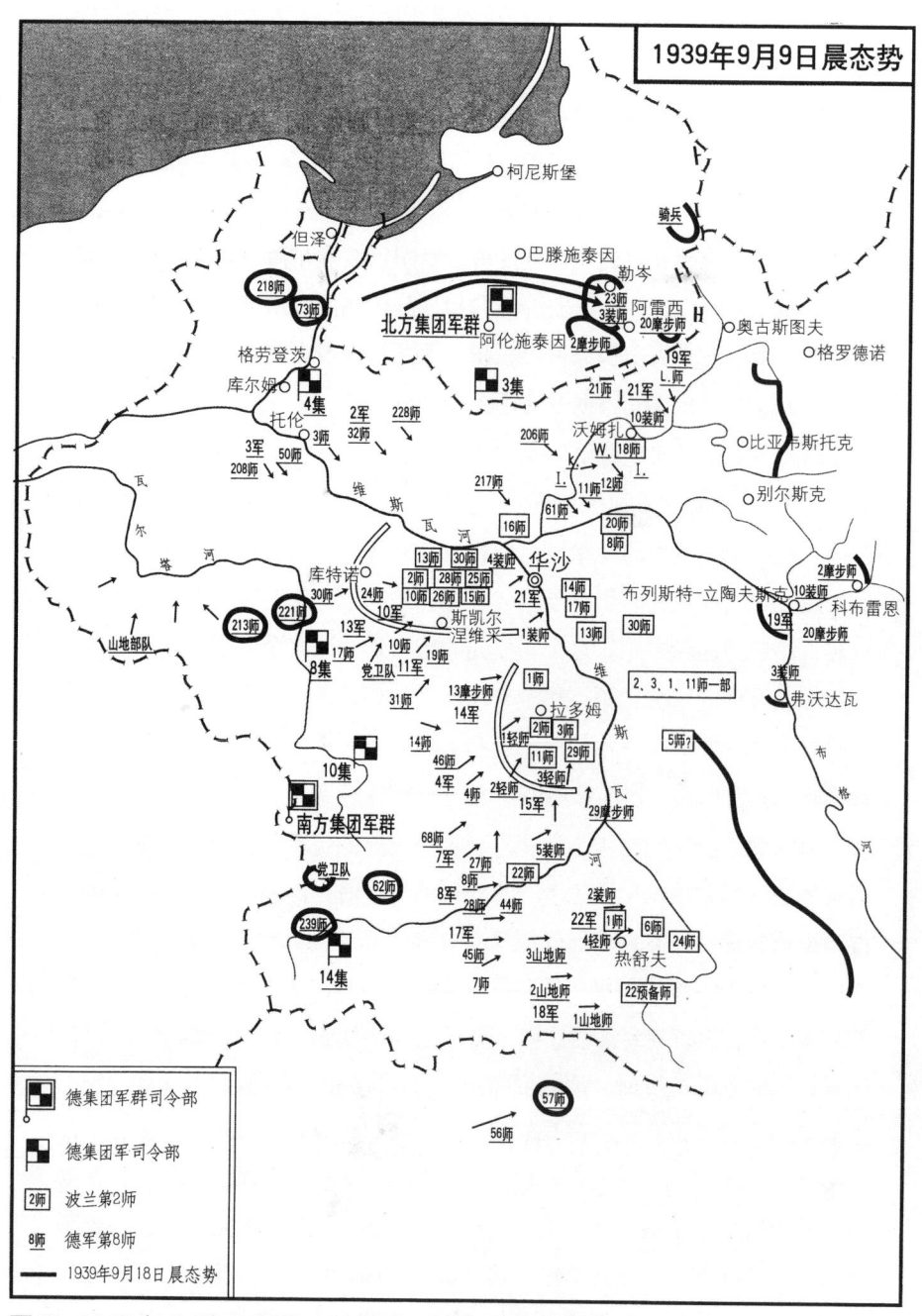

图3 1939年9月9日晨—1939年9月18日晨态势

长们赶到这里，我立即带着他们去勘察敌人的前沿阵地，一直走到己方火力所及的地方。我们离敌人的混凝土掩蔽部很近，在这里我发现有一位英勇的指挥官，一个人一直在这里指挥着一门反坦克炮对敌人阵地进行轰击。于是，我就命令他们从这里发起攻击。不得不承认，我对这里所发生的事十分恼火。

当我回到纳雷夫河的时候，发现装甲团仍然停在河的北岸。我立刻命令团长加速渡河。由于桥梁尚未架好，坦克只能用渡船摆渡。一直到18时，攻击终于开始了。攻击很快取得成果，而且伤亡很小。这样看来，只要行动有力和目标明确，次日上午定能一见分晓。

在尚未到达位于维兹纳的军指挥所之前，我便用口头和书面的形式下达了命令，命令负责架桥的工兵军官加速架设纳雷夫河上的渡桥，因为第10装甲师和紧随其后的第3装甲师急需渡河。

当我回到指挥所之后，立即拟制明日的命令：第20摩托化步兵师在第10装甲师右翼横渡纳雷夫河，第3装甲师在第10装甲师背后跟进。当日晚，我们在维兹纳牧师的新房子过夜，事实上这座房子还没建好，住起来很不舒适，但是再也找不到比这所房子更好的了。

9月10日早上5时，我所下达的第一个在前半夜架好渡桥的命令，被第20摩托化步兵师师长的另一道命令给毁了。他让工兵在下游重新架桥，以便供他的师使用。这样一来，装甲师只能依靠渡船渡河了。这真使我有点绝望了。工兵军官并没有把我的命令传达给师长。现在，我们只好等到黄昏降临，才能为坦克架设另一座渡桥。

这一天，由维克托林将军指挥的第20摩托化步兵师，在赞布鲁夫附近陷入一场艰苦的战斗。这个师的主力正沿着布格河向努尔方向突击。我曾命令侦察教练营在该师前方推进，以便横渡布格河，这个营一路上没有遇到任何抵抗便到达该河。而第10装甲师虽然已挺进到布兰斯克，但一路上战事不断。我一直跟随这个师到黄昏，在大火焚烧的上马佐维斯基过的夜。我的军指挥所已在晚上渡过纳雷夫河，一直跟随我，但由于天黑，在上马佐维斯基北部的一个燃烧的村庄与我失去联系。于是，我们不得不

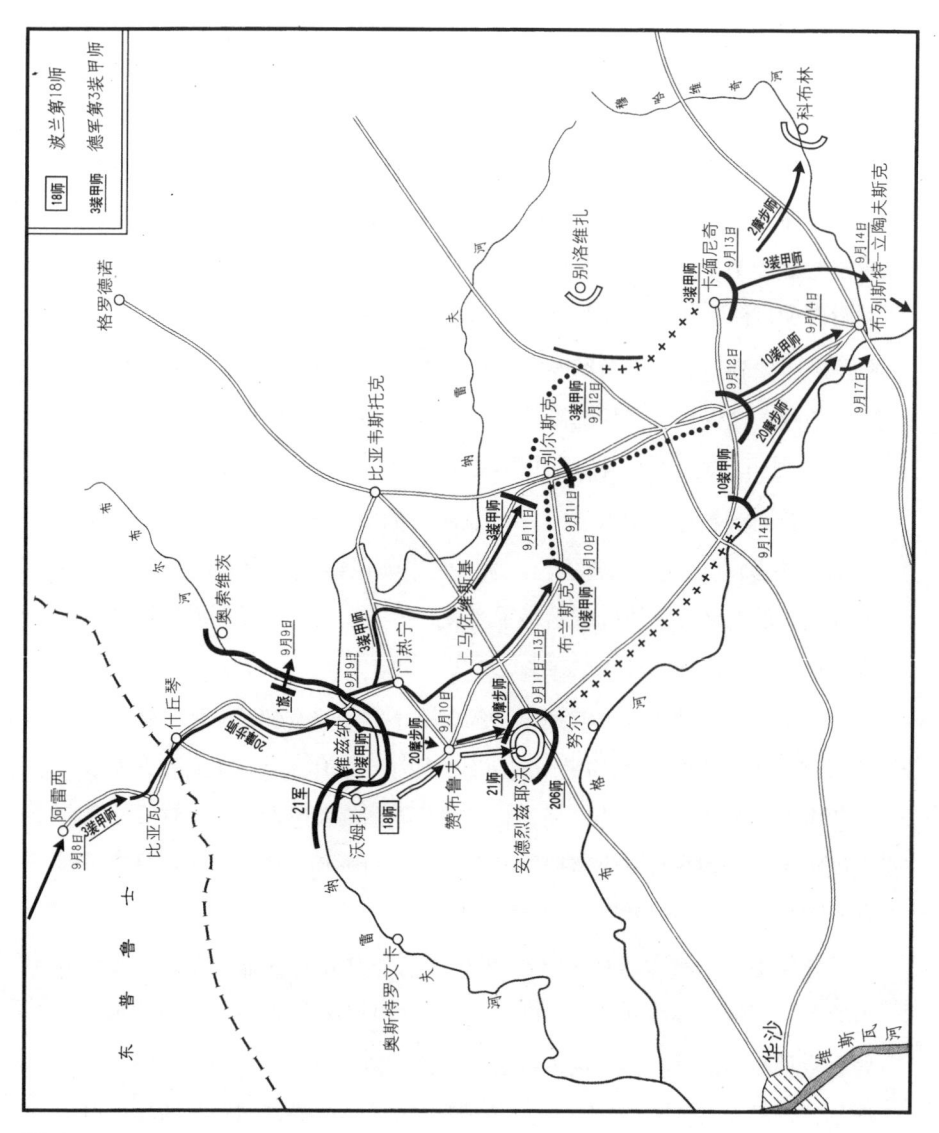

图 4

分开过夜，导致命令无法传递。这都怪我，是我过早地下达了变更地点的命令，当初还不如在维兹纳过夜。

9月11日上午，我急切地等待着军指挥所的到达，心里十分烦躁。波兰军队企图由沃姆扎向东南撤退，却踏上了第20摩托化步兵师开进的道路，于是两军在赞布鲁夫以南遭遇，给这个师带来了相当的麻烦。师长决定，命令已经向布格河方向推进的部队折回，将这股敌人合围并歼灭。我将第10装甲师一部调回，用以对付这股敌人。此间，在推进的第10装甲师左翼流传着一个谣言，说我在上马佐维斯基被敌人合围了，处境异常危险。听到这个消息后，第3摩托营掉转头向韦索基开来，企图为我解围。当他们在公路旁找到我的时候，高兴坏了。从中可以看出这些摩托步兵的战友情谊是何等深厚，我心里不免暖烘烘的。

这一天，军指挥所在上马佐维斯基过夜。

9月12日，第20摩托化步兵师和赶来提供支援的第10装甲师一部，在安德烈兹耶沃附近将波兰军队合围。此时，第10装甲师已经到达上马佐维斯基，第3装甲师已到达别尔斯克。我与侦察营的先头侦察组驶向别尔斯克，在此获得了第一手情报。当日下午，见到了我的儿子库尔特。

军指挥所转移至别尔斯克。第2摩托化步兵师脱离集团军群预备队，重新归属我指挥。于是我命令这个师经沃姆扎－别尔斯克向前推进，以便与军保持密切接触。命令中有一句话："师长应靠前指挥。"9月13日晨，师长巴德尔将军遵照我的命令，随身携带一部无线电台，闯入位于布兰斯克和别尔斯克之间的波兰军队，这股敌人为了避免被合围，正准备从安德烈兹耶沃撤退。于是，师长巴德尔将军不得不在敌人的炮火下苦苦熬过数个小时，直到我们收到他发来的无线电，才知道他身处险境，于是我们立即派兵把他救了出来。快速部队也从这件事中吸取了重要的经验教训。

在这一天，波兰军队在安德烈兹耶沃投降，波兰第18师师长被我们俘虏。德军第3装甲师到达卡缅尼奇－利托夫斯基，并且已对布列斯特－立陶夫斯克进行了侦察。此后，我便下达了攻击要塞的命令。我们在别尔斯克度过这一夜。

我们获悉，波军分队已到达著名的别洛维扎森林。我想避免森林地作战，因为我们不想因此而影响当前的主要任务，即尽快到达布列斯特，不想因森林地作战而牵制我们过多的兵力。因此，我只抽调少量兵力对森林地的边缘进行观察。

9月14日，第10装甲师一部，即该师的侦察营和第8装甲团，突破布列斯特的防线。为充分利用这一突袭战果，我急令全军以急行军向布列斯特开进。

这一夜我们在韦索基－利托夫斯基度过。

9月15日，对布列斯特的合围在布格河东岸达成。波兰人将一辆旧的雷诺式坦克横在城门口，致使我们的坦克无法冲进去。他们企图利用这种方法挫败我们奇袭这座城堡的计划。

军指挥所在卡米涅兹－立陶夫斯克过夜。

第20摩托化步兵师和第10装甲师将于9月16日同时对城堡发起攻击。部队虽已冲到城堡顶端，但最终还是失利了。原因是，第10装甲师的步兵团没有遵照命令，进攻时没有紧随炮兵徐进弹幕射击❶向前推进。当时，我也在这个团的第一线，该团本来起初就贻误了战机，接着又在没有命令的情况下再次出击，因此不但遭受重大损失，而且也未能达到预期目标。我的副官布劳巴赫中校在这次战斗中身负重伤，几天后便去世了。他是因为怕我后方分队误伤前方部队，想去阻止他们射击，结果被城堡上仅距他100米的波兰狙击手击中。他的死是一大损失，令我十分痛心。

第3装甲师从布列斯特东面向弗沃达瓦突击，在其后跟进的是第2摩托化师，他们正向东方科布雷恩推进。

9月17日清晨，由戈尔尼克上校指挥的第76步兵团，趁夜色在布格

---

❶ 炮兵火力支援的一种方法。主要在己方冲击部队正前方的一个地区或两个地区上，以密集火力构成一道或两道弹幕，并随着冲击部队的前进逐次向敌防御纵深延伸的绵密弹幕，起到掩护部队冲击的作用。——译者注

河西岸渡过该河，一鼓作气将这个宏大的城堡占领，此时城堡的波兰守军也正想利用完好的布格河大桥向西突围。此次作战由此暂时告一段落。军司令部转移到布列斯特，宿营地设在沃伊沃德斯哈夫特。我们听说，俄国人正从东方向西推进。

波兰战局对于我的装甲部队来说是个考验。我认为，它已出色地经受住了这次考验，我们为它的创建和发展所付出的一切都是值得的。我们现在位于布格河畔，准备清剿波军残部。我军的背后安全将由第2摩托化师提供保证，这个师目前还在科布雷恩城前与敌人激战。我们时刻准备着与由南开来的装甲部队取得联系。派往前方的侦察部队已经抵达卢布姆尔。

这个时候，冯·克卢格大将的第4集团军司令部追上我们，我们再次归属他的建制。曾经在纳雷夫河作战中表现十分勇猛的勒岑要塞旅，几天来一直担负保障我们左翼安全的任务，后归属第4集团军指挥。按照冯·克卢格大将的命令，第19军的一个师向南突击，一个师向北面的科布雷恩突击，另一个师向东北部的比亚韦斯托克推进。这就使该军被分割成几个部分，难以实施统一指挥。再加上俄国人的出现，使冯·克卢格大将的这一命令未能付诸实施。

给俄国人带路的是一个年轻军官，坐在一辆装甲侦察车里。他告诉我们，后面有一个俄军坦克旅正向这里开来。后来我们才知道，按照德国外交部对俄方商定的分界线，以布格河为界，布列斯特要塞已经划归俄国。我们觉得这种划界对德国不利。最后，上级命令我们必须于9月22日前撤出分界线以东地域。这个时间对于我们来说有点太短了。在这么短的时间里把伤员送到后方，还要处理毁伤的坦克，实在有点来不及。这说明，在商定分界线和停战的谈判中，军人完全被排斥在外了。

在离开布列斯特-立陶夫斯克的时候，还有一件小事值得一提。但泽的主教奥罗克与波兰大主教卡迪纳尔·赫隆德一起从华沙向东逃跑。当这两位大主教到达布列斯特的时候，意外地碰上了德国人。卡迪纳尔继续逃向东南，进入罗马尼亚；但泽主教则选择了通向东北的道路，投向我们的军队。他要求与我谈话，我很高兴地在布列斯特接待了他。他不知道向哪儿走才能安全，不致落入俄国人的手中。于是，我建议他到我们的一支后勤纵队去，这支纵队负责从柯尼斯堡❶向我们提供补给。从那里他可以轻易找到埃尔梅兰主教，并得到他的保护。主教接受了我的忠告，与他的随从平安地离开了战区。后来，他给我写了一封信，非常热情地表达了对我的感谢，同时还对德国军官团的传统骑士风度特加一番称赞。

在向俄国人交接的那一天，俄方代表是克里沃舍因准将，是一个装甲兵军官，会说法语，因此我们能顺利地沟通。我们按照外交部的规定，与俄国人进行了直接和满意的交接。他们答应我们，所有东西都可以带走，只有缴获的波兰战利品必须留下，由于时间太短，我们也不可能把这些战利品运走。最后，还举行了一个告别阅兵式和互换军旗的仪式，克里沃舍因将军也出席了。我们就这样结束了在布列斯特－立陶夫斯克的日子。

在我们即将离开这座为之付出鲜血的要塞之际，特地为我的副官布劳巴赫中校举行了葬礼（9月21日）。我为失去这位勇敢而精干的同事感到无限伤感。其实，他受的伤并不是致命伤，只是血中毒导致的心脏衰竭才夺去了他的生命。

9月22日的晚上，我们到达赞布鲁夫。第3装甲师已开向东普鲁士，其他部队随后跟进。自此，我的军已完成使命，宣告解散。

9月23日，我们进入在加林根的宿营地，这里是博托－文德·楚·奥伊伦堡伯爵的美丽庄园。伯爵本人在前线作战。客气的伯爵夫人和她漂亮的女儿接待了我们，在久战疲惫之余我们在这里舒舒服服地休息了几天。

我的儿子库尔特在战争中经受住了考验，我的长子海因茨却没有任何消息。实际上，在整个战争中我都没有收到任何来自家乡的信件，实在郁闷。现在，我们希望不久能回到原来的驻地，使我们的部队尽快恢复到最佳状态。

当时我们也希望，这场迅速取得的对波战争的胜利所产生的政治效果，

---

❶ 今加里宁格勒。——译者注

能促使西方大国达成一个理智的和平。我们也想到了，如果达不成和平，希特勒很快就会决定在西线发动一场攻势。遗憾的是，两种希望都落了空。一场如丘吉尔所说的"奇怪的战争"❶开始了。

我利用这段空闲时间到东普鲁士去看望我的亲属。在他们当中我见到了我的一个来自西普鲁士的侄子，他曾被迫在波兰军队当兵，现已从战俘营中出来，要求参加我们的军队。

10月9日，我的军部迁回柏林。在途中我又见到了几个我在西普鲁士的亲戚。那些令人痛心的年月，包括布鲁姆贝格的血腥礼拜日❷，都已成为过去。我也到了我的出生地库尔姆，找到了我父母和祖母曾住过的房子。这或许是我与我的家乡见的最后一面。

回到柏林不久，我见到了我的大儿子，喜出望外。他参加了华沙的艰苦作战，已荣获一级和二级铁十字勋章。

我在叙述波兰战局的时候，必须要提到我的司令部。它在参谋长内林上校的领导下，进行了卓有成效的工作，凭着超强的理解力和出众的指挥技巧，他为我的军做出了突出贡献。

两次战局之间

10月27日，我奉命来到总理府。在这里，我遇到了24位被授予铁十

---

❶ 指二战爆发后，英、法因对战争准备不足，以及对形势尚存幻想等因素，虽对德宣战，但仅派出小部兵力陈兵边境，也未派一兵一卒支援波兰。德国也担心其国力尚不能承担与西方大国进行一场大规模的军事较量，未敢贸然对西方开战。这场"奇怪的战争"始自英、法对德宣战之日，至1940年5月德军停止西线进攻为止。——译者注

❷ 布鲁姆贝格为波兰城市，今称比得哥什。1939年9月1日在德国对波兰发动进攻后，撤退的波军和被煽动起来的波兰平民，对布鲁姆贝格城内的日耳曼人展开血腥屠杀，直至9月4日德军占领该城。据称有1100名德国人遇害，占全城德国人的7.3%。这成为纳粹进攻波兰的所谓"自卫作战"的依据之一。——译者注

字骑士勋章的军官。当然，这么早就荣获勋章，我自然感到十分得意。但是我更看重的是，这是一种对我为创建和发展一支新型装甲兵付出的努力的认可和证明。波兰战局之所以会在如此短的时间内，以如此微小的代价取得胜利，毫无疑问应归功于装甲兵在其中做出的决定性贡献。授勋之后又为我们举行了早餐会。就餐时我正好坐在希特勒的右边，于是便与他聊起了装甲兵的发展历程和作战经验。聊到最后，他突然问我一个问题，他说："我很想知道，人民和军队对于跟苏俄签订条约有什么反应？"对此，我只是回答说，当我们在8月底得知条约签署的消息后，都长舒了一口气。这样，我们的背后就安全了，这就可以使我们得以避免可怕的两线作战，我们在上次的战争中就曾被两线作战搞得苦不堪言。希特勒非常惊讶地看着我，他的表情使我感到他对我的回答不甚满意。不过他没有说话，我们之间的谈话也就这样中断了。一直到很久以后，我才知道，希特勒对苏俄怀有刻骨仇恨。他当时想要听到的话大概是，我对他与斯大林缔约表示惊叹不已。

在这个短暂的休息期间，发生了一件令人十分悲痛的事。11月4日，我亲爱的岳母在柏林我们的住所去世。我们把她安葬在位于戈斯拉尔的岳父坟墓旁边。不久，我又接到新的命令，于是离开家乡，踏上征程。

11月中旬，我的司令部起初在杜塞尔多夫，后来突然转移到科布伦茨，隶属于冯·伦德施泰特大将❶的A集团军群。

为了巩固军官团尤其是将官们的政治立场，柏林举行了一系列报告会。戈培尔、戈林等要人都在会上讲了话，希特勒也于11月23日亲自到会讲话。

---

❶ 卡尔·鲁道夫·格尔德·冯·伦德施泰特（1875—1953），德国元帅。1907年毕业于军事学院。参加过第一次世界大战。一战后，历任骑兵师参谋长、步兵团团长、集团军参谋长、军区司令。1938年晋升为大将。二战中，历任南方集团军群司令（波兰战局）、A集团军群司令（法国战局）、南方集团军群司令（苏联战局）、西线德军总司令。在法国战局中，指挥所属集团军群突破法军防线，为战胜法国起到重要作用。被认为是二战中德军最具才能的将领之一。1944年因与希特勒发生矛盾被免职。9月复任西线总司令，1945年被撤职。德国战败后被美军俘虏，1949年因重病获释。——译者注

听众主要是陆、海军的将军们，也有军事院校的教官、监察官，最低军衔为上尉。

在上述三人的演讲中，几乎一致反复提到一个观点："空军的将军们在戈林同志领导之下，在政治上是绝对可靠的。海军的将军们是按照希特勒的思想行事的，因此也是可靠的。但是站在党的立场上来看，陆军的将领们并不是绝对可以信赖的。"波兰战火的硝烟尚未散尽，况且我们在作战中取得了重大战绩，因此这些话听起来，实际上是一种对我们的严厉谴责，这使我们大惑不解。因此，当我返回科布伦茨之后，便去找集团军群参谋长、我的好友冯·曼施泰因将军❶，研究我们应当如何应对，需要采取什么措施。他认为，将军们不应当容忍上面提到的那些话。而且他也已经向他的司令说过此事，但司令并不同意采取什么行动。他要我再去找伦德施泰特试一试。我立刻去见他。冯·伦德施泰特大将说他已经知道此事，但他只想去找陆军总司令，把那些话告诉他。我说，那些指责首先是针对陆军总司令的，而且他也亲耳听到了，现在首要的事情是，要让希特勒收回这个不公正的中伤。伦德施泰特大将不准备采取进一步行动。在此后几天里，我找了几个老将军，鼓动他们采取行动，但他们都反应淡漠。最后，我找了冯·赖歇瑙大将，他与希特勒关系很好，在党内也很有名气。但他的话却使我大吃一惊。他说，他与希特勒绝不存在什么密切关系；恰恰相反，他曾与希特勒发生过激烈争执。出于这个原因，他根本不可能到元首那里去，而且元首也不会听进他的话。但他认为现在急于要做的是，要让元首知道将军们的情绪。为此他建议，让我亲自去找元首谈这个事。

---

❶ 埃里希·冯·曼施泰因（1887—1973），德国元帅。参加第一次世界大战。1935年—1938年任总参谋部作战处长、第一军需长。在第二次世界大战的波兰战局中，先后任南方集团军群参谋长、A集团军群参谋长。在法国战局中任军长。在苏联战局中，任集团军司令、顿河集团军群司令、南方集团军群司令。1939年制订对法作战计划，即著名的"镰割计划"，通称"曼施泰因计划"。希特勒采纳了"曼施泰因计划"，于1940年5月发起对法国的进攻。因在作战问题上与希特勒产生矛盾，于1944年被解职。1950年被英国军事法庭判处18年徒刑。1953年获释。著有《失去的胜利》《一个军人的回忆》两部回忆录。——译者注

我立刻推托，我说我是军长当中最年轻的一个，根本没有办法代表那么多年长的同事。他却不同意我的说法，说这样反而正好。于是，他立即向总理府报告，说我要求见希特勒。第二天，希特勒便叫我到柏林去见他。这次谈话使我大长见识。

希特勒单独接见了我。他让我一直说了20分钟，中间没有打断我的话。我首先叙述了我在柏林听到的那三篇指责陆军将军们的演讲，然后我说："所有和我共事的将军，都对帝国政府的头面人物对他们表示的不信任，感到惊讶和不满。他们在波兰战局中尽其所能，报效国家，才使得战争在短短三周的时间内取得胜利。我们与西方大国的一场恶战即将开始，因此我认为，决不可以在高层领导中产生这样的裂痕。您也许感到惊讶，为什么我这样一个最年轻的军长前来见您。我也曾请多位年长的先生来见您，但他们都不愿意来。我今天来，主要是要表达我们对那些不公正和伤人的话的抗议，请您以后不要再说：'我确实表达了我对陆军将军们的不信任，但他们听之任之，没有人提出抗议。'如果您说的话只是针对个别将军，那完全可以把他免职了事。将来的战争必定是长期的，如果在军事领导层中存在这样的裂痕，我们将一事无成。在战争艰苦阶段到来之前，我们必须建立互信。在第一次世界大战中，1916年就因领导层内部存在矛盾而使我们不得不经历一段艰苦时期，直到兴登堡和鲁登道夫❶进入最高统帅部才有所改善。但当时为时已晚。因此，我们的最高领导必须提前采取决定性措施，防止重蹈第一次世界大战的覆辙。"

希特勒聚精会神地一直听我讲。等我把话说完，他才生硬地说道："这

---

❶ 埃里希·鲁登道夫（1865—1937），德国上将。第一次世界大战前，先后任科长、处长、步兵旅长。一战爆发时，任西线集团军副参谋长，在奇袭比利时列日要塞作战中崭露头角，1914年8月任东线第8集团军参谋长，1916年升任最高统帅部第一总军需长，在军中仅次于总参谋长兴登堡，成为战争的实际指挥者。在国内推行军事专制制度，实行"总体战"。1918年德国战败后，被解职，并逃往瑞典。1919年回国，参加右翼活动。1923年参加希特勒啤酒馆暴动。一战后撰写《总体战》《我对1914年—1918年战争回忆录》等多部军事著作，被认为是"总体战"思想主要创始人之一。——译者注

件事只关乎陆军总司令！"我说："如果您不信任陆军总司令，就把他免职，让您最信任的将军来领导陆军。"紧接着，希特勒就提出一个令我挠头的问题："那您推荐谁？"我立刻把我认为有能力担负这一重任的一串重要人物在脑子里过了一遍。我首先提到冯·赖歇瑙大将。但是希特勒并不同意，他斩钉截铁地说："他不在考虑之列。"表情异常坚定。我这才突然意识到，赖歇瑙在杜塞尔多夫和我聊天时，就曾说过他与希特勒关系闹得很僵，现在看来绝不是夸大其词。然后我又提到伦德施泰特大将以及许多人，但都被一一驳回。最后我已无话可说了，只好保持沉默。

现在，希特勒开始讲话了。他详细地讲述了他对陆军将军们表示不信任的原因。原来事情来源于弗里奇和贝克，希特勒说他们给他重整军备的决定制造障碍。希特勒当时要求立即组建36个师，而他们却认为组建21个师就足够了。他们还对他占领莱茵兰也提出过警告，更有甚者他们已经做好准备，一旦法国人皱一皱眉，他们就会立刻把已经开进莱茵兰的军队撤回来，幸亏德国外长没有向法国人屈服。接着他说，冯·布洛姆贝格元帅使他大失所望，弗里奇危机令他大为恼怒。贝克之所以被解职，是因为在捷克问题上，与他唱反调，现任的总司令在重整军备过程中没有向他提出一点像样的建议。一个明显的例子是，在提高轻型野战榴弹炮产量方面，总司令没有提出有分量的建议，致使数量少得可怜。早在波兰战局时，他就已在指挥问题上与他的将军们产生分歧。在关于眼前西方战局的指挥问题上，他与陆军总司令的观点同样无法取得一致。

最后，希特勒感谢我的坦白陈词——我们的谈话就这样毫无结果地结束了。谈话前后大约进行了一个小时。我回到科布伦茨，心情沮丧，对未来忧心忡忡。

第五章 西线战局

作战准备

在对西方大国开战——但愿能够避免——之前，我们就已经对波兰战局的经验进行了研究。从中得出的结论是，轻型师是一种不可靠且会招致灾祸的东西。我对这个结论并不感到惊奇。正因为如此，当局才将其改编成装甲师，序列号从6到9。摩托化步兵师的编制过于庞杂，不便指挥，因此每个师都裁减一个步兵团，缩小其规模。现在急需对装甲步兵团进行改装，也就是把旧型的坦克换成Ⅲ型和Ⅳ型坦克。但是，由于工厂的生产能力过低，使这项工作进行得异常缓慢，而另一个原因则是陆军总司令部把新型坦克都储存了起来。

有几个装甲师和"大德意志"步兵团划归我，由我负责对它们进行训练。除此之外，我把主要精力都放到了考虑对西方大国的作战问题上。

希特勒急于发动进攻。在希特勒的催促下，陆军总司令部打算启用1914年的所谓"施利芬计划"❶。虽然这一计划的优点是简便易行，但其

---

❶ 由德国总参谋长施利芬制订的《对法战争备忘录》的通称。"计划"将德国地处欧洲中心这一不利地缘劣势化优势，利用法、俄被东西分隔的条件，集中兵力于西线，首先解决法国，而后挥师东进，消灭俄国。在西线，集中85%以上的兵力于右翼，配置在荷兰边境、梅斯一线；另15%的兵力配置于左翼。右翼突破边境防御后，迅速向海峡沿岸突击，而后以梅斯为轴，折向东南方向，将法军包围歼灭，力争在四至六周之内消灭法国。该"计划"是德国历史上提出的首个解决德国两线作战问题的方案。其中心思想是，集中兵力，各个击破，迂回包围，速战速决。——译者注

缺点是少有新鲜感和吸引力。所以不久，人们就盘算着改换一种解决办法。11月的一天，曼施泰因请我到他那里去，跟我谈了他对这个问题的想法。他想运用强大的装甲部队，经过卢森堡和比利时的南部地区，向色当附近漫长的马奇诺防线❶突击，在突破这道防线之后，接着就实施对法国整个防线的突破。他请我来的意思，是让我从装甲兵专家的角度，看看他的这一计划是否可行。在对地图进行一番仔细研究之后，并根据我在第一次世界大战时对当地地形的了解，我明确地对曼施泰因说，他拟订的这一作战计划是可行的。我提出的唯一前提是，在此次行动中必须投入足够数量的装甲师和摩托化师，最好全部投入！

于是，曼施泰因便拟制了一份备忘录，经冯·伦德施泰特大将批准和签字后，于1939年12月4日呈送陆军总司令部。可是，陆军总司令部对此并不热心。起初，陆军总司令部只想用一至两个装甲师来进攻阿尔隆。于是，我找他们交换看法。我说，我坚持认为，这样使用装甲兵力战斗力过于薄弱，不会起到任何作用。我们现在的装甲兵力本来就不算雄厚，如若再如此分散地使用，那就是一个重大错误了，我们决不可犯这种错误。遗憾的是，陆军总司令部偏偏要准备犯这样的错误。曼施泰因不断催促，不料这却引起了陆军总司令部对他的强烈不满，以致最后将他贬为一个步兵军的军长。他要求至少能让他指挥一个装甲军，但并没有人理会他的请求。就这样，我们这位最具战略头脑的人物，便率领一个军被编在第三波开赴前线。平心而论，实际上在后来的战争中所取得的那些辉煌胜利，应

---

❶ 法国于1928年根据时任陆军部长马奇诺的建议，在与德国、卢森堡毗邻的整个边境，以及与比利时毗邻的部分边境上构筑的永备筑城工事和障碍物配系。"防线"正面长约400公里，纵深6—8公里。主要防御地带前方有纵深为4—14公里的保障地带，永备发射工事5600余个，在最危险的方向上有22个大型永备发射工事群。工事间有地道连通，设有炮塔、暗堡、人员宿舍、容纳三个月粮食和弹药的仓库、独立电站及上下水道等。二战爆发时，有两个集团军群（50个师）驻守"马奇诺防线"。"防线"是法国消极战略的反映，耗资巨大，且极大地影响了装甲兵和空军等机动军兵种的发展。1940年德军突破法军防御后，进抵"马奇诺防线"后方，"防线"未发挥其应有作用。——译者注

主要归功于他。接替他来担任伦德施泰特大将参谋长的是性格文静的冯·佐登施特恩将军。

在此期间，空军发生了一个意外事件，导致德国军事当局不得不放弃施利芬计划。空军的一位传令官在1940年1月10日夜间违反操作规定，把包括施利芬计划在内的一些重要文件带在身边，飞越比利时的边界，结果在比利时境内迫降。他是否已将文件毁掉，不得而知。但无论怎么说，我们必须要做最坏的考虑，即比利时，估计还有法国和英国，已经获知我们的进军计划。

曼施泰因被任命为军长之后，利用向希特勒报到的机会，向希特勒当面介绍了他对未来作战的想法。于是，曼施泰因的作战方案成了被研究的对象。1940年1月7日在科布伦茨专门对这个方案进行了一次图上作业，作业给我的印象是可行的。在这次作业中，我建议利用强大的装甲和摩托化兵力，于战争的第五天，在色当渡过马斯河，突破敌人的防线，而后向亚眠发动进攻。在场的陆军总参谋长哈尔德认为这一思想"毫无意义"。他认为，即使装甲部队渡过马斯河，夺占了登陆场，也必须要等步兵跟上来，这样一来就不可能在战争的第九或第十天进行一次"统一的进攻"，即他所说的"一次阶段性的全面攻击"。我强烈反对他的这一观点，并强调指出，关键是必须将手头有限的装甲突击兵力集中使用，突然运用在决定性的地点，先头突击部队的配置必须有足够纵深，使其无须为侧翼安全担忧，而后步兵军便可及时和毫无顾忌地利用初期战果。

我曾经提出过一个观点，认为边境防御工事具有重大价值。集团军群工兵顾问冯·施蒂奥塔少校的缜密深透的研究成果，极大地增强了我这一观点的说服力。冯·施蒂奥塔先生曾对空中拍摄的照片进行了精细的研究和分析，因此没有人能够驳倒他的观点。

2月14日，李斯特大将的第12集团军司令部在迈恩又进行了一次图上作业，哈尔德也在场，主要演练了夺占马斯河渡口的战斗。他们给我提出一个问题，让我从两个解决方案中选择其一：装甲师是利用自身的器材渡河，还是等步兵到来之后才渡河；如果等步兵到来，是与步兵一起渡河，还是让步兵先渡河呢？由于地处马斯河东部的阿登地形十分复杂，装甲兵与步兵一起渡河在这里显然行不通。最后，我和在我军之后跟进的摩托化第14军司令冯·维特里斯海姆将军十分沮丧地指出，在这种状况下我们不可能对行动的指挥还抱有什么信心。我们指出，这样使用坦克是错误的，如果按照这种原则来指挥作战，必将给部队带来信任危机。

由于冯·伦德施泰特大将对坦克到底具有多大威力也没有一个明确的认识，因此他也主张在使用上要谨慎。事情由此变得更加难办。现在这个时候多么需要曼施泰因啊！

尤其令人伤脑筋的是，由谁负责指挥这么多数量的装甲部队。经过长时间的反复思考后，人们把目光停在了冯·克莱斯特大将❶身上，可是他对坦克并没有兴趣。最后，确定由我指挥的装甲军担负突破阿登防线的任务。此后，我便把主要精力投入到训练我的将领和参谋的工作上。隶属于我指挥的有第1、第2、第10装甲师，"大德意志"步兵团，以及一系列军直属部队，其中包括一个迫击炮连。我除了对"大德意志"步兵团不甚了解之外，对其他部队都十分熟悉，对于他们的战斗力给予无条件的信任。现在，我有机会训练他们去担负眼前的艰巨任务，对于他们的成功，除了希特勒、曼施泰因和我，没有人会相信。为了使我的这一思想付诸实施，我不得不付出大量精力与他们唇枪舌剑，现在我已焦头烂额，精疲力竭，很想休息一下。于是，我便在3月的下半月请假，并获准休假。

在此之前，3月15日，A集团军群司令包括冯·克莱斯特将军和我，被希特勒召到总理府，举行一次会商。每个到会者都报告了他所承担的任

---

❶ 保罗·路德维希·埃瓦尔德·冯·克莱斯特（1881—1954），德国元帅。1912年毕业于柏林军事学院。参加过第一次世界大战。自1928年历任师参谋长、团长、师长、军长。1939年率第22军参加对波兰战争。1940年任克莱斯特装甲集群司令，参加法国战局。自1941年相继参加对苏战争的基辅会战、罗斯托夫会战、哈尔科夫会战。翌年晋升为元帅。1944年因与希特勒有分歧被革职。1945年被英军俘虏。1948年作为战犯被移交苏联，卒于狱中。——译者注

务、完成方式和方法。最后轮到我。我的任务是，在命令下达的当日，部队越过卢森堡边界，然后通过比利时南部，向色当突击，在色当渡过马斯河，在左岸建立一登陆场，掩护随后跟进的步兵军渡河。随后，我又简单地解释说，我的军以三列纵队通过卢森堡和比利时南部。我估计，第一天到达比利时边境阵地，如能达成突破，第二天将通过讷沙托，第三天在布永渡过瑟穆瓦河，第四天抵达马斯河，第五天渡过该河。当日傍晚，建立登陆场。希特勒接着问道："那么接下去您又想干什么？"他是第一个向我提出这样一个关键性问题的人。我回答他说："除非我接到与当前完全不同的命令，否则我将于第二天早上继续向西方突击。因此，最高统帅应当定下决心，我的进攻方向应当是亚眠还是巴黎。但是照我的看法，最有效的突击方向是通过亚眠，直抵英吉利海峡。"希特勒点点头，没有再说什么。只有配置在我左翼的第16集团军司令布施将军❶喊道："算了吧，我才不相信您能够过河！"希特勒此时表情也很紧张，看我如何回答。我说："这就不需要您操心了。"希特勒仍然没有说什么。

事实上，在我渡过马斯河建立登陆场之后，直到抵达大西洋畔的阿布维尔，都没有接到任何关于下一步如何行动的命令，所有行动都是我自己定下的决心。如果一定要说上级对我的作战指挥有什么影响的话，那只能说除了消极的影响，再没有别的。

在我结束短期休假之后，再次投入到这次规模宏大的行动的准备工作之中。漫长的冬季过去，令人陶醉的春天来临。但试验性的警报时不时地拉响，给人一种紧迫感。在我叙述事情之前，先让我解释一下为什么我对面前沉重的进攻任务抱有信心。这必须从头说起。

在第一次世界大战的时候，西线作战只经历了一段很短时间的运动战，

---

❶ 恩斯特·布施（1885—1945），德国元帅。二战前，任师长、军长。1939年任集团军司令。1940年晋升为大将。在法国战局和苏联战局中，任中央集团军群司令。1944年所辖部队在白俄罗斯被苏军全歼，遂被希特勒解职。在占领区内实行恐怖制度。1945年任德军西北部集团司令。1945年被英军俘虏，死于英国。——译者注

之后，双方便陷入阵地战的僵局。作战双方都没有足以使战线重新运动起来的巨大的作战物资和手段，直到 1916 年 11 月敌人在作战中使用了坦克，使进攻再度复活。敌人的坦克凭借其装甲、履带以及火炮和机枪，越过拦阻火力、铁丝网、壕沟和弹坑遍地的地形，将无防护的战斗人员一直运抵我们的阵地前沿。

按理说，这种奇特且新颖的现象，足以引起人们的极大关注。遗憾的是，德国人不但在战争期间大力贬低坦克的价值，而且直到今天，对于造成这种现象的原因依然置若罔闻。之所以会如此，或是因为我们的领导对我们贫乏的技术现状缺乏了解，或是因为德国的军工生产能力尚显不足。

《凡尔赛和约》规定禁止德国拥有和制造装甲车辆、坦克和类似的装备，也不准将这些装备应用于战争，一旦违反将受到惩处。这个事实就足以说明坦克的价值所在。

在我们的敌人那里，坦克被当作一种具有决定性意义的作战武器，而在我们这里却遭到禁止。正是鉴于这种状况，所以我认为，我们应对这种具有决定性意义的作战兵器的历史加以认真研究，并关注其未来发展方向。如果能站在超脱的立场上，不受任何传统理论的束缚，悉心钻研，那么就能在坦克和装甲兵运用、组织和编制体制领域，提出一种超越目前国外水平的新理论。经过多年与各种困难的激烈斗争之后，我终于在外国军队尚未得出类似观点之前，将我的信念变成了现实。在坦克的编制和运用方面的这一领先地位，是使我对胜利充满信心的第一要素。甚至到了 1940 年，在德国军队中抱有这种信念的，或许只有我一个人。

我对第一次世界大战进行过深入研究，所以对战斗人员的心理有深刻的了解。由于我亲历过战争，因此不仅对于我们自己军队的状况十分了解，也能对我们西线敌人的思想状态做出明确判断，而且我的这些判断已被 1940 年的事实所验证。我们的敌人 1918 年取得的胜利，在很大程度上归功于新式装甲兵器，但是阵地战一直在他们头脑中占据统治地位。

西欧大陆最强大的军队要属法国军队，其坦克数量也算是西欧之最。

在 1940 年 5 月的时候，英、法军队的坦克数量总共有 4800 多辆，而

图 5

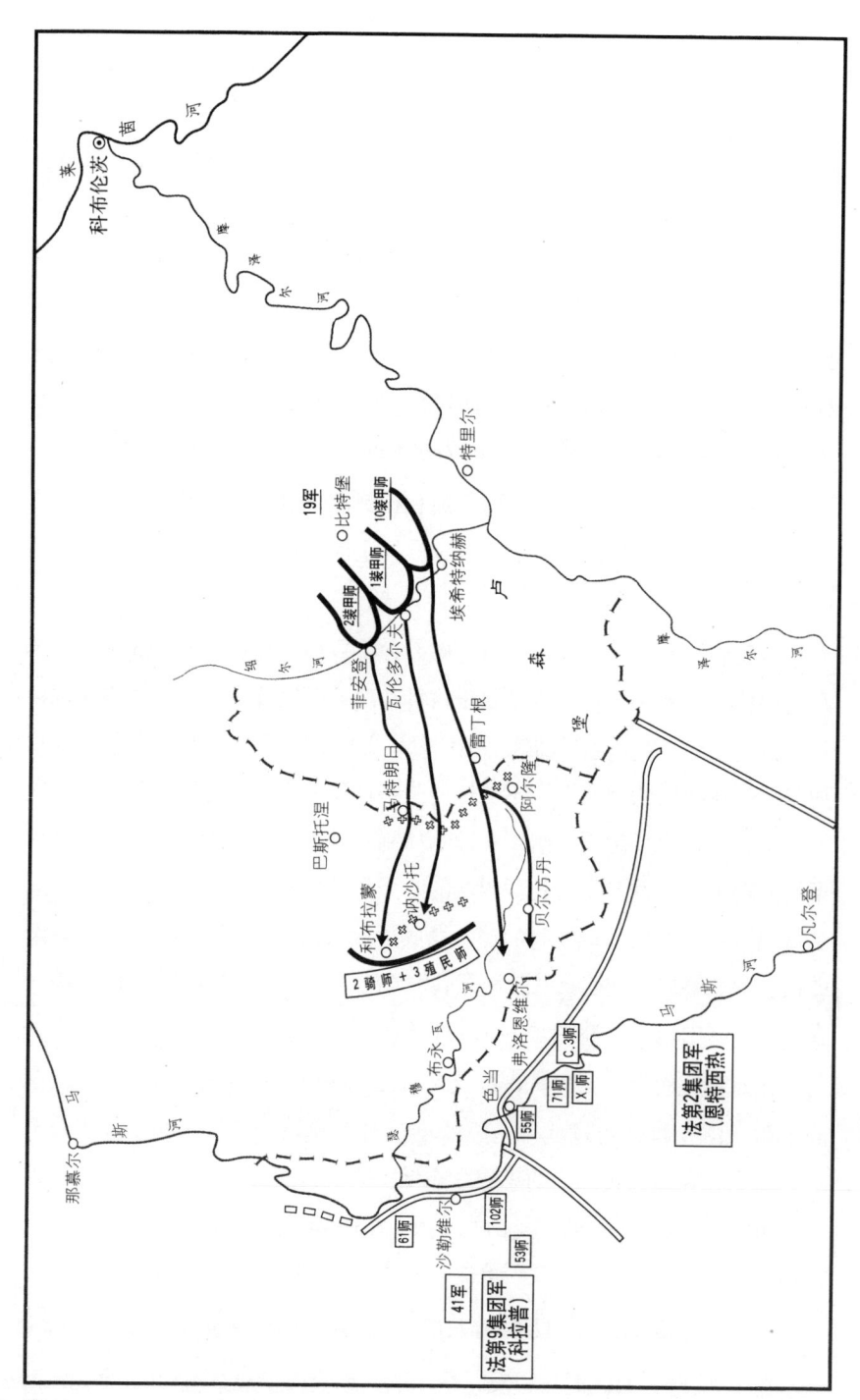

德国军队编制的坦克数量约为 2800 辆，其中还包括装甲侦察车。事实上，直到进攻开始的时候也才只有 2200 辆。这样，敌人的坦克数量便占有两倍于我的优势，而且由于法国的坦克在装甲、火炮口径方面均优于我们，从而使这种优势有增无减。当然，法国坦克在指挥器材和速度方面还不如德国。尽管法国具备了如此强大的机动作战武器，却依然建造了世界上最强大和最坚固的筑垒防线马奇诺防线。为什么不把构筑工事的金钱用在军队的摩托化方面和加强机动兵力上呢？

戴高乐[1]、法拉第和其他人曾针对上述问题提出过改进建议，但始终无人加以理睬。从中可以看出，法国最高领导并没有认识到坦克在运动战中的意义，或者说不想去认识。我了解他们所有演习和大型部队演练的过程，从中我知道，他们将来指挥部队的方式是，依据可靠的资料下定决心，以确保运动的可靠性，然后按预定计划将进攻和防御措施付诸实施。在下决心行动之前，他们总是要把敌人的兵力配置弄得一清二楚。一旦下定决心，就会严格按计划，或者说是公式化地推行其决心，不管是接敌运动，还是占领出发阵地、炮火准备、进攻和防御。这种事事都力争严格按计划行事、不允许有一点意外发生的做法，其结果必定是恪守旧有模式，而接下去的事情也就不足为怪了：把装甲兵纳入陆军体系，具体说就是将装甲兵分散配属给步兵师，只将极小一部分用于战略目的。

从法国人的这些做法中，德军指挥当局可以确凿地预计，法国一定会在利用其筑垒工事的前提下，谨慎和机械地按照一种过时的理论进行防御，这种理论是他们依据一战中阵地战的经验总结出来的，对火力评价过高，

---

[1] 夏尔·戴高乐（1890—1970），法国总统、将军。1912 年毕业于圣西尔军校。1922 年考入军事学院。第二次世界大战爆发后，受命组建装甲师，抗击德军入侵，晋升准将；任陆军部副部长。1944 年任法兰西共和国临时政府主席。1945 年当选法国总理。1947 年成立"法兰西人民联盟"，任主席。1959 年当选法兰西第五共和国总统，1965 年连任。撰写有多部军事著作。早在 1931 年，他就强调机械化部队在现代战争中的作用，主张建立规模小、机动性强的职业军队，在步兵、空军协同下大量集中使用坦克，但未引起法国军事当局的重视。——译者注

而低估了机动的重要性。

我们所熟知的 1940 年法国的战略战术原则，与我所提倡的作战方式恰恰相反。而这正是我对胜利充满信心的第二个要素。

到 1940 年的春天，德国对法国的兵力部署和筑垒工事已经了如指掌。我们知道，马奇诺防线虽然就整体而言异常坚固，但是到了蒙梅迪和色当之间的一段就变得相对薄弱了。我们将色当到海峡这一段防线称为"延长的马奇诺防线"。我们也知道比利时和荷兰筑垒工事的位置，以及大部分工事的坚固程度。它们都建在边境朝向德国一面。

法国只用少量兵力防守马奇诺防线，把它的陆军主力，包括其装甲师以及在法国佛兰德的英国远征军，都集中部署在马斯河至英吉利海峡之间面向东北的防线上。与之相反的是，比利时和荷兰的军队则部署在边境一线，目的是防止来自东方的进攻。

从这种兵力配置可以看出，他们已经预料到德国人会再度使用 1914 年的施利芬计划，因此准备利用盟军的主力抗击德国通过荷兰和比利时所实施的包围。他们并不认为，德国会利用预备队将沙勒维尔或凡尔登地区作为旋转点，将运动方向折向比利时。法国统帅部似乎认为，德国除了重复施利芬计划，绝不会有另外一种可能。

我们对敌人的兵力部署了如指掌，也能预计敌人在我们部队开始机动之时可能采取的行动，这是我对胜利充满信心的第三个要素。

除此之外，我们对敌人还有一些总体上的分析，虽然称不上确凿无疑，但也很值得一提。

从第一次世界大战中，我们了解了法国人，也很尊重他们的勇猛顽强的军队，他们在保卫祖国的时候表现出了不屈不挠的精神。我们毫不怀疑，将来他们会以同样的精神保卫国家。至于说到他们的最高指挥当局，使我们感到诧异的是，当 1939 年秋天德国陆军主力特别是其全部装甲兵力被牵制在波兰的时候，他们为什么没有利用这样一个大好时机发动进攻。其原因我们当时并不知道，只能靠推测。不过无论如何，法国最高指挥当局的这种谨慎还是使人不免有些惊异。估计唯一的可能，是他们想尽力避免

图 6

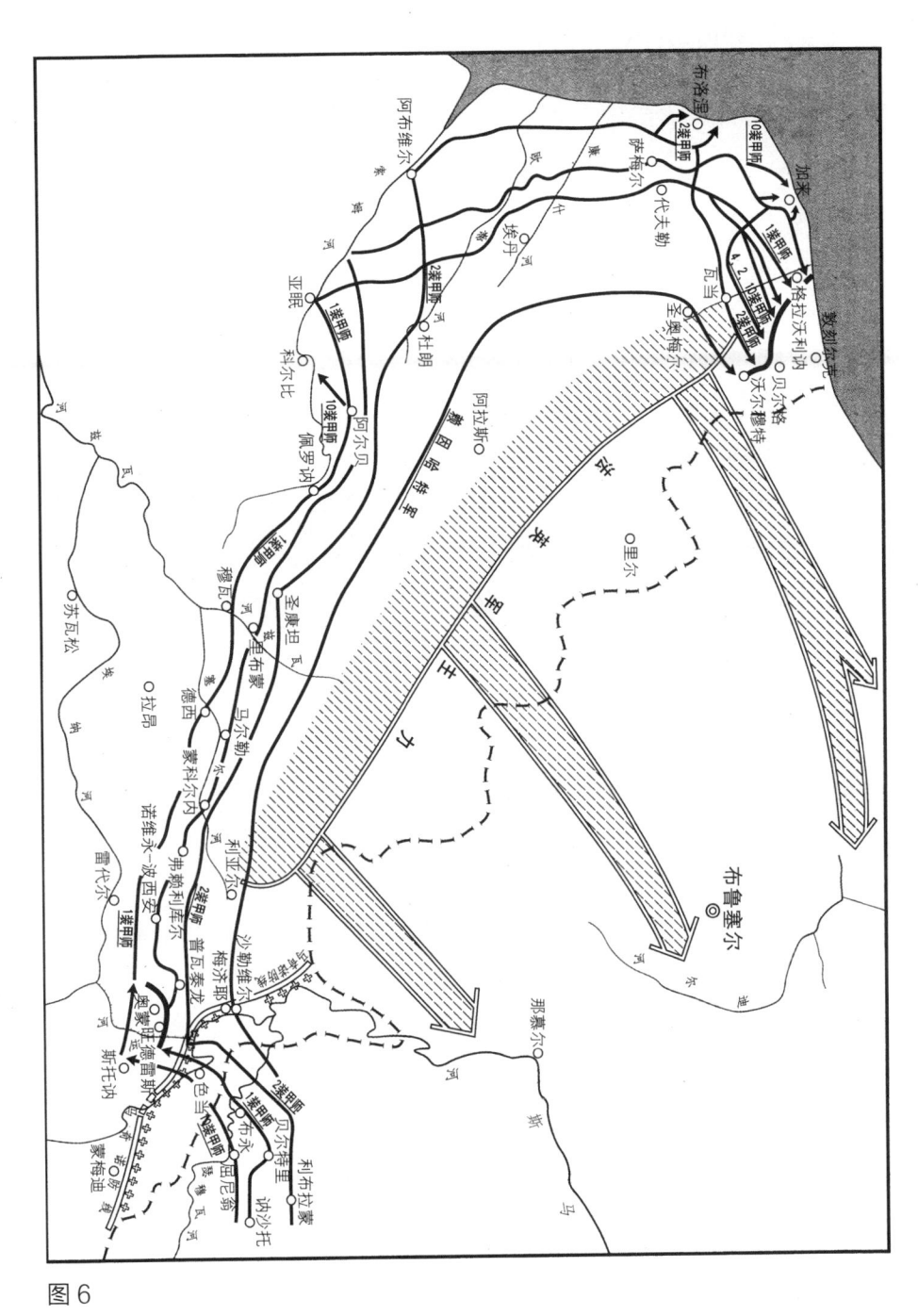

引发大规模的武装冲突。1939年—1940年冬法国人所表现出的某种无所事事的态度，可以引申出这样的结论，他们认为这次战争针对法国的可能性不大。

基于以上分析，结论是：如若利用一支强大的装甲部队，发动一次目标明确的突然袭击，通过色当直抵亚眠和大西洋，一定会给向比利时推进的敌人纵深侧翼以沉重打击。而敌人并不具备充足的预备队以对付这样的攻击。所以，获胜的可能性非常大，如果能及时利用初期战果，就能将向比利时开进的全部敌军主力的退路切断。

现在的关键是，要能说服我的长官和部下，让他们相信我的思想是正确的，这样才能得到长官给予我的行动自由权，以及部下与我生死与共的决心。前者，我只获得很小部分；后者，要好得多。

进攻时，第19军将奉命通过卢森堡东部和比利时南部，到达色当附近的马斯河，在这里夺占一个登陆场，以便掩护后续步兵师渡河。但是突袭成功之后如何行动，命令并没有做相应的规定。

与空军的协同问题，事先也做了安排。将来与我共同行动的空军是由勇猛善战的冯·施图特海姆将军指挥的近战航空兵，以及由勒尔策将军指挥的航空军。为确保我们协同的成功，我特意邀请空军飞行员参加我的图上军事导演，此外我也参加了一次由勒尔策主导的空军图上作业。我们讨论的主要议题是横渡马斯河问题。经过认真研究，我们一致的意见是，空军必须在整个渡河期间提供全面的空中支援，不能仅仅利用轰炸机和俯冲式轰炸机实施个别的集中密集打击，必须在开始渡河之时就对敌人暴露的炮兵阵地实施不间断的攻击。这样，就能使敌炮兵时时感到来自我航空兵的威胁，从而达到瘫痪敌炮兵的目的。攻击时间顺序和目标的区分，已标定在一幅地图上。

部队在开始运动之前，还按戈林的意思用小型联络机装载了"大德意志"步兵团的一个营，在第一个攻击日的早晨空投到比利时战线背后的马特朗日西部的维特里赖，用来袭扰敌边境筑垒工事的防御。

为能迅速突破卢森堡和比利时南部地域，我把军的三个装甲师依次排开：第1装甲师作为主力，配置在中央，在其后面是军属炮兵、军部和防空炮兵主力。第1装甲师的右翼是第2装甲师，左翼是第10装甲师和"大德意志"步兵团。第1装甲师由基希纳将军指挥，第2装甲师由法伊尔将军指挥，第10装甲师由沙尔将军指挥。我对这三位将军都很熟悉，充分相信他们的能力和意志。他们也了解我的作战原则，他们知道，装甲部队一旦上路，就等于买了一张直通车票，会一直坐到终点站。用我们的话说，目标"英吉利海峡"！对于这一点，即使在机动开始后很长时间内得不到任何命令，每个士兵的心里也都十分明了。

向海峡方向突破

1940年5月9日13时30分，我们接到警报。16时，我离开科布伦茨，傍晚时分到达位于比特堡附近松嫩霍夫的军指挥所。部队已按命令沿菲安登至埃希特纳赫的边境线做好战斗准备。

5月10日5时35分，我率领第1装甲师在瓦伦多夫越过卢森堡边界，于下午到达比利时边界（马特朗日附近）。第1装甲师的前卫部队突破敌人的边境工事，与已经空降着陆的"大德意志"步兵团建立联系。但是由于公路遭到严重破坏，地形复杂无法绕行，致使运动受阻，未能按计划突入比利时的纵深。因此，必须在夜间将道路修复。此时，第2装甲师正在斯特兰尚普作战，第10装甲师正在通过新阿拜和埃塔勒，向法军（第2骑兵师和第3殖民步兵师）的方向开进。军大本营设在马特朗日西部的拉姆布鲁赫。

5月11日上午，敌人沿比利时边界布设的地雷被我们排除，道路也已修复。中午，第1装甲师开始行动。坦克在前面开路，目标是夺占由比利时的阿登轻步兵和法国骑兵守卫的讷沙托筑垒工事。只用很短的时间和很小的代价，我军便突破了敌人的阵地，占领讷沙托。第1装甲师立即实施追击，占领贝尔特里，黄昏时分到达仍由法军守卫的布永。另外两个师只遇到小规模抵抗，进展顺利。第2装甲师占领利布拉蒙。第10装甲师在新阿拜的战斗中略有损失。在5月10日的圣马利战斗中,第69步兵团团长埃勒曼中校阵亡。

5月10日夜,位于前面的克莱斯特装甲集群司令命令,第10装甲师立即掉转方向,向隆维开进,因为据报告称,法军骑兵正从这个城出发,向这里开来。我请求撤销这一命令。因为,第10装甲师占有我的兵力的1/3,如果为了对付可能出现的这股敌人骑兵,就抽调我这么多兵力,其结果必将对横渡马斯河行动构成严重威胁,甚至会影响全局。不过,为了防止由于害怕敌人的骑兵而产生种种不测事件,我还是命令第10装甲师沿开进道路北部的一条道路,通过吕勒向屈尼翁与埃尔伯蒙之间的瑟穆瓦河段挺进,之后继续向前推进。这样,部队停止前进和变更方向的危险总算暂时过去了。装甲集群司令最后也放弃了他原来的命令。法国骑兵最终也并没有出现。

傍晚,"大德意志"步兵团经圣梅达尔德被调回由军支配。军部在讷沙托过夜。

在圣灵降临节5月12日5时,我与我的指挥官们经贝尔特里–费莱沃讷尔–贝勒沃,来到布永。在由巴尔克中校指挥的第1步兵团的攻击下,布永这座城很快就在7时45分被攻陷。瑟穆瓦河大桥已被法军破坏,但坦克仍可以在许多地段渡河。不久,师属工兵便开始架设一座新桥。在确认采取的各项措施都十分满意之后,我便随同装甲部队过河向色当方向开进,但由于道路布满地雷,不得不返回布永。在该城的南部,我第一次经历了敌航空兵对第1装甲师登陆场的攻击。桥梁侥幸未被击中,只有几座房屋中弹起火。

我马上驾车通过森林地,来到第10装甲师,他们已在屈尼翁和埃尔伯蒙之间的地段渡河。在到达该师的开进道路时,我目睹了侦察营争夺边境筑垒工事的战斗。步兵在侦察部队之后跟进,他们勇敢的旅长菲舍尔上校一马当先,不一会儿,师长沙尔将军也冲上前。该师在其指挥官指挥下,行动迅速而敏捷,给我留下极好的印象。他们很快就除掉敌人在森林地中构筑的工事。部队通过沙佩勒继续向巴泽耶—巴朗挺进。看到这些,我放心地回到了布永的军指挥所。

在此期间，我的参谋长内林上校已把司令部设立在全景旅馆。站在窗前，瑟穆瓦河河谷的诱人景致尽收眼底。我和我的参谋长共用一间办公室，我的座位被安放在一个壁龛里，墙上挂满我精心选配的狩猎物。正当我们开始工作的时候，突然响起一连串的爆炸声。原来敌人的航空兵又来了！这还不够，一个工兵纵队的近战兵器、炸药、地雷和手榴弹被火引燃，爆炸声接连不断。挂在墙上的一个巨大的野牛头被震了下来，差一点就把我砸死。其他的狩猎物也纷纷落地，我座位前的漂亮玻璃窗也被震碎，玻璃片四处横飞。这个住所实在令人不爽，于是我们决定换一个驻地。正好在布永北面的一个小山丘上有一个小旅馆，第1装甲团团部设在此处，于是我们选中了这里。在我们到达这里时，正在这里视察的近战航空兵司令冯·施图特海姆将军，提醒我说这所房子太暴露了。正说着，头顶上便出现了比利时的航空队，他们向我们的坦克临时停放地投下炸弹。损失虽然不大，但我们还是听从了施图特海姆的警告，将我们司令部搬到北面离这里很远的一个小村子。

在我们的第二次搬家还没有开始之前，一架联络机接我到装甲集群司令冯·克莱斯特将军司令部去接受新命令。我接到的命令是，次日即5月13日16时，强渡马斯河。在这个规定时刻之前，我的第1、第10装甲师是可以做好准备的，但第2装甲师由于在瑟穆瓦河前进受阻，肯定是做不到了。这事关总攻击的成败，因此我必须将这一情况向克莱斯特将军做如实报告。但是，克莱斯特将军不肯更改他的命令。我不得不对他说，不等兵力展开，立即由行进间转入进攻，可能更为有利。第二道命令更令人不快：克莱斯特将军和空军施佩勒将军，对于我与勒尔策将军在空中支援方面的约定一无所知，因此他们命令空军在炮火准备之前实施一次密集轰炸。这样一来，敌炮兵就不可能不间断地受到压制，我的总体攻击计划因此被全盘打乱。对此，我强烈地表示反对，请求恢复我原来的计划。可是克莱斯特将军再次拒绝了我的请求。我只好乘另一架联络机飞回军部。这位年轻的驾驶员口口声声说，他对我要着陆的地点非常熟悉。可是在朦胧中他并没有找到着陆地点，于是我们一下子就飞越了瑟穆瓦河。我就这样坐在一架没有任何武器装备、一颠一簸的联络机内，而下面就是法军的阵地，心里十分不爽。我果断地命令飞行员向北飞，终于找到了我的着陆场。事情还算顺利。

回到军指挥所后，我马上全力以赴拟制命令。由于时间太短，只好从存档中找出我们在科布伦茨进行图上作业时所下达的命令，把日期和钟点做一下修改，就下达了。因为当时的情景与现状十分吻合。我们所做出的修改是，原计划规定在上午10时发起的攻击，现在只能按上级命令于16时开始。我们以同样办法向第1和第10装甲师下达了命令，因此整个过程迅速而简练。

5月12日晚，第1、第10装甲师到达马斯河北岸，攻占了历史名城和要塞色当。然后，我们利用夜晚做好下一步的攻击准备，军属炮兵和装甲集群炮兵进入阵地。进攻重点放在第1装甲师这个方向上，由"大德意志"步兵团、军属炮兵和两翼师的重型炮兵营提供支援。这样一来，第2和第10装甲师在第一个攻击日，每师只能配属两个轻型炮兵营。因此，在评价两翼师5月13日的战绩时，必须考虑到其炮兵被削弱这一情况。

5月13日，军指挥所移至沙佩勒。

上午，我首先来到第1装甲师指挥所，查看他们的准备情况。然后，经过一个雷场，那里有我方人员正在排雷，我冒着法军的炮火，到达位于叙尼的第2装甲师。该师的先头部队已到达法国边界。中午，我回到沙佩勒的军司令部。

15时30分，我冒着法军炮火来到第10装甲师一个前进观察所，观察我炮兵火力的效果和空军的使用情况。16时，会战开始。就我们目前的条件而言，我方的炮火强度已十分可观了。我怀着紧张的心情等待着航空队的到来。他们准时出现了。使我感到惊喜的是，他们出动了几个轰炸机中队和俯冲式轰炸机中队，在歼击机掩护下实施攻击，而且是按照我与勒尔策将军在图上作业时所约定的方式实施的。不知是冯·克莱斯特将军改变了主意，还是他所下达的命令未能付诸实施？但不管怎么说，航空兵是按照我提出的方式实施攻击的，这对我们十分有利。我深深地松了一口气，如释重负。

现在我急于想做的是，参加步兵的渡河战斗。但是，现在渡河战斗想必快要结束了，于是我来到圣芒日，又从那里到弗卢恩，那是第1装甲师的预定架桥地点。我乘一艘冲锋艇渡过河，在河的彼岸，碰到了勇猛善战的第1步兵团团长巴尔克中校和他的司令部。他们用"禁止在马斯河上乘船漫游！"的喊话来迎接我。其实，这句话是我在主持一次演习时对参演的年轻人说的，因为我总觉得这些年轻人干起事来漫不经心。现在看来，这些年轻人对形势的估计还是正确的。

看到第1步兵团以及左翼"大德意志"步兵团的攻击，就好像参观训练场上的演习一样。法军的炮兵在我们轰炸机和俯冲式轰炸机不间断的攻击下，已经完全瘫痪了。建在马斯河岸边的钢筋混凝土堡垒，被我反坦克炮和防空火炮摧毁，敌人的机枪也被我重型武器和火炮压制。虽然作战地域是极为宽阔的无任何遮掩的低矮草地，但伤亡却非常小。黄昏时分，已突入敌人筑垒工事的纵深。部队奉命夜间不停息地继续突击，我确信他们会严格执行我的这一命令。23时，他们占领舍厄日和马尔菲森林地的一部分，在瓦代兰库西部突破法军防御前沿。我满怀兴奋和自豪，准时回到位于加雷内树林的军指挥所，想亲眼看一看航空兵是如何对沙佩勒附近的公路进行攻击的，然后阅览一下侧翼部队发来的报告。

在右翼投入战斗的只有第2装甲师的前卫部队，即侦察营、摩托步兵营和重型炮兵。由于兵力过少，未能渡河。第1装甲师的步兵旅已到达马斯河左岸，正等待架桥，只要桥梁架好，他们便会立即将火炮和坦克运过河。"大德意志"步兵团已在河的对岸。第10装甲师也已开始渡河，并夺占一个小型的登陆场。由于缺少炮兵支援，该师在这一天的战斗十分艰苦。来自杜济－卡里尼昂地段的马奇诺防线的侧翼火力，曾给他们的行动造成极大麻烦。不过，到了第二天他们就会像第2装甲师一样，局势将大为改观。强大的军属防空炮兵将趁夜色在马斯河桥头处进入阵地。因为，14日可能不会再有航空兵提供支援。

夜间，我给勒尔策打电话，一方面是想打听一下他为什么不再提供空中支援；另一方面是感谢他为我们提供的出色的空中支援，他确实为我们的成功做出了重大贡献。我从他那里得知，由于施佩勒的命令下达得太迟了，致使航空队未能按时到达，因此勒尔策才决定停止空中支援行动。然后，我又给布施发电，告诉他我的部队所取得的辉煌战果。因为在柏林元首召集的一次会议上，他曾经插话说，他不相信我能渡过马斯河。不过，在我收到的回电里，充满友善与亲切。最后，我还要向我的司令部的同事们表示谢意，感谢他们以忘我的牺牲精神为我提供的帮助。

5月14日晨，勇敢的第1装甲师便发来报告，他们在夜间已向纵深突破很远一段距离，并已通过谢姆里。于是，我便径直奔向谢姆里！马斯河岸边聚集有成千上万的战俘。到达谢姆里后，据报告称，法军强大的装甲兵力正在开进。我命令第1装甲师开始向斯托讷方向突击。同时，我立即赶到马斯河大桥，依靠我在那里的指挥班子，指挥第1装甲师紧随第2装甲师渡河，以便有足够的兵力对付法军的攻击。敌人在比尔松的行动宣告失利，损失了20辆坦克，在谢姆里损失50辆。"大德意志"步兵团占领比尔松后，继续向维莱－迈松塞莱突击。遗憾的是，在我离开谢姆里之后，我们自己的俯冲式轰炸机向聚集在谢姆里的己方部队实施攻击，使我们蒙受重大损失，实在令人沮丧。

在此期间，第2装甲师在栋谢利附近渡过马斯河，正准备夺占河南岸高地。我驱车来到该处，察看这里的实际战斗情况。在这里，我发现指挥官冯·韦尔斯特上校和冯·普里特维茨上校，都身先士卒实施指挥，与前卫部队一起作战。我放心地回到马斯河。现在，敌机正对这里进行狂轰滥炸。法国人和英国人都十分英勇，不过他们并没有把桥炸毁，自己反而遭受重大损失。这一天，我们的防空兵似乎是在庆祝他们的创建纪念日，打得非常出色。傍晚时分，他们大约击落了150架敌机。正是因为这一天的战功，团长冯·希佩尔上校后来荣获骑士勋章。

此间，第2装甲旅的大队人马仍然毫不停顿地渡河。时近中午，集团军群司令冯·伦德施泰特大将来到我们这里，他想亲眼看一看这里的情况，

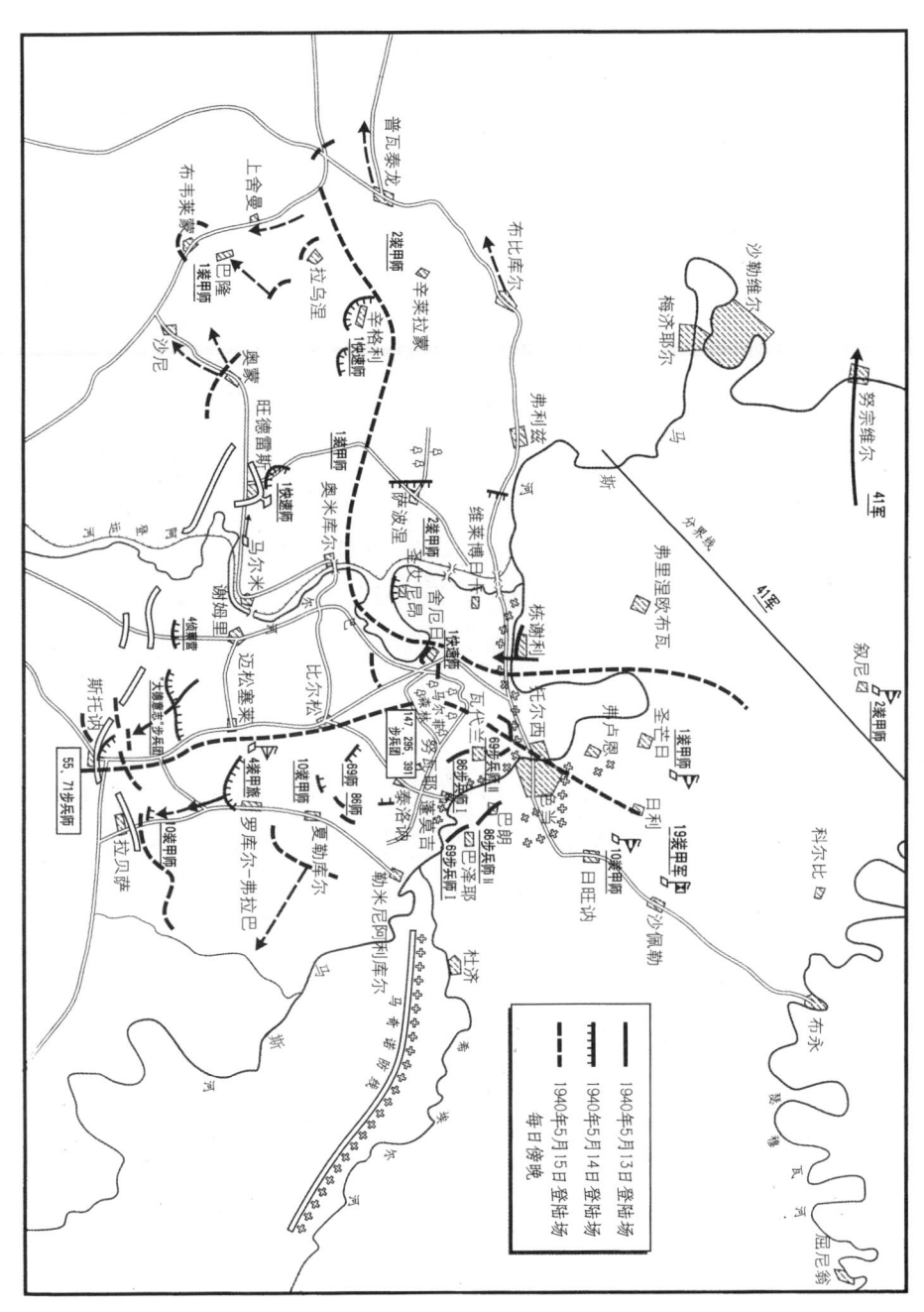

图 7

这令我们大家十分振奋。他站在桥中央，听我向他汇报情况。正在此时，敌机又开始新一轮突击。他淡淡地问道："这儿的情况总是这样吗？"我如实地回答：是的。然后，他用一番热情的话对我们这支勇敢的部队表示了赞赏。

我再次回到第 1 装甲师。在这里，我遇到师长及其首席参谋文克少校。我向少校提出一个问题，整个师是转向西方，还是留下部分兵力作为侧翼防护部队，并将正面转向西南，依然停在阿登运河北岸。文克思考了一下，突然说道："要集中，不要分散！"这是我常说的一句话。问题就这么定下来了。我命令第 1、第 2 装甲师立即全部向右转，渡过阿登运河，向西挺进，目标是突破法军防线。为使这两个师相互协调，我来到第 2 装甲师司令部，该师司令部位于马斯河高地的罗康堡。从这个高地望去，可以清楚地观察到第 2 装甲师 5 月 13 日和 14 日的开进和攻击地域的全貌。使我感到奇怪的是，马奇诺防线的法国远程炮兵竟然没有用强大火力，向我们的开进部队射击，因此我们的部队没有遭受重大损失。回过头来再看这些阵地，真是觉得我们攻击的成功似乎是一个奇迹。

下午我返回指挥所，着手研究各师 5 月 15 日行动的协同问题。在我的军背后，是赖因哈特的第 41 军，该军自 5 月 15 日将在第 19 军右翼、向梅济耶尔－沙勒维尔方向突击。5 月 13 日，该军渡过马斯河，现正向西突击。由冯·维特里斯海姆将军指挥的第 14 军，紧随我的军，要不了多久也就要到达马斯河。

至傍晚，第 1 装甲师的大部兵力已渡过阿登运河，经激战到达辛格利和旺德雷斯。第 10 装甲师越过迈松塞莱－罗库尔－弗拉巴防线，到达比尔松－泰洛讷，并缴获敌人 40 多门火炮。

第 19 军的任务是，到达已被我占领的斯托讷高地，以阻止敌人夺占马斯河登陆场，从而保障后续部队安全渡河。5 月 14 日，"大德意志"步兵团和第 10 装甲师已在这个高地进行了艰苦的战斗。斯托讷曾经数度易手。至 15 日，战斗才最后结束。

5 月 15 日 4 时，维特里斯海姆将军来到军指挥所，商谈关于我部撤出色当以南马斯河登陆场一事。在对当前态势略加分析之后，我们一同来到位于比尔松的第10装甲师指挥所。师长沙尔将军已经到他的前线部队去了。师首席参谋冯·利本施泰因男爵是位出色的中校，他向我们介绍了他们师所处的困难境地，并耐心地回答了维特里斯海姆将军提出的许多细节问题。关于交接问题，我们商定第10装甲师和"大德意志"步兵团暂归第14军指挥，直到该军的部队前来接替。所以在以后的数天里，归我指挥的部队就只有第1、第2装甲师。

第10装甲师及其下属的"大德意志"步兵团的任务是，负责掩护第19军南翼，即维勒蒙特利南部的阿登运河－斯托讷高地－马斯河河曲一线。到5月15日，这个师还得到第29摩托化步兵师先头部队的加强。

我从第10装甲师指挥所来到位于斯托讷的"大德意志"步兵团。此时，法军正在对这个地方进行攻击，因此一个人也找不到。周围的气氛显得有点紧张，但还算好，阵地最终还是守住了。之后，我回到新开设的军指挥所，位于马斯河南岸的萨波涅森林地段。本想安安静静地过这一夜，但事与愿违，这个夜晚过得极不平静。其原因并不是来自敌人，而是由于我们自己的领导所制造的困难。装甲集群司令克莱斯特命令部队停止前进，行动范围不得超出登陆场。我不想接受也不能忍受这样的命令。因为，如果照此命令行事，就必然使我们行动的突然性和已经取得的初期战果丧失殆尽。我首先与装甲集群参谋长蔡茨勒上校取得联系，而后又与冯·克莱斯特将军直接联系，据理以争，力求达到废止该命令的目的。我们谈了多次，每次都很激烈。最后，冯·克莱斯特将军勉强同意在24小时之内还可以继续前进，以便为后续跟进的步兵军扩充登陆场。最后，我还谈到了亨齐[1]的一次使命，这件事不免使人回忆起1914年的"马恩河怪事"。提

---

[1] 亨齐，德国中校。在1914年马恩河会战期间，亨齐中校作为最高统帅部的全权代表被派往前线视察。为避免被敌包围，他经与前线司令协商，自主命令部队撤退。1914年9月他不顾总参谋部的反对，再次命令部队撤退。对这两次造成严重后果的停止命令，后来专门立案调查。——译者注

起这个事大概会使装甲集群有些不舒服。

当我将行动自由权争取到手之后，十分高兴，遂于5月16日一早来到第1装甲师司令部。我经旺德雷斯一直来到奥蒙。前线的情况还不十分清楚，只知道，昨晚在布韦莱蒙进行了一场十分激烈的争夺战。我立即向布韦莱蒙进发。在一处燃烧的小村路旁，遇到团长巴尔克中校，他向我描述了昨夜发生的事情。部队已疲劳过度，自5月9日他们就没有真正休息过，弹药也已出现短缺现象。夜晚，前线人员就睡在小小的单人掩体中。巴尔克身披一件风衣，手持一根手杖，向我叙述在黑暗中夺取这个小村子的经过。他说，一开始，他手下的军官们反对继续实施攻击。面对这种情况，他说："那我一个人去夺取这个村庄！"说完他就出发了。随后，他手下的人便都跟上来。从他沾满灰尘的脸庞和挂满血丝的眼睛可以看出，他这一天一夜是何等艰难。作为这一天一夜忘我付出的奖赏，他荣获了骑士勋章。敌人的一个诺曼底步兵师和一个法国骑兵旅，打得非常顽强。他们的机枪对着村庄小路进行扫射。不过，敌人的炮火已经有一段时间不响了。巴尔克和我都觉得，敌人的抵抗已近尾声。

上午，我们曾缴获法军的一份命令，如果我的眼力没出错的话，这份命令应当是甘末林将军[1]的手令。命令写道："必须制止德国坦克的肆虐！"这一命令增强了我的信念，我们必须竭尽全力继续进攻，因为从这个命令中可以看出法国的抵抗能力已引起其统帅部的严重不安。现在，决不能迟疑，决不能停止！

我把部队一个连一个连地集合起来，逐连向他们宣读了这个命令，并向他们说明必须立即继续实施进攻的意义和重要性。我一方面感谢他们所

---

[1] 莫里斯·居斯塔夫·甘末林（1872—1958），法国将军。第一次世界大战中，任法国大本营作战处处长、旅长、师长。1925年—1928年任驻叙利亚法军司令。1931年任陆军总参谋长，1935年兼任陆军最高军事委员会副主席，1938年任国防部总参谋长。第二次世界大战初期，任法国陆军总司令兼英国远征军司令。1940年被捕，1942年交由贝当政府组织法庭审判。1943年被关押在德国集中营，直至战争结束。——译者注

取得的战绩；另一方面要求他们，振作精神，夺取最后胜利。说完之后，我便命令部队上车，出发。

没有多久，迷雾消散了，眼前豁然开朗，情况已经看得清清楚楚。我决定马上追击。在普瓦泰龙，我找到了第2装甲师首席参谋冯·克瓦斯特中校，向他通告了情况，然后驱车向诺维永 – 波西安，由此再到蒙科尔内。中途，我超过第1装甲师的行军纵队。士兵们现在头脑都很清醒，他们已经意识到，全胜即在眼前，突破即将成功。他们看到我，不停地向我欢呼，并高喊："嘿！了不起！""我们的头儿！""神行者海因茨，加油！"以及诸如此类的话。这些话都是司令部的其他人听到的，他们乘坐司令部的第二辆车在我之后跟进。我们的士兵都是好样的。

在蒙科尔内市场，我遇到赖因哈特军第6装甲师师长肯普夫将军，他的部队渡过马斯河之后与我的部队一起到达此地。现在，已有三个师即第6、第2、第1装甲师，由于迅猛西进而拥堵在这里。上级对各军装甲部队之间的分界线并没有划定，为能迅速上路，我们就自行为各支部队分配道路。然后，各师踏上征途，直奔目标，直到用完最后一滴油。我的先头部队已抵达马尔勒和德西。

在此期间，我让随行人员去搜索市场附近的房屋，在很短时间内便搜出数百名来自各部队的法军俘虏，他们被我们的突然出现惊得目瞪口呆。敌人一个从西南突入该城的装甲连，被我们俘获。他们属于戴高乐将军的师，我们早就听说，这个师曾在拉昂以北的地区出现过。而后，我们到达位于蒙科尔内以东一个叫苏瓦泽小村的军指挥所。我与第1、第2装甲师师部取得联系，并将这一天的进程和企图用无线电向装甲集群做了报告。5月17日，我们将继续实施追击。

在取得5月16日辉煌战绩之后，第41军也赢得了胜利。所以，此时我怎么也想不到，我们的上司会对渡过马斯河、建立登陆场心满意足，并命令我们停止前进，等待步兵军到来。一直支配我行动的只有一个思想，那就是希特勒在3月演讲中所说的，一直向前突破，不到达英吉利海峡决不停止。眼下，我怎么也想不通，大胆的曼施泰因计划是希特勒亲自批准的，他对我实施突破的观点也未曾提出过任何异议,怎么现在他自己却丧失勇气,被吓得居然下达了立即停止前进的命令。我彻底迷惑了。明天,我一定要搞清楚。

5月17日一早,我就接到装甲集群关于停止前进的命令,并让我7时在机场等候克莱斯特将军,他将亲自找我谈话。他7时准时到达,还没等我向他问候,他就开始严厉地斥责我,说我已超越了最高统帅的意图,而对于我们部队所取得的战绩却只字不提。在他大骂一通之后,我趁他喘气的工夫,向他提出免职的请求。冯·克莱斯特将军先是一愣,接着点点头,命令我把指挥权转交给下面一个资深的将军。谈话就此结束了。我回到指挥所,请法伊尔将军到我这里来,将指挥权转交给他。

然后,我给集群司令伦德施泰特发了一份电报,告诉他我在交接完后,将在中午到他那里,向他做详细汇报。我很快便收到回电,他让我先待在我的指挥所,等第12集团军司令李斯特大将赶上来之后,他将奉命前来处理此事。在他没有来之前,停止的命令已经下达到所有部队。文克少校在从我这里返回的路上,被法国的坦克击中,脚部受伤。法伊尔将军正忙着安排工作。下午,李斯特大将来到,他问我,到底发生了什么。我做了回答。他奉伦德施泰特大将的命令,宣布了撤销我职务的命令。然后,他说,停止的命令是陆军总司令部下达的,必须执行。但是,他很理解我要求继续前进的理由,因此经集团军群批准,我的部队可以"继续实施战斗侦察。军指挥所要停在原地,以便于联系"。这样,事情总算得到了部分的解决,我对李斯特大将的介入表示感谢。我还请他从中调解我与克莱斯特将军的冲突。然后,我便马上开始进行"武力侦察"的工作。军指挥所仍然留在苏瓦泽小村庄,我的前进指挥所将利用新架设的一条电话线与其联系,这样我就不必使用无线电,陆军总司令部和国防军总司令部❶的侦听部门也

---

❶ 过去通译为"统帅部"或"最高统帅部"似有不妥。实际应译为国防军总司令部(原文为"Oberkommando der Wehrmacht"),它与陆军总司令部、空军总司令部(Oberkommando der Luftwaffe)、海军总司令部(Oberkommando der Marine)属同一级别,均直属于国防军最高司令希特勒(参见附录)。——译者

就没有办法跟踪我了。

在没有接到停止命令之前，第1装甲师已于5月17日晨占领瓦兹河畔的里布蒙和塞尔河畔克雷西。由色当南部出发的第10装甲师前卫部队，到达弗赖利库尔和索塞－蒙克林。5月17日夜，在瓦兹河畔的穆瓦附近建立一个登陆场。

5月18日9时，第2装甲师到达圣康坦。位于其左翼的第1装甲师在这一天也渡过瓦兹河，超过第1装甲师向佩罗讷方向挺进。第10装甲师在前面师的左后方，向佩罗讷开进。5月19日晨，第1装甲师在佩罗讷建立一个横渡索姆河的登陆场。许多正在佩罗讷勘察地形的法军参谋，成了我们的俘虏。

军前进指挥所转移至维莱勒塞克。

5月19日，我们经过了第一次世界大战的索姆河会战的战场。我们在埃纳河、塞尔河北岸，以及现在的索姆河北岸开进，侧翼安全由侦察部队、反坦克部队提供保障，工兵部队则对我暴露的左翼实施保护。实际上，来自侧翼的威胁并不算大。我们知道，戴高乐将军新组建了一个师，即法国第4装甲师，5月16日的时候我们曾经见过这个师，它第一次出现是在蒙科尔内。在以后的几天里，戴高乐一直与我们纠缠，5月19日他的几辆坦克甚至到达距我在欧尔农树林里的前进指挥所仅2公里的地方，而保障我们这里安全的只有几门20毫米口径高炮。在这几个小时里我们的确十分紧张，直到这些不速之客驶向别处，才算松了一口气。另外，我们还知道，在巴黎地区有一个编有大约八个步兵师的法国预备集团军正在组建之中。不过，我估计，在我们运动期间，法国弗雷尔将军决不会朝我们这个方向前进。因为，根据法国的作战原则推测，他一定会等着把我们的情况完全弄清楚之后才会采取行动。因此，必须使他摸不清我们的动向，做到这一点的最好办法就是不停地运动。

5月19日晚，第19军抵达康布雷－佩罗讷－哈姆一线。第10装甲师接替第1装甲师部分兵力，担负保障越来越长的左翼安全的任务，第1装甲师自5月19日至20日一直担负这一任务。军指挥所移至马尔勒维尔。

这一天，第 19 军终于再次获得行动自由权，于是 5 月 20 日便向亚眠方向开进。第 10 装甲师奉命负责掩护亚眠东部直至科尔比的左翼。该师阵地由第 29 摩托化步兵师接管。第 1 装甲师奉命向亚眠挺进，立即在索姆河南岸建立一个登陆场。第 2 装甲师的任务是，通过阿尔勒贝向阿布维尔推进，在此建立一个横渡索姆河的登陆场，并肃清自此直到河岸的敌人。第 1、第 2 装甲师的分界线是，康布雷—朗格瓦勒—波济耶尔—瓦伦—皮凯维尔—卡纳普勒—弗利克斯库尔—索姆河。

各师在索姆河畔的安全地段：

第 2 装甲师：索姆河口至弗利克斯库尔（含）；

第 1 装甲师：弗利克斯库尔至索姆河的阿夫尔河口（亚眠东部）；

第 10 装甲师：阿夫尔河口至佩罗讷。

据我估计，第 1 装甲师能够在 9 时做好攻击亚眠的准备。于是，我便定于 5 时出发，因为我想亲身经历一下这样一场历史性的事件。而司令部的军官们却认为出发的时间太早了，建议我能不能再晚一点。但我认为我的安排是正确的。

5 月 20 日，当我于 8 时 45 分到达亚眠东部的时候，第 1 装甲师正开始发起攻击。在我赶往该师的路上，在佩罗讷碰到了第 10 装甲师，他们向我简明扼要地描述了撤离登陆场的过程。据说，第 1 装甲师的部队在占领登陆场之后，没有等换防的部队到来，就开始离开登陆场转入攻击，因为巴尔克中校不想错过发起攻击亚眠的时间，他认为攻击亚眠要比防守登陆场重要得多。可是，接替他的兰德格拉夫上校却对巴尔克的这种做法大发雷霆，他对巴尔克大声斥责道："您得把登陆场夺回来。您不去我也得去！"幸好，敌人并没有对撤离的地带实施攻击，兰德格拉夫上校未经战斗便重新占领了登陆场。我从南边绕过仍被敌人占据的阿尔勒贝，直奔亚眠，一路上看到无数的难民。

第 1 装甲师的攻击非常顺利，接近中午时分就已攻占该城，而且还建立一个纵深大约七公里的登陆场。我粗略地看了一下被夺占的地区和城市，特别是那富丽堂皇的大教堂，然后便匆匆赶往阿尔勒贝，估计在那里能碰到第 2 装甲师。行进途中看到我们的行军纵队以及大量难民，另外还有法国车队。这个法国车队居然夹在德军的行军纵队中，在滚滚的灰尘中时隐时现，我估计他们大概是企图利用这种办法逃回巴黎，避免被俘。我在短短的时间里便抓获 15 个英国战俘。

在阿尔勒贝遇到了法伊尔将军。第 2 装甲师在训练场俘获英国一个炮兵连，因为他们万万也不会想到，我们竟然如此迅速地来到他们面前。各种国籍的俘虏挤满市场和大街。第 2 装甲师曾因燃油短缺一度停在半路，还好不久他们便又继续前进了。我命令该师必须在今天到达阿布维尔，19 时到达该地后还要通过杜朗—贝尔纳维尔—博梅斯—圣里基埃。不过，他们在那里遭到了己方航空兵的误袭，这使他们十分沮丧。在我找到第 2 装甲旅旅长冯·普里特维茨上校，确认他们已到达阿布维尔后，便回到我设在位于亚眠东北的凯里约的军指挥所。倒霉的是，在这里又遭到己方航空兵的袭击。我们用高炮还击，结果击落一架。真令人郁闷！两名飞行员跳伞着陆后，看到了我，又尴尬又惊讶。在我们略事谈过这一倒霉的事情之后，我为这两位年轻人斟上香槟酒，为他们提神压惊。使我感到十分可惜的是，被击落的居然是我们的一架新型侦察机。

就在这一天的晚上，第 2 装甲师的施皮塔营通过努瓦耶尔，这是第一支到达大西洋沿岸的德国部队。

在这一天的夜间，我们不知道应该继续向哪个方向前进，装甲集群司令克莱斯特也没有向我们下达继续作战的命令。5 月 21 日，为了等候上边的命令，白白浪费了一天。我只好利用这个机会，视察了索姆河渡口和登陆场，参观了阿布维尔。在路上，我问第 2 装甲师的一名士兵，对现在的作战有什么感觉。这个奥地利士兵回答说："挺不错的，不过我们浪费了两天的时间。"他说得一点也没有错，我们白白浪费了两天时间，确实太可惜了。

占领海峡港口

5 月 21 日，我接到继续向北推进、夺占海峡港口的命令。我原本计划，第10装甲师通过埃丹－圣奥梅尔向敦刻尔克突击，第1装甲师向加来推进，第2装甲师向布洛涅推进。但5月22日6时，装甲集群突然命令第10装甲师留作集群预备队，于是我只好放弃原来的计划。这样，5月22日这一天，我手上就只剩下第1和第2装甲师两个装甲师。为能迅速夺占海峡港口，我请求上级保留我的三个师，但遭到拒绝。这使我大为不悦。我不得不放弃用第10装甲师立即向敦刻尔克突击的计划。现在，我只好改变计划，由第1装甲师和此时由色当开来的"大德意志"步兵团，通过萨梅尔－代夫勒向加来挺进，第2装甲师沿海岸线向布洛涅推进。

5月21日，在我的北面发生了一件重要的事件，英国的坦克企图向巴黎方向实施突破。首当其冲的是位于阿拉斯附近的党卫队"骷髅"装甲师，这个师直到现在还没有和敌人交过火，所以引起恐慌在所难免。英国人的突破并没有取得成功，但是这一突如其来的事件却使克莱斯特装甲集群司令部乱作一团。还好，他的部下没有受到什么影响。5月21日，第41军的第8装甲师到达埃丹，第6装甲师到达布瓦勒。

新的攻势自5月22日清晨开始。8时，部队通过欧蒂河地段向北推进。第1、第2装甲师没有将其全部兵力都投入到这一行动之中，因为这两个师，尤其是第2师的保障部队眼下还在索姆河的登陆场，要一直等到在我们后面的冯·维特里斯海姆将军指挥的第14军赶来接防。

5月22日下午，在代夫勒、萨梅尔和布洛涅南部发生激烈战斗。我们的正面主要是法国人，也有英国人、比利时人，甚至还有一些荷兰散兵。敌人被我们打败了。但敌人的空军还十分活跃，不断实施猛烈轰炸，用机枪向我们射击，而我们的航空队却一直没有露面。因为我们的机场离我们还很远，他们没有来得及迅速地向前方转移。尽管如此，我们还是突入布洛涅。

军指挥所移至勒科埃。

第10装甲师重新归属我来指挥。我决定，把即将到达加来的第1装甲师调向敦刻尔克方向，让从杜朗地区开来的第10装甲师接替第1师的任务，通过萨梅尔向加来突击，而攻占加来的任务还不是一时所能完成的。

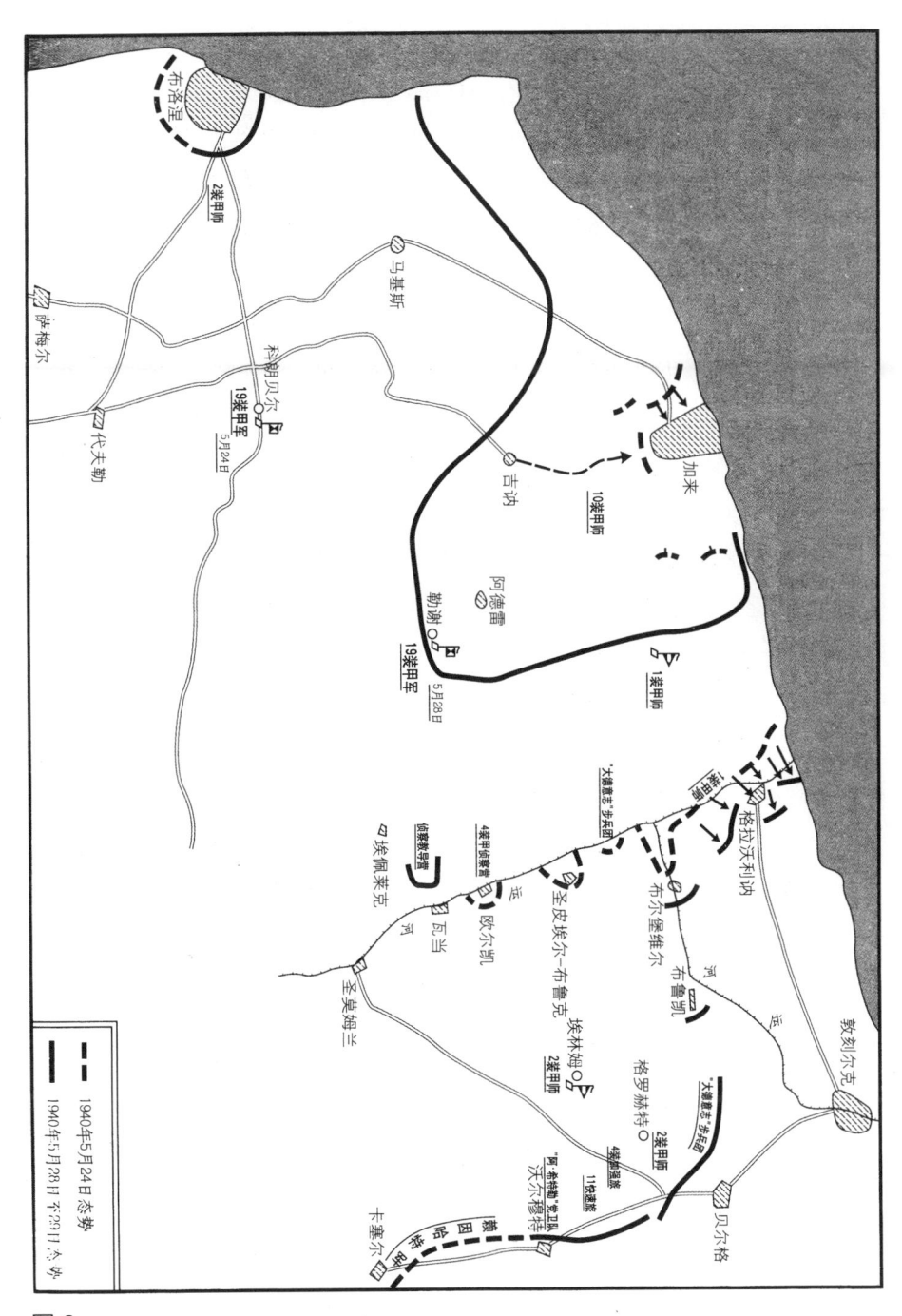

图 8

中午，我用电报向第 1 装甲师下达如下命令："至 5 月 23 日 7 时前到达康什河北部，因为第 10 装甲师位于你师之后，第 2 装甲师已攻入布洛涅。该师一部经马基斯，于 5 月 23 日到达加来。第 1 装甲师首先到达欧德吕克—阿德雷—加来一线，然后调转向东，通过布尔堡维尔—格拉沃利讷，向贝尔格—敦刻尔克突击。第 10 装甲师向南推进。行动暗号：'向东挺进。' 10 时开始行动。"

在我发出这份电报后，便于 5 月 23 日晨下达了执行命令："10 时开始向东开进。经加来南部，向圣皮埃尔－布鲁克和格拉沃利讷突击。"

5 月 23 日，第 1 装甲师在向格拉沃利讷方向突击过程中，一路发生多次战斗，而第 2 装甲师也正在布洛涅周边激战。布洛涅是个老城，所以攻击该城有别于一般城市，我们的坦克和炮兵在一段很长的时间里未能突破城市的古老城墙。后来，我们用 88 毫米口径高炮进行轰击，利用梯子在教堂附近爬上城墙，攻入城里。另外，在港口附近也发生战斗，在战斗中我们的一辆坦克把英国的一艘鱼雷艇击沉，另击伤多艘。

5 月 24 日，第 1 装甲师到达欧尔凯和海岸之间的阿运河，在欧尔凯、圣皮埃尔、圣尼古拉和布尔堡附近建起登陆场。第 2 装甲师肃清布洛涅的残敌。第 10 装甲师主力到达代夫勒—萨梅尔一线。

"阿道夫·希特勒"近卫师现在也归属我指挥。我命令它向瓦当突击，这样可以增强第 1 装甲师对敦刻尔克方向的攻击力量。第 2 装甲师奉命将其全部兵力从布洛涅撤出，投入瓦当方向的突击。第 10 装甲师已将加来包围，正准备向海边的古老要塞突击。我于下午来到该师，命令它按计划行动，以避免造成更多伤亡。5 月 25 日，该师将由在布洛涅的重型炮兵给以加强。

由赖因哈特指挥的第 41 军渡过阿运河，在圣奥梅尔附近建立登陆场。

希特勒下达后果严重的停止命令

在这一天，最高统帅对作战行动进行干预，极大地危害了整个的战争进程。希特勒命令左翼军队停止在阿运河畔，并禁止渡过这条小河。至于为什么要这样做，他并没有告诉我们。命令中有这样一句话："把敦刻尔克留给空军。如果占领加来遇到困难，也可把它留给空军。"命令中的这一句话是根据我的回忆记起的。对此，我们能说什么呢？再说，我们也没办法加以驳斥，因为我们不知道其中的缘由。装甲师接到的命令是："守住海峡一线。利用停止前进的时机进行维修。"

敌空军频繁的活动也没有遭到我方反击。

5月25日清晨，我来到瓦当，视察"阿道夫·希特勒"近卫师，同时也想看一看他们是不是真的在执行停止命令。在瓦当，我看到近卫部队正在横渡阿运河。河的对岸坐落着瓦当山，约有72米高，如果控制了这一山头，就能够控制山下的整个平原地区。在山顶上的一座古堡废墟旁，我见到了指挥官泽普·迪特里希。我问他，为什么不执行停止进军的命令。他回答"从瓦当山看对岸，可以一览无余"，因此他断然决定，攻占瓦当山。而此时，"阿道夫·希特勒"近卫部队及其左翼的"大德意志"步兵团，都在向沃尔穆特方向推进。看到这一有利的态势，我当场批准这位指挥官的决定，同时还把第2装甲师也调来，支援他的行动。

这一天，我们将布洛涅全部占领。第10装甲师已做好夺占加来城堡的准备。我们命令英国守军投降，但是英国指挥官尼科尔森准将却干脆地回答："不，英军的职责就是要打得像德国人一样出色。"于是，我们便开始攻城。

5月26日，第10装甲师占领加来。中午，我到这个师的指挥所，问师长沙尔将军，是不是愿意按上级的命令把这个要塞交给空军去解决。他说，不愿意。他认为，要炸毁这厚厚的城墙和古老工事，我们空军的炸弹还难以做到。而且为了躲避空军的轰炸，我们的部队还要先撤出已经占领的阵地，等空军轰炸完后我们再次去攻占。我觉得他的话有道理，所以只好同意他的主张。在我们的攻击下，16时45分英国人投降了，两万英军成了我们的俘虏，其中有英国人、法军残部、比利时人和荷兰人。他们中有相当一部分人是因为不愿意再打下去，被英国人关进了地下室。

在加来，我遇到克莱斯特将军，自从5月17日以来我还一直没有见过他。他对部队的战绩大加赞扬。

在这一天，正当我们再次准备向敦刻尔克方向发动攻击，包围沿海要塞之时，却意外收到停止前进的命令。于是，我们不得不在敦刻尔克城前停止前进！眼巴巴地看着空军实施攻击，也眼巴巴地看着英国人乘坐各种各样的大小船只，络绎不绝地从这个要塞撤走。

当天，维特里斯海姆将军来到我的指挥所，与我商谈由第14军接替第19军防务的问题。这个军的前卫部队第20摩托化步兵师归我指挥，部署配置在"阿道夫·希特勒"近卫师右翼。在我们会商之前还曾发生过一个小的意外事件。"阿道夫·希特勒"近卫师师长泽普·迪特里希，在向前线开进途中，经过一间位于我们战线后方的小房子，英军的一些残留人员正好躲在里面，他们用机枪向他开火。他的车子被击中起火，他和他的随从急忙跳车，躲进路旁的阴沟里。迪特里希和他的副官爬进一个管道，而熊熊燃烧的汽油不停地往沟里流，为了不被燃烧的汽油烧伤，他们不顾一切地把湿泥往自己的脸上和手上涂。随后跟进的一辆指挥车用无线电发出求救信号，在该地段的第2装甲师第3装甲团急忙前去营救，把狼狈不堪的迪特里希解救出来。过了一会儿，迪特里希来到我的指挥所，只见他满身泥巴，满面污泥。这次他是既吃了大亏，又受了窝囊气。

一直等到5月26日中午，希特勒才准许我们继续向敦刻尔克方向前进。但为时已晚，已无法取得一次名副其实的重大胜利。

5月26日夜间，我的军再次发起攻击。第20摩托化步兵师及"阿道夫·希特勒"近卫师和"大德意志"步兵团，都加强有重型炮兵，其目标是夺取沃尔穆特。第1装甲师奉命从右翼与上述攻击行动协同。

"大德意志"步兵团在第10装甲师第2装甲旅的有力支援下，到达其目标克罗什特-皮特冈高地。第1装甲师的装甲侦察营占领布鲁凯。

从这里望去，可以看到敌人正在用大批舰船，忙忙碌碌地从敦刻尔克运走大量人员和物资。

到5月28日，我们到达沃尔穆特和布尔堡维尔。5月29日，第1装甲师占领格拉沃利讷。但是，最后占领敦刻尔克的行动却没有我们的份。5月29日，第19军的任务由第14军接替。

如果不是国防军总司令部反复阻止第19军前进，那么敦刻尔克早就被我占领了，胜利也早就到来了。如果当时能在敦刻尔克俘虏英国远征军，那么战争的进程也就很难预言了。对一个有头脑的政治家来说，无论如何都能从这样一场军事胜利中发现有利的时机。遗憾的是，这种可能性被希特勒的神经过敏葬送了。至于为什么让我的军停止前进，后来给出的一种解释是，佛兰德河川纵横，不适于坦克的行动。这纯属无稽之谈。

5月26日，我发表了一个文告，对我勇敢的部队表示深切的谢意：

第19军的将士们！

在法国和比利时战斗的17天已经过去。我们已离开德国边界向前开进了600公里，到达英吉利海峡和大西洋。一路上，你们突贯比利时的要塞工事，横渡马斯河，在著名的色当战场上突破马奇诺防线，占领重要的斯托讷高地，势如破竹地攻占圣康坦和佩罗讷，又在索姆河下游的亚眠和阿布维尔与敌人英勇作战。而占领海岸要塞布洛涅和加来等海峡港口，则是对你们英勇行动的加冕。

我曾要求你们48小时不睡觉，你们却坚持了整整17天之久。我曾强迫你们不断前进，不要顾及来自侧翼和背后的威胁，你们毫无惧色，勇往直前。

你们以模范的自信心和必胜信念，舍生忘死地贯彻了每一道命令。

德意志为有你们这样的装甲师而自豪，而有幸指挥你们也是我的幸福。

我们满怀崇敬之情纪念我们已经阵亡的同志，他们的牺牲绝不是没有意义的。

现在让我们做好一切准备，去迎接新的任务吧。

为了德意志和我们的元首阿道夫·希特勒。

古德里安（签字）

温斯顿·丘吉尔曾在他的《第二次世界大战回忆录》中推测，希特勒将装甲部队停止在敦刻尔克城下，目的是给英国提供一个有利的求和机会，或是增加与英国谈判成功的希望。但是，不管当时还是后来，都没有证据能够证明这种观点的正确性。另外丘吉尔还推测，是伦德施泰特自己决定让装甲部队停止前进的。这也没有什么事实依据。此外，我作为一名当时现场的指挥官，应当承认，丘吉尔所描述的加来英军的英勇抵抗，还是应当赞赏的，但这并没有对敦刻尔克外围战事的结果发挥什么影响。不过有一点他倒是正确的，他说希特勒，主要是戈林，自认为德国具有强大的空中优势，仅靠这一点就完全可以阻止英国军队的撤退。但是在这个观点上他又犯了一个重大的错误，因为只有俘获英国的远征军，才能迫使大不列颠与希特勒媾和，或者增强德国后来在英国登陆取得成功的希望。

在佛兰德，我获知我的长子受伤的消息，幸好他没有生命危险。我的次子在法国荣获一级和二级铁十字勋章。虽然他在装甲侦察营服役，但一直安然无恙。

5月20日，基希纳将军获得骑士勋章。6月3日，法伊尔将军、第10装甲师的菲舍尔上校、第1装甲师的巴尔克中校、摩托车步兵的埃措尔德中校、第86步兵团的汉鲍尔少尉、第10装甲师工兵部队的鲁巴特中士，也荣获同样的奖赏。后来，又有好多人获得其他奖赏。

向瑞士边境突击

5月28日，希特勒命令组建一个装甲集群，由我来指挥。我的军部移至沙勒维尔西南的小锡尼，开始为下一步的作战做准备。6月1日到达该处。在6月的头几天，开始在沙勒维尔西南地区组建"古德里安装甲集群"。集群司令部是在原第19军军部基础上组建的。参谋长仍由我十分信赖的

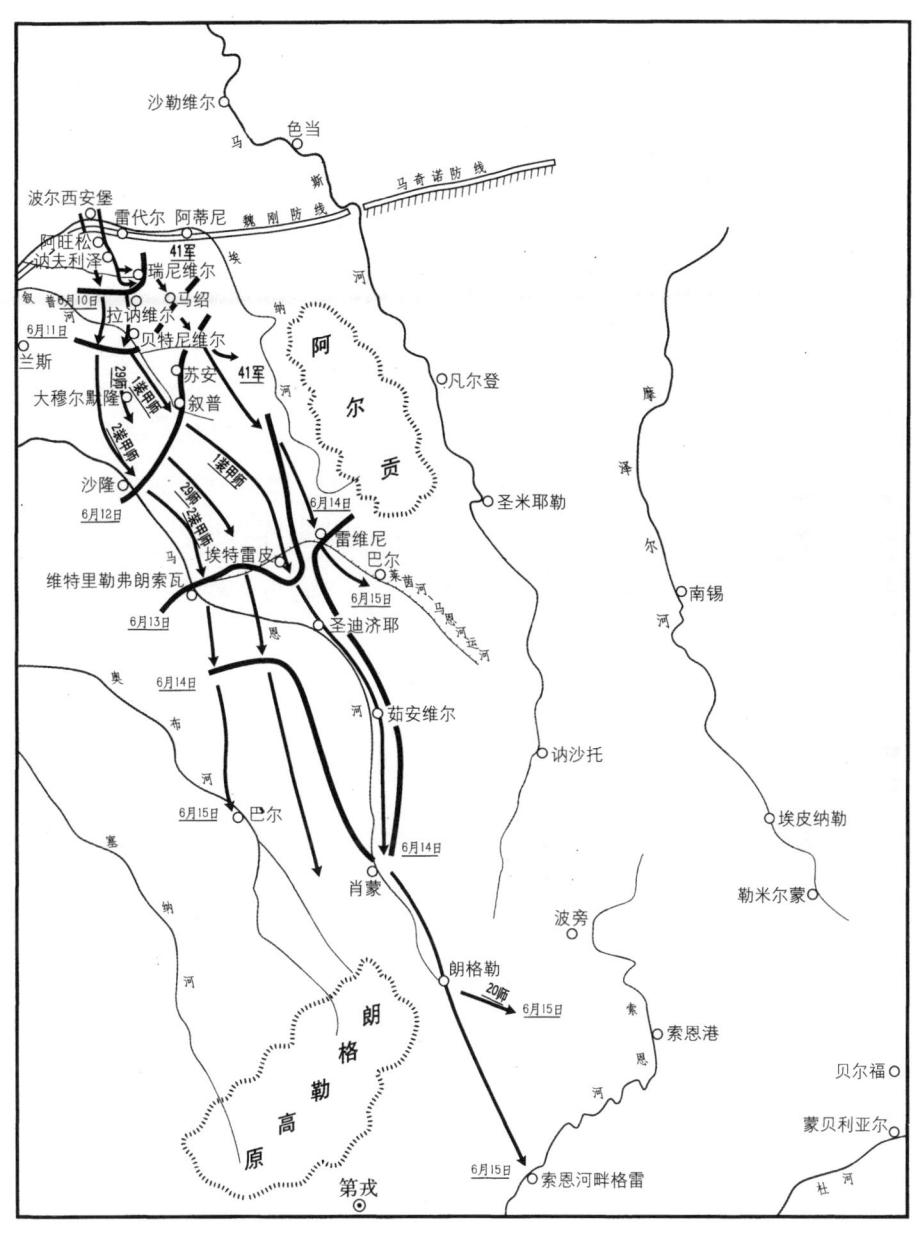

图 9

内林上校担任，作战指挥处处长为拜尔莱因少校，副官是里贝尔中校。在编制上，装甲集群辖有下列部队：

第39军（施密特将军），下辖第1、第2装甲师和第29摩托化步兵师；

第41军（赖因哈特将军），下辖第6、第8装甲师和第20摩托化步兵师；

以及若干直属部队。

装甲集群隶属于李斯特的第12集团军。

要将所有这些部队都集中到新的集结地域是相当困难的，尤其是从海峡地区赶到这里的第1、第2装甲师，整个行程大约250公里。由于许多桥梁已被炸毁，必须绕行，这样路程还要增加100公里。人员和物资都出现极度疲劳的迹象。好在部队在得到了几天的休息后恢复了元气，物资也得到维修和更新，完全可以担负新的任务了。

西方战局第一阶段的战斗还算顺利。经过这一阶段，荷兰、比利时和法国北部的全部敌人已被肃清，我们的后顾之忧因此被全部解除，可以放心大胆地向南发展进攻。此外，敌人的大部分装甲部队和摩托化部队已被我们消灭。在即将进行的第二阶段作战的主要任务是，将法军余部包括两个英国师大约共计70个师击溃，接着便缔结一个对我们有利的和约，至少当时我们是这么想的。

在部队继续向前推进的过程中，右翼部队沿着索姆河推进，其进展速度要比沿塞尔河和埃纳河的中央部队快得多。所以，博克集群的进攻6月5日就已开始，而伦德施泰特集群一直到6月9日才开始行动。

隶属伦德施泰特集群的第12集团军的任务是，在波尔西安堡和阿蒂尼之间渡过埃纳河和埃纳运河，然后继续向南发展进攻。渡河由步兵军在八个渡口进行。按计划，在建立登陆场和架桥之后，隶属于我集群的装甲师应越过步兵向前突击，夺占开阔地域，而后根据战事进展，向巴黎或朗格勒或凡尔登方向推进。我的第一个目标是夺取朗格勒高原，在那里等待接受新的命令。

我担心步兵军的大队人马在渡河时会把道路堵塞，给指挥带来困难，因此我要求第12集团军司令让我的师依靠自己的力量，在指定渡口先行一步渡过埃纳河。但遭到集团军司令一口回绝，因为他还想在最关键的突破时刻使用装甲师。这样，装甲集群便被安排在步兵军之后渡河。渡桥一旦架好，四个装甲师将在八处横渡埃纳河。两个步兵师将随装甲师之后跟进。这个计划成功落实的先决条件是，步兵军能够成功渡河，并建立登陆场。

第39军和第41军的分界线是，从瓦西尼越过雷代尔—瑞尼维尔—欧维讷—欧贝里沃—叙普—圣雷米—蒂卢瓦（至第39军）—瓦诺尔特—索尼—帕尔尼（至第41军）。

6月8日，装甲集群指挥所移至贝尼。

6月9日，第12集团军发动进攻的第一天，我来到雷代尔东北的一个观察所，亲眼观察步兵的攻击，以便能让我的部队在恰当时机及时发起攻击。从5时至10时，没有看到一点动静，于是我派传令官到第一线的另外几处渡桥，看看步兵是否已经渡过埃纳河。直到12时，我才接到从雷代尔两线送来的报告，说在雷代尔的攻击已告失利。在其他战线，根据我派出的观察员报告，只有在波尔西安堡附近的攻击获得成功，建立了一个纵深仅为一二公里的小型登陆场。我立刻给集团军参谋长马肯森将军打电话，请他向总司令报告：鉴于当前情况，我建议让坦克趁夜色运动到唯一的登陆场，次日一早便可发起攻击。我立刻赶到第3军军部找到哈泽将军，简单了解了一下情况后，来到波尔西安堡。在观察登陆场之后，来到城北的第39军军部，施密特将军和基希纳将军都在那里，我与他们商谈了关于开进和第1装甲师从波尔西安堡进入登陆场的有关问题。运动应在夜色中进行。

不久后，我遇见李斯特大将。他从北面过来，在行进途中经过第1装甲师的部分部队时，看到有一批装甲兵脱掉上衣，甚至有几个还跳到小河里洗澡。此事使他气愤不已。他一见到我就严厉地问我，为什么你的部队还不开进登陆场。我回答，现在登陆场还没有完全被我方步兵占领，登陆场也不够大，因此我们无法前进，况且建立登陆场也不是我们装甲兵的事。李斯特大将倒是颇有骑士风度，情绪立刻平缓下来，心平气和地与我商谈下一步如何进攻的问题。

在集群指挥所短暂停留一段时间之后，我便再次来到波尔西安堡登陆场，监督我的坦克部队开进登陆场，同时力争与这里的步兵师师长取得联系。我在登陆场找到第 17 步兵师师长洛赫将军，在进行商谈之后，我与他就将要采取的措施取得一致意见。一直到深夜 1 时，我始终待在第一线，然后与不久就要送到后方的装甲兵和侦察兵的伤员们进行了交谈，感谢他们在作战中表现出的勇敢，然后便返回在贝尼的指挥所，向所属各部下达命令。

下午，在波尔西安堡西部和东部又建立两个小型登陆场，这样第 2 装甲师和第 1 装甲师的另一部分部队就可以渡河了。

我的装甲部队的攻击按计划应于 6 月 10 日 6 时 30 分开始。我准时到达前线，命令远在后面的第 1 步兵旅的步兵营加速运动。前线的步兵们都热情地向我打招呼。我很奇怪，于是问他们，他们是怎么认识我的。他们回答说，我曾在第 55 团的驻地维尔茨堡待过，我当时任第 2 装甲师师长，他们在那个时候就已经认识我了。遗憾的是，当时第 2 装甲师的驻地是那么美丽，现在已变成一片废墟。坦克和步兵同时发起攻击，相互都很信任。进攻十分顺利，很快便通过了阿旺松和塔尼翁，到达勒图尔讷河畔的讷利泽。坦克一路驰骋，在开阔地上几乎没有遇到敌人的任何抵抗。因为，出于对我们坦克的畏惧，法军新的战术原则规定，要将兵力集中在村庄和森林地进行防御，完全放弃开阔地。因此，我们的步兵在村庄遇到了敌人的顽强抵抗，展开了激烈的巷战。但我们的坦克未受到任何像样的抵抗，一直攻击到勒图尔讷河，在讷利泽渡过满是泥泞的小河，只是在雷代尔一线的法国重型炮兵从我们背后打来几发炮弹。第 1 装甲师的突击在勒图尔讷河两岸发展：其所属的第 1 装甲旅在小河南岸推进，其步兵在巴尔克率领下在北岸实施突击。下午早些时候，到达瑞尼维尔，遇到敌人以强大装甲兵力实施的反击。在瑞尼维尔南部发生了一场坦克会战，经两小时激战，终于将敌人打败。瑞尼维尔也在战斗中被我们占领。巴尔克在战斗中亲手缴获了一面法军团的战旗。敌人退回纳维尔。在坦克会战中，我曾想用缴获的一门法国47毫米口径高炮击毁一辆法军"沙尔B"型坦克,但没有成功,因为所有炮弹均被其厚厚的装甲弹回来。我们的37毫米和20毫米口径加农炮对这种坦克也无能为力。因此,我们的损失也很惨重。

黄昏前,我们又在瑞尼维尔的北部,与从阿讷莱方向向佩尔特进行反击的法国坦克发生激战,最终将敌人击退。

此时,第2装甲师已在波尔西安堡西部渡过埃纳河,正向南推进。晚上,该师到达奥迪尔库-圣艾蒂安一带。而赖因哈特的军还没有渡过埃纳河,依然停在原地,因此该军一部将随第1装甲师之后渡河。现在可以预计,由于瑞尼维尔已被我占领,敌人在雷代尔的反抗很快就会被平息,这就为我的军获得行动自由权创造了前提。

集群指挥所设在埃纳河畔塞维尼树林,位于波尔西安堡东南。我在这里过夜。我几乎要被累垮了,帽子也没顾得摘,便一头倒在一堆稻草上睡着了。多亏细心的里贝尔为我搭了一个小帐篷,并派了一个卫兵守候在那里,嘱咐他三小时之内不准打扰我。

6月11日晨,第1装甲师在纳维尔附近发起攻击,巴尔克给我看了他缴获的法军战旗。这次攻击如同训练场上的演练一样,有条不紊:炮火准备,坦克和步兵前进,包围,向贝特尼维尔方向实施突破。早在第一次世界大战的时候,我就来过这个地方,对这里很熟悉。在叙普河我们遇到了敌人的顽强抵抗。敌人出动50辆坦克,看来好像是法国第7轻型装甲师,但被我们击退了。接着,我们占领了诺鲁瓦、贝讷和小圣伊莱尔。

第2装甲师到达埃普瓦,第29摩托化步兵师到达埃普瓦西南的树林。

第39军左翼的赖因哈特第41军,要想继续向南推进,首先必须抵挡住来自法军第3机械化师和第3装甲师对其左翼的攻击。

下午,当我回到集群指挥所的时候得知,陆军总司令要到装甲集群来视察。冯·布劳希奇早已到达,正在指挥所里等我。我向他汇报了前线的态势,以及我下一步的计划。他没有向我下达新的指示。晚上,指挥所移至朱利维尔。

6月12日，继续攻击。第39军以其第2装甲师对马恩河畔沙隆实施突击。第29摩托化步兵师和第1装甲师对维特里勒弗朗索瓦实施突击。第41军的右翼通过索默皮，向叙普推进。

此时，由于步兵已经渡过埃纳河，超越正在战斗的装甲部队，加之战斗分界线不清晰，造成步兵与装甲兵混在一起，乱作一团，使装甲部队无法运动。我曾请求集团军司令部派人前来调理，但没有回音。在一些地方甚至出现了两军争抢道路的现象，因为谁都想赶到最前线作战。为了与敌人交战，勇敢的步兵昼夜行军。他们在这一天早晨就越过了香巴尼山，1917年秋天我曾到过这个地方。我来到第29摩托化步兵师，这个师位于大穆尔默隆宿营地的北部，师长是冯·朗格曼男爵将军。该师刚刚从后方赶来，还没有打过仗。师长正在向其所属部队下达命令，他们的目标是夺回被敌人占领的侦察营营地。这个师的所有指挥官都在第一线亲临现场指挥，师长下达的命令简单明了。这一切都给我留下了良好的印象。于是，我便放心地来到位于马恩河畔沙隆的第2装甲师。

当我到达这个师的时候，他们刚刚占领沙隆。沙隆大桥被我前卫侦察分队攻克，但由于疏忽，没有严格按照命令立刻搜索桥上是否还有爆炸物。结果，当我们的部队正在渡河的时候，大桥发生爆炸，造成了不必要的伤亡。

正当我与法伊尔将军商谈下一步进攻事宜的时候，装甲集群指挥所叫我回去，准备迎接集群司令冯·伦德施泰特大将的来访。

傍晚，第1装甲师到达比西堡，奉命向莱茵－马恩运河畔的埃特雷皮推进。

这一天，赖因哈特军也与敌人展开一场激战，这股敌人正从阿尔勒贡向西推进。下午，我来到位于马绍的军属各师，对他们的各项措施进行检查。我得知，苏安、塔于拉和芒拉已先后被我军占领。在返回集群指挥所的途中，又发现步兵行军纵队与我的装甲部队纠缠在一起，我不得不再次请求第12集团军派人进行调理，但依然没有任何结果。

此后，装甲集群每天都会收到数道自相矛盾的命令，一会儿命令向东，一会儿向西。起初是命令我们奇袭凡尔登，占领之后向南推进，可是突然又命令我们转向圣米耶勒，最后又改为向南。于是，我就想出一个办法，留出赖因哈特这一个军，任由上司们调来调去，然后我命令施密特的军坚定不移地向南推进，这样做至少可以使装甲集群保持一半兵力用于既定目标。

6月13日，我首先来到赖因哈特军及其第6、第8装甲师，这两个师还一直在与凡尔登和阿尔勒贡地域的敌人交战。黄昏时分，我来到第1装甲师，该师已到达莱茵－马恩运河畔的埃特雷皮。第39军不知道收到由谁下达的不准渡河的命令，停在岸边。对这个命令我一点也不知道，肯定不是我的意思。我在埃特雷皮找到巴尔克，他是一位精力无限的指挥官，现负责指挥第1装甲师的前卫部队。我问他，横渡运河的桥梁是不是已经被我夺占？他回答说，是。我又问他，是否已建立登陆场？他稍微迟疑了一下才回答我说，是。我从他吞吞吐吐说话的神态中觉察到事情有点不大对头。我又问，车辆是否也能开进登陆场？我发现他的目光迟疑，然后犹豫不决地回答说：是。我觉得，这里面定有问题。于是决定，同他一起亲自去现场看一看！来到登陆场，我见到了精干的工兵军官韦贝尔中尉，正是因为他的舍生忘死，才使大桥免遭炸毁，还有步兵营营长埃肯格尔上尉，是他夺取了桥梁，并建立了登陆场。见到这些，我喜出望外，当时就将铁十字勋章奖给了这两位勇敢的军官。然后，我问巴尔克，既然这样为什么不继续前进。从他的讲述里我才知道，停止命令是第39军下达的。巴尔克这样做实际上已有擅自违命、越级汇报之嫌，他说起话来之所以吞吞吐吐，是怕遭到我的指责。

像在布维尔蒙一样，我们的突破即将取得成功。不能迟疑，不容停顿。巴尔克向我介绍了敌情：在我们当面进行防御的是黑人部队，只有少量炮兵提供支援。于是，我命令他立即向圣迪济耶突击。我答应他，不要有什么顾虑，我会把这个情况亲自通知师长和军长。巴尔克立即出发了。我来到师部，命令全师马上出发。然后，我将对第1装甲师下达的命令通知了施米特将军。

最后，在接近黄昏的时候，我通过第29摩托化步兵师经过的地域（他们已在布吕松渡过运河），紧贴着维特里－勒弗朗索瓦城北，来到第2装甲师第5侦察营，察看他们的情况。

6月14日上午9时，德国部队开进巴黎。

夜晚，第1装甲师到达圣迪济耶。法军战俘属于第3装甲师、第3北非步兵师和第6殖民步兵师，他们的脸上都露出疲惫不堪的神情。第39军的其他部队正在西部渡过运河。在埃特雷皮东部，赖因哈特军到达莱茵－马恩运河畔的雷维尼。

中午，我与第1装甲师师长经过商谈之后，来到圣迪济耶，一眼看到了我的好朋友巴尔克，他正坐在市场上的一把椅子上。大概他在度过了极度紧张的几个昼夜之后，打算在这儿好好地休息一个晚上。可是，我让他失望了。现在，我们越是能迅速前进，获胜的希望也就越大。于是，巴尔克又按照我的命令向朗格勒前进。第1装甲师在其后面跟进，不分昼夜连续开进。在突然降临的德军面前，朗格勒这个古老的要塞被迫于6月15日早晨投降，3000人成了我们的俘虏。

第29摩托化步兵师通过瓦西向瑞泽讷库尔推进。第2装甲师通过蒙捷昂代尔－苏莱讷向奥布河畔巴尔前进。赖因哈特军奉命向南突击。

陆军总司令部的企图是，装甲集群通过茹安维尔－讷沙托，转向南锡。这一命令看来已无法兑现，幸好总司令部及时向部队下达了新命令，将原命令撤销。

6月15日一早，我前往朗格勒，中午便到达。我命令第1装甲师向索恩河畔的格雷—贝桑松推进；第29摩托化步兵师向格雷西南方的叙恩前进；第2装甲师向蒂尔—沙泰勒前进；第41军沿马恩河东岸继续向南突击。我们的右翼是莱因哈特集群的第16军，正在向第戎推进。13时，第1装甲师开始行动。忙完之后，我便和我的几个参谋来到军官餐厅，休息一会儿，从这个餐厅的小花园一直向东望去，远近的景色尽收眼底。可是我一直惦记着左翼，担心左翼越是向纵深前进，就越会暴露。因为，我已收到一些报告，说法军正从东向这里开来。下午，维克托林将军的第20摩托化步兵师来到朗格勒，负责对左翼的安全提供保障。第29摩托化步兵师在朗格勒以西前进。现在的态势变得越来越对我们有利。接近黄昏时分，我们先后占领奥布河畔巴尔、索恩河畔的格雷和勒杜克。

防守格雷的法军指挥官德库尔宗将军在作战中阵亡。

傍晚，集群指挥所移至朗格勒。直到现在陆军总司令部还一直未就我装甲集群的下一步行动做出指示，于是我便派驻在我司令部的总司令部联络官回去，将我向瑞士边界推进的企图报告总司令。

我们在一个市民家里住下，房主对我们很友好。在度过这几天极度紧张的日子之后，现在我们终于可以享受一下恬适安逸的生活了。第29摩托化步兵师已到达索恩河畔的蓬塔耶，计划于16日进攻该城，第2装甲师则攻击欧克索讷-多勒。第41军的装甲师在第20摩托化步兵师之后跟进。

6月16日，第1装甲师到达格雷北部的基特尔，在此有一座横跨索恩河的桥梁，至今尚未遭到破坏。可是，德国航空兵却对我们在格雷附近架设的桥梁进行了数小时的轰炸，致使渡河迟延。这些飞机好像是由勒布集群派来的，我们无法与他们取得联系，没法通知他们搞错了。幸好没有造成损失。

下午，第39军到达贝桑松-阿旺讷，第41军的装甲师在第20摩托化步兵师后面跟进，先后占领索恩港、维祖尔和波旁，抓获上千名俘虏，其中第一次出现波兰籍俘虏。在贝桑松，击毁敌坦克30辆。

6月17日是我的生日。我精干的参谋长内林上校，把司令部所有人员都召集到我们驻地与古老要塞城墙之间的一个小平台上，向我祝贺生日快乐。作为生日的一份厚礼，他向我报告：第29摩托化步兵师已经到达瑞士边界。这使我们大家异常兴奋。之后，我便立刻驱车前往第29摩托化步兵师，去向这支英雄的部队表达我的祝贺。在漫长的行进途中，我遇到多支开进中的部队，他们纷纷向我表示祝贺。将近12时，在蓬塔利耶遇见冯·朗格曼男爵将军。我们把到达瑞士边界的情况向上做了报告，但希特勒却不大相信。他说道："您的报告依据是错误的。您指的大概是索恩河畔的蓬塔耶吧。"我回答说："绝对没错。我本人现在就在瑞士边界的蓬塔利耶。"心怀疑虑的国防军总司令部这才放心。

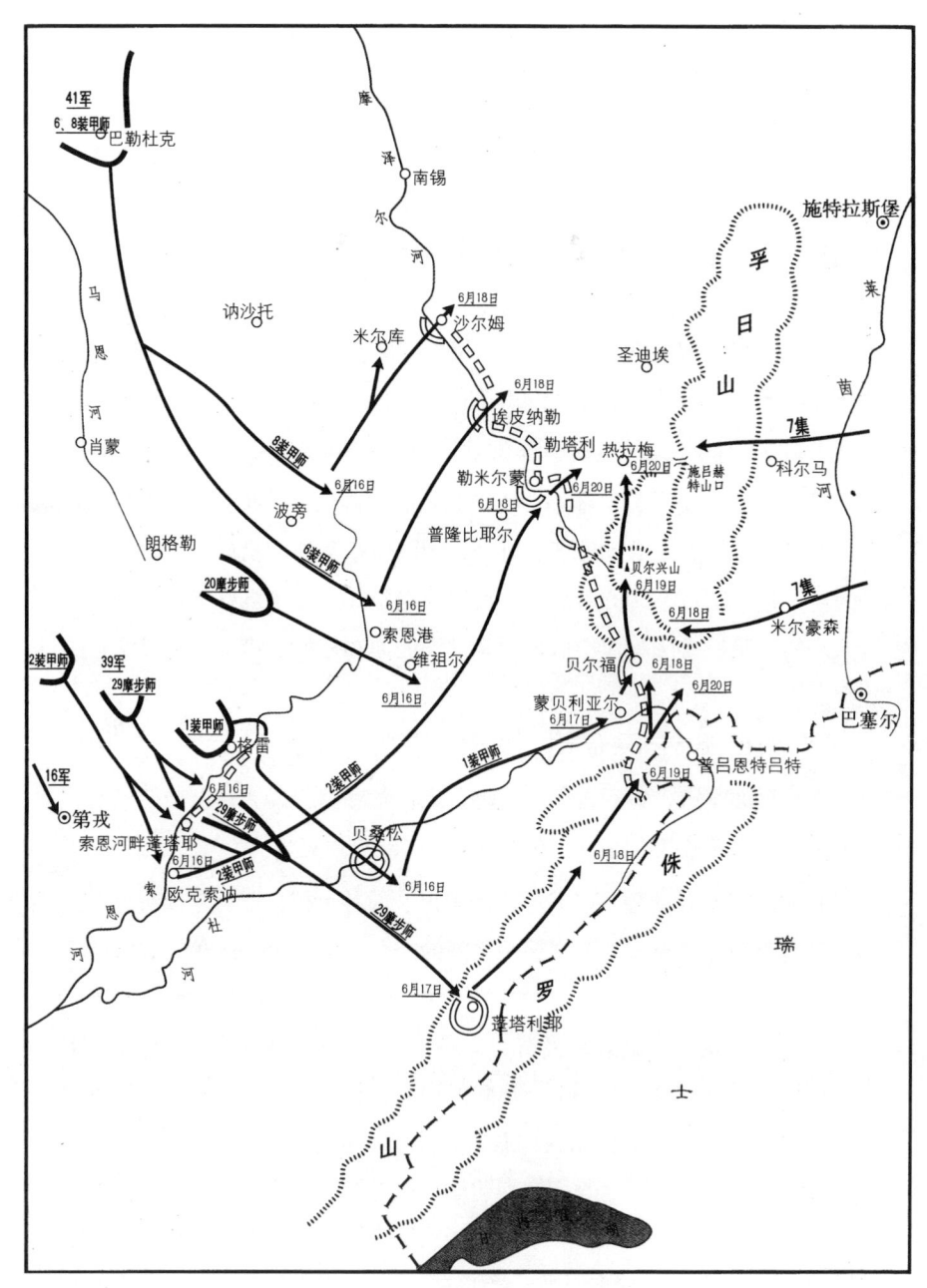

图 10

我在边界做了短暂的视察，与几个勇敢的侦察部队指挥官交谈，并对他们表示感谢，是他们通过艰苦的努力为我们提供了准确的敌情，其中最优秀的是冯·比瑙中尉，可惜他后来为国捐躯了。

从蓬塔利耶，我用无线电命令第39军改变前进方向，立刻转向东北；第29摩托化步兵师在肃清汝拉的残敌后向普吕恩特吕特角推进；位于贝桑松的第1装甲师通过蒙贝利亚尔向贝尔福挺进；第2装甲师与另两个师的开进路线交错，向摩泽尔河上游的勒米尔蒙前进。与此同时，第41军转向埃皮纳勒和沙尔姆。

第39军和第41军分界线为：朗格勒西南公路交叉处—沙兰德雷—皮埃尔库尔—芒布雷—马勒—韦勒福克斯—吕尔—普朗谢（至第41军）。

此次行动的目的是，与在上阿尔萨斯等候的第7集团军（多尔曼将军）建立联系，切断阿尔萨斯—洛林法军与其国内的联系。这个90度的大转弯是相当困难的，需要做得十分准确，但是我们的装甲师出色地完成了。行动中没有发生因行军纵队交叉而出现的混乱。对这一点，我十分满意。傍晚，我在大本营接到勒布集群的指示，通知我的装甲集群已归属他指挥，并命令我们向贝尔福-埃皮纳勒前进。我向他报告，我们已按命令指示的方向前进了。

六年后，我在纽伦堡的监狱里，正好和里特尔·冯·勒布元帅❶被分到一个房间。我们在这个阴森的小房子里谈起了1940年的往事。里特尔·冯·勒布元帅对我说，他当时没有搞清楚，他所下达的向贝尔福—埃皮纳勒进攻的命令，为什么会那样迅速地付诸实施，这使他感到很意外。真是庆幸，现在我还有机会在事后向他说明这件事。由于具有相同的战略观，这才能使装甲集群所下定的决心与陆军集群不谋而合。

---

❶ 威廉·里特尔·冯·勒布（1876—1956），德国元帅。1929年晋升为少将，1938年晋升大将，参加占领苏台德区行动。1939年任"C"集团军群司令，1940年率部突破法国马奇诺防线。对苏战争中，任北方集团军群司令，率率突击列宁格勒。1942年被希特勒解职。因执行"政治委员命令"于1948年被美国军事法庭判处三年拘禁。——译者注

我的驻地移到贝桑松附近的阿旺讷，从这里可以看到美丽如画的杜河大峡谷。吃晚饭的时候，我高兴地见到了我的小儿子库尔特，他刚从第3装甲侦察营调到元首护卫营，他是利用一次传令的机会，专门在这一天来看我。

半夜，第1装甲师作战指挥处的文克少校电话向我报告，该师刚到达蒙贝利亚尔，这是第39军给他们确定的目标。他们说，他们的燃料还很充足，还能继续前进。因为他无法与军长取得联系，就直接向我请示，请求我批准他们趁夜色继续向贝尔福挺进。我当然会批准他们的请求，绝不会让他们停止在蒙贝利亚尔。第39军军部错误地估计了形势，认为该师不应向我所命令的贝尔福方向前进，而应向另一个中间目标前进。在这个决定性时刻，军部正在移动中，所以师部无法与它取得联系。还是那句老话，装甲兵就是要一站坐到底。敌人完全被我们的突然袭击所击败。

稍事休息之后，我便于6月18日一早赶往贝尔福，近8时到达。在蒙贝利亚尔和贝尔福之间，公路上停着长长一列法军车队，其中有许多重炮，他们都已经投降。在古老要塞的入口处，有数千名法军俘虏在这里宿营。但是在要塞工事上还没有看到德军军旗，城内也听不到枪声。在贝尔福的空场上，我拦住第1装甲师的一个摩托车通信兵，问他师部在哪里。这个精明的年轻人知道他的将军住在什么地方，他告诉我他们的师长正在洗澡，于是他把我引到巴黎旅馆。文克出来迎接我，他看到我这么早出现在这里，十分惊讶。在经过几天的日夜转战之后，司令部人员确实需要干净一下，对此我很理解。我们共进了早餐，这份早餐本来是为法国军官准备的。然后，我听取了他的情况汇报，听说他的师只占领了城市的一部分，整个城堡仍在法国人手里。他们就投降一事曾与法国人进行过谈判，但只有营房里的敌人投降了，城堡的敌人还在据守顽抗，看来还需要攻城。

师组成一个攻城战斗队，中午开始行动。我亲眼看到，一个个目标被他们先后攻占，最后攻占了城堡。其实，他们所运用的方法很简单。首先，第1装甲师用炮火射击，然后埃肯格尔的步兵营搭载装甲运兵车冲向前，将一门88毫米口径高炮带到城下。步兵没有伤亡地接近前沿。然后，步兵下车，通过壕沟，爬上城墙。这个时候，88毫米口径高炮则开火轰击堡垒的关键部位。最后城堡被迫投降，攻击很快便取得成功。而后，他们把军旗插在城墙上，接着攻城突击队又去攻打另一个要塞。在这次作战中，我方的伤亡非常小。

同日，第1装甲师的另一部分在内德维希上校指挥下，到达贝尔福北部的日罗马尼，俘虏一万敌军，缴获迫击炮40门，飞机七架，以及许多其他的装备物资。

这一天，装甲集群大本营移至蒙贝利亚尔。

在此期间，法国政府倒台，新内阁由年迈的贝当元帅❶出面领导，并于16日提出停战。

现在，我们的主要任务是，与多尔曼将军建立联系，在阿尔萨斯-洛林将法军包围。

在第29摩托化步兵师经汝拉，向洛蒙和普吕恩特吕特角方向推进期间，第2装甲师已到达吕普特和勒米尔蒙附近的摩泽尔河上游地段。第6装甲师在肯普夫将军指挥下，用第1装甲师占领贝尔福的方式，占领了埃皮纳勒。在夺占这些要塞时，俘敌四万。

第4集团军的前卫部队，到达森海姆附近的上阿尔萨斯、下阿斯巴赫地段。

6月19日，继续前进，在贝尔福东北的沙佩勒，我们与第7集团军取得联系。贝尔福东部城堡的敌人还在顽抗，但最后也被迫缴械。第1装甲师一部兵力向阿尔萨斯的贝尔兴山和塞尔旺斯山顶突击，于中午占领拉蒂

---

❶ 亨利·菲力普·贝当（1856—1951），法国元帅。第一次世界大战中，任旅长、军长、集团军司令、集团军群司令、驻欧洲法军总司令、法军总司令、陆军总监。1931年—1934年任防空总监、陆军部部长。推行消极防御战略，支持构筑马奇诺防线。1939年—1940年，出任法国驻佛朗哥西班牙大使。自1940年任副总理、总理。1940年—1944年任维希政府国家元首。1945年被捕，同年被法国最高法院判处死刑，后改判终身监禁。——译者注

卢特。第 2 装甲师占领摩泽尔河畔的吕普特城堡。现在，部队正以宽大正面向孚日山推进。由于前进道路已被装甲部队塞满，因此正从北面向埃皮纳勒前进的第 1 军的步兵师，不得不停止前进，因为如果步兵再掺和进来，道路肯定就完全被阻塞了。但是，这引起步兵的极大不满，由于问题解决不了，他们最后告到了集群司令那里。我立刻派我的作战指挥处处长拜尔莱因少校，飞到里特尔·冯·勒布大将那里，向他解释道路阻塞的原因。他去得非常及时，否则令人不快的事情就可能发生。

装甲集群大本营转移至普隆比耶尔孚日山浴场。这是一座古老的疗养胜地，早在罗马时期就已闻名，我们在这里舒舒服服地度过了三天时间。

到现在为止，法国人的抵抗已经完全崩溃。6 月 20 日，科尔尼蒙陷落；21 日，孚日山的比桑陷落。第 2 装甲师到达圣阿梅和托利；第 29 摩托化步兵师到达代勒和贝尔福。大约有 15 万的法军成了我们的俘虏。在各部队统计俘虏数字的时候，C 集团军群的几位将军还为这件事发生了争执，最后由里特尔·冯·勒布大将进行了英明的裁决。他把 15 万俘虏判给了我，还吹捧我们说，如果没有装甲集群对贝尔福－埃皮纳勒的包围，就不可能有这么大数字的俘虏。

从装甲集群渡过埃纳河至今，共俘虏敌人约 25 万人，另外还有无法统计的物资装备。

6 月 22 日，法国政府决定停战。但起初我们并没有收到相关通知。6 月 23 日，我经孚日山的山谷和凯泽贝尔，来到设在阿尔萨斯的科尔马的多尔曼将军大本营。这是我童年生活的地方，今天故地重游心里异常兴奋。

此后，我的司令部迁到贝桑松，起初住在一个旅馆里，后来又搬到一座法国军部办公的大楼。现在战争已经结束，我要利用这段时间，对我的将军和参谋们取得的杰出战绩表示感谢。我们之间的合作一直很融洽，从未出现过摩擦。勇敢的部队以最大的献身精神完成了赋予他们的艰巨任务。他们为其所取得的战绩引以为豪，这是理所当然的事。

6 月 30 日，我向他们下达如下命令，以此告别：

古德里安集群　　　　　贝桑松　1940.6.30

日命令

　　值此古德里安集群的编制变更之际，向即将离开的各指挥所和部队表示诚挚的谢意。

　　从埃纳河到瑞士边界和孚日山所取得的一系列胜利将会载入史册，快速部队在突破行动中所表现出的英雄事例将流芳百世。

　　我感谢你们所取得的业绩，靠着这些业绩，我十年来所追求的目标才得以圆满实现。

　　愿你们以同样的激情去迎接新的任务，在取得德意志最后胜利的历程中取得同样的战绩。

　　元首万岁！

　　　　　　　　　　　　　　　　　　　　古德里安（签字）

停　战

　　当我们驻在贝桑松的时候，有两个来访者给我留下了十分深刻的印象，至今还记忆犹新。27日傍晚，第19步兵团参谋长里特尔·冯·埃普将军，在视察完他的团之后，顺便到这里来看我，我和他是在施佩萨特山一起打猎时认识的。我们进行了一次长谈，围绕的话题是法国的停战，以及下一步对英国的作战问题。长时间以来我都忙于作战，少有与其他人接触的时间和机会。所以这次能有幸与一位老朋友推心置腹地聊天，真是太难得了，难抑欣喜之情。

　　第二个来访者是德国装备和军工部部长托特博士。他来这里，是为了与我研究坦克未来的发展，来前线搜集最新资料。我们在7月5日这一天谈了相同的话题。

　　对于停战协定，德国人民为之欢欣鼓舞，希特勒也感到十分满意，但我并不以为然。因为，在德国军队完全战胜法国之后，最终如何解决法国的问题，还有多种途径，还有大量工作要做。可以全部解除法国武装，完全占领法国，要求他们交出其舰队和殖民地；但也可以采取另一种办法，即以相互谅解、维护法国人的领土、殖民地和民族独立为条件，换取法国与我们共同努力，争取在不久的将来与法国——包括与英国签订和平条约。在这两个上下策之间，还有许多中间道路可以选择。但无论如何，不管是哪一种方案，其目的都必须是为结束战争给德国创造最有利的条件，包括与英国的战争。为了结束与英国的战争，必须首先做出外交谈判的努力。希特勒在国会上的提议是达不到这个目的的。当时，大不列颠是不是情愿与希特勒进行谈判，直到现在我都怀疑。尽管如此，如果我们不想遭到国际的指责，还是要尽量运用和平的手段。但是，如果外交手段一旦达不到预期目的，那就必须动用军事手段，而且要迅速果断，全力以赴。可以肯定的是，希特勒和他的司令部曾经考虑过继续进行与大不列颠的战争。在英国列岛登陆的"海狮"作战计划就是佐证。但是，我们并没有做好充分的渡海准备，我们的空中力量也不足以保障在英国列岛登陆的成功，因此我们必须采取其他办法，迫使这个海上强国坐下来同我们谈判，进而媾和。

当时，我觉得最能保障实现和平的办法是，德军必须继续向罗纳河入海口处突击，与意大利协同行动，一起占领法国在地中海的各港口，接着我们就可以在非洲登陆，利用空军的一流伞兵夺占马耳他。如果法国人也愿意参加这样的一个行动，当然就更好了。如果不想参加，我们就只有依靠自己的兵力加上意大利，但这一行动必须要立刻付诸实施。当时，我们对英国在埃及兵力的弱点一清二楚。意大利在埃塞俄比亚的兵力还算强大。马耳他的对空防御很薄弱。正是因为这些原因，所以我才觉得，继续向这一方向发展进攻，有百利而无一害。将四至六个师迅速运到非洲，就能获得压倒英国的优势，而英国的加强兵力肯定很晚才能运到。很明显，德国和意大利如若在 1940 年在北非登陆，要比 1941 年意大利第一次失利之后再去登陆，给我们带来的益处要大得多。

希特勒之所以当时没有发动在非洲的战争，究其原因，可能是他还不怎么信任意大利。但我觉得可能性更大的是，希特勒受大陆思想的束缚，使他不可能充分认识到地中海地域对英国人所具有的重大意义。

不管怎么说，关于我的这一建议，以后就再也没有听到任何回音。直到 1950 年我才知道，里特尔·冯·埃普将军曾经有一次向希特勒介绍了我的这一想法，但被希特勒回绝了。

在贝桑松逗留期间，我去了著名的汝拉❶。7 月 1 日，我站在蒙龙山顶上，眺望向往已久的日内瓦湖。此外，我还到了里昂，去看我的大儿子，他在西方战局中两次负伤，为嘉奖他的英勇行为，他被提前晋级。

我与贝桑松的地方行政长官和市长建立起正常的工作关系。他们热情地接待了我，礼节周到，无可挑剔。

7 月初，装甲集群解散了，有几个师回国，另外的部队则被调往巴黎周围地区。这样，集群司令部也就不存在了。原计划要准备举行一次大规模的元首检阅仪式，幸好后来没有举行。

在巴黎逗留期间，我从巴黎出发，到凡尔赛宫和枫丹白露观光。枫丹白露是一个神妙的古老宫殿，充满历史回忆和名胜古迹。马尔迈松的拿破仑博物馆是我参观中非常感兴趣的一个地方。德高年迈的馆长十分友好地亲自引领我参观，他对这位伟大的科西嘉人的历史可谓无所不知，我们俩聊得很投机，与他的谈话使我颇受启迪，获益良多。凡在战争条件下所允许去的地方，我都尽量去参观了。起初，我住在兰开斯特旅馆，后来搬到布洛涅树林的一家私人住宅，过得非常舒适。

7 月 19 日德国国会开幕，我不得不中断了在巴黎的旅程，与一大批将领一起奉召回国。在会上，希特勒宣布晋升我为大将。

由于不再举行阅兵式，装甲集群司令部也无须继续留在巴黎。所以，我们在 8 月初便返回柏林，又在那里好好地休息了一段时间。

在此期间，留在法国的部队便开始忙于"海狮"行动的准备工作。不过，这一行动从一开始就没有获得应有的重视。我当时就觉得，我们的空军力

---

❶ 汝拉是位于瑞士西北部的一个州，与法国接壤。汝拉山横贯南北，是著名的避暑胜地。——译者注

量不足,船只数量有限,再加上英国远征军已从敦刻尔克撤回国内,"海狮"行动没有任何希望可言。从上述德国的这两个不足就可以看出,德国既不愿意同西方打仗,也没有做任何准备。因此当9月秋季风暴来临之时,"海狮"行动也随之夭折。

如果说到"海狮"行动对装甲兵带来的影响,那就是我们为准备"海狮"行动,进行了Ⅲ型和Ⅳ型水下坦克的试验。到8月10日,这两种车已在荷尔施泰因的普特罗斯坦克射击学校供实战使用。在1941年对苏作战时,也曾在俄国横渡布格河时使用过。

基于西方战局的经验,希特勒要求每月生产800辆—1000辆坦克。经陆军兵器局的计算,这就需要耗费20亿马克,投入十万名技术性工人和专家。看到这样一个浩大的数字,希特勒也只能望洋兴叹了。

此外,希特勒还要求用50毫米L60火炮❶改装Ⅲ型坦克上的37毫米口径火炮。但实际制造的却是50毫米L42火炮,身管长度缩小了很多。至于兵器局为什么做这样的改动,希特勒好像并不知其中的缘由。直到1941年2月兵器局的方案已经得到验证之后,他才得知兵器局没有照他的指示办,于是暴跳如雷,把兵器局的那几个擅自做主的军官深深记在脑海里,好几年后也没有忘记。

法国战局后,希特勒增加了装甲师和摩托化步兵师的数量。装甲师整整增加了一倍,但每个师的坦克数量却减少了一半。通过这种措施,德国陆军师的数量表面上虽增加了一倍,但坦克的战斗力并没有因此也增加一倍。另外,由于摩托化步兵师数量增加了一倍,对车辆的要求也急剧增加。为满足希特勒的要求,只好把现有的全部积累都拿出来充数,这其中还包括从西欧国家缴获的坦克。这些缴获来的坦克质量不仅比德国的差很多,且数量远不能满足后来在东方和非洲战场上的需要。

我负责监督装甲师和摩托化步兵师的组织和训练,终日忙忙碌碌。在

---

❶ L60是指火炮身管长为口径的60倍。——译者注

很少的闲暇时间里，我还不时地思考着尽快结束战争的途径。我想，不管用什么方式都必须结束战争。我的思路还是指向南方。正如我在贝桑松的谈话中所说的，最重要的、也是唯一重要的，是结束对大不列颠的战争。

我没有机会与陆军总司令部及其总参谋部接触。无论是装甲兵的改组问题，还是关于对战争前景的看法，他们都没有征询过我的意见。

自莫洛托夫先生于 1940 年 11 月 14 日访问柏林后，战争前景问题突然变得明朗了，一种令人震惊的明朗！

第六章 1941年的俄国战局

战前形势

1939年5月3日，莫洛托夫接替李维诺夫担任苏联❶外交人民委员。在1939年8月23日与德国签订互不侵犯条约的事情上，他起了十分积极的作用。正是得益于这个条约，希特勒才有可能对波兰发动进攻。1939年9月18日，俄国人派兵开进波兰东部地区，参与了打败波兰的战争。1939年8月29日，它与德国签订了一项友好条约和经济协定，从而减轻了德国战争经济的负担。但是另一方面，俄国人也利用这一机会，占领了波罗的海沿岸国家，并在1939年11月30日向芬兰发动进攻。俄国人趁德国军队被牵制在西线战场的机会，强迫罗马尼亚放弃比萨拉比亚❷，这促使希特勒于1940年8月30日宣布对罗马尼亚主权提供保证。

1940年10月，希特勒与法国人和佛朗哥❸就战争的前景问题进行过商

---

❶ 作者在此处用的是"苏联"，而非俄国。下文均将按作者原意翻译。——译者注

❷ 地区名，地处东欧。15—20世纪先后属摩尔多瓦、奥斯曼帝国、俄罗斯、罗马尼亚和苏联。1812年俄国据《布加勒斯特条约》，占领比萨拉比亚和摩尔多瓦一半土地。1918年比萨拉比亚独立，同年并入罗马尼亚。——译者注

❸ 弗朗西斯科·佛朗哥（1892—1975），西班牙国家元首、独裁者、大元帅。1921年任西班牙外籍军团司令。1928年任高等军事学院院长。1935年任西班牙陆军参谋长。1936年仰仗德、意法西斯的支持和武装干涉，发动武装叛乱，挑起西班牙内战。同年被推举为"国家元首"，任叛军总司令，晋升大元帅。1939年内战结束后，成为西班牙终身国家元首，兼西班牙长枪党领袖、部长会议主席和武装力量总司令。第二次世界大战中，派遣"蓝色"师配合德军入侵苏联。——译者注

谈。紧接着,他便在佛罗伦萨会晤了他的朋友墨索里尼。但是,在前往佛罗伦萨的途中,他在博洛尼亚车站接到一份报告使他大吃一惊。原来,他的这个盟友在他并不知情也未征求他同意的情况下,居然单方对希腊宣战了。如此一来,就突然冒出一个巴尔干问题,并将战争引向了一个德国极不情愿的方向上。

据希特勒对我说,墨索里尼轻举妄动的第一个结果是,佛朗哥宣布退出轴心国,不再与轴心国进行任何形式的合作。很显然,他不愿意与这么一个不可捉摸的政治伙伴合作。

第二个结果是,德国与苏联的关系也逐渐变得紧张起来。在过去的几个月里,由于一系列意外事件,尤其是德国在罗马尼亚和多瑙河问题上所采取的政策,两国关系已日趋紧张。为改善这种紧张关系,德国才邀请莫洛托夫访问柏林。

在柏林,莫洛托夫提出如下要求:

1. 将芬兰划入苏联势力范围;

2. 就波兰的未来前途问题达成谅解;

3. 承认苏联在罗马尼亚和匈牙利的利益;

4. 承认苏联在达达尼尔海峡的利益。

莫洛托夫在返回莫斯科之后,又正式用书面形式将这些要求提交给德国。

对于苏联的这些要求,希特勒大为恼火。莫洛托夫在柏林的时候,希特勒的表态就模棱两可,而对莫洛托夫的书面要求,他就根本不予理睬了。从莫洛托夫的来访以及会谈的经过来看,可以得出结论认为,德国与苏联的战争已不可避免,只是个时间问题。我上面所描述的柏林会谈的那些经过,希特勒曾不止一次地向我提起。固然,他谈及此事的时候已经是1943年了,但以后他还几次而且用同一种方式说到此事。我一点也不怀疑,他当时说的都是他的真心话。

但是,比起俄国的要求更使希特勒恼火的是意大利1940年10月所推行的政策。我认为，从他的立场出发，他的恼怒是可以理解的。意大利对希腊的进攻不但是轻率之举，而且是多此一举。到10月30日，意大利的攻势被迫停止；到11月6日，作战主动权就转到希腊一方。通常的惯例是，糟糕的政治必定会引来军事上的灾难。墨索里尼也曾迁怒于他的将军们，尤其是巴多里奥。但是，巴多里奥曾提醒过他不要冒险发动战争，可惜墨索里尼并没有听进去。11月中旬，意大利人打了一次大败仗。于是，巴多里奥成了政府的敌人和叛徒。11月26日，巴多里奥提出辞呈。12月6日，由卡瓦莱罗接替他的职位。

12月10日，意大利又在非洲西迪拜拉尼遭到一次沉重打击。应当说，为了德国，同时也是为了意大利自己的利益，意大利应当放弃在希腊的冒险，巩固在非洲的地位。可是现在，格拉齐亚尼元帅❶却在非洲要求德国提供飞机支援，墨索里尼则要求德国派两个装甲师到利比亚。在整个冬季，拜尔迪耶、德尔纳和图卜鲁格相继失守。直到隆美尔率领的德国军队来到非洲，才扭转了那里的局势。

意大利的擅自行动以及在巴尔干的错误，使德国的兵力被牢牢牵制在非洲，后来又在保加利亚，再后来是希腊和塞尔维亚。其结果是我们的兵力被分散在各个战场，无法集中用于关键战场。

事态已经表明，以阿尔卑斯山作为划定轴心国之间势力范围的分界线，是远远不够的。盟国之间的协作如此不完善，形同虚设。

在莫洛托夫访问后不久，我的新任参谋长冯·利本施泰因男爵中校，还有首席参谋拜尔莱因少校，被陆军总参谋长叫去参加一次会商。在这次会上，他们第一次听到了一个关于"巴巴罗萨行动"的行动计划，也就是

---

❶ 罗多尔福·格拉齐亚尼（1882—1955），意大利元帅、总司令。1930年晋升为少将，1932年晋升为中将，1935年任意属索马里总督，晋升为上将，后任埃塞俄比亚总督，1937年晋升为元帅。二战中，历任意大利本土军司令、陆军参谋长、利比亚总督兼驻北非意大利军总司令。在1943年—1945年德国占领期间，任"意大利社会共和国"国防部部长。1945年被意大利游击队抓获。——译者注

对苏战争的指示。当他们向我汇报这件事，并在我面前打开俄国的地图时，我简直不敢相信我的眼睛。我一直认为不可能的事，难道真的要成为现实吗？希特勒曾强烈地谴责过1914年的德国的政治领导，说他们不懂得避免两线战争。可是现在，他难道想要在结束对英国的战争之前，又自作主张发动对俄国的战争，而陷入两线作战的困境吗？所有军人都曾一再地向他提出过这种警告，他自己也曾认为这样做是不妥的。

我对希特勒的这一决定大失所望，激愤之情自然溢于言表，这倒使我的两个同事感到诧异不已。因为他们早已在思想上成为陆军总司令部的俘虏。他们倒向我做起了解释工作。他们说，陆军总参谋长哈尔德已对这次战争的时限做过计算，估计只要八到十周的时间，就可以把俄国打败。用三个兵力大致相当的集团军群，分别针对几个不同的目标向俄国辽阔的地域实施突击，不需要确定什么具体的作战目标。站在一个专家的立场上来看，这纯属无稽之谈。我让我的参谋长将我的想法转达给陆军总司令部，但结果如石沉大海。

我只好把自己当作一个门外汉，希望希特勒还没有最后下定进攻苏联的决心，只是想虚张声势地吓唬对方而已。冬季过去了，1941年春季是在可怕的噩梦中度过的。在这期间，我再次悉心研究了瑞典国王查理十二❶和拿破仑一世所进行的战争，通过研究我清晰地看到在未来战场上将会遇到多少困难，也看到我们对这场大规模的行动准备得是多么不足。我们在过去那一段时间所取得的胜利，尤其是在西线战场上以令人惊异的短暂时间所取得的胜利，已经冲昏国防军总司令部的头脑，以致使"不可能"这

---

❶ 查理十二，德国称卡尔十二世（1682—1718），瑞典国王。1697年继位，年仅15岁。1700年丹麦与萨克森、俄国结盟，联合进攻瑞典，北方战争爆发。8月查理十二通过突袭西兰、纳尔瓦战役和强渡西德维纳河等行动，将丹麦、萨克森和俄国各个击败。1702年任瑞典统帅。自1703年俄国开始蚕食瑞典，1707年查理十二则率军进入俄国。1709年在波尔塔瓦的决战中，败于俄军。1718年在作战中阵亡。查理十二不仅具有非同一般的军事才能，而且还具有多方面的文化造诣，对建筑和绘画很感兴趣，喜欢探讨神学和哲学问题，尤其偏爱数学和科学。——译者注

个词在他们的字典里消失了。国防军总司令部和陆军总司令部所有的人，几乎毫无例外地流露出一种无可动摇的乐观心态，而且不允许任何人提出不同意见。

面对眼前艰巨的任务，我只能全身心地投入监督我所属师的训练和装备工作。我向我的部队强调指出，摆在面前的战争要比波兰战局、西线战局困难得多。出于保密原因，我不能对我的部队讲得太多。我只希望，对于这场即将到来的无比艰巨的新任务，我的部队不要漫不经心，无所准备。

正如上文所说，不幸的是，根据希特勒的命令组建的新师，装备的大部分车辆都是从法国那里缴获来的。这种车辆完全不符合东欧战场的要求。德国汽车的生产量很低，不足以应付日益提高的巨大需求。遗憾的是，我们明知道这些不足，却无以应对。

我在上文中已经提及，装甲师的坦克数量也减少了。不过，虽然数量少了，但旧式的Ⅰ型和Ⅱ型坦克几乎全部被Ⅲ型、Ⅳ型坦克所取代，这在一定程度上弥补了因坦克数量减少而造成的战斗力的降低。我们相信，在战争初期，我们的坦克在技术上会优于俄国的坦克。我们在对俄战争中可以投入3200辆左右的坦克，这在一定程度上将会抵消俄国在数量上的压倒优势。但是还有一件特殊的事情使我对我们的坦克装备质量表示怀疑。那还是在1941年的春天，希特勒向一个俄国军事代表团说，准许他们参观我们的坦克学校和坦克制造厂。不仅如此，他还下令，可以把我们的一切都公开让俄国人参观。俄国人在参观我们的Ⅳ型坦克时，不相信这就是我们最重的坦克。他们一再说，我们没有遵照希特勒的命令，说我们把最新型的坦克藏起来，不给他们看。代表团一直对此纠缠不休，以至我们的工厂主和兵器局军官得出结论说："俄国人似乎已经有了比我们更重更好的坦克。"直到1941年7月底，俄国的T-34型坦克在我们面前出现时，俄国新型坦克的谜底才算是被揭穿了。

4月18日，举办了一次坦克装备展示会，我没有参加。希特勒在参观时发现，陆军兵器局并没有按照他的命令，为Ⅲ型坦克生产装备50毫米L60火炮，而是擅自改产50毫米L42火炮，于是他大发雷霆。到了4月底，施潘道的阿尔勒凯特公司生产出了他所希望的型号，这使兵器局更加尴尬。几年之后，凡有人来为兵器局说好话的时候，希特勒都要搬出这件事来证明他发火是有根据的。

在这段时间里，我们全年坦克的生产量最多不超过 1000 辆。与我们的敌人相比，这一数字简直是小巫见大巫。早在 1933 年，我参观过俄国的一个坦克工厂"红十月"工厂，当时它的日产量就已达到 22 辆。

3 月 1 日，保加利亚加入三国同盟。紧接着，3 月 25 日南斯拉夫也随之加入。可是，3 月 27 日贝尔格莱德却发生了政变，使轴心国的计划化为泡影。4 月 5 日，俄国与南斯拉夫签订友好条约；4 月 6 日，巴尔干战争打响了。我没有参加这次战争行动。但是奉命参加这次作战的装甲部队再次经受住了考验，他们为迅速结束战争做出了自己的贡献。

对于这次战争的扩大，只有一个人感到开心，那就是墨索里尼！这是他的战争，是在违背希特勒意愿的情况下发动的。但是，对于我们来说，俄国与南斯拉夫签订友好条约就意味着我们与东方这个强邻的战争已为时不远了。

4 月 13 日，攻陷贝尔格莱德。4 月 17 日，南斯拉夫军队投降。4 月 23 日，希腊军队尽管有英国的支援，也随之投降。5 月末，在空降部队支援下，占领了克里特岛，可惜没能占领马耳他！德国、意大利、匈牙利、保加利亚和阿尔巴尼亚，各分得南斯拉夫一部分领土，并成立了一个独立的克罗地亚国家，意大利的亲王斯普莱托公爵担任这个国家的元首，但他一直没有真正到位。此外，应意大利国王的要求，门的内哥罗❶再次宣布独立。

新成立的克罗地亚国家，在划定新国界的时候，并没有按照原来的国界划分，所以这个国家从成立之日起就与意大利摩擦不断，欧洲的空气也随着日益激化的争吵不断恶化。

---

❶ 今黑山。——译者注

1941年5月和6月英国人占领叙利亚和埃塞俄比亚。德国本想在伊拉克立足，但由于其装备不足而失败。如果德国像在1940年夏直接出兵西线那样，采取合理的地中海政策，胜利的希望要大得多。到了今天，再采取这样孤立的行动，已经太晚了。

战争准备

巴尔干战局虽然以最快的速度结束了，尽管把即将参加俄国战局的部队以最快的速度撤回来了，但是我们进军俄国的时间还是迟延了。除此之外，我们在1941年遇到了一个梅雨的春天，一直到5月布格河及其支流泛滥成灾，周边的草地一片泥泞，无法通过。我去波兰视察部队的时候，亲眼看到了上述情况。

为进攻苏联，组建了三个集团军群：

南方集团军群，司令冯·伦德施泰特元帅，由普里皮亚季沼泽地南部出击；

中央集团军群，司令冯·博克元帅，由普里皮亚季沼泽地和苏瓦乌基之间出击；

北方集团军群，司令里特尔·冯·勒布元帅，由东普鲁士出击。

三个集团军群同时向俄国境内推进，目标是突破边境附近的俄军防线，而后将其包围并歼灭。装甲集群的任务是向俄国纵深突击，以阻止俄军构筑新的防线。但是，主攻方向并没有确定。三个集团军群的兵力大致相当，只有中央集团军群兵力略强，编有两个装甲集群，而南方和北方集团军群各有一个。

由我指挥的第2装甲集群和远在北方由霍特大将指挥的第3装甲集群，都隶属于中央集团军群。

第2装甲集群的编成为：

司令：古德里安大将；

参谋长：冯·利本施泰因男爵中校；

第 24 装甲军：盖尔·冯·施韦彭堡男爵装甲兵上将；

第 3 装甲师：莫德尔中将❶；

第 4 装甲师：冯·朗格曼·翁德·埃伦坎普男爵少将；

第 10 摩托化步兵师：冯·勒佩尔少将；

第 1 骑兵师：费尔德中将；

第 46 装甲军：冯·菲廷霍夫男爵装甲兵上将；

第 10 装甲师：沙尔中将；

党卫队"帝国"摩托化步兵师：豪塞尔中将；

"大德意志"步兵团：冯·施托克豪森少校；

第 47 装甲军：莱梅尔森装甲兵上将；

第 17 装甲师：冯·阿尼姆少将；

第 18 装甲师：内林少将；

第 29 摩托化步兵师：冯·博尔滕施特恩少将。

装甲集群还有若干直属部队：

由菲比希将军指挥的近战航空兵大队；

由冯·阿克斯泰尔姆将军指挥的"赫尔曼·戈林"高炮团。

炮兵由海涅曼将军指挥；工兵由巴赫尔将军指挥；通信兵由普劳恩上

---

❶ 瓦尔特·莫德尔（1891—1945），德国元帅。参加过第一次世界大战，因作战勇敢，1917 年被调往总参谋部作训处任职，在兴登堡和鲁登道夫身边工作。1937 年任陆军总参谋部第 8 处（技术处）处长，负责研究外国军事装备，推进新军事技术的发展。他曾建议设计一种摩托化、有装甲防护的步兵随伴火炮，因此被视为德国自行火炮创始人之一。二战爆发后，历任师长、军长、集团军司令。1944 年任北方集团军群司令，同年 3 月晋升为元帅。后任北乌克兰集团军群、中央集团军群司令、西线德国总司令、B 集团军群司令，1945 年被解职。因多次扭转危局，被希特勒视为东线的"救星"，有"防御大师"之称。1945 年，B 集团军群在鲁尔合围圈内被迫投降，莫德尔于 4 月 21 日自杀。——译者注

校指挥；侦察航空兵由冯·巴泽维施中校指挥（起初由冯·格拉赫上校指挥，这位勇敢的军官在开战后的第三天便中弹牺牲）。在开始的几周时间里，歼击机部队由默尔德斯上校指挥，由他负责对装甲集群的进攻地域实施掩护。

我的装甲集群的任务是，在进攻第一天，在布列斯特－立陶夫斯克要塞两侧渡过布格河，撕开俄军的防线，尽快扩张战果，到达罗斯拉夫尔－叶利尼亚－斯摩棱斯克地域。在此期间最重要的一点是，阻止敌人重整旗鼓，组成新的防线，为1941年取得战争的决定性胜利创造条件。待首批目标达成后，装甲集群再接受新的指令。陆军总司令部在其进军指令中指出，第3、第2装甲集群而后转向北，以夺取列宁格勒[1]为目标。

布格河处在由德国管理的波兰总督辖区和苏俄领土的中间位置，是两部分领土的分界线，同时也把布列斯特－立陶夫斯克要塞分成两部分，因此要塞的城堡便属于俄国所有。只有位于布格河西岸的古老城堡掌握在德国人手里。在对波兰的战争中，我曾占领过这个要塞，现在我又第二次面临同样的任务，但这一次的条件要困难得多。

在装甲部队的运用方面，尽管在西线战场上已经取得相当多的经验教训，但是德国国防军总司令部依然没有对此达成一致看法。为了训练指挥官以及对未来战争做准备，德国国防军总司令部曾进行过各种各样的图上作业，在此期间他们的分歧表露得十分明显。非装甲兵出身的军官们认为，在实施强大炮火准备之后，首先应由步兵师实施突破，当突入一定纵深后，再投入装甲部队实施突贯。但装甲兵的将军们却持相反的观点。他们认为，战争伊始就应将坦克使用在第一线。因为，只有坦克这种兵器才具备进攻所必需的突击力，能迅速达成突破，突入敌深远纵深，并利用其快速性迅速扩张战果。另外，装甲兵将军们还有在实战中获取的反面教训：正当他们即将取得胜利的关键时刻，前进道路却被看不见尽头的、缓慢蠕动的、

---

[1] 今圣彼得堡。——译者注

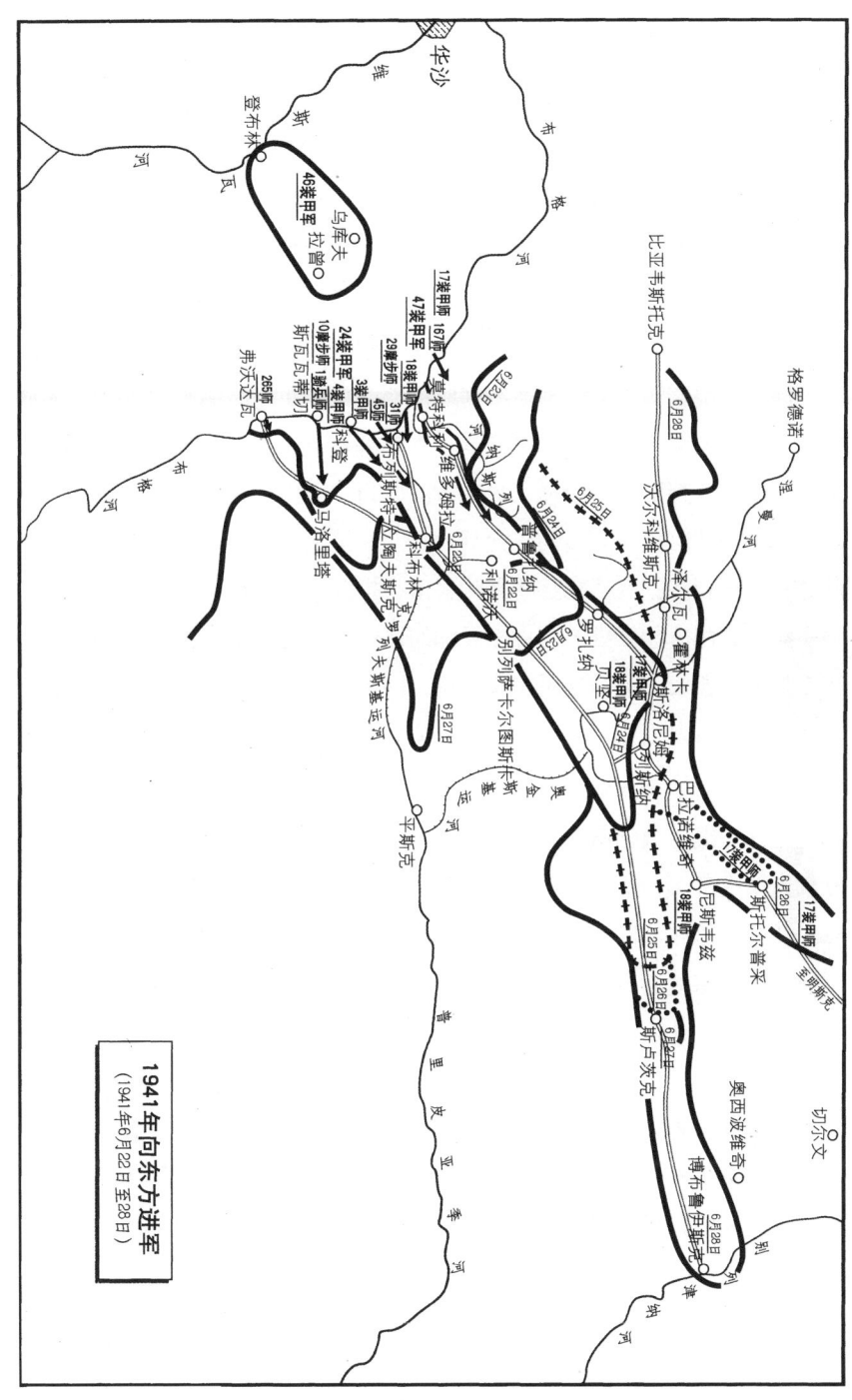

图 11　1941 年向东方进军（1941 年 6 月 22 日—6 月 28 日）

用骡马牵引的步兵师塞满，瘫痪了坦克的运动。因此他们认为，应当把装甲师配置在预期达成突破地段的最前线，而另一些任务，如夺取要塞等，可以主要由步兵师承担。

在第2装甲集群进攻的地域，正好属于这种情况。尽管布列斯特－立陶夫斯克要塞的工事已相当陈旧，但是由于有多条像布格河这样的河流纵横交错，因此进攻时只能使用步兵。如果使用坦克，就只能像1939年那样采取奇袭的办法。但对于1941年来说，采用这种方法的前提已不复存在。

因此我决定，用装甲师在布列斯特－立陶夫斯克两侧渡过布格河向前突击，与此同时用一个借调来的步兵军攻击要塞。这个军必须从在我集群后跟进的第4集团军中抽调。另一方面，为了支援我的部队渡河，第4集团军还必须暂时提供更多的步兵兵力，尤其是炮兵。为了能对所有这些部队进行统一指挥，我请求这些部队暂由我指挥，而我在这段时间里愿意听命于第4集团军司令冯·克卢格元帅的调遣。对这种指挥关系的安排，集团军群表示接受。但是这对于我来说，则相当于一种牺牲，因为冯·克卢格元帅是个很难相处的上司。但为完成任务，我认为这样安排很有必要。

进攻地域就是布格河对面。我们的首要任务是面对着当面之敌渡河。如能达成突袭，渡河就会容易许多。我不敢担保立即就能攻下布列斯特－立陶夫斯克要塞，所以我最担心的是在要塞两侧实施攻击的装甲军，他们有可能会因为兵分两路而遭受损失，我也担心装甲集群暴露的两翼会受到威胁。装甲集群的右翼，在渡过布格河之后，前面便是难以通行的普里皮亚季沼泽地，在这个地方我将利用第4集团军的一小部分步兵向前推进；装甲集群左翼，由第4集团军一部以及而后的第9集团军担负进攻任务。左翼是主要受到威胁的地方，因为我们已经发现在比亚韦斯托克地域有一股强大的俄军。还必须估计到，这股俄军为避免被我合围，当他们发现其背后有德军坦克构成威胁后，有可能沿着大路,经沃尔科维斯克－斯洛尼姆，规避被合围的危险。

为消除两翼所受到的威胁，我采取两项措施：

1.纵深配置，尤其是在受威胁最严重的左翼；

2. 在右翼，运用隶属于装甲集群的第1骑兵师，通过摩托化部队难以通过的沼泽地带。

其他保障任务则由在装甲师后跟进的第4集团军步兵师和远程侦察航空兵来完成。

依此，装甲集群做如下配置：

右翼：

第24装甲军（盖尔·冯·施韦彭堡装甲兵上将）：

第25步兵师（只在横渡布格河期间隶属于装甲集群）由弗沃达瓦向马洛里塔进攻；

第1骑兵师从斯瓦瓦蒂切出发，通过马洛里塔向平斯克进攻；

第4装甲师从科登向布列斯特－科布林公路进攻；

第10摩托化步兵师，作为第二梯队随后跟进。

中央：

第12军（施罗特步兵上将）只在进攻初期隶属于装甲集群，包括第45步兵师和第31步兵师从科登北部—涅普列一线出发，包围布列斯特－立陶夫斯克；以其他兵力向布列斯特－立陶夫斯克公路—科布林—别列萨卡尔图斯卡和莫特卡雷—皮利兹切—普鲁扎纳—斯洛尼姆推进，清剿位于第24装甲军和左翼第47装甲军之间的敌人，并保障装甲军两翼安全。

左翼：

第47装甲军（莱梅尔森装甲兵上将）：

第18装甲师和第17装甲师在列吉和普拉图林之间推进，渡过布格河和列斯纳河，向维多姆拉—普鲁扎纳—斯洛尼姆推进；

第29摩托化步兵师作为第二梯队随后跟进；

第167步兵师（仅在横渡布格河时隶属于装甲集群）在普拉图林西部。

装甲集群的预备队：

第46装甲军（冯·菲廷霍夫男爵装甲兵上将），包括第10装甲师；

党卫队"帝国"装甲师和"大德意志"步兵团,停留在拉德曾—鲁科夫—杰别林地域,等夺占布格河大桥后,随第47装甲军后和装甲集群左翼跟进。

6月6日,陆军总参谋长来装甲集群司令部视察。他认为,装甲部队为完成其突入敌阵地纵深的任务,攻击初期应保存实力,让步兵师首先实施攻击。但是,基于我上面提到的那些理由,我不准备修改原来的计划。

我的司令部从侧面了解到,国防总司令部在达成第一目标之后的战略企图(对于第2装甲集群来说,就是占领罗斯拉夫尔—叶利尼亚—斯摩棱斯克地域),大意是,首先夺取列宁格勒和波罗的海沿岸地区,以便与芬兰建立联系,并通过海路保障北方集团军群的后勤供应。这个思路事实上是存在的,这从后来的进军指令可以得到验证。由霍特大将指挥的第3装甲集群,或许还有我的装甲集群,在到达斯摩棱斯克地域后,准备转向北,以支援北方集团军群的作战。这个作战计划的最大优点是,德军各支部队的左翼安全就会从根本上得到保障。依照我的看法,这是一个目前能够付诸实施的最理想的计划。不幸的是,后来再没有人提起它。

6月14日,希特勒把集团军群、集团军和装甲集群司令召集到柏林,向他们解释他下决心进攻俄国的理由,同时听取各单位关于准备工作的报告。他的讲话大意是:他没有办法打败英国。因此,为了促成和平,他必须在欧洲大陆取得战争的完全彻底的胜利。为了在欧洲大陆赢得绝对可靠的地位,他必须打败俄国。关于他为什么要对俄国发动先发制人战争的理由,尽管他不厌其烦地加以解说,但难以令人信服。目前,由于德国占领巴尔干、俄国对芬兰的干预,以及巴尔干国家的被占领,使局势日益紧张。在这种形势下,下定一个如此重大的决心,这就好比纳粹党领袖提出的意识形态的理由一样,是很难站住脚的。在西线战局尚未结束之前,任何新的战争行动都势必会引发两线作战。应付这样的战争,希特勒德国决不会比1914年的德国英明多少。人们都默默地聆听着希特勒的讲话,会后没有进行讨论,听完希特勒的讲话后,大家便怀着沉重的心情,默默离开大厅。

下午,举行关于进攻准备工作的军事汇报会。希特勒只问了我一个问题,到达明斯克需要多少时间。我回答:"五六天。"事实上,进攻是22

日开始的，我27日便到达明斯克。与此同时，霍特从苏瓦乌基出发，于26日从北面占领该城。

在描述有关我的装甲集群情况之前，先让我们简单地看一看在发动俄国战局之前德国军队的总体情况。

据我手头的资料，1941年6月22日德国共计有205个师，其分布情况如下：

38个师驻在西线；

12个师驻在挪威；

1个师驻在丹麦；

7个师驻在巴尔干；

2个师驻在利比亚；

只有145个师可以提供给东线战场使用。

德军兵力的这种分散状况实在令人头痛。尤其是在西线的38个师，它占总兵力的比例太大了。驻在挪威的12个师也太多。

由于受巴尔干战局的影响，对俄国的攻势也只好在这一年的晚些时候开始。

但是，比这两种情况更为糟糕的是，我们把俄国这个敌人估计得过低。我们的军事情报部门，尤其是德国驻莫斯科武官克斯特林，早已收集到许多关于这个巨大帝国军事实力的精确情报，但希特勒对此不闻不问。同样，他对关于俄国工业生产潜能及其国家安定、体制稳固的报告，也不屑一顾。相反，希特勒却有办法让他周围的军事亲信们都染上他那盲目的乐观主义。因此，国防军总司令部和陆军总司令部都毫无质疑地认为，在冬季尚未来临之前俄国战局一定能够结束。正是根据这个推论，陆军中每五个人只准备了一件冬装。

直到1941年8月30日，陆军总司令部才开始对陆军的冬装供给问题给以严切关注。在这一天的陆军总司令部日记中写道："冬季还可能会进行有限目标的小规模作战。据此，作战处将要拟制一份关于冬装的备忘录，并根据陆军总参谋长提出的方案，委托组织处负责采取必要的措施。"

现在，常有人说，1941年陆军冬装匮乏的责任应完全由希特勒一个人承担。我并不认同这种说法。因为，空军和党卫队的装备一直很好，而且供应也很充足，冬装也及时做了准备。问题的症结在于，国防军总司令部一直沉浸在一种梦幻当中，认为俄国肯定会在8—10周内被打败，接着就会在政治上崩溃。由于人们一直对这样一个幻想坚信不疑，所以才导致1941年把陆军的一大部分军事工业转产民品。甚至还考虑，冬季开始时将60—80个师从东线调回德国。因为，他们认为剩下的兵力足以在冬季将俄国打垮。秋季作战结束之后，这部分兵力便可在一条由支撑点构成的防线上安然过冬。好像一切都安排就绪，一切都简便易行。然而，结果表明，这种想法距残酷的现实是何等遥远！

最后，我还必须要提起一件事，它曾严重地玷污了德国的尊严。

在战争开始前不久，德国国防军总司令部向各军、师直接下达了一个命令，是涉及在俄国境内如何处置平民和战俘的命令。命令规定，如果德军官兵在处置俄国平民和战俘时有违反纪律的情况发生，没有必要运用军事惩戒法对违纪官兵加以惩处，只需其直接长官酌情加以处理。这个命令将会对军纪的维护造成极为不利的影响。显然，陆军总司令大概也认识到了这一点，因为在下发这道命令时增加了冯·布劳希奇元帅的一个批注，说如果对军纪造成危害，可不执行这个命令。我和我的军长们都认为，这个命令从一开始就存在危险性，所以决定禁止向各师下达，并将其寄回柏林。战后，当初的敌国在对我们的将军们提起诉讼时，将这个命令作为一个重要佐证。但是，它在我的装甲集群里从来没有执行过。此外，我还把未执行该命令一事，如实向集团军群总司令做了报告。这是我应尽的职责。

还有一个是因不光彩而出名的所谓"政治委员命令"❶，我的装甲集

---

❶ 1941年6月6日，德国国防军总司令部下达"对待政治委员的方针"（"政治委员命令"）。要求"所有军官"在对苏战争中"必须抛弃过时的思想"，"以空前的、残酷无情的严厉方式""消灭（苏军的）政治委员"。按规定，被俘的红军政治委员要"经过筛选后予以解决"。——译者注

群根本没听说过这个命令，好像是在下达到中央集团军群的时候就被扣压了。因此，我的装甲集群也就没有执行这个命令。现在回忆起来觉得，这两个命令在到达陆军总司令部或国防军总司令部的时候就应撤销。当时未能这样做实在是一件让人痛心和遗憾的事。如果那个命令被废止了，那么许多英勇和无辜的军人可以免遭痛苦折磨，德国的名声可以免遭玷污。不管俄国人是否已在《海牙陆战法规公约》❶上签字，也不管他们是不是承认《日内瓦公约》，德国军人必须遵照这些国际法和基督教教义准则，来规范自己的行为。即使没有这些严酷的命令，战争给敌国的百姓造成的负担已经够沉重了；而对于战争的爆发，俄国人民同我国人民一样是无辜的。

初　战

我在下面的叙述中，有一部分详细到几点几分，目的是要说明一个装甲集群指挥官在对俄战局中，要背负多么沉重的精神和体力负担。

1941年6月14日当我听完希特勒对将军们的训话之后，便于15日从柏林飞往我设在华沙的司令部。直到6月22日进攻开始之前，我一直在忙着视察部队及其进攻出发阵地，访问友邻，协商与友邻的协同作战。部队的展开和进攻准备，都进行得很顺利。6月17日，我勘察了布格河的河道，该河便是我们的最前线。19日，拜访了由冯·马肯森将军指挥的第3军，它位于我装甲集群右翼。经6月20日和21日的视察，我确信一线军的准备工作都已圆满完成。通过对俄国人的详细观察，我深信，他们对我们的行动企图一无所知。在布列斯特城堡的庭院里，可以看到俄国士兵还在按照军乐的节拍训练阅兵式，这说明他们还没有进驻布格河沿岸的工事。最

---

❶　1899年7月29日，在海牙由法、英、瑞典、丹麦、希腊、意、日、俄、美等26个国家（后又有多个国家批准并加入）签署的公约，全称《陆战法规和惯例公约》。公约就交战者的资格、战俘、伤病员、伤害敌人的手段、包围和袭击、间谍、军使、投降书、停战、敌国领土内的军事当局、在中立国拘留交战者和护理伤病员等方面做了具体规定。——译者注

近几周也没有看见他们构筑工事。这样看来，我们突袭成功的可能性很大。现在的问题是，在目前这些新情况下，是否依然要按照原计划，实施一个小时的炮火准备。但出于谨慎，最后我还是决定按原计划实施炮火准备。因为，我担心在我们渡河的时候俄国人会采取出乎我们意料的措施，使我们遭受不必要的损失。

1941 年 6 月 22 日，这是个决定命运的关头。这一天，我于 2 时 10 分动身前往位于波胡卡里南部的集群指挥所瞭望塔，位于布列斯特－立陶夫斯克西北 15 公里。当我于 3 时 10 分到达这里的时候，天还漆黑。3 时 15 分，开始炮火准备。3 时 40 分，俯冲式轰炸机开始进行第一轮轰炸。4 时 15 分，第 17、第 18 装甲师的先头部队开始横渡布格河。4 时 45 分，第 18 装甲师的第一批坦克开始渡河。渡河时，使用了在"海狮"行动中经过考验的装备，它可以潜水四米深。

6 时 50 分，我在科洛德诺乘坐一艘强击艇渡过布格河。我的指挥梯队由两辆装甲通信车、几辆越野车和摩托车组成，直到 8 时 30 分一直跟随我前进。一开始我随第 18 装甲师到达列斯纳河桥，能不能占领这座大桥对于第 47 装甲军的推进十分重要。桥上除有俄国岗哨之外，没有任何人。当俄国人发现我接近他们时，便逃之夭夭。两个传令官不听我的命令，前去追赶，可惜为此送了命。

10 时 25 分，先头装甲连到达列斯纳河，并渡过该河。随后跟进的是师长内林将军。我随第 18 装甲师前进直到下午。16 时 30 分，我到科洛德诺渡河场。18 时 30 分，回到我的指挥所。

装甲集群在全线取得突袭成功。在布列斯特－立陶夫斯克的南部，第 24 装甲军夺取了完好无损的布格河上大桥。在它的西北面，正在预设地点架桥。现在，敌人已从最初的惊恐中醒悟过来，在他们的营房中进行顽强抵抗。尤其是在布列斯特的重要城堡进行了数天顽抗，封锁了我们横渡布格河和姆哈韦茨河的铁路和公路。

傍晚时分，装甲集群在马洛里塔、科布林、布列斯特－立陶夫斯克和普鲁扎纳与敌人进行激战。在普鲁扎纳，第 18 装甲师与敌人进行了首次坦克战。

6月23日4时10分，我离开指挥所，首先来到第12军，与施罗特将军商谈布列斯特－立陶夫斯克的战况。接着，我又从这里来到第47装甲军，该军位于一个名叫比尔杰基的小村庄，距离布列斯特－立陶夫斯克东北23公里。来到这里后，我与莱梅尔森将军商谈战况，并通过电话向我的指挥所了解全线的总体战况。接着，我于8时来到第17装甲师，听取步兵旅旅长里特尔·冯·韦贝尔将军关于他所采取措施的报告。8时30分，我见到第18师师长内林将军，接着再次与莱梅尔森将军进行商谈。然后，驱车前往普鲁扎纳，装甲集群指挥所已转移至此。19时，司令部指挥处也到达这里。

这一天，第24装甲军沿科布林－别列萨卡尔图斯卡公路，向斯卢茨克挺进，一路激战。它的军指挥所已转移到别列萨卡尔图斯卡。

我的印象告诉我，第47装甲军不久便会与从比亚韦斯托克方向撤向东南的俄军遭遇激战。因此我决定，次日还是随第47军一起前进。

6月24日8时25分，我离开指挥所，向斯洛尼姆方向前进。此时，第17装甲师已攻入该城市。但是在罗扎纳和斯洛尼姆之间的地方，我碰到了俄国的步兵，他们用火力控制了行军道路。第17装甲师的一个炮兵连和摩托车步兵向敌人回击，但火力显然不足。于是我也参加了这场战斗，我用指挥车里的机枪向敌人开火，将敌人赶跑，而后我才得以继续前进。11时30分，我到达位于斯洛尼姆西部的第17装甲师指挥所，除了遇到这个师的师长冯·阿尼姆将军之外，还见到了军长莱梅尔森将军。正当我们谈话的时候，突然从我们背后传来激烈的步枪和机枪声，因为有一辆正在燃烧的汽车挡住了我们的视线，无法看到公路上的情况，因此不知道到底发生了什么事，直到看见从烟雾中冲出两辆俄军坦克，才知道事情的真相。这两辆俄国坦克一边用车载火炮和机枪猛烈射击，一边向斯洛尼姆冲来，在俄国坦克的后面有两辆德国Ⅳ型坦克在追赶，还不停地向敌人的坦克猛烈射击。俄国坦克认出了我们这一群人，立刻就在距离我们几步远的地方向我们开炮，爆炸声震耳欲聋，烟尘弥漫使我们无法睁眼。我们这些老兵，立即卧倒在地，只有可怜的费勒中校因为没有及时卧倒而身负重伤，他是由后备军司令派驻我集群的，还有反坦克炮营营长达尔默-策尔贝中校也身负重伤，几天之后便去世了。不过，俄国坦克最终还是被我们摧毁了。

接着，我视察了斯洛尼姆最前线，然后搭乘一辆Ⅳ型坦克通过无人区来到第18装甲师。在这里，我命令第18师向巴拉诺维奇方向前进，还命令第29摩托化师加快向斯洛尼姆的推进速度。之后，15时30分我再次来到斯洛尼姆，然后返回集群指挥所。途中，我们意外地闯入了俄国的步兵群，他们是乘坐汽车来到斯洛尼姆城下，正准备在这里下车。我立刻命令司机："全速！"而俄国人也被这突如其来的情况惊呆了，没等他们反应过来射击，我们已冲过人群。很有可能俄国人已经认出我来了，因为不久就在他们的报纸上登出了我已被击毙的消息。因此，我必须通过德国的无线电广播来纠正这一错误宣传。

20时15分，返回我的司令部。在这里获悉，在我们右翼的马洛里塔地域，第53军自6月23日以来一直与俄军进行激烈的交战，已击退俄军多次反攻。在第24装甲军和第47装甲军之间地域，第12军已开始建立松散的联系。但装甲集群的左翼所受到的威胁日渐增大，主要来自一大股从比亚韦斯托克逃出来的俄军。所以，必须尽快将第29摩托化步兵师和第46装甲军调来，以消除左翼的威胁。

就在这一天，希特勒变得神经紧张起来，他担心强大的俄军部队会在某个地方突破包围圈。他想让装甲集群停止前进，先掉转方向对付比亚韦斯托克周围地域的敌人。幸运的是，这回陆军总司令部还算强硬，顶住了希特勒的这个决定，命令部队继续向明斯克推进，以达成合围。这件事我们事先并不知道。

维尔纳和科夫诺❶先后被我们占领。

芬兰人未经战斗便占领了阿兰群岛。德国第1山地军也兵不血刃地占

---

❶ 今考纳斯。——译者注

领了盛产镍矿的佩萨莫地区。

6月25日晨，我到野战医院看望伤员，他们是昨天在我的指挥所遭敌空袭时受伤的。因我当时在前线，才免遭此难。9时40分，我来到位于普鲁扎纳以南九公里的利诺沃，第12军驻在这里。在听取了他们的情况汇报之后，又赶往距斯洛尼姆南部37公里处的察尔泽齐涅，第24装甲军军部。在与盖尔将军磋商之后，我又视察了第4装甲师。16时30分，返回集群指挥所。

在这一天，又有一股敌军从比亚韦斯托克地域向斯洛尼姆方向前进，其中还有坦克。此时，第29摩托化步兵师正好到达这里，于是便立即投入战斗，阻止该股敌人向斯洛尼姆前进。这样，第17、第18装甲师便可脱身，投入明斯克方向。第18装甲师正准备向巴拉诺维奇前进。

6月26日一早，我驱车前往第47装甲军前线，监督他们向巴拉诺维奇和斯托尔普采的前进。第24装甲军奉命支援北部友邻部队的前进。

7时50分，我到达第17装甲师，命令他们立即向斯托尔普采挺进。9时，我来到第18装甲师指挥所，除师长外军长也在这里。这个指挥所位于列斯纳河畔的斯洛尼姆－巴拉诺维奇公路旁，位于该师先头部队背后五公里处。从这里我再次用无线电与第24装甲军联系，确认他们是否已为巴拉诺维奇的进攻提供支援。我听说，此项任务已由第4装甲师一部完成，该师自6时已派出一个战斗组向北推进。

12时30分，第24装甲军报告说，他们已占领斯卢茨克。这应归功于他们的指挥官和部队。于是，我用无线电表扬了他们的军长，然后立刻前往位于塔尔塔克的第18装甲师前沿。下午早些时候，接到一个报告称，霍特的部队已到达明斯克以北30公里处。

14时30分，收到集团军群命令，命令我用大部兵力向明斯克前进，第24装甲军向博布鲁伊斯克前进。我向集团军报告，第24装甲军已向博布鲁伊斯克前进了，第47装甲军通过巴拉诺维奇，正在攻击明斯克。然后，我命令司令部指挥梯队向塔尔塔克转移，他们于23时30分到达。

下午，第17装甲师还报告，他们正在一条可通行的道路上向斯托尔普采前进。傍晚时分，他们到达目的地。很不幸，师长冯·阿尼姆将军在这天战斗中负伤，他的职务暂时由里特尔·冯·韦贝尔将军代理。

此时，装甲集群再次归属第 4 集团军指挥。受领的任务是，在察德沃尔泽（斯洛尼姆以北 9 公里）—霍林卡—切尔瓦—察尔维扬卡河一线，阻击由比亚韦斯托克开来的俄军。

这一天，第 46 装甲军的先头部队到达塔尔塔克附近的战场，建立起与左右邻部队的联系。这样，第 24 装甲军和第 47 装甲军之间的空隙就被弥补了。第 24 装甲军也因此得以解脱，其全部兵力可以集中到它的主要任务上，即向博布鲁伊斯克发展进攻。

在北方集团军群方面，第 8 装甲师成功地占领了迪纳堡和该处桥梁。

6 月 27 日，第 17 装甲师到达明斯克南城，与第 3 装甲集群建立联系。该集群已于 6 月 26 日攻入该城，但是城市已经被俄国人炸成一片废墟。驻守比亚韦斯托克的俄军被我军合围，未能突出重围。只有一小部分在合围圈未封闭之前，向东逃窜。初战战果为取得更大的胜利奠定了基础。

关于下一步作战，我的意见是：以步兵集团军为主，消灭被围在比亚韦斯托克的俄军，尽量节约使用装甲兵力，腾出更多快速机动和摩托化兵团用以完成首要战役目标，即夺占斯摩棱斯克—叶利尼亚—罗斯拉夫尔地域。以后几天我所采取的一切措施都将围绕这个目标来进行。我的这些想法是与基础作战命令一致的。我认为，要想取得整个作战行动的胜利，就必须坚决贯彻自己的企图，不为战斗中的意外和偶发事件所影响，这一点至关重要。当然，我也明白，这要冒一定风险。

基于这些考虑，我于 6 月 28 日驱车来到受威胁最大的第 47 装甲军，这样我可以及时处置各种紧急发生的情况。我在斯沃斯沃亚季齐找到军长，这个地方位于尼斯韦兹西南 23 公里。我听取了军长对其所属各师情况的报告。然后，我用无线电通知我的司令部，命令第 29 摩托化步兵师加速向北前进，对诺夫哥罗德－明斯克公路，以及诺夫哥罗德—巴拉诺维奇—图热茨公路进行空中侦察。接着，我去视察第 18 装甲师，该师的一个纵队由于迷路导致行军混乱，但并没有造成严重后果。

在此期间，为防敌人突破，我的参谋长利本施泰因已在科季丹诺夫以西—皮亚谢齐纳（米尔西北）—霍罗季什切—波隆卡一线，划分出各军所属师的封锁线。我批准了这一措施。

第24装甲军在这一天到达博布鲁伊斯克城下，它的指挥所自25日设在菲利波维奇。

6月28日，装甲集群指挥所转移至尼斯韦兹一个属于拉济维乌家族的宫殿，这里曾是俄军一个高级司令部的办公地点。里面有许多古老的陈设，其中我发现了挂在宫殿上方的一幅狩猎人员的合影，其中有作为宾客的威廉一世皇帝。尼斯韦兹的居民为庆祝他们的解放，请求允许他们过一个感恩礼拜。我欣然应允。

这一天，我的所属部队到达下列位置：

第3装甲师到达博布鲁伊斯克，第4装甲师到达斯卢茨克，第10摩托化步兵师到达锡尼亚夫卡，第1骑兵师到达德罗吉钦以东地域。

第17装甲师到达科季丹诺夫，第18装甲师到达尼斯韦兹，第29摩托化步兵师到达察尔维扬卡河地段。

第10装甲师一部到达察尔维扬卡河地段，其主力到达锡尼亚夫卡，党卫队"帝国"装甲师到达别列萨卡尔图斯卡，位于普鲁扎纳东北。

霍特集群的第7、第20装甲师位于明斯克附近。在左翼纵深，第53军已结束在马洛里塔附近的战斗，取得重大胜利。左翼威胁现已彻底消除。

6月29日，装甲集群全线继续有战斗发生，特别是在察尔维扬卡河地段的战斗尤为激烈，这引起第4集团军司令部的忧虑。我预感到他们要采取干预措施，这是我极不愿看到的，因为他们从不把他们所采取的措施通知我。

北方集团军群占领雅各布城、利文霍夫和里加城南，并利用当地的铁路桥渡过德维纳河。

6月30日，我飞往第3装甲集群，与霍特商谈下一步的协同问题。冯·巴尔泽维施中校亲自为我驾驶一架战斗机，飞临普斯兹恰纳利波卡，这是一片森林地，第4集团军预计俄军会在这里突破包围圈。但是这片森林地给我的印象是，这里并没有足以对我构成威胁的敌军。因此我认为，这一方向不会受到敌人威胁。我与霍特一致认为，应以我的第18装甲师与他的右翼协同攻击鲍里索夫，在夺占登陆场之后在此强渡别列津纳河。

在这一天，陆军总司令部命令各作战部队，开始向第聂伯河前进。

陆军总司令部也向各集团军群说明，继续向斯摩棱斯克方向进攻的重要意义，并希望尽快在罗加乔夫、莫吉廖夫和奥尔沙渡过第聂伯河，并在维捷布斯克、波洛茨克横渡德维纳河。

第二天，也就是7月1日，我飞往第24装甲军，想当面向他们说明此事，因为在电话里很难说清楚。盖尔对敌人的印象是，当面的敌人主要是由东拼西凑的部队组成，其铁路运输能力不足，因此对我们实现将来的企图十分有利。前天，在博布鲁伊斯克上空进行的一次空战，以俄军的失败而告终。尽管如此，敌人一如既往，不断进行顽强抵抗。他们的战斗技术装备，尤其是伪装技术确实很好，但指挥似乎不是很统一。第24军在斯维斯洛奇夺占了横渡别列津纳河的桥梁。9时30分，一个加强侦察营从别列津纳河登陆场出发，向博布鲁伊斯克东部的莫吉廖夫推进，第3装甲师随后向东跟进。对此，盖尔将军的意见是，根据情况的发展将重点放在罗加乔夫，或放在莫吉廖夫，这两个地方都位于第聂伯河沿岸。10时55分，第4装甲师主力由斯维斯洛奇出发向东开进。燃油准备得很充足，弹药、供给和医务卫生勤务，一切都准备就绪。直到现在，我军伤亡轻微，这是很值得我们高兴的事。只是缺少舟桥纵列和工程构筑部队。地面部队与默尔德斯上校指挥的航空兵协同得十分出色。只是与菲比希将军的近战航空兵未能迅速取得联系。第1骑兵师在战斗中经受住了考验。

除此之外，这一天的空中侦察还发现，在斯摩棱斯克—奥尔沙—莫吉廖夫地域，俄军集结了新的兵力。假如要等步兵到达之后再去夺占第聂伯河一线，就会白白浪费数周时间，而使用装甲部队就会迅速得多。

比亚韦斯托克合围圈的战斗异常激烈。在6月26日至30日这段时间里，仅第29摩托化步兵师的第71步兵团，就俘虏敌人3.6万人——由此可见俄军为实施突破投入了多么大的兵力。这个事实给第4集团军留下深刻的印象，所以它坚持要继续巩固其绵密的合围线。克卢格元帅因此不同意我已向第17装甲师下达的向鲍里索夫方向攻击的命令。而在这个方向上，第18装甲军正在孤军奋战，并已在别列津纳河对岸夺占一个登陆场。这个登陆场关系到第47装甲军能否继续向第聂伯河推进。虽然第4集团军司令部的命令与我的想法背道而驰，但我还是把我的这一命令下达到部队。

位于米尔的第5机枪营的任务是，确保第17装甲师和第29摩托化步兵师之间的联系。为能正确判断敌情，我于7月2日来到米尔，想亲眼看一看合围战线的状况，并听听军官们对敌情的看法。然后，我又来到莱梅尔森将军那里，命令他和在这里的第29摩托化步兵师师长，封闭合围圈。接着，我前往科季丹诺夫的第17装甲师。在这里，里特尔·冯·韦贝尔将军向我报告说，他们在抗击敌人突破的防御战中，取得重大胜利。此时，装甲集群指挥所已转移至明斯克东南的西尼洛，于是我又从韦贝尔将军这里来到新开设的指挥所。当我到达指挥所后听说，在向第17装甲师传达命令时出现错误，致使该师的部分兵力没有接到留在合围线的命令，而是继续向鲍里索夫前进了。我立刻把这一情况向第4集团军司令部做了报告。但为时已晚，无法挽回。次日早8时，我奉命来到冯·克卢格元帅位于明斯克的大本营，就这次失误接受质问。在我把事情向他做了详细的说明解释之后，冯·克卢格元帅才说，他原本想把霍特和我送上军事法庭。因为，在霍特那里发生了同样的失误。所以他一开始认为，是将军们串通起来故意和他作对。在我解释之后，他的怒火终于平息了。谈话后，我前往位于斯莫列维奇（明斯克东北35公里）的第47装甲军。在这里没有找到军部，我又继续向前来到鲍里索夫的第18装甲师。在这里，我视察了横渡别列津纳河的登陆场，召集各师师长做了一次训话。该师已向托洛钦诺派出一支先遣支队。在返回途中，在斯莫列维奇碰到了军长，与他商谈了关于第18、第17装甲师的使用问题。正在我们谈话的时候，我的装甲指挥车给我送来消息，说俄军坦克和飞机正在猛烈攻击鲍里索夫的别列津纳河的渡场。第47装甲军已得知此消息。俄军的攻击终被击败，并付出重大代价。

不过，这次战斗也给第 18 装甲师留下难以磨灭的印象。因为敌人第一次使用了 T34 型坦克，对付这种坦克，我们当时的火炮还力不胜任。

7 月 2 日，装甲集群所属各部的位置如下：

第 1 骑兵师在斯卢茨克南部；第 3 装甲师在博布鲁伊斯克，其先遣支队在罗加乔夫前方；第 4 装甲师在斯维斯洛奇；第 10 摩托化步兵师在斯卢茨克东部。

党卫队"帝国"装甲师位于别列津纳河畔的巴卢谢维奇；第 10 装甲师在切尔文；"大德意志"步兵团在巴拉诺维奇以北。

第 18 装甲师在鲍里索夫；第 17 装甲师位于科季丹诺夫；第 29 摩托化步兵师在斯托尔普采；第 5 机枪营在巴拉诺维奇东南。

7 月 3 日，被合围在比亚韦斯托克的俄军最终投降了。从此时开始，我便将全部注意力都集中到一点，那就是继续向第聂伯河方向运动。

7 月 4 日，我视察了第 46 装甲军。我从西尼洛出发，经过斯莫列维奇—切尔文—斯洛博德卡，来到第 10 装甲师指挥所。然后，又从这里来到党卫队"帝国"装甲师。路上，碰到了军长，他问我"大德意志"步兵团的位置，我无奈地回答他：这个团被第 4 集团军留作预备队，一直停在巴拉诺维奇。然后，我到了位于圣列奇基的"大德意志"步兵团。豪塞尔将军向我报告，他的摩托车步兵营在经过艰苦战斗之后，在布鲁杰兹（别列津诺以南 17 公里）别列津纳河对岸建立一个登陆场。在雅科希济的别列津纳河的大桥被炸，车辆已无法通过。工兵正忙着修复泥泞的道路。我来到这里，看到工兵们正在奋力工作。他们保证在 7 月 5 日清晨前完成全部工作。

这一天，第 24 装甲军到达第聂伯河畔的罗加乔夫，并为夺占横渡别列津纳河的渡场而艰苦作战。装甲集群所属各部今天的位置如下：

第 1 骑兵师位于斯卢茨克；第 3 装甲师位于罗加乔夫前方；第 4 装甲师在旧贝霍夫；第 10 摩托化步兵师在博布鲁伊斯克。

党卫队"帝国"装甲师在巴卢谢维奇；第 10 装甲师位于别列津诺；"大德意志"步兵团在斯托尔普采。

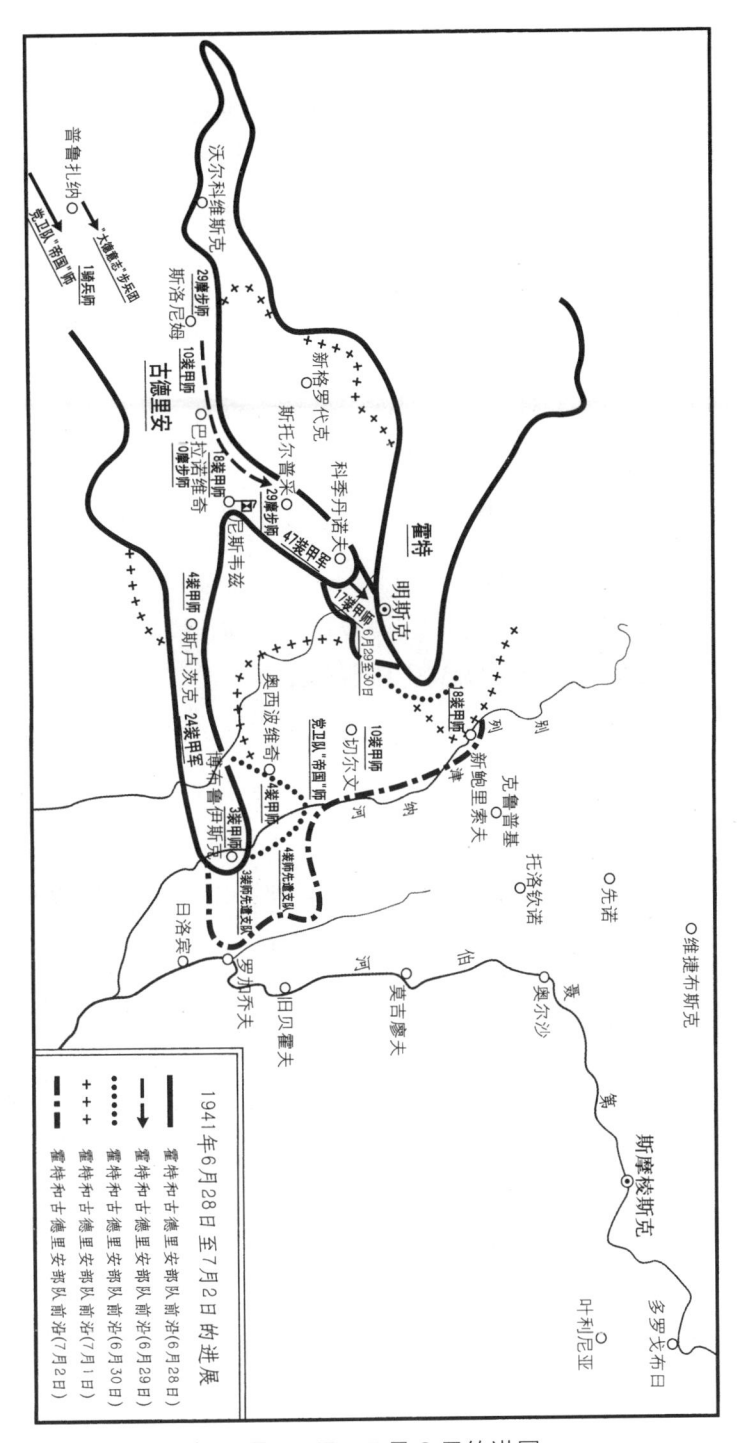

图 12 1941年6月28日—7月2日的进展

第 18 装甲师位于纳恰地段以东；第 17 装甲师一部在鲍里索夫，主力在明斯克；第 29 摩托化步兵师在科季丹诺夫—斯托尔普采；第 5 机枪营在斯托尔普采。

7 月 6 日，强大的俄军在日洛宾渡过第聂伯河，向第 24 装甲军右翼发起攻击，但被第 10 摩托化步兵师击退。我方空中侦察报告，还有一股俄军从奥廖尔—布良斯克地域运往戈梅利方向。经测向仪测定，在奥尔沙地域有一个新的俄国集团军司令部。在第聂伯河沿岸，俄军似乎正在构筑一条新的防线。鉴于这种情况，我们必须立刻开始行动。

截至 7 月 7 日，各部队到达位置如下：

装甲集群指挥所在鲍里索夫；

第 24 装甲军到达博尔特尼；

第 1 骑兵师、第 10 摩托化步兵师到达日洛宾；第 3 装甲师到达罗加乔夫－新贝霍夫；第 4 装甲师到达旧贝霍夫；

第 10 装甲师到达别雷尼奇；党卫队"帝国"装甲师到达切尔文；

第 18 装甲师到达托洛钦诺；第 17 装甲师到达先诺；第 29 摩托化步兵师到达鲍里索夫。

第 17 装甲师被牵制在先诺地域，正与一股装备有大量坦克的强大敌人激烈交战。第 18 装甲师也同样遭遇一场激战。由于第 24 装甲军已到达第聂伯河，所以下一步如何作战，必须立刻做出决定，而上级没有给我下达任何指令。因此，我依然要求执行我原来所下达的指令，第 2 装甲集群继续向斯摩棱斯克—叶利尼亚—罗斯拉夫尔地域开进，没有必要对原指令做任何修改。在此期间，希特勒与陆军总司令部之间出现巨大分歧，但我对此全然不知。只是很久以后，我才知道这些事所造成的全部影响。但是，你只要看看德国国防军总司令部在前线激战正酣的这些日子里的内部情况，你就可以弄明白在遂行作战任务过程中的种种摩擦和争执。

希特勒已经忘记了，是他自己曾下达过实施快速进攻并夺占斯摩棱斯克的命令。在过去战斗的日子里，他只关注比亚韦斯托克的合围。冯·布

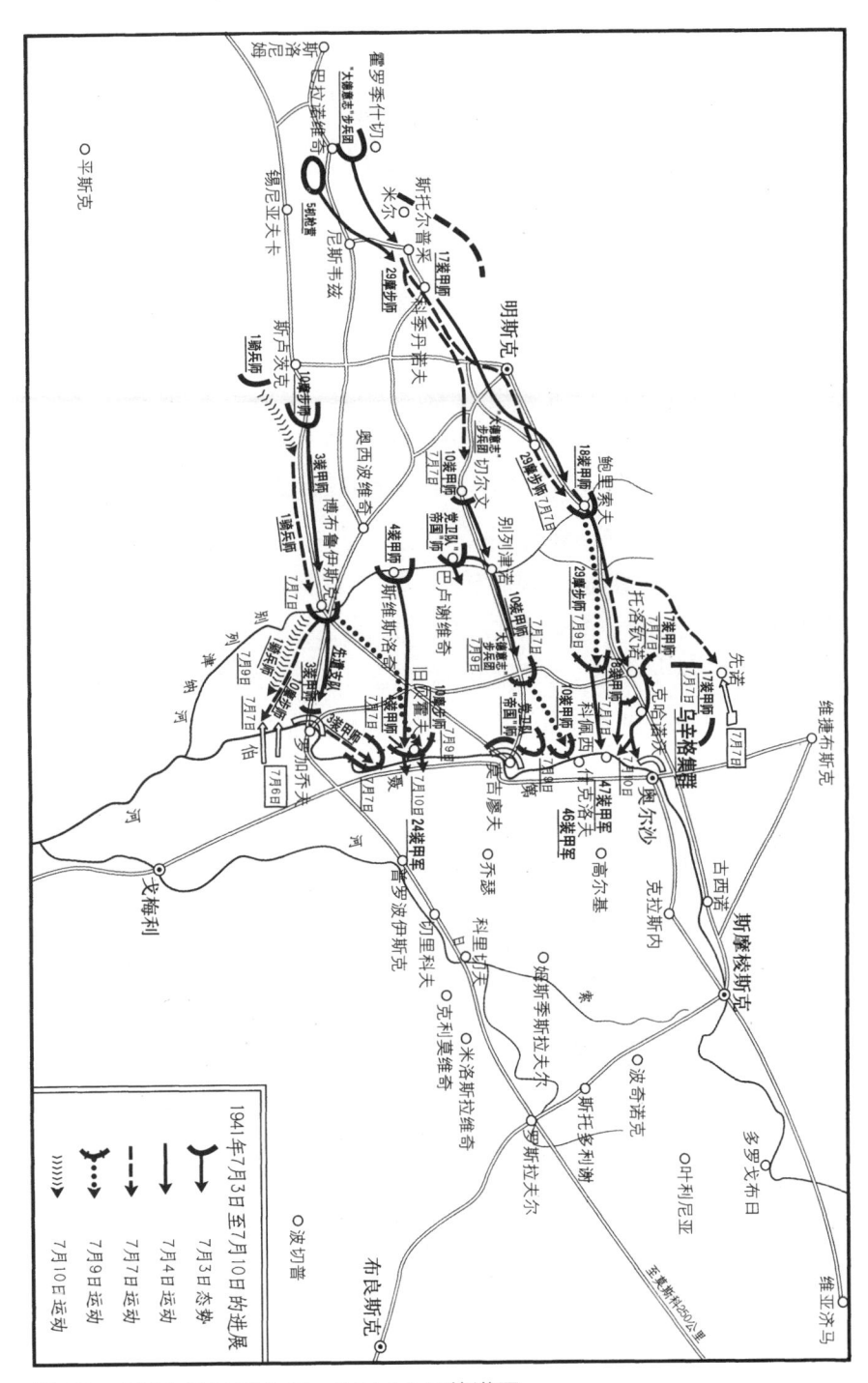

图 13　1941 年 7 月 3 日—7 月 10 日的进展

劳希奇元帅不敢将自己的不同观点告诉中央集团军群，因为他知道希特勒的观点，但据冯·博克元帅自己说，他希望第2、第3装甲集群统由冯·克卢格元帅指挥，这样他就可以减轻指挥这两个集群的直接责任。冯·克卢格元帅与希特勒的想法一致，希望巩固对比亚韦斯托克的合围，等待俄军投降，然后再继续向东前进。霍特和我持相反意见，认为应当坚持原来的指令，用我们的装甲兵力向东挺进，达成首要的进攻目标。我上文已经说过，我们希望只以少量装甲兵力参加比亚韦斯托克的合围，抓俘虏的事留给随后跟进的步兵集团军。陆军总司令部只是暗地里希望装甲集群的司令们在没有命令甚至违反命令的情况下，力争达成原来的进攻目标。相反，他们没有胆量向各集团军群和集团军下达一个能体现自己决心的命令。

于是，第2装甲集群命令，以少量兵力坚守对比亚韦斯托克的合围，其余大部兵力渡过别列津纳河和第聂伯河，追击敌人。而冯·克卢格元帅却下达了相反的命令，他要求所有参加合围的部队坚守阵地，等待继续向东方进军的命令。但是，有一部分部队并没有及时收到这一命令，继续向别列津纳河开进。值得庆幸的是，在这种情况下居然没有造成重大损失，但不可避免地制造了紧张气氛，带来许多令人心烦的矛盾。

强渡第聂伯河

7月7日，我面临两种选择：是根据原来的计划继续迅速向前推进，命令装甲兵力强渡第聂伯河，迅速达成我的第一目标；还是停止前进，等待步兵到来后再发起渡河作战，坐视俄军加强其江河防线。

目前，俄军的防御尚在建立中，存在许多弱点，如果此时立刻发起进攻，对我们十分有利。虽然在罗加乔夫、莫吉廖夫和奥尔沙都有强大俄军兵力据守的登陆场，而且我们通过奇袭方式夺占罗加乔夫和莫吉廖夫的尝试也都宣告失利；虽然我们已经知道，有强大的俄军部队正在运往这些地方；还知道有大量俄军正在戈梅利集中，有小部俄军在奥尔沙以东的先诺集结，并已在先诺发生激战，但是如果我们一定要等步兵到达，那就会白白浪费大约 14 天时间。此间，俄军的防御会得到极大加强。到那个时候，我们的步兵是否还能够摧毁俄军组织良好的江河防御，然后再进行机动作战，就很值得怀疑了。而尤其成问题的是，我们首要的作战目标还能否达成，1941 年秋能否结束战争。这才是问题的要害所在。

我深知即将下定的这个决心的重要性。我已经预计会出现下面的危险，即全部三个装甲军渡过第聂伯河后，其侧翼完全暴露，敌人必定会投入强大兵力攻击我暴露的侧翼。尽管如此，我还是坚定地认为，当前任务具有无比的重要性，同时也坚信我们会取得成功，而且我对我的装甲部队无坚不摧的战斗力深信不疑。基于这些考虑，我向部队下达了立即强渡第聂伯河，而后继续向斯摩棱斯克挺进的命令。

为此，我让日洛宾和先诺这两翼的部队暂时停止战斗，只对敌人进行观察即可。

由于登陆场已被强大的俄军占领，因此我决定将渡河地域做如下划分：经与冯·盖尔将军协商，第 24 装甲军在旧贝霍夫渡河，7 月 10 日发起攻击；第 46 装甲军在什克洛夫渡河；第 47 装甲军在科佩西、莫吉廖夫和奥尔沙之间渡河，7 月 11 日发起攻击。所有的行军和准备工作都必须加以伪装，不能使敌人察觉，行军只能在夜间进行。准备地域的制空权由勇敢的默尔德斯上校的歼击航空兵提供保障，他的野战机场就开设在第一线的后面。无论在什么地方，只要默尔德斯上校一出马，敌人的飞机就不敢露面。

7 月 7 日，我来到第 47 装甲军，把我的企图再次向他们做了进一步解说。半途中，我看到一列缴获的俄军坦克列车。于是我先到纳恰（鲍里索夫东部 30 公里）第 47 军军部，从那里再到托洛钦诺第 18 装甲师，这个师正在与俄军的坦克作战。我向内林将军指出，肃清克哈诺沃、奥尔沙以西地域之敌，以及压缩该地俄军登陆场对于我下一步作战行动至关重要。部队又一次给我留下良好的印象，使我不得不对他们大加赞许。

7 月 8 日，为了上述的同样目的我又来到第 46 装甲军。这一天，党卫队"帝国"装甲师仍在第聂伯河西岸作战。

7 月 9 日，围绕作战计划展开了激烈的争论。一大早，冯·博克元帅就来到我的指挥所，他要听取我对当前态势和作战企图的看法。他断然拒绝我关于立刻强渡第聂伯河行动的企图，要求我马上停止作战，等待步兵的到来。我对他的这一决定十分诧异，于是把我为什么要采取这些措施的理由详细地向他做了解释。最后我对他说，我的准备工作已经进行了很长时间，不可能走回头路；第24装甲军和第46装甲军的大部分部队也早已进入出发阵地，如果他们长时间地在阵地中处于这种集结状态，就极有可能被俄国空军发现，遭到攻击。此外，我向他表示，我坚信我们一定能够取得进攻的胜利，同时期待着在这次进攻取得胜利后，俄国战局就将在这一年结束。很显然，冯·博克元帅已为我的坚定信心和周到的部署深深打动了。于是，他说："您总是把作战搞得这么悬乎！"最后，他似乎不情愿似的同意了我的计划。

在这次激烈争辩之后，我赶忙抓紧时间驱车前往第47装甲军，因为这个军已陷入困境，急需支援。12时15分，我来到位于克鲁普基的军指挥所，找到莱梅尔森将军。他对由第18装甲师和反坦克、侦察部队组成的、由施特赖希将军指挥的战斗群，能否夺占克哈诺沃地域表示怀疑，因为这些部队已筋疲力尽。我坚持原来的命令，并命令第18装甲师在完成其任务后，以及第17装甲师摆脱先诺之敌后，转向东南，向第聂伯河开进。然后，我又从军部来到前线。半路上，遇到施特赖希将军，向他下达了有关指示。然后，找到内林，他说他与其军长的意见相反，认为占领待机地域不会有什么困难。接着，我又找第29摩托化步兵师谈话。他也说，完成到达科佩西地域的任务，对他来说易如反掌。最后，我提醒各师，必须要在这一夜到达第聂伯河和指定待机地域。

这一天，第17装甲师还在与敌坦克激战，击毁俄军坦克100辆，这是对这个英雄师的最好嘉奖。

7月9日黄昏，各部位置如下：

集群指挥所在鲍里索夫，7月10日移至托洛钦诺；

第1骑兵师在布良斯克东南保障翼侧安全；第3装甲师在日洛宾—罗加乔夫—新贝霍夫地域集中，准备向东开进；第4装甲师在旧贝霍夫；第

10摩托化步兵师在旧贝霍夫的渡场；

第10装甲师在什克洛夫以南；党卫队"帝国"装甲师在巴甫洛沃，另一部在莫吉廖夫以南，担负右翼防护任务；"大德意志"步兵团在别雷尼奇。

第18装甲师在托洛钦诺；第17装甲师在察莫斯亚；第29摩托化步兵师在托洛钦诺西南集中，准备向科佩西方向突击。

步兵师一支兵力弱小的先遣支队在我们后面跟进，在这一天到达博布鲁伊斯克—斯维斯洛奇—鲍里索夫一线，该师主力到达斯卢茨克—明斯克一线。

霍特占领维捷布斯克；赫普纳占领普列斯考。

7月10日和11日，各部队按原定计划渡过第聂伯河，损失很小。

10日下午，第24装甲军报告说，他们已在旧贝霍夫成功渡河。之后，我于当日下午再一次来到第47装甲军，想看一看他们是否已完成战斗准备工作。施特赖希将军已到达位于奥尔沙以西俄军桥头阵地对面的警戒线。在奥尔沙西北，另一个警戒支队在乌辛格上校指挥下组成。第29摩托化步兵师的侦察营与右翼的党卫队"帝国"装甲师建立起联系。第18装甲师进入待机地域。第17装甲师的前卫于10时到达科汉诺夫附近的公路，它的另外一部兵力已到达第聂伯河西岸，正在奥尔沙西南作战。第29摩托化步兵师也到达其指定地域。我再次提醒它的师长，一旦渡河成功，必须立即而迅速地向斯摩棱斯克实施突破，这对他的师来说是头等重要的事情。按照这样的部署，第47装甲军圆满完成了部队的集结，进入待机地域。面对未来几天的战斗，我满怀必胜的信念。

对于强渡第聂伯河的行动，我做了如下部署：

第24装甲军向普罗波伊斯克－罗斯拉夫尔公路推进，与此同时必须要保证其右翼的日洛宾－罗斯拉夫尔方向，以及左翼的莫吉廖夫方向的安全。

第 46 装甲军通过高尔基[1]–波奇诺克，向叶利尼亚推进，同时注意保障其右翼的莫吉廖夫方向的安全。

第 47 装甲军以斯摩棱斯克为其首要攻击目标，并保障其第聂伯河一线与奥尔沙和斯摩棱斯克之间的左翼安全，以及奥尔沙方向的安全。至于奥尔沙地区以及第聂伯河西部和西北部的敌人，由施特赖希和乌辛格战斗群负责监视。

7 月 10 日晚，意大利驻德武官马拉斯将军到我的司令部访问，我是在柏林认识他的。陪同他一起来访的还有海军上校比尔克纳。我邀请这两位先生明天去参观位于科佩西的第聂伯河渡场，我将亲自陪同。此外，希特勒的空军副官冯·巴洛中校也在晚上来到这里，他是来了解装甲集群情况的。

7 月 11 日 6 时 10 分，阳光普照大地，我陪同客人离开位于托洛钦诺的指挥所（这里曾是 1812 年拿破仑一世大本营的所在地），来到科佩西的第聂伯河渡场，想亲眼看一下第 47 装甲军渡河。我们的车子沿着第聂伯河向前行驶。此时渡河纵队已开始行动，尘土飞扬，烟雾弥漫，一路上十分辛苦。人员、武器和车辆也都不同程度地受损，忍受长达数周的折磨。尤其是坦克发动机的汽缸被尘埃阻塞，使其效能大打折扣。在位于科佩西附近的第 29 摩托化步兵师指挥所，碰到了军长和师长，我们就当前态势进行了商谈。第 15、第 71 团已经渡河，并到达了科佩西东部的森林地边缘。我们看到，他们正迎面向大约两个俄国师（俄第 66 军的第 18、第 54 步兵师）挺进。敌人向指挥所所在地发射了几发炮弹，另外还布设了地雷。我们可以十分清楚地看到我们的步兵向前推进，也可以看清工兵在附近架桥的情况。不久，意大利的武官离开这里。我乘冲锋艇来到东岸，以确认部队的进展情况。本想从科佩西再到第 46 装甲军，但由于通向什克洛夫的安全道路还没有建好，所以只能作罢。

---

[1] 下诺夫哥罗德的旧称。——译者注

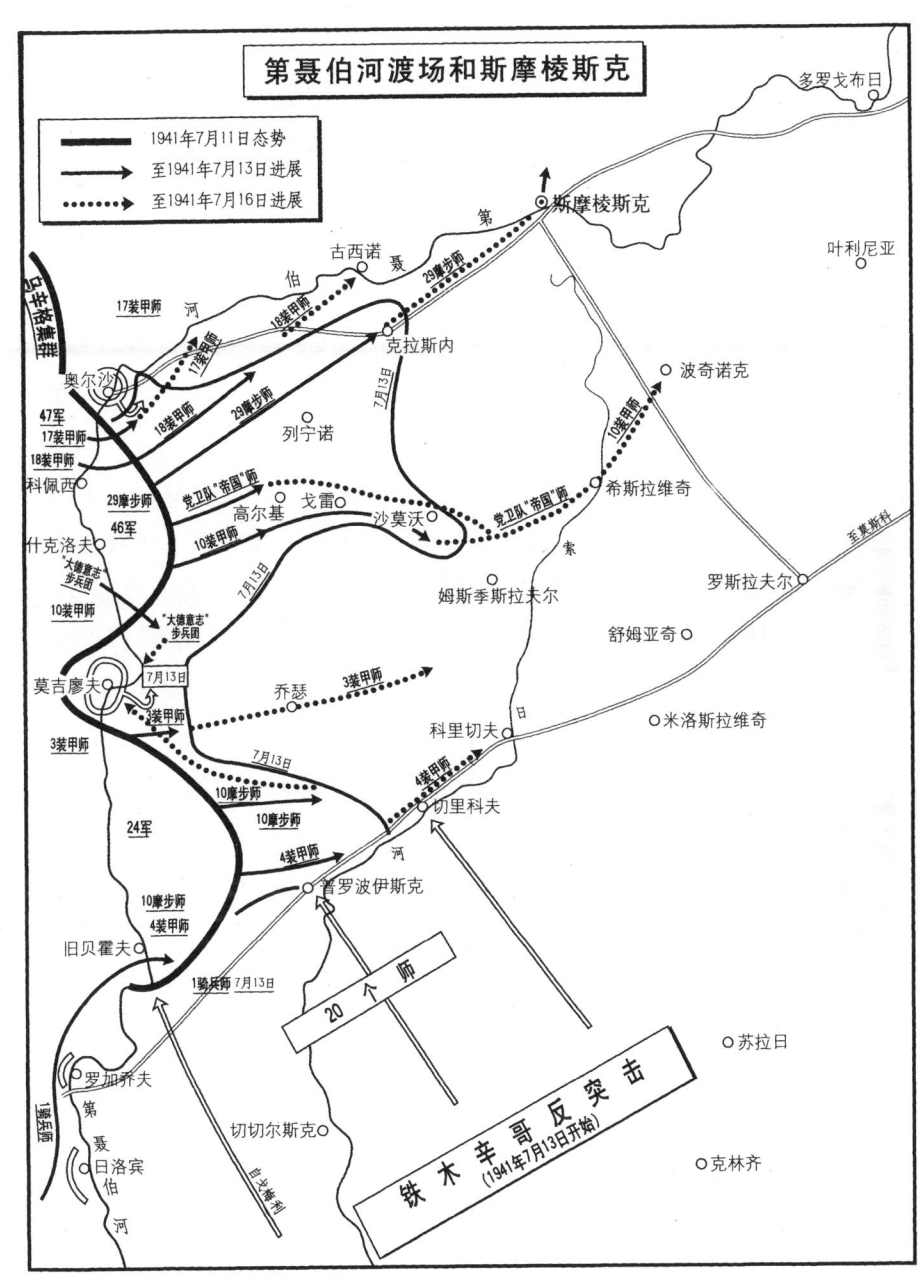

图 14　第聂伯河渡场和斯摩棱斯克

此时，有情报证实，第 17 装甲师在奥尔沙南部遭遇一股强大敌人，但部队仍从夺占的一个小型登陆场继续向东岸突击，我看实在是没有必要。担任现地指挥的利希特上校看到这种情况后，立即命令部队撤离登陆场，这一举措实在太正确了。现在，第 17 装甲师正奉命通过科佩西，随第 29 摩托化步兵师后跟进。

在返回集群指挥所途中，在科汉诺夫遇到了冯·克卢格元帅，我向他报告了战事的进展情况。他批准了我所下达的命令，我则请求他加快前调步兵军先遣支队的速度，以尽快封锁由强大的俄军占据的桥头阵地。在我的指挥所，我见到了希特勒的副官长施蒙特上校[1]，与他就装甲集群的情况进行了商谈。

我在托洛钦诺稍做休息，便于 18 时 15 分前往什克洛夫第 46 装甲军。道路状况极差，不过桥梁经过修理，勉强可以通行。21 时 30 分，我到达第 46 军。敌人对第 10 装甲师的渡河场进行猛烈炮击和空中轰炸，因此这里的渡河要比第 47 装甲军困难得多。党卫队"帝国"装甲师的渡桥也被敌人的空军炸毁。尽管如此，该军渡河依然取得成功，并向高尔基派出先遣支队。我命令该军务必趁夜色继续推进，以充分利用突袭效果。然后，我前往第 10 装甲师，以确认先遣支队是否已经派出。不枉此行，因为当我到达时，部队事实上还尚未动身。

在经过艰难的夜间行驶之后，我于 7 月 12 日 4 时 30 分再次来到托洛钦诺。

7 月 11 日，装甲集群所属各师到达如下位置：

第 1 骑兵师到达日洛宾—罗加乔夫；第 4 装甲师和第 10 摩托化步兵师到达旧贝霍夫及其北部；第 3 装甲师到达莫吉廖夫以南地域，面对俄军

---

[1] 鲁道夫·施蒙特（1896—1944），德国中将。1938 年继霍斯巴赫之后，被任命为元首副官长。1943 年被破格提拔为中将。在 1944 年谋杀希特勒事件中被炸伤，死于野战医院。——译者注

桥头阵地，其任务是确保翼侧的安全。

第10装甲师和"大德意志"步兵团到达什克洛夫南部；党卫队"帝国"装甲师到达什克洛夫，在第聂伯河以东建立一个登陆场。

第29摩托化步兵师在科佩西以东建立一个横渡第聂伯河的登陆场；第18装甲师到达科佩西西部；第17装甲师到达奥尔沙西南。

由施特赖希和乌辛格战斗群面对俄军桥头阵地，负责保障奥尔沙西部和西北的安全。

步兵主力到达斯卢茨克以东—明斯克以东一线，其先遣支队抵达别列津纳河。霍特到达维捷布斯克。

7月12日，各部继续渡河。这一天，我飞往第24装甲军，在那里待了八个小时。回来之后，会见了施蒙特。

这一天，面对中央集团军群所属的两个装甲集群，敌人是准备继续顽抗，还是班师后撤？对此，陆军总司令部仍无定论。不过，陆军总司令部还是希望，两个装甲集群能突破敌人在斯摩棱斯克西部地带构筑的阵线，并将该处的敌人击溃。此外，陆军总司令部还考虑，是否将第3装甲集群（霍特）一部兵力转向东北，以围歼第16集团军右翼的敌军。

斯摩棱斯克—叶利尼亚—罗斯拉夫尔

7月13日，我将指挥所移至第聂伯河东岸的夏霍季，即位于什克洛夫东南六公里处。当日，我视察了正在第聂伯河畔作战的第17装甲师，他们自作战第一天到现在，已击毁敌人坦克502辆，可谓英雄师。接着，我来到党卫队"帝国"装甲师下属的部队，他们正在渡河，我与豪塞尔将军和冯·菲廷霍夫将军进行了交谈。我要求党卫队加快推进速度，同时加强对斯摩棱斯克南部莫纳斯特尔希纳方向的侦察。因为，据空中侦察报告，高尔基西南方向的俄军正在向第聂伯河方向推进，企图实施突破。

这一天，指挥出色的第29摩托化步兵师已到达距斯摩棱斯克仅18公里的地域。

17时，我返回新指挥所，这个新指挥所的优点是距前线非常近。从南方传来密集的枪炮声，说明"大德意志"步兵团正在与敌人激战，这个团担负我军莫吉廖夫方向的侧翼安全。夜晚，"大德意志"步兵团忽然紧急呼救，说他们的弹药已经打光。这个团刚刚参战，对在俄国的作战还不大习惯，因此由于过度紧张而胡乱打枪。我没有给他们补充弹药。不一会儿，一切都平静了。

在这一天，南方集团军群已到达德涅斯特河，由于这一新进展，促使陆军总司令部第一次产生了让第2装甲集群转向南或东南的想法。也是在这一天，陆军总司令部还忙着研究隆美尔在非洲的作战，研究通过利比亚还有土耳其和叙利亚，继续向苏伊士运河方向进攻的问题。同时，还研究了自高加索出发、向波斯湾方向进攻的作战方案！

7月14日，我命令第46装甲军以其党卫队"帝国"装甲师向高尔基挺进，而后我也前往该地。第10装甲师在经过激战后，到达高尔基和姆斯季斯拉夫尔，伤亡惨重，主要是为敌炮兵火力所伤。第29摩托化步兵师在斯摩棱斯克方向进展顺利。第18装甲师渡过第聂伯河，担负起保障第29摩托化步兵师由克拉斯内向北和东北的左翼安全的任务。

第24装甲军向沃尔克维奇方向扩展登陆场。第1骑兵师随后推进至旧贝霍夫。

这一天，陆军总司令部拟制了第一份关于战后留驻东方占领军的兵力区分及其编制的资料。这份资料的基本思路是，在俄国最重要的工业区和交通枢纽留驻兵力的多少，要以这些部队除了能完成占领任务之外，还要能迅速粉碎非占领区内出现的反抗活动为标准。此外，还研究了在"巴巴罗萨"作战行动结束之后，德国陆军在欧洲大陆的兵力分配，审查了陆军改组和裁减的问题。

这样一种思路与眼前严酷现实真是差之千里。当前一切工作的中心应当是，集中全部精力实施"巴巴罗萨"作战行动，争取尽快胜利结束战争。

7月15日晨，冯·克卢格元帅来到我的指挥所。在与他商谈完之后，我便前往高尔基的第46装甲军，然后又到第47装甲军，这个军位于克拉斯内西南12公里的斯夫杰罗维奇。第29摩托化步兵师到达斯摩棱斯克南端，第18装甲师到达克拉斯内的第聂伯河河段。俄军的四五个纵队，沿着从奥尔沙到斯摩棱斯克的公路撤退。在第聂伯河东岸的第17装甲师，已夺占奥尔沙城东和城西部分。17时，我来到内林的第18装甲师。该师正在古西诺与敌激战。师长向我报告，俄军企图在奥尔沙东南24公里的多布林突破合围，向东退却，并攻击了第18装甲军在那里的后勤部队，使其遭受重大损失。17时40分，我离开第18师，向斯摩棱斯克方向进发。途中，我的指挥梯队遭到敌人空袭，幸好没有伤亡。19时15分，在斯摩棱斯克城下，第29摩托化步兵师首席参谋、优秀的弗朗茨少校向我报告，该师在斯摩棱斯克的进展非常顺利，但也付出了惨重的代价。从此时起，各支部队便开始纷纷提出补充人员和物资装备的要求。我认为，这些要求并不过分。

23时，我来到新近迁至高尔基的集群指挥所。

7月16日，第29摩托化步兵师占领斯摩棱斯克，这是第一个达成其战役目标的作战单位。这当然是一个了不起的战绩。之所以能够如此，是因为从师长冯·博尔滕施特恩将军直到最基层的步兵，所有的成员都尽心竭力，不愧为勇敢军人的称谓。

7月16日其他各支部队的位置如下：

第1骑兵师位于旧贝霍夫东南；第4装甲师位于切里科夫与科里切夫之间地域；第3装甲师在乔瑟和莫利亚季奇之间地域；第10摩托化步兵师在莫吉廖夫以南地域。

第10装甲师位于希斯拉维奇和波奇诺克之间地域；党卫队"帝国"装甲师跟随其后；"大德意志"步兵团位于莫吉廖夫以北地域。

第29摩托化步兵师在斯摩棱斯克；第18装甲师在克拉斯内；第17装甲师在利亚德—杜布罗夫诺。

步兵的先遣支队到达第聂伯河。他们是由步兵师所属的侦察支队和少量摩托化分队编成，战斗力很弱。

自 7 月 13 日，俄军开始进行猛烈的反攻。俄军大约有 20 个师从戈梅利方向开来，对我装甲集群的右翼展开攻击。与此同时，俄军还从莫吉廖夫向南和东南方向实施攻击。被合围在奥尔沙桥头阵地的俄军正向南突围。所有这些行动都是由铁木辛哥元帅❶指挥的，其目的很明显，就是要最终挫败我们渡过第聂伯河的行动。

7 月 16 日，我们发现俄军还继续向戈梅利和克林齐运送兵力，斯摩棱斯克东部的俄军也在忙着运送兵力。虽然眼前的态势十分险恶，但我还是坚持当初的决心，迅速达成原计划所定下的目标，命令各军继续向前开进。

7 月 17 日，我飞往第 24 装甲军，看到第 1 骑兵师正在第聂伯河右岸，与实施反攻的俄军激战。

在这一天，各部队到达如下位置：

第 1 骑兵师到达旧贝霍夫；第 10 摩托化步兵师到达切里科夫西部；第 4 装甲师到达科里切夫；第 3 装甲师到达洛布科维奇。

第 10 装甲师到达波奇诺克和叶利尼亚之间地域；党卫队"帝国"装甲师到达姆斯季斯拉夫尔；"大德意志"步兵团到达列科特卡。

第 29 摩托化步兵师到达斯摩棱斯克；第 18 装甲师到达卡廷—古西诺；第 17 装甲师到达利亚德—杜布罗夫诺。

在莫吉廖夫及其东部，奥尔沙东部，斯摩棱斯克北部和南部地域，出现敌军强大集群。霍特到达斯摩棱斯克以北地域。

随后跟进的步兵也已到达第聂伯河沿岸。

---

❶ 谢苗·康斯坦丁诺维奇·铁木辛哥（1895—1970），苏军元帅。第二次世界大战前，历任团长、旅长、师长、军长。自 1925 年相继任白俄罗斯和基辅军区副司令、北高加索军区司令、哈尔科夫军区司令、基辅军区司令。在苏联卫国战争时期，历任统帅部大本营主席、副国防人民委员、西方方向总司令和西方方面军司令。同年起历任西南方向总司令兼西南方面军司令、西北方面军司令等职。许多重大的战役计划的制订和实施都有他的参与。战后，曾任巴拉诺维奇军区司令、南乌拉尔军区司令和白俄罗斯军区司令等。——译者注

"南方"集团军群在德涅斯特河对岸建立了登陆场。

就在这一天，我、霍特和克希特霍芬荣获比骑士勋章高一级的奖赏——骑士勋章橡树叶。在获得这一奖赏的人中，我是全军中的第24名，陆军中的第5名。

7月18日，我在第47装甲军。第17装甲师解除了掩护侧翼的任务之后，由奥尔沙东部出发，向斯摩棱斯克南部地域推进，准备迎击由南部开来的俄军。在这次战斗中，英勇的师长里特尔·冯·韦贝尔将军身负重伤，最后为国捐躯。

在接下去的几天里，占领坚固阵地的俄军进行顽强抵抗，我第46装甲军经过激战后，占领叶利尼亚及其该城周边地域。但是，在这个军的右翼和背后，战斗依然没有停止。

至7月20日，各部队到达如下位置：

第1骑兵师到达旧贝霍夫东南地域；第10摩托化步兵师到达切里科夫；第4装甲师到达切里科夫–科里切夫；第3装甲师到达洛布科维奇。

第10装甲师到达叶利尼亚；党卫队"帝国"装甲师到达古西诺；"大德意志"步兵团到达希斯拉维奇。

第17装甲师到达斯摩棱斯克；第29摩托化步兵师到达斯摩棱斯克；第18装甲师到达古西诺。

俄军在对第24装甲军和向斯摩棱斯克进行反击的同时，还在叶利尼亚发动新的攻势。在我们后面跟进的步兵渡过第聂伯河。霍特正准备在斯摩棱斯克东北地域将一股强大的俄军合围。他要求第2装甲集群从南面向多罗戈布日推进，向他提供支援。我也想助他一臂之力。于是，7月21日来到第46装甲军，准备命令该军向前运动。由于斯摩棱斯克城南和城西都位于敌炮兵火力控制下，我必须绕着城走一大圈。将近中午时分，到达位于斯洛博达的第17装甲师所属的一个团，该团的任务是保障东南侧翼的安全。然后，我来到位于基谢廖夫卡的第46装甲军指挥所（斯摩棱斯克东南45公里处），听取军长的情况汇报。接着到"大德意志"步兵团视察。这个团位于瓦西科沃车站以南，罗斯拉夫尔以北 35 公里处，当面之敌正向这里射击，但炮火火力并不算太强。此时，第 46 装甲军陷入苦战，全部兵力暂被牵制。而位于第聂伯河上游古西诺的第 18 装甲师尚未受领任务，因此我决定，让这个师替代"大德意志"步兵团，这样第 46 装甲军就能够给霍特提供有力的支援。我在第 46 装甲军指挥所下达了必要的命令。我命令第 18 装甲师以其全部兵力向多罗戈布日方向挺进，近战航空兵应将来自斯帕斯－杰缅斯科耶方向、正向叶利尼亚东南实施反击的俄军击退。在返回途中，我接到我的司令部打来的好几个电话，说上级迫切要求将党卫队"帝国"装甲师使用在多罗戈布日方向。但是，在这个时刻，除了安排第 46 装甲军的任务外，我都无能为力。返回途中，我再次来到第 47 装甲军，但从该军也没有找到任何解决办法。现在问题的关键是，要看第 18 装甲师能否尽快从防护翼侧的任务中脱身，而后向北推进。但是，恰恰在这个关键时刻，克卢格元帅对沿第聂伯河的装甲集群左翼表示担忧，而且像在比亚韦斯托克所做的那样，再次介入下级的指挥。于是，他没有跟我打一声招呼，便直接命令第 18 装甲师停止前进。结果，对多罗戈布日的攻击没有形成兵力优势。

傍晚，我们在斯摩棱斯克附近穿过敌人的炮火，赶到位于该城以西霍赫洛沃的集群指挥所。在穿越敌人炮火的时候，我的通信员被炮弹的气浪冲出摩托车的座位，摔在地上，幸好没有受伤。

斯摩棱斯克城的周围虽然曾发生过激烈战斗，但城池本身并未受太大损伤。第 29 摩托化步兵师在夺取第聂伯河南岸的旧城之后，于 7 月 17 日渡过该河，占领河北岸该城的工业区，与霍特建立联系。在这些日子中，我曾利用一次视察阵地的机会，顺便看了看这个城的大教堂，未发现任何损毁。当我踏进教堂时，却不免使我大吃一惊，因为教堂的入口处和教堂的一半居然变成了一个无神论博物馆。在大门口，立着一个向人讨饭的乞讨者的蜡像。再里边，立着一个真人高的平民蜡像，形象十分夸张，意思大概是要表明无产阶级是如何受到歧视和剥削，粗制滥造，毫无美感可言。不过，教堂的右半部分还保持着原样。俄国人本想把教堂的银质祭坛物品

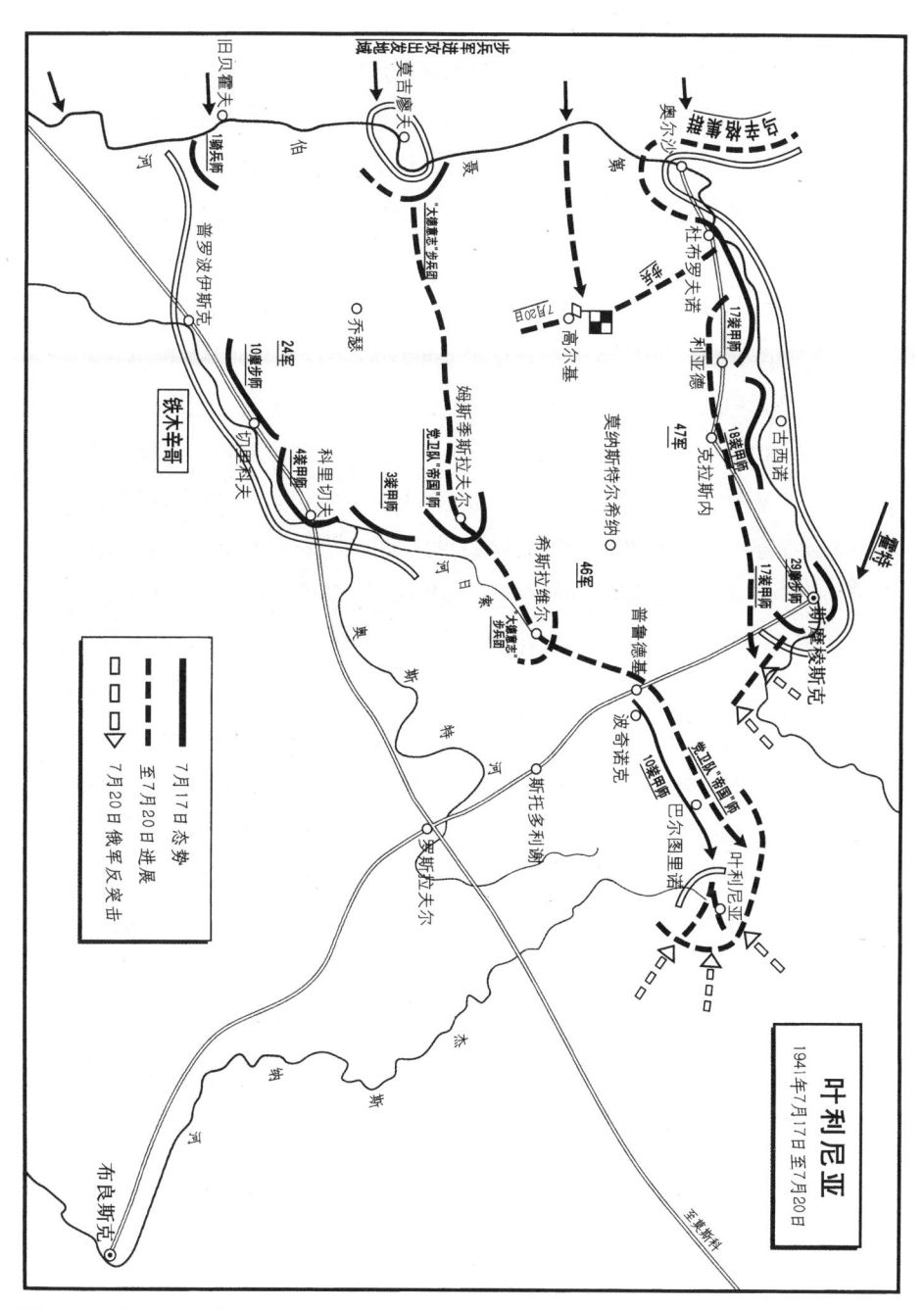

图 15　叶利尼亚（1941 年 7 月 17 日—7 月 20 日）

和灯具都藏起来，但还没等他们干完，我们就突然到来了，大厅中央堆满了大型的珍贵物品。我让人去找一个俄国人，好将这些贵重的物品交给他保管。不一会儿，找来一个留着大白胡须的教堂司事，我通过一个翻译向他交代，这些贵重物品暂由他代为保管，尽快从这里搬走。价值连城的镀金木雕圣像屏❶完好无损。至于教堂后来的情况，我就不知道了。总而言之，我们当时是尽全力来保护这些古迹的。

7月23日，我在斯摩棱斯克以南15公里的塔拉施基诺，遇到里特尔·冯·托马将军，他是第17装甲师师长里特尔·冯·韦贝尔将军的继任者。在我们的装甲兵军官中，托马将军年龄最大，经验最丰富，他那冷若冰霜的沉静，以及在第一次世界大战和西班牙内战中表现出的超凡勇敢，早已为人们所熟知，现在他要再次经受新的考验。处在第46装甲军与第47装甲军之间的第17装甲师，一直保持着与这两个军的联系，并沿第聂伯河一线保障着第4集团军的侧翼安全，该集团军一直受到当面俄军突破的威胁。第46装甲军指挥所设在叶利尼亚西部11公里的森林地。我从第46装甲军军长菲廷霍夫将军的报告中得知，俄军正在从南、东、北三面对叶利尼亚实施反击，而且有强大的炮兵火力支援。该军弹药第一次出现短缺，因此他们只是守住了最重要的目标。按照菲廷霍夫将军的计划，"大德意志"步兵团一旦由第18装甲师接替，便向多罗戈布日方向开进，用以支援霍特。直到现在，所有企图通过叶利尼亚西北乌沙地段、向斯维尔科鲁齐耶开进的努力均告失利。在我们使用的地图上，格林卡至克利米亚季诺的公路本来标明为"良好"，可事实上这里根本就没有公路。向北的道路满是泥泞，车辆根本无法通行。一切行动都要靠双脚，不仅耗费体力，而且浪费时间。

然后，我来到第10装甲师，沙尔将军向我讲述了争夺叶利尼亚战斗的全过程，给我留下深刻印象。据说，他的部队在一天当中就击毁敌人坦

---

❶ 是一种设在东正教教堂中的屏壁，或木或石或金属结构。圣像屏中部有门，两侧各一门。门板上刻有四位传福音使徒像及众多天使，以及《圣母领报图》《最后晚餐图》等诸多名画，极为珍贵。——译者注

克50辆，遗憾的是由于俄国人构筑的阵地过于坚固，最终没有攻克。按他的计算，他这个师的车辆已损失1/3，弹药也要从450公里以外的地区向这里运送。

最后，我去了叶利尼亚北部的党卫队"帝国"装甲师。就在前一天，这个师抓获了1100名俘虏，但由于俄军空军猛烈的轰炸，使他们仍停在叶利尼亚和多罗戈布日之间地域，无法向前推进。于是，我来到最前沿的位置，想亲自看一看这里的地形和态势。这里由勇敢的克林根贝格上尉指挥的摩托车步兵防守。视察后，我认为必须等"大德意志"步兵团到来之后，才能开始向多罗戈布日方向发动进攻。

23时，我回到设在普鲁德基以南两公里处的集群指挥所。

在以后的几天里，俄军依然连续实施猛烈的反攻。尽管如此，我们在右翼还是取得了进展。位于中央的部队，因第18装甲师和第一批步兵师及时赶到，获得了有力的支援。但是，向多罗戈布日方向推进的企图全盘受挫。

从最近几天的空中侦察获悉，现有四个俄军集团军司令部在北诺夫哥罗德—布良斯克以西—叶利尼亚—勒热夫—奥斯塔什科夫一线出现，他们正在这一线构筑工事。

截至7月25日，各部队到达如下位置：

第1骑兵师到达新贝霍夫东南地域；第4装甲师到达切尔尼戈夫—科里切夫；第10摩托化步兵师到达切里科夫；第3装甲师到达洛布科维奇。

第263师、第5机枪营、第18装甲师、"大德意志"步兵团、第18装甲师、第292步兵师到达普鲁德基以南地域，以及沙塔洛夫卡机场，该机场供我们近战战斗机起降用，因此必须确保免遭敌炮火袭击；

第10装甲师到达叶利尼亚；党卫队"帝国"装甲师到达叶利尼亚北部地域；

第17装甲师到达琴佐沃及以南地域；第29摩托化步兵师到达斯摩棱斯克以南地域；第137步兵师到达斯摩棱斯克。

敌人的骑兵出现在博布鲁伊斯克的公路。

7月26日，俄军对叶利尼亚的攻击仍在继续。于是我建议，将第268步兵师调来，用以加强叶利尼亚突出部的防御，因为在此进行防御的部队由于长时间的行军和战斗已精疲力竭，他们需要休息，坦克等装备也急需维修。中午，我来到第3装甲师，祝贺莫德尔荣获骑士勋章，听取他关于他的师当前处境的报告。接着，我来到第4装甲师，见到了冯·盖尔男爵将军和朗格曼男爵将军。近傍晚时分，接到报告称，俄国人在第聂伯河北岸，以及在我第137步兵师位于斯摩棱斯克的登陆场达成突破。

据无线电侦察称，位于戈梅利的俄军第21集团军、罗德尼亚的第13集团军和罗斯拉夫尔的第4集团军，相互间已建立联系。

这一天，霍特成功地从北面封闭了斯摩棱斯克东部合围圈。这样，大约有十个俄国师的残部落入第3装甲集群之手。在我们的背后，即在莫吉廖夫的强大俄军也被歼灭。

返回指挥所后，22时收到集团军群的命令，要我次日12时到奥尔沙机场参加一次会商。这次会议十分必要，因为最近几天大家在对态势的看法上出现了分歧，亟待澄清。第4集团军认为，斯摩棱斯克所受到的威胁极为严重；而我装甲集群则认为，眼前敌人的威胁并不是来自斯摩棱斯克，而是来自罗斯拉夫尔南部和叶利尼亚以东地域。由于部队仍固守在斯摩棱斯克西部的第聂伯河地段，致使近几天在罗斯拉夫尔地域出现危机，并造成损失，而这本来是可以避免的。这导致第4集团军司令与我之间出现了令人不快的紧张。

7月27日，我的参谋长冯·利本施泰因男爵中校陪同我，飞越奥尔沙前往位于鲍里索夫的集团军群司令部，以受领下一步作战指令，同时向集团军群报告我部现状。我期望上级能命令我们向莫斯科或向布良斯克方向进攻，但现实使我大感意外。原来，希特勒已命令第2集团军和第2装甲集群向戈梅利攻击，其中第2装甲集群向西南，即向国内的方向攻击，企图合围那里的八到十个俄国师。有人告诉我，元首的观点是，实施大规模的包围作战是总参谋部的错误理论，尽管它在西线被证明是正确的。他主张利用小规模的合围作战来消灭敌人的有生力量。所有参加会议的人都一致认为，这样会使敌人赢得足够时间，组建新锐部队，以源源不断的力量在我们后方构筑新的防线。照此下去，俄国战局不可能速战速决。

就在前几天，陆军总司令部也提出过完全不同的观点。为了证明我的说法，我引用下面这份来源极为可靠的工作记录，时间是1941年7月23日：

> 如何才能下定未来作战行动的决心，其依据是：在所规定的第一战役目标达成之后，俄军主力随即也被歼灭。但还有另一种可能性，即：敌人凭借其强大的人力资源，将可能在他们认为重要的方向上对德军的作战进行顽抗。其中，乌克兰、莫斯科和列宁格勒城前可能会是敌人实施顽抗的重点。
>
> 陆军总司令部的观点是，将眼前或正在组建的敌军歼灭，迅速占领伏尔加河西部的乌克兰地域、图拉—高尔基—雷宾斯克—莫斯科和列宁格勒周围最重要的工业区，从物质上剥夺敌人再装备的可能性。根据这一观点向集团军群下达的任务，以及对总兵力的分配方案，已在电报中确定下来，并在一份指令中做了更详尽的划分。

不管希特勒最终下定什么样的决心，对于第2装甲集群来说，最重要的是首先将右翼最危险的敌人消灭。因此，我建议集团军群司令向罗斯拉夫尔攻击，而后再由这个公路枢纽出发控制向东、南和西南的道路。为达成这一目标，我请求上级为我配属必要的兵力。

我的建议得到批准。为第2装甲集群配属的兵力如下：

第7军所辖第7、第23、第78和第197步兵师；第9军所辖第263、第292和第137步兵师，用于攻击罗斯拉夫尔；

第20军所辖第15、第268步兵师，用于接替位于叶利尼亚突出部的装甲师的防务，使其得以休整和装备维修；

第 1 骑兵师在此期间隶属于第 2 集团军；

装甲集群不再隶属于第 4 集团军。此后，我的集群便启用"古德里安集团军级集群"❶的称谓。

用于排除罗斯拉夫尔翼侧威胁的部队有：

第 24 装甲军以其所辖第 10 摩托化步兵师和第 7 步兵师，接替第 7 军，保障由敌人占领的克利莫维奇 – 米洛斯拉维奇地域当面的右翼纵深的安全；其第 3 和第 4 装甲师的任务是，占领罗斯拉夫尔，同时巩固与在北面奥斯特河 – 杰斯纳河之间作战的第 9 军的联系。

第 7 军以其第 23、第 197 师经彼得罗维奇 – 希斯拉维奇，向罗斯拉夫尔—斯托多利谢—斯摩棱斯克公路突击，向第 3 装甲师靠拢。第 78 步兵师作为第二波，随后跟进。

第 9 军以其第 263 步兵师在上面提到的公路和奥斯特河之间；以其第 292 步兵师在奥斯特河—杰斯纳河之间，从北向南以左翼为重点，对罗斯拉夫尔—叶基莫维奇—莫斯科公路进行攻击。其左翼安全由从斯摩棱斯克公路调来的第 137 步兵师提供保障。此外，还有第 47 装甲军一部及其炮兵给以加强。

第 24 装甲军和第 7 军在 8 月 1 日发起攻击；第 9 军因不能及时做好准备，因此 8 月 2 日发起攻击。

在此后几天，我们就全身心地忙于攻击的准备工作。尤其是那些刚刚转到我手下的步兵军，他们直到现在还没有跟俄军交过锋，所以我必须教会他们如何运用我的作战方法。由于他们还从来没有与装甲部队进行过如此密切的协同，因此对装甲部队的威力还半信半疑，尤其是第 9 军。优秀的军长盖尔将军是我在国防部部队局任职时的上司，他来自第 5 军区，维尔茨堡就属于该军区，我和他是很要好的朋友。他对问题的"敏锐的理解力"

---

❶ 德军为执行专门任务而临时组建的作战单位，大于集团军，小于集团军群。——译者注

早已为人们所熟知，而且其见解常常是入木三分，早在第一次世界大战时就受过鲁登道夫将军的夸赞。因此，他对我的进攻计划中的弱点可谓了如指掌。于是，在与各军长的会商中，他便将我计划中存在的问题和盘托出，逐一亮在大家面前。针对他对我战术的攻击，我也进行了反驳。我说："这次进攻就是算算术！"意思是说："运算精确，胜券在握。"但是，盖尔将军无论如何也不相信我的计划会成功。我们俩谁也说服不了谁，最后我与我这位老上司闹得不欢而散。直到作战开始之后，他才承认我的计划是正确的，而且在以后的作战中英勇作战，为胜利做出了重大贡献。

7月29日，希特勒的副官长施蒙特上校给我送来骑士勋章上的橡树叶，我利用这个机会向他叙述了我的观点。他告诉我，希特勒有三个目标：

1. 东北方向，就是列宁格勒。无论付出何种代价都要将之占领，以打通通向波罗的海的道路，保障来自瑞典的物资供应，也可使北方集团军群的后勤得到保障。

2. 莫斯科，它的工业十分重要。

3. 东南，就是乌克兰。

我从施蒙特上校的话中估计，希特勒还没有最终决定是否进攻乌克兰。因此，我急切地请求施蒙特一定把我的意见转告给希特勒，应该立刻对俄国的心脏莫斯科发动攻势，不要一味地进行小规模的攻击，因为那样的攻击行动不具有决定性意义，只会有损于我们自己。此外，我还要求他不要截留新型坦克和补充物资，否则战争将无法迅速结束。

7月30日，敌人向叶利尼亚发动的13次攻击均被我击退。

7月31日，被派往陆军总司令部的联络官冯·贝洛少校回来了，给我带来下列消息："总司令部认为，原定10月1日的目标奥涅加湖－伏尔加河，现已无法达成。而列宁格勒－莫斯科一线以及南部等目标可以达成。陆军总司令部和总参谋长面临的是一个难以胜任的任务，因为一切作战行动都是由上边操纵的。关于下一步作战行动的决心到现在还不置可否。"

很显然，下一步作战行动的最后决心将对全盘行动产生决定性影响，甚至包括一些细节。比如，如果不继续攻击莫斯科，那么叶利尼亚突出部还要不要继续坚守，防守这个突出部给我们造成巨大损耗。此地已演变成阵地战，消耗了大量弹药。出现弹药匮乏的现象并不为奇，因为这里距铁路枢纽有750公里。虽然铁路已铺设了德国的铁轨，一直通到奥尔沙，但其运输能力非常有限。而没有改装德国铁轨的铁路，俄国的机车又是屈指可数。

在此期间，我一直期盼着，希特勒能推翻他7月27日在鲍里索夫中央集团军群所说的观点，能够下定另一个决心。

8月1日，第24装甲军及第7军开始对罗斯拉夫尔发动攻击。一大早，我首先来到第7军，但我沿着行军公路一直没有找到军指挥所，也找不到第23步兵师。一直到9时左右，才见到第23步兵师的骑兵前卫。司令部不可能在他们的前面，于是我停下来，向这些骑兵打听敌人的情况。他们对我的突然到来感到非常惊讶。然后，我让第67步兵团从我身边经过。该团团长冯·比辛男爵中校曾是我多年的邻居，我们曾同住在柏林的施拉赫特滕湖附近。当这些战士发现我也在前线，都表现得异常惊喜。当我准备前往第3装甲师，并与第23步兵师一同行进的时候，遭到己方轰炸机的误炸，使这个师遭受重大伤亡。第一枚炸弹在我的车前50米处爆炸。尽管行军部队都有明显标志，而且早就有关地面行军事宜向航空兵下达了明确无误的命令，但还是发生了这样令人遗憾的事件，真让人无可奈何。原因是驾驶员太年轻，缺乏训练和战场实战的经验。不过，第23步兵师在开进途中，一直没有遇到敌人强有力的抵抗，进展还算顺利。

下午，我来到第3装甲师的先头分队，他们位于霍龙耶沃南部的奥斯特河地段。莫德尔将军报告说，他夺取了河上的一座完好无损的桥梁，俘获敌人的一个炮兵连。我当场向营长们表达了我的谢意。

傍晚时分，我又回到第24装甲军军部，想了解一下作战的总体情况，并在第二天的2时赶回我的指挥所。这一趟整整耗费了我22个小时的时间。

我们已将主要目标罗斯拉夫尔占领！

8月2日上午，我来到第9军。从第292步兵师第509步兵团的指挥所，

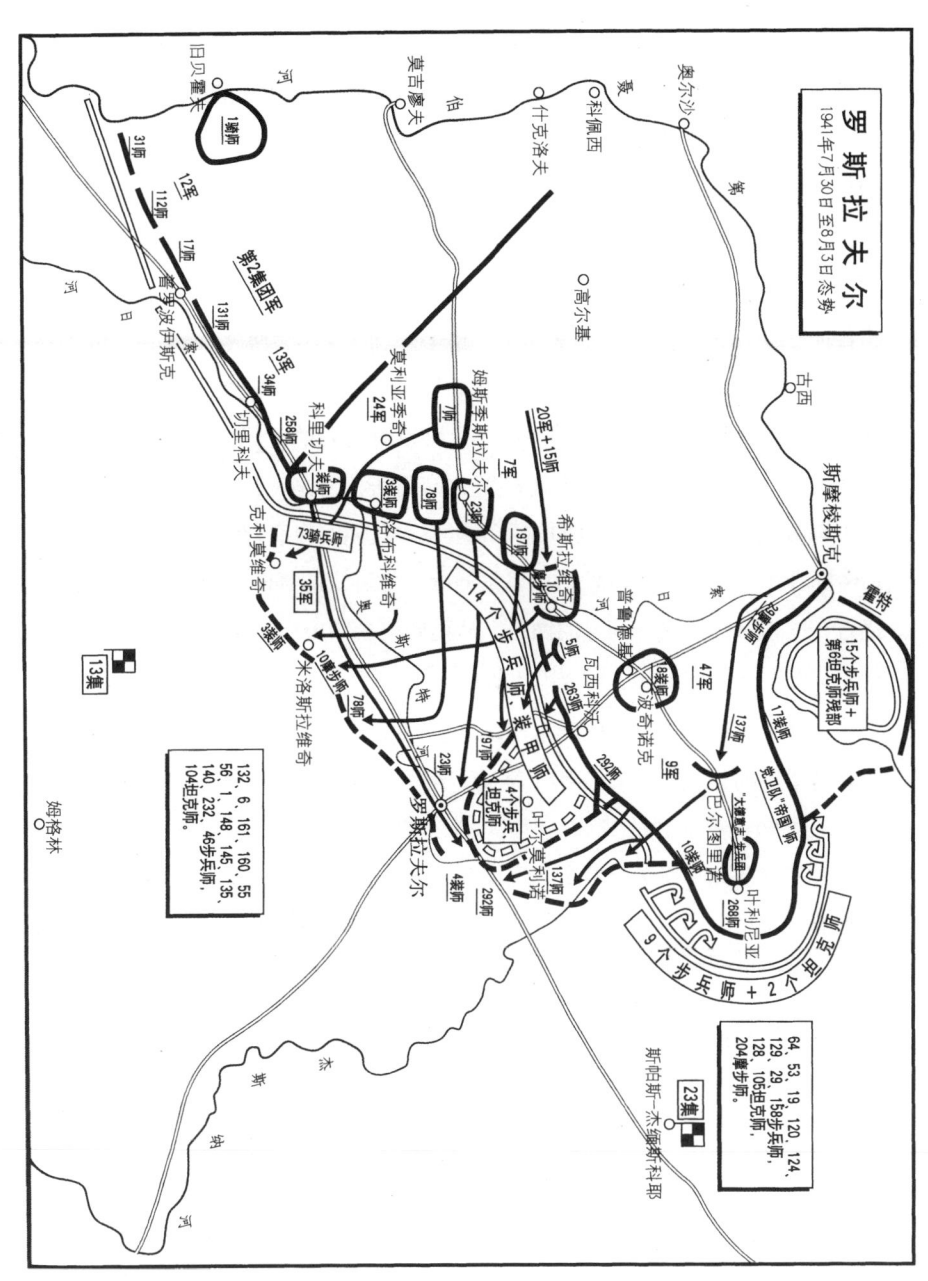

图 16　罗斯拉夫尔　1941 年 7 月 30 日至 8 月 3 日态势

可以观察到俄军撤退的情况。我命令第9军的部队向南推进，该军却提出不同意见，但遭到我的否决。然后，我又到了第507步兵团，该团正随一支先遣支队向科萨基开进。最后，我到了第137步兵师师部及所属各团，命令他们夜间继续前进，争取尽快到达莫斯科的公路。22时30分，我返回指挥所。

8月2日，获悉第9军的战绩不佳。8月3日我再次来到这个军，督促他们迅速推进，以确保攻击的胜利。我先到位于科瓦利的第292步兵团指挥所，从那里再到第507步兵团。路上碰到了第9军军长，我与他就作战情况详细地进行了商谈。我到了第507团之后，便立刻来到最前沿的连队，与他们一起徒步前进，目的是想以我这种以身作则的方式，激励他们不停顿地前进，不要中途停留。在距离宽大的莫斯科公路三公里处，从望远镜里可以看到罗斯拉夫尔东北面的俄军坦克。我随即命令停止一切行动，并命令随伴步兵用自行火炮发射白色信号弹，告诉我的部队："我在这里！"接着，作为对我的这一信号的回答，从莫斯科公路方向发出了同样的信号。那是我的第4装甲师第35装甲团的弟兄们！

我坐上指挥车，向我的装甲部队开去。最后一批俄国人丢下枪逃跑了。奥斯特里克河桥已被炸毁，桥上堆满了横七竖八的横梁和木板，站在莫斯科公路旁和桥梁旁边的第35装甲团第2连队的官兵们，不顾一切地从桥上爬过来欢迎我。不久前这个连还由我的长子指挥，他同战士们打成一片，关系非常密切，所以战士们看到我也很亲切。现任连长克劳泽中尉向我讲述了作战经过，我对他的连队所取得的功绩表示祝贺。

对罗斯拉夫尔的俄军的合围业已达成，被合围的俄军有三四个师。现在的主要任务是加固合围圈，直到俄军投降。半小时后，盖尔将军也来了，我向他强调了扼守莫斯科公路的重要性。同时指出，第292步兵师的任务应当是面向西，保障合围圈不被俄军突破；第137步兵师应面向东，沿杰斯纳河保障合围圈的安全。

当我回到指挥所后获悉，第7军抓获了3700名俄军俘虏，缴获火炮60门，坦克90辆和一列装甲列车。

在此期间，叶利尼亚仍在激战中，弹药消耗量极大。我们的最后一支预备队——集群指挥所的警卫连，最后也不得不参战了。

8月3日，我集群各支部队到达如下位置：

第4装甲师到达罗斯拉夫尔；第7步兵师和第3装甲师到达克利莫维奇西部地域；第10摩托化步兵师到达希斯拉维奇；第78步兵师到达波涅托夫卡；第23步兵师到达罗斯拉夫尔；第197步兵师到达罗斯拉夫尔东部地域；第5机枪营也到达此地。

第263步兵师到达普鲁德基南部地域；第292步兵师到达科萨基；第137步兵师到达杰斯纳河东岸。

第10装甲师、第268步兵师、党卫队"帝国"装甲师到达叶利尼亚周围地域；第17装甲师到达叶利尼亚东部地域；第29摩托化步兵师到达斯摩棱斯克以南地域；第18装甲师到达普鲁德基。

第20军军部此时也正好到达这里。

8月4日晨，我奉命来到集团军群大本营，向希特勒汇报战况，这还是自俄国战局以来的第一次。现在战争正面临着一个重大的转折点！

莫斯科还是基辅？

希特勒召集的会商是在新鲍里索夫中央集团军群大本营举行的。出席会议的有希特勒和施蒙特、冯·博克元帅、霍特和我，以及陆军总司令部代表、作战处长豪辛格上校。会上，我们每一个人都可以阐述自己的观点，但并不知道别人会说什么。尽管如此，集团军群的所有将军都一致认为，目前最为关键的是继续实施对莫斯科的攻势。霍特说他的装甲集群最早可在8月20日开始行动。我则报告说，8月15日就可以开始行动。然后，希特勒开始讲话。他认为，第一个目标应当是列宁格勒的工业区。然后，是莫斯科或者是乌克兰，具体是哪个他还没有做最后决定，但看来似乎倾向于后者。其原因，一是现在南方集团军群已为胜利铺平道路；二是乌克兰的原料和生活必需品对于而后的作战十分必要。最后他指出，克里木半岛[1]作为"俄国对付罗马尼亚油田的航空母舰",必须予以铲除。他希望,在冬季到来之前能占领莫斯科和哈尔科夫。尽管议论了半天,但在这一天的会议上,在最重要的作战问题并没有做出决断。

在议论完这个话题之后,会议便转入讨论细节问题。与我的装甲集群有关的重要问题是,希特勒不同意我们撤出叶利尼亚突出部,因为他认为目前还不能肯定这个突出部是否将作为向莫斯科方向突击的出发阵地。我向希特勒特别强调指出,由于沿线灰尘太大,致使我们的坦克发动机严重磨损,如果在今年的作战中还想继续使用坦克的话,就必须更换新的坦克,同时被击毁的坦克也急需补充。最后经讨价还价,希特勒答应调拨 300 台坦克发动机来补充整个东线。这么点东西只够我们塞牙缝的。而实际上,新坦克我们一辆也没有得到,因为希特勒还想用这些坦克装备新组建的部队。在就这个问题所进行的辩论中,为了反驳他的观点,我向他指明了俄军在坦克上的巨大优势。我说,如果我们想避免损失,那就只有不断补充新的坦克,使我们的坦克数量能与俄军相匹敌。希特勒紧接着便说道:"如果我知道俄国人的坦克数量真像您那本书中所说的,我相信我就不会发动这场战争了。"他所指的那本书就是我在 1937 年出版的《注意!坦克!》。在那本书里,我指出当时俄国的坦克数量就已经有 1 万辆了,但是当时的陆军总参谋长贝克和书刊检查机关对这个数字提出强烈质疑。正是由于这个数字的缘故,这本书差点没能出版。我指出,我所获取的情报表明,当时俄军真正拥有的坦克数量不是 1 万辆,而是 1.7 万辆,出于谨慎起见,我在公开发表时才采用 1 万辆这个数字。我指出,面临危险,鸵鸟政策是无济于事的。但是,不仅希特勒,还有他的政治、经济和军事方面的权威顾问们,正在重蹈鸵鸟政策的覆辙。他们明知当前的局势十分严酷,却故意装聋作哑,而由此所招致的灾难性结局却必须由我们来承担。

在返回途中,我决定无论如何要做好向莫斯科方向进攻的准备。

---

[1] 今克里米亚半岛。——译者注

当我回到指挥所之后获悉，第9军由于怕俄军在合围圈的东南角叶尔莫利诺突围，放弃了莫斯科公路，这样在8月3日已达成的合围就有可能被俄军突破。8月5日一早，我急忙赶到第7军，再从那里沿莫斯科公路向前行驶，想试图从南面再次将缺口封闭。行进途中，我遇到在叶利尼亚作战的第15步兵师的部分部队，我向他们的师长简单地了解了一下这里的情况。然后，来到第197步兵师。该师师长迈尔－拉比根将军向我报告，合围圈已经没有办法再封闭了，至少莫斯科公路已被俄军火力所控制。在第4装甲师那里我听说，第35团的坦克已经换班。我立刻通过无线电通知第24装甲军，命令他们确保莫斯科公路的安全，而后驱车前往第7军。该军已派出第23步兵师侦察营前去阻止俄国人的突破。但我认为这一措施仍然不够，于是我与第7军参谋长克雷布斯上校（他是我在戈拉斯步兵营的老战友，1945年春他接替我担任陆军总参谋长）亲自前往罗斯拉夫尔。在那里我遇到克劳泽中校指挥的第2装甲连（隶属于第35装甲团），他们正进入休息营地，可是该连连长自己还在与敌人周旋。直到早晨，这个连成功挫败了敌人的突破企图，击毁敌人数门大炮，抓获上百名俘虏。然后，该连才按原定计划撤离。我立即命令这个勇敢的连队返回，重新占领原来的阵地。接着，我命令第2步兵团第332营向奥斯特里克河大桥开进，最后命令尚在罗斯拉夫尔的高炮部队进入战备状态，而后我又赶往前线。当到达奥斯特里克河大桥的时候，正好看见大约100名俄军由北向大桥接近。我们的坦克驶过近几日刚修好的大桥，阻止了敌人的突破。在我看到装甲部队与第137步兵师建立联系后，才回到第7军指挥所，把监视莫斯科公路危险地段的任务，交给第7军炮兵指挥官马蒂内克将军，他是一位久经沙场的奥地利指挥官。然后，我乘联络机飞回指挥所。第9军奉命从这里与马蒂内克将军的战斗群取得联系。

我告诉我的司令部，在准备向莫斯科进军时必须牢记几个要点：装甲军配置在右翼，沿莫斯科公路开进，步兵军放在中央和左翼；进攻重点应放在莫斯科公路两侧敌人防守薄弱的右翼；达成突破后，经斯帕斯－杰缅斯科向维亚济马突击，以减轻霍特向前推进时的负担，加速向莫斯科的突击。而8月6日，陆军总司令部却向我提出要求，要调用我的装甲师，用来攻击远在我背后的第聂伯河畔的罗加乔夫。因为我决心已下，所以拒绝了陆军总司令部的要求。这一天，根据侦察断定，在罗斯拉夫尔周围广大地域几乎没有敌人。在布良斯克方向以及向南40公里，也没有发现敌人。次日，事实证明我的判断是正确的。

到8月8日，罗斯拉夫尔会战可以说已稳操胜券。我们一共俘虏3.8万人，缴获坦克200辆和大批火炮。这是一个巨大胜利，令人欢欣鼓舞。

尽管如此，无论是进攻莫斯科还是其他作战行动，都必须具备一个前提：保障科里切夫右翼纵深的安全。同样，为保证第2集团军对罗加乔夫的进攻行动，也必须肃清右翼之敌。与我的看法一样，集团军群也希望不要把装甲兵力调拨给第2集团军，认为那样会使坦克装备因长途行驶遭受不必要的损失，因为罗斯拉夫尔距离罗加乔夫有200公里，来回就是400公里。我们都把注意力集中在了继续向莫斯科挺进这个宏大目标上。尽管这种认识已十分明确，但集团军群似乎是迫于陆军总司令部的压力，还是一再要求"调用若干坦克投入普罗波伊斯克方向"。最后还是冯·盖尔男爵将军想出了一个办法，使一切问题迎刃而解了。他主张，向科里切夫南部米洛斯拉维奇之敌发动攻击，这样可以一劳永逸地解除其右翼的压力。我批准了这一决定，同时也获得集团军群的首肯，他们也不再要求调用坦克用于普罗波伊斯克方向了。

8月8日，我去视察罗斯拉夫尔及其南部的各军、师部队。8月9日，我参加了第24装甲军第4装甲师的行动。第35装甲团和第12步兵团打得非常出色，可谓典范，由施奈德上校指挥的炮兵也给予了有力的炮火支援。

第2装甲师一直是陆军总司令部的预备队，却于8月10日被调到西线即法国，其中缘由不得而知。

在这几天里，一直向戈梅利推进的第2集团军，由于道路泥泞再也无法前进。如果不是出现这种状况，恐怕还会有部队被调往西线。

截至8月10日，各支部队到达如下位置：

第7步兵师到达霍托维奇；第3、第4装甲师在米洛斯拉维奇西南地域作战；第10摩托化步兵师到达米洛斯拉维奇；第78步兵师到达斯洛博达，其先遣支队到达布坎；第197步兵师到达奥斯特罗瓦亚，其先遣支队到达阿列什尼亚。

第29摩托化步兵师到达罗斯拉夫尔；第23步兵师在罗斯拉夫尔以北休息；第137步兵师和第263步兵师到达杰斯纳河一线。

第268、第292和第15步兵师到达叶利尼亚突出部。

第10装甲师到达叶利尼亚西部；第17装甲师到达叶利尼亚西北；第18装甲师到达普鲁德基东部；党卫队"帝国"装甲师到达叶利尼亚西北；"大德意志"步兵团在叶利尼亚休整。

到目前为止，装甲集群所采取的一切措施都基于这样一种思想，即不管是集团军群还是陆军总司令部，都一直把进攻莫斯科作为战争中的关键目标。尽管8月4日在新鲍里索夫的会议上没有就是否进攻莫斯科做最后定论，但我一直还是希望希特勒能接受我的观点，因为其中的道理不言自明。8月11日，我的希望最终破灭了。我原本计划攻击的重点应是经罗斯拉夫尔，向维亚济马突击，但陆军总司令部却以"超出常规"为由加以否决，而陆军总司令部自己并没有拿出一个更好的计划。不仅如此，在以后的几天里，他们下达的命令朝令夕改，自相矛盾，使下属无所适从。集团军群司令部本来在8月4日曾表示，毫无保留地支持我的计划，但现在看样子也不得不随声附和，反过来同意陆军总司令部的意见。而几天之后，希特勒自己居然又同意向莫斯科进攻，当然是有一定前提的，可惜当时我没有及时得知这个消息。现在看来，不管怎么说，陆军总司令部没有及时抓住和利用当时希特勒同意进攻莫斯科那一瞬间的极好机会。没有几天，希特勒就反悔了，一切又恢复了老样子。

8月13日，我视察了杰斯纳河畔罗斯拉夫尔以东及莫斯科公路两侧的战线。在行军路上到处可以看到部队官兵们树立的指路牌，上面写着"向莫斯科"，因为部队都认为下一步肯定是要向俄国首都进军了。当我看到这种情景时，真是五味杂陈。我在第137步兵师的前沿阵地与战士们聊天，

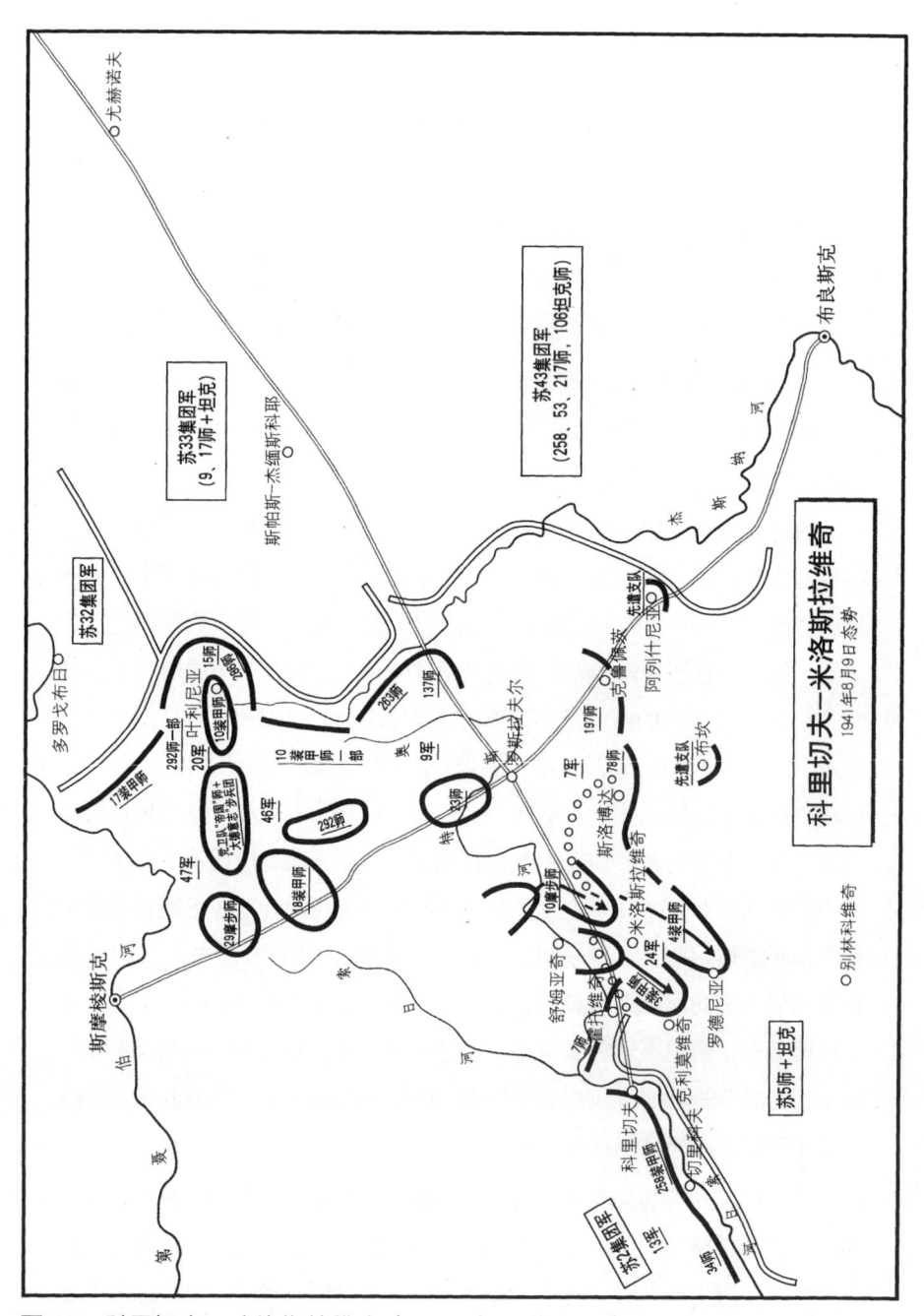

图 17 科里切夫 – 米洛斯拉维奇（1941 年 8 月 9 日）

他们都希望继续向东方挺进。

8月14日，第24装甲军在科里切夫的战斗胜利结束。击溃俄军三个师，俘虏1.6万人，缴获大量火炮。科斯秋科维奇被我军占领。

在我的进攻建议遭到拒绝后，我就提出另一个建议，即撤出叶利尼亚突出部。我认为，继续据守那个地方实无必要，同时还会造成不必要的损失。但这个建议同样遭到集团军群和陆军总司令部的拒绝，他们的理由居然是"敌人也不比我们好多少"，真是愚蠢至极！而对我建议的核心内容——避免无谓伤亡——他们却视而不见。

8月15日，我的上司提出要求，希望第24装甲军在取得胜利之后继续向戈梅利推进，我费了九牛二虎之力才说服他们放弃这一无理要求。因为我认为，向戈梅利推进就等于倒退。集团军群企图从我这里抽调一个装甲师用于这一目的，但没有考虑到，仅靠一个装甲师的兵力绝不可能突破敌人防线。与其如此，还不如将第24装甲军全部投入，但是该军左翼的安全必须由其他部队予以保障。第24装甲军自6月22日作战至今，还没有休息过一天，急需休整，坦克装备也需要维修。可是万万没有想到，就在我说服集团军群司令半个小时之后，陆军总司令部就下达命令，依然要我抽调一个装甲师投向戈梅利方向。在这种情况下，我只好命令第24装甲军，将它的第3、第4装甲师配置在第一线，第10摩托化步兵师随后跟进，向南方的新瑟布科夫和斯塔罗杜河开进，待右翼师达成突破之后，再转向戈梅利。

8月16日，第3装甲师占领道路枢纽姆格林。中央集团军群将第39装甲军及其第12装甲师、第18、第20摩托化步兵师移交北方集团军群。

下面是以后几天从电话中了解到的情况，这些情况足以说明中央集团军群在行动方案上一直犹豫不决。8月17日，第24装甲军右翼遭到敌人的顽强抵抗，无法机动。而此时第10摩托化步兵师尤其是第3装甲师已成功越过乌涅恰铁路枢纽，进展顺利。这样，戈梅利-布良斯克铁路就被我军切断了，而且在敌人的纵深打开了一个大缺口。这对我军来说是极为有利的形势，但是如何加以有效地利用呢？按理说，应当命令第2集团军靠近我的右翼，利用其强大的左翼向戈梅利发动攻击。但是，中央集团军群却出人意料地命令第 2 集团军以强大兵力从其左翼向东北开进，转到第 24 装甲军背后，而让第 24 装甲军在斯塔罗杜河－乌涅恰强撑着苦战。于是，我向集团军群提出要求，让第 2 集团军的部队首先攻击我右翼的敌人。他们欣然接受了我的要求，可是令我万万也没有想到的是，当我问第 2 集团军司令部是否已接到相关命令时，他们给我的答复却正好相反：集团军群命令他们向东北方向推进！此时，应采取果断行动，而不应依然停留在 8 月 17 日敌人要撤出戈梅利的印象上。早在那一天，我就命令第 24 装甲军阻断乌涅恰和斯塔罗杜河敌人向东逃跑的道路。

8 月 19 日，南方集团军群的第 1 装甲集群，渡过第聂伯河在扎波罗热建立一小型登陆场。第 2 集团军占领戈梅利。在我的装甲集群方面，第 24 装甲军奉命通过克林齐－斯塔罗杜河，向新瑟布科夫突击；第 47 装甲军奉命对第 24 军东翼提供掩护。在波切普遇到敌人顽强抵抗。

8 月 18 日，陆军总司令就有关继续在东线作战的问题，向希特勒提出一份建议。

8 月 20 日，第 24 装甲军在苏拉日—克林齐—斯塔罗杜河一线，抗击敌人的攻击，一部分敌人在斯塔罗杜河南部向东突围成功，但敌人对叶利尼亚的攻击被击退。

8 月 20 日，冯·博克元帅电话里命令我，不要继续向南方苏多斯特河畔的波切普推进，不要再"纠缠"于第 2 装甲集群的左翼。他希望装甲集群所有部队都能撤到罗斯拉夫尔休息，这样在他下达向莫斯科进攻命令的时候，他手中就会有足够的有生力量。至于第 2 集团军不能迅速向前开进的原因，他却不知道，他一直在催促他们。

8 月 21 日，第 24 装甲军占领位于斯塔罗杜河以南 40 公里的科斯托波尔，第 47 装甲军占领波切普。

8 月 22 日，第 20、第 9 和第 7 军的指挥权转交第 4 集团军。装甲集群指挥所移至罗斯拉夫尔西部的舒姆亚奇，这样就可以离师的主力更近一点。这一天的 19 时，集团军群来电询问，在克林齐－波切普地域作战的

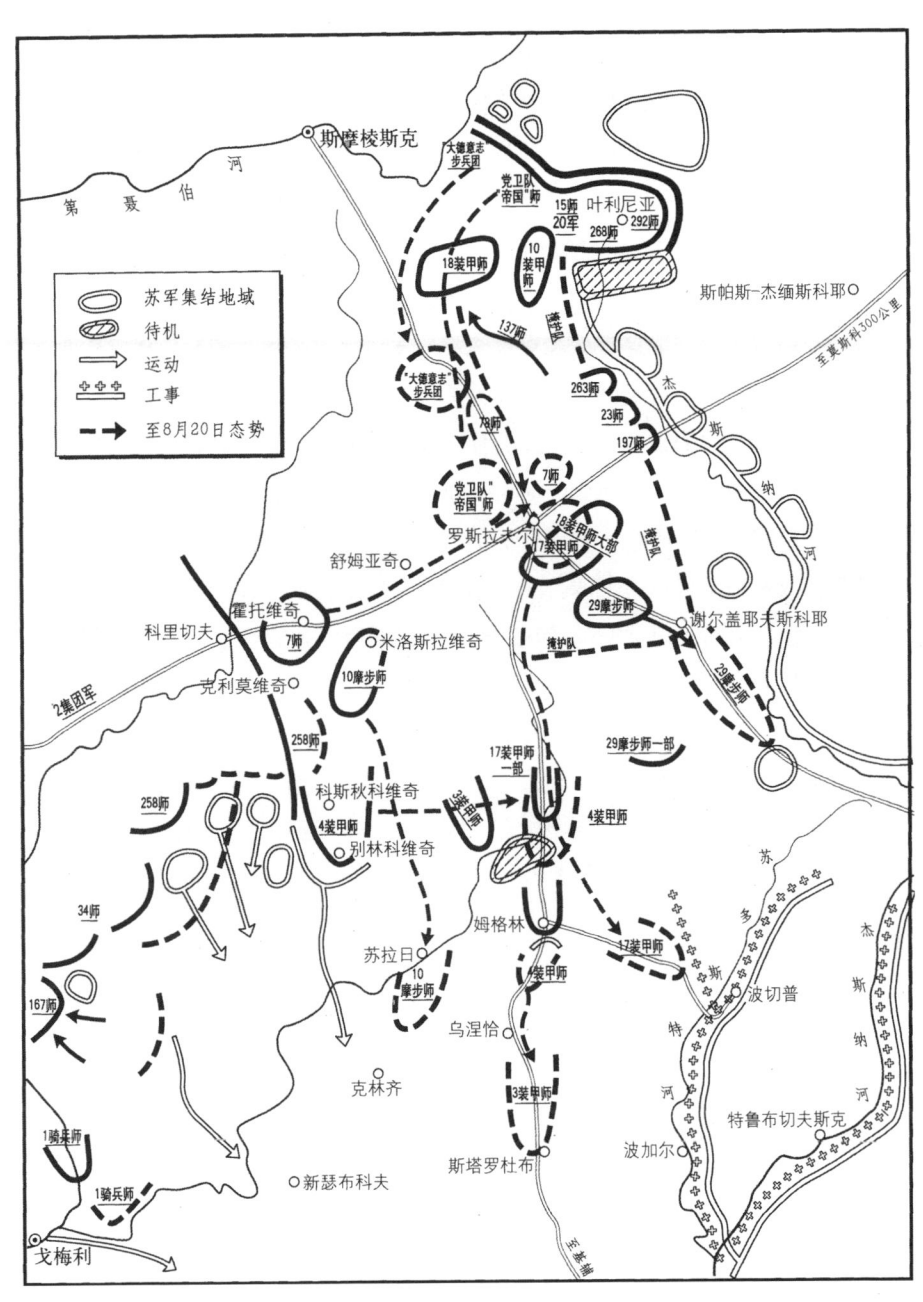

图18 1941年8月17日态势

装甲兵团能否参加第 2 集团军左翼的作战行动，接着向南与南方集团军群的第 6 集团军实施协同。这分明说明，陆军总司令部或国防军总司令部又下达了一道新的命令，要求快速部队参加第 2 集团军的作战。于是，我急忙向集团军群指出，将装甲部队投入到这个方向是完全错误的，而分散使用兵力无异于犯罪。

8 月 23 日，我奉命到集团军群参加一次会商，陆军总参谋长也到会。他告诉我们，现在希特勒已经决定，不再向列宁格勒方向和莫斯科方向进攻，而是首先要夺取乌克兰和克里木。原本总参谋长哈尔德大将也是主张进攻莫斯科的，希特勒的决定使他大为震惊，现在他的希望化为泡影。我们进行了长时间的讨论，看看还有什么办法能够扭转希特勒"无法扭转的决心"。我们大家一致认为，如果按命令向基辅进攻，其结果必然要导致一场冬季作战。这样，一系列困难也会随之而来，而对陆军总司令部来说，冬季作战是完全可以避免的。我列举了很多理由来说服他们，我指出，眼下已经出现道路难以通行的情况，因此补给也随之出现困难，而装甲部队如果向南开进，这些困难只会有增无减。如果在完成了向南方这一新的作战任务之后，紧接又进行向莫斯科进攻的冬季作战，那么装甲车辆有没有能力承受，很是值得怀疑。此外，我还补充说道，第 24 装甲军自参战以来，还没有休息过一天，坦克装备也没有得到过维修。受到我这些观点的启发，总参谋长好像又找到了推翻希特勒决定的依据。冯·博克元帅也支持我的看法。商量来商量去，始终没有个结果。最后，博克元帅建议，让我陪同哈尔德大将一同到元首大本营，以一个有实战经验的将领身份，向希特勒当面陈述理由，想用这样最后一张牌来说服希特勒同意陆军总司令部的计划。大家都表示支持博克元帅的这一建议。于是，我们于下午晚些时候出发，傍晚时分降落在东普鲁士的勒岑❶机场。

降落之后，我便立即向陆军总司令报到。冯·布劳希奇元帅迎接我时

---

❶ 今吉尔茨科。——译者注

提醒我说："我禁止您向元首谈及莫斯科问题。因为向南方进军的命令已经下达，现在说什么都没用，只有执行。"听完他的话，我立刻要求准许我返回我的装甲集群，因为在这种情况下再去见希特勒，势必会引发一场与希特勒的无谓争论。但冯·布劳希奇元帅没有准许我回去。他命令我去见希特勒，向他报告我的装甲集群的情况，最后又一遍提醒我："不要提及莫斯科！"

于是，我去见希特勒，在座有很多人，其中有凯特尔、约德尔、施蒙特等，可惜就是没有布劳希奇和哈尔德或陆军总司令部的其他代表。我向希特勒报告了我的装甲集群所处的态势、现状和地形情况。当我汇报完之后，希特勒问道："您认为您的部队在取得现有战绩之后，还有能力担负一项重大的任务吗？"

我回答："如果这是一个重大的目标，而且为部队的每一个官兵所理解，我是有能力担负的！"

希特勒接着说："您说的这个目标肯定指的是莫斯科！"

我说："是的。既然您已经提到这个问题，就请允许我讲讲我的理由。"

希特勒表示同意。于是，我把为什么要向莫斯科而不是基辅进攻的理由，逐一加以详细阐述。我说，从军事角度而言，现在的关键不是别的，而是要彻底歼灭已经遭到我军重创的俄军。我还向他阐述了俄国首都的地理价值。我说，莫斯科与巴黎完全不能类比，它是交通和通信中心，是政治核心和最重要的工业区。如果占领了莫斯科，那么这不仅将对俄国人民在精神上造成极大震撼，也将使世界瞠目。我还指出了部队现在的情绪。他们在急切地等待着下达向莫斯科进攻的命令，在他们心中除了这一目标再没有其他目标，他们已经做好了向莫斯科进攻的一切准备，枕戈待旦。我向他说明，如果我们在这个决定性的方向上取得了胜利，并歼灭敌人的主力，那么夺取乌克兰工业区便易如反掌。因为占领了莫斯科这个交通枢纽，俄国人就无法从北向南调动兵力。我特别提醒他说，目前中央集团军群各部已做好向莫斯科方向进发的准备，但是如果改向基辅即向西南方向作战，也就是说向国内方向调动兵力，势必要花费大量时间。如果接着向莫斯科进军，那就要返回来，再走同样的距离，而罗斯拉夫尔到洛赫维察，距离有450公里，这就等于使我们的部队和装备再一次受到消耗和损毁。因为我从战争开始就一直在这一带作战，所以很熟悉这里的道路状况。于是我还向他描述了这一地域的道路状况。接着我指出，这些业已出现的运输困难，势必随着转向乌克兰方向而一天天加大。最后，我指出了转向乌克兰方向必然会出现的严重后果：如果战争不能按计划尽快结束，而是拖入恶劣季节，到了那个时候如果再想在今年对莫斯科实施最后打击，就太迟了。结束讲话时我提醒大家，不管其他考虑多么正确，或者多么重要，现在关键的问题是首先要取得军事上的决定性胜利。这个问题解决了，其他一切问题便会迎刃而解。

希特勒让我一直把话说完，中间没有打断我。然后，他便开始详细解释他为什么要另下决心的理由。他说，乌克兰的原料和生活补给品对于战争的继续进行具有重大的意义。从这个角度出发，他又提到克里木的重要性，他将克里木称为"俄国对付罗马尼亚油田的航空母舰"，认为必须将其铲除。因此他说，"我的将军们对军事经济一窍不通"，这句话我还是第一次听他说。希特勒说了半天，最后归结为一道严格的命令：基辅是下一个战略目标，必须立即达成。希特勒每讲完一句话，所有在座的人都点头称是，只有我例外。尽管我后来经常看到类似情况，但这是首次。这说明，希特勒早就对他下定的这一决心的理由讲过无数遍了。我感到非常遗憾的是，冯·布劳希奇元帅和哈尔德大将都没有随我一同出席这次会议。否则，他们的观点也许会使希特勒改变初衷，使战争朝着另一个方向前进。鉴于国防军统帅部联合起来一致对我，我觉得再这样跟他们辩论下去实在没有必要了。因为当时我居然还确信，在这位国家首脑的周围人之中，不会无一例外地都同意他的观点。

进攻乌克兰的决定已无法更改，现在我能做的就是采取一种最佳途径来贯彻这一决定。因此，我请求希特勒放弃原定分割使用我的装甲集群的计划，让我的整个装甲集群来承担这一新任务，以便在秋季到来之前迅速取胜。因为，秋雨会使地面变成泥沼，使摩托化部队陷于瘫痪。希特勒满

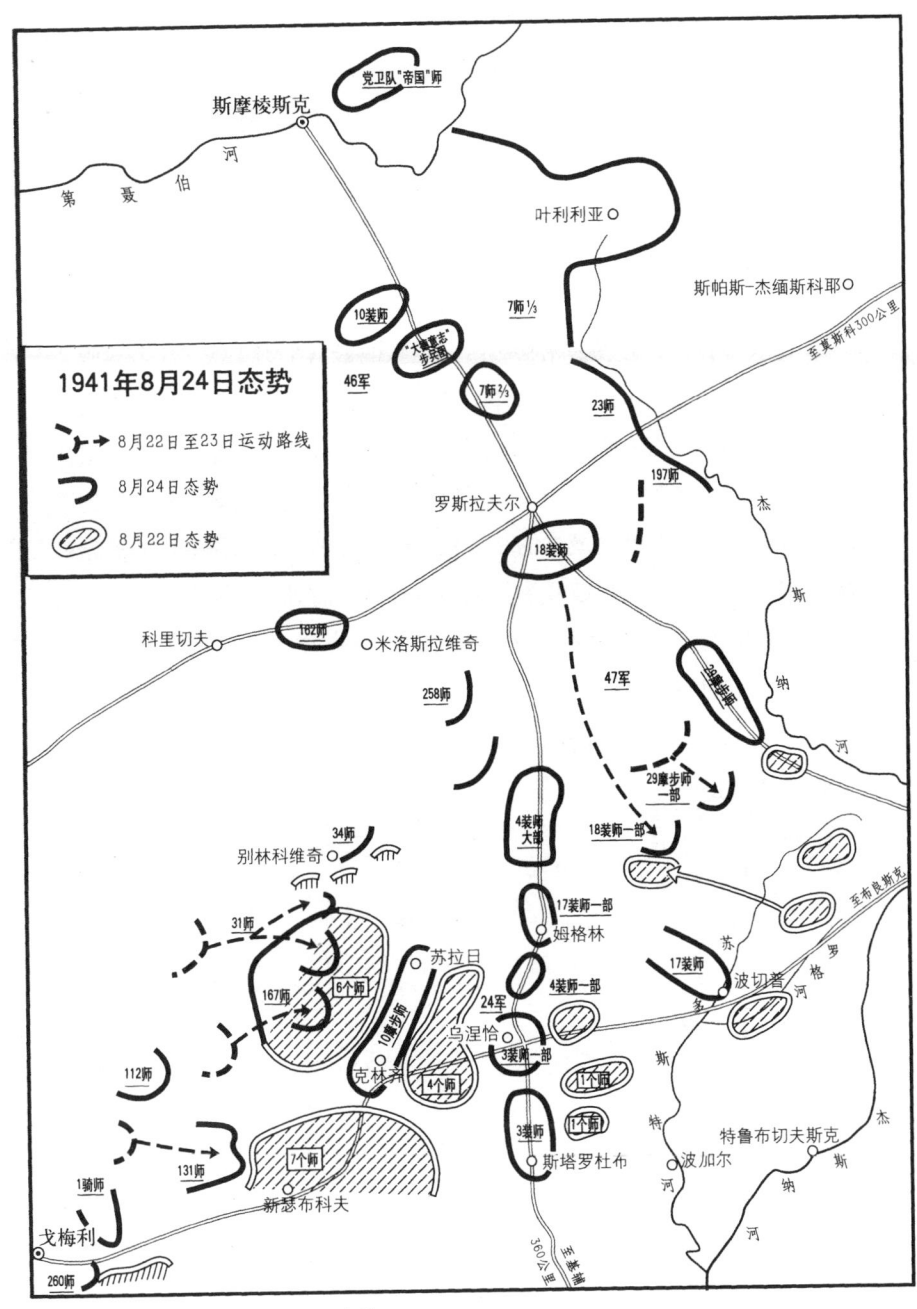

图 19　1941 年 8 月 24 日态势

足了我的这一请求。

当回到宿营地，已经过了午夜。就在这一天，陆军总司令部向中央集团军群下达了如下命令："以尽量强大的兵力歼灭俄第5集团军，尽快为南方集团军群打开第聂伯河的渡河场。为此，最好组成一个由古德里安大将指挥的战斗集群，以其右翼向切尔尼戈夫挺进。"我在向希特勒做汇报的时候，连这个命令的一丝消息也不知道。23日我和哈尔德大将在一起的那一天，他也没有向我提起一点关于这个命令的事。8月24日晨，我向陆军总参谋长报告说，企图使希特勒改变主意的最后努力失败了。我想哈尔德对此不会感到惊讶，但使我奇怪的是，他却神经质地大发雷霆，对我毫无道理地恶语相加。我推断，哈尔德之所以生气，可能是因为他与中央集团军群的通话中谈到我，以及集团军群司令部下属人员向舆论界所做的不切实际的描述。尤其使他恼火的是，我对现在已经决定的作战从一开始就全力以赴。他一点也不理解我为什么会这样做，而且此后还不断给我设置障碍。我们就这样不欢而散。我飞回我的装甲集群，奉命于8月25日开始向乌克兰方向挺进。

8月24日，第24装甲军占领新瑟布科夫，并将乌涅恰-斯塔罗杜河附近的敌人击退。

基辅会战

1941年8月21日希特勒下达的命令奠定了未来作战行动的基础，其中最重要的段落如下：

陆军8月18日关于下一步在东方作战的建议，与我的意图不符。

我命令：

1. 冬季来临之前要达成的最重要的目标不是占领莫斯科，而是夺取克里木、顿涅茨的工业区和煤矿；切断俄国来自高加索地区的石油补给；在北方，封锁列宁格勒，隔断其与芬兰的联系。

2. 南方和中央集团军群必须毫不迟疑地利用由于我军到达戈梅利－波切普一线而形成的罕见的有利态势，以内翼兵力实施一次向心作战。此次作战的目的，不仅要通过第6集团军单独实施的进攻将俄第5集团军赶过第聂伯河，而且还要在该部敌军突破杰斯纳河—科诺托普—苏拉河一线之前，将其歼灭。这样，就可以确保南方集团军群在第聂伯河中游以东地区站稳脚跟，并保障其中央和左翼部队继续向罗斯托夫－哈尔科夫方向突击。

3. 中央集团军群不必顾忌以后的作战，要派出较多兵力以达成歼灭俄第5集团军之目的，同时又要保证能以较少兵力抗击敌人对其正面中央部位的进攻。

4. 占领克里木半岛对于保障我从罗马尼亚获得可靠的石油供应，具有无比重大的意义⋯⋯

8月23日当我向希特勒做汇报的时候，我并不知道有上面这个命令中的这些话，而现在却成了陆军总司令部和中央集团军群向我的装甲集群下达指令的依据。最使我感到痛心的是，将第46装甲军从装甲集群中抽调出去，留作预备队，放在第4集团军背后罗斯拉夫尔－斯摩棱斯克地域，这与当初希特勒满口答应我的话完全不符，实在令我失望。第24装甲军和第47装甲军本来就兵力不足，现在我就只好以这样的一支弱军去执行新的作战任务。我曾就此提出过异议，但集团军群并没有给我任何回应。

我攻击的第一个目标是科诺托普，至于与南方集团军群如何协同，还要等待新的指令。

在目前装甲集群的兵力配置上，不可避免地会出现下列不利情况：目前位于乌涅恰地区的第24装甲军，不但要再次担负阻止俄军突破的任务，同时还要保障右翼免遭从戈梅利向东逃跑之敌的冲击。第47装甲军的任务是，以其唯一的一个师即第17装甲师，向位于波切普南部、苏多斯特河东岸的强大的俄军发起攻击，从而为装甲集群的左翼安全提供保障。此外，在这种干燥的季节里，苏多斯特河并不能构成可靠的屏障。

目前，第29摩托化步兵师已在杰斯纳河和苏多斯特河上游，占领了长达80公里的地段。在斯塔罗杜布东部地域，敌人还停在苏多斯特河西岸地段，即第24装甲军的侧翼。即使第29摩托化步兵师所占领的地段由步兵来接防，那么从波切普的侧翼到攻击目标科诺托普也有180公里的距离，一旦在那里发生重大战斗，巨大危险也会随之出现。敌人在东部侧翼究竟有多少兵力，我们现在还没有摸清。但是不管怎么样，我们必须要认识到，就目前第47装甲军的兵力而言，由于它担负了侧翼掩护的任务，现在已没有余力顾及其他。而第24装甲军在经过一系列艰苦的作战和行军之后，现在又不得不在尚未休息和补充的情况下接受新的作战任务，因此可以想象它的战斗力会大打折扣。

8月25日，各支部队的进展情况如下：

第24装甲军：第10摩托化步兵师和第3装甲师已分别越过霍尔梅和阿夫杰耶夫卡；以及卡斯托波尔－北诺夫哥罗德，到达杰斯纳河；第4装甲师先在苏多斯特河西岸担负肃清残敌任务，由第47装甲军接防后，随第3装甲师之后跟进。

第47装甲军：第17装甲师通过苏多斯特河东岸的波切普，向特鲁布切夫斯克方向突击，而后还要通过杰斯纳河左岸的渡场，沿河向西南方向突击，以减轻第24装甲军渡场的压力。该军的其他部队从罗斯拉夫尔地区出发，目前还在开进途中。

8月25日晨，我来到第17装甲师，亲自监督其强渡苏多斯特河及其南向支流罗格河。我所经过的道路状况极差，都是砂石路面，不少车辆中途抛锚。到12时30分，我不得不在姆格林向我的指挥所发电，调来装甲指挥车、人员输送车和摩托车。这是一个不祥之兆。14时30分，我到达第17装甲师指挥所，它位于波切普以北五公里处。对于眼前艰巨的进攻任务而言，现在投入的兵力太少了，捉襟见肘在所难免。因此，只能缓慢向前推进，无法与第24装甲军相比。我向这个师的师长里特尔·冯·托马将军和此后赶来的军长，指出了这一情况。为能了解敌人的动态，我亲赴第63步兵团的前沿，参加了他们的一段作战行动。当晚，我在波切普过夜。

8月26日晨，我与副官比辛少校来到罗格河北岸，视察一个炮兵前进观察所。我想看一看我们的俯冲式轰炸机对俄军江河防御轰炸的效果到底如何。我发现，炸弹的弹着点倒是很准，但实际效果却不理想。但是不管怎么样，至少产生了一定的精神震慑作用，在猛烈的轰炸下俄军士兵都躲到了单人掩体内，不敢露头，我们的渡河也因此几乎未遭什么伤亡。这时，我们的一个军官举止轻率，致使俄军发现了我们的位置，一连串的迫击炮弹打过来，打得很准。一发炮弹直接命中，炸伤了我们五名军官，其中有比辛少校，他当时紧挨着我坐着。我却没有受伤，简直是个奇迹。

我们对面是俄第269师和第282师。我一直看到我军渡过罗格河，并架好一座桥梁之后，才于下午经姆格林返回位于乌涅恰的新指挥所。在返回途中，我收到一个惊人的好消息：第3装甲师的第6装甲团，在布赫特基尔希中校指挥下，大胆使用坦克，夺占了位于北诺夫哥罗德东部的杰斯纳河上大桥，可喜的是桥梁完好无损。这一大好形势，极大地减轻了我们而后作战行动的压力。

午夜时分，我回到指挥所。在那里见到了保卢斯将军，他当时任陆军总司令部首席军需官，是哈尔德的作战参谋。他是当天下午到达这里的，来了解情况，但没有被赋予决断权。在我还没有返回指挥所之前，他已同冯·利本施泰因男爵中校就当前态势进行了商谈，然后向陆军总司令部做了报告，并提出一项建议：位于第2集团军左翼的非主力军和装甲集群，以及第1骑兵师在装甲集群左翼如何使用的问题，均应由一个人统一负责。而他得到的回答却令人啼笑皆非，不可思议。陆军总司令部答复说，现在还谈不上第2集团军部分兵力的隶属问题，至于第2集团军的机动问题"纯属战术层面"。第1骑兵师仍隶属于第2集团军指挥，并将其重点放在右翼。而装甲集群则受到了指责，说它"运动过分超前"。但是，在杰斯纳河畔的敌人过于强大，不能像陆军总司令部所考虑的那样，任凭其停在我们左翼纵深而置之不理。在我们向南开进之前，必须将这股敌人歼灭。第二天早上，我再一次把我的思路讲给保卢斯听。他也原原本本地将我的话转达给陆军总参谋长，但由于哈尔德已对我成见颇深，我的建议如石沉大海，没有任何回应。

8月26日晚，第2集团军左翼位于新瑟布科夫南部。我部与第2集团军的分界线从克林齐开始，越过霍尔梅到索斯尼察（位于杰斯纳河畔的马科希诺东北）；第2集团军与第4集团军的分界线起自苏拉日，通过乌涅恰－波切普，直至鲍里索夫。

在第24装甲军方面，第10摩托化步兵师位于霍尔梅和阿夫杰耶夫卡附近；第3装甲师位于北诺夫哥罗德南部的杰斯纳河大桥；第4装甲师在斯塔罗杜布东南与敌交战。

在第47装甲军方面，第17装甲师在波切普南部的谢姆齐作战；第29摩托化步兵师位于波切普和马科舒夫卡之间地域，担负保障装甲集群左翼安全的任务。由于第12和第53步兵军的到来，第29步兵师可以将其兵力向右翼集中。第18装甲师的先遣支队已从北向南经过罗斯拉夫尔。

此时，下列步兵师正从北向南推进，恰好与由西向东开进的装甲集群运动方向垂直：第167步兵师已通过姆克林；第31步兵师从姆克林东部向南机动；第34步兵师通过克列特尼亚；第52步兵师通过佩列拉济；第267和第252步兵师向科里切夫—切里科夫—普罗波伊斯克公路推进。这些师都隶属于第2集团军。如果在对基辅发起攻击的时刻，只要将这些步兵师的部分兵力用于南部，那么第24装甲军的右翼就不会危机不断。

8月26日，在第2集团军的对面，敌人沿杰斯纳河进行了更加猛烈的抵抗。为能迅速取胜，我请求将第46装甲军调来，但遭到陆军总司令部的拒绝。

8月29日，敌人在航空兵支援下，出动强大兵力，由南向西对第24装甲军发起反击，致使这个军的第3装甲师和第10摩托化步兵师被迫停止攻击。第4装甲师在完成肃清苏多斯特河西岸之敌的任务后，正通过北诺夫哥罗德向第3装甲师方向开进。这一天，我来到第24装甲军，接着来到第3和第4装甲师了解实际情况。然后，我命令第24装甲军于30日

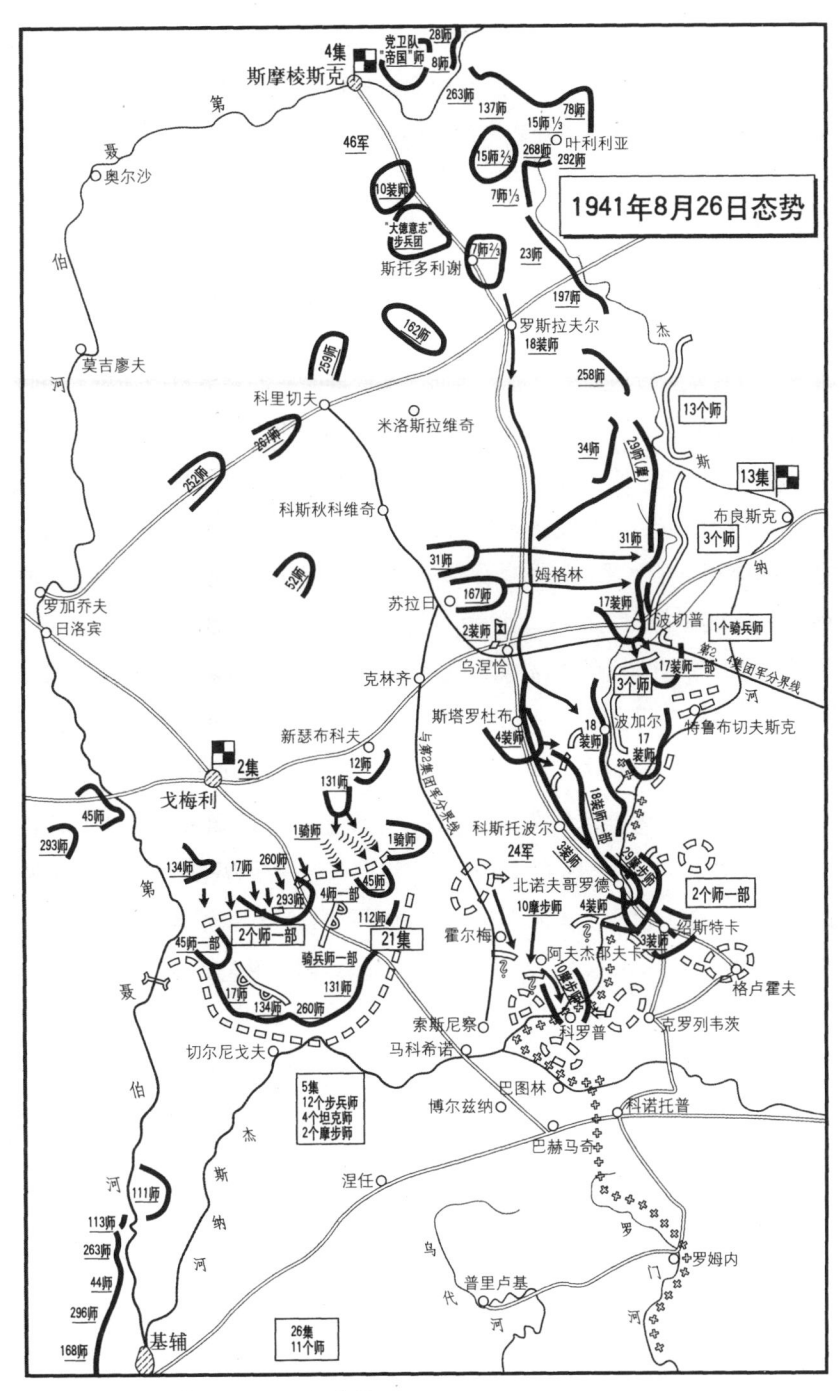

图 20　1941 年 8 月 26 日态势

解除右翼威胁，31日向西南方向突击；第47装甲军向苏多斯特河东岸实施攻击，而后沿杰斯纳河东岸继续向北诺夫哥罗德突击。18时，我乘轻型联络机飞回我的指挥所。随我一同返回的还有装甲集群作战指挥处处长拜尔莱因中校，这是他最后一次同我在一起，接着他就被调往非洲。接替他的是沃尔夫少校。

到8月31日，杰斯纳河的登陆场已有相当大的扩展，第4装甲师开始渡河。第10摩托化步兵师已到达杰斯纳河对岸科罗普的北部地域，但由于遭到敌人的猛烈反击，被迫撤回，与此同时它的右翼也遭到敌人的强大攻击。全师兵力已近枯竭，最后炊事连也不得不投入战斗，这样才防止右翼被敌人突破。俄军动用第108坦克师（自9月1日又投入第110坦克旅），从特鲁布切夫斯克向西和西北，对第47装甲军发起攻击，使勇敢的第17装甲师陷入困境。为了保障第24装甲军的登陆场北部的安全，并协助第17装甲师向前推进，第29摩托化步兵师越过北诺夫哥罗德大桥，向北推进。第18装甲师接替第4装甲师在苏多斯特河地段至杰斯纳河交汇处和波切普之间地段上的防务。自8月25日行动开始至今，第24装甲军已经俘虏敌人7500名，而第47装甲军则俘获1.2万名敌人。

现在，两翼遭到强大敌人的进攻，正面尤其是第10摩托化步兵师也受到敌人的强大压力，因此我不能肯定以现有这些兵力还能不能够继续实施攻击。于是，我请求集团军群允许调回我的第46装甲军。但是，8月30日只调回了"大德意志"步兵团。9月1日，调回第1骑兵师。9月2日，又有党卫队"帝国"师从斯摩棱斯克调回。在第23步兵师所在的叶利尼亚南部，俄军突破我纵深达十公里，第10装甲师为此奉命在正面对敌实施反击。"大德意志"步兵团向北诺夫哥罗德推进；党卫队"帝国"装甲师向第24装甲军右翼开进。9月2日，"大德意志"步兵团到达北诺夫哥罗德登陆场；党卫队"帝国"装甲师于9月3日到达第24装甲军右翼。

这种零散的调兵方法，对我来说无法起到太大的作用，因此我于9月1日用电话请求集团军群，将第46装甲军全部调回来，另外还有第7、第11装甲师和第14摩托化步兵师，因为我知道这些师目前都没有分派任务。

如果我手里能掌握这么多的兵力，我就会迅速达成基辅作战的企图。这次与集团军群的通话所带来的直接结果，就是把党卫队"帝国"装甲师调回来了。可是这次通话却遭到陆军总司令部无线电监听机构的窃听，引起了轩然大波。陆军总司令部联络官纳格尔中校于9月3日将此事向希特勒做了汇报，致使国防军总司令部采取了使我深为遗憾的措施。下面我还要谈到这件事。

9月2日，航空队总司令凯塞林元帅❶来到我的装甲集群，与我进行一次会商。他告诉我，南方集团军群好像正向前推进，在第聂伯河建立多个登陆场。但现在还看不出下一步作战究竟向哪一个方向发展，是哈尔科夫，还是基辅。

这一天，莫德尔将军和里特尔·冯·托马将军均在作战中负伤，但都不重。

9月3日，我驱车向阿夫杰耶夫卡行进时，遇到了第10摩托化步兵师的后卫部队，以及正在作战的炊事连的战士们和在阿夫杰耶夫卡的党卫队"帝国"装甲师的摩托车步兵。党卫队的侦察营正在阿夫杰耶夫卡与西面敌军交战。起初，情况相当混乱，但党卫队"帝国"装甲师师长豪辛格将军目标明确，指挥果断，很快便扭转了混乱局面。我在阿夫杰耶夫卡遇到他，命令他做好于9月4日向索斯尼察发起攻击的准备。第5机枪营刚刚从罗斯拉夫尔赶到这里，该营也归属他指挥。

下午，我到第10摩托化步兵师视察，该师由于近几日作战十分艰苦，遭重大伤亡。第4装甲师在杰斯纳河南岸投入作战，阻止了俄军渡河的准

---

❶ 阿尔贝特·凯塞林（1885—1960），德国元帅。自1933年起在空军服役。自1936年起历任空军参谋长兼空军第3军区司令、第1、第2航空队司令。参加波兰战局、法国战局、不列颠之战、苏联战局。1940年晋升为元帅。1941年任南方战线德军总司令，参与指挥德、意军队在北非和意大利的作战行动。1943年任西南战线总司令，指挥德军在地中海地区作战。1945年任西线德军总司令，5月率部投降。1947年被英国军事法庭判处死刑，同年改为终身监禁，1952年获释。——译者注

备工作，这在一定程度上减轻了第10摩托化步兵师的压力。该步兵师在近几天与俄军第10坦克旅、第293、第24、第143和第42师交战，敌人兵力处于绝对优势。我和师长冯·勒佩尔将军商谈了当前态势和邻近的党卫队"帝国"装甲师的情况，决定在以后几天让党卫队师与第10步兵师协同，确保右翼的安全。然后，我来到位于杰斯纳河南面的一个登陆场，这个登陆场由第20步兵团第2营防守，该营曾给我留下非常好的印象。接着我来到该团第1营，该营曾在前几天的作战中蒙受重大损失，不过很快便恢复了士气。这个营给我的印象也不错，我鼓舞他们说，我坚信你们将来一定能够出色地完成任务。

我的司令部打来电话告诉我，第1骑兵师现又归属装甲集群指挥，正向党卫队"帝国"装甲师的右翼方向开进。于是，我再次找到党卫队"帝国"装甲师师长，命令他要确保第10摩托化步兵师后方的安全。然后，返回我的指挥所。回来后听说，位于我们攻击方向上的博尔兹纳和科诺托普，仍是我们下一步的攻击目标。第46装甲军军部及其军属部队的一半，也重归装甲集群指挥。在前线上的两个军报告称，他们每个军都抓获了2500名俘虏，由工程兵上将巴赫尔指挥的部队也俘敌1200人。第24装甲军提出警告，因科罗莱维兹被我军占领，南翼不断延长，威胁日益加大，先头部队的战斗力也已逐渐被削弱。

这一天，陆军总司令部联络官纳格尔中校参加了在鲍里索夫举行的集团军群会商，陆军总司令也到会。纳格尔中校借此机会将我对态势的分析判断讲给大家听，于是他便被扣上了"传声筒和宣传员"的帽子，被立即免职。他是位头脑清晰的军官，精通俄语，我对他遭到如此惩处深感遗憾，他只不过是出于责任心，把身处前线的人的观点讲出来罢了。

祸不单行。这天傍晚，又下起大雨，道路很快变成泥沼，无法通行，党卫队"帝国"装甲师2/3的部队也因此无法继续前进。

9月4日我是在第4装甲师前线度过的，在这里碰到了冯·盖尔男爵将军。虽然只下了一会儿雨，道路已变得泥泞不堪，75公里的路程耗费了我四个半小时的时间。第4装甲师正向科罗普－克拉斯诺波利耶方向攻击。

在其当面的敌人已进行了很长时间的抵抗，一点也不惧怕我们的坦克。只是当我们出动了俯冲式轰炸机后，他们在主要地段上的抵抗才最终被粉碎。冯·盖尔男爵将军在看过缴获的敌方文件后认为，继续向索斯尼察方向突击取胜的希望最大，因为那里正好是俄军第13集团军和第21集团军的接合部，估计那里是敌人的一个缺口。第3装甲师报告说，他们的进展很顺利。于是，我到达这个师，发现他们已到达姆季诺和斯帕斯科耶，正向谢伊姆河地段挺进。莫德尔将军也认为，我们的攻击方向如若不是敌人的缺口，也是一个薄弱部位。我命令莫德尔渡过谢伊姆河后，一直向科诺托普-别洛波利耶公路突击，并将公路切断。在我返回途中，把第二天的命令通过无线电通告我的司令部。回来之后得知，希特勒将会对装甲集群的作战进行干预。

集团军群电话通知我，国防军总司令部对我装甲集群的作战尤其是对第47装甲军在杰斯纳河东岸的作战表示不满，并要求我们提交一份关于对态势进行判断和未来意图的报告。到了夜晚，陆军总司令部又下达命令，要第47装甲军停止进攻，撤回河西岸。所有命令的措辞都极为生硬粗暴，使我大为不悦。这个命令极大地打击了第47装甲军的情绪，使他们大失所望。因为，军部和各师都认为胜利即在眼前，现在撤回杰斯纳河并重新部署，所花时间肯定要比继续进攻还要多。自8月25日以来，仅这一个军就缴获火炮155门，坦克120辆，抓获俘虏1.7万名；第24装甲军则俘获俄军1.3万人。可是对这一切，上级没有说过半句嘉奖的话。

9月5日，第1骑兵师被调往波加尔，改由第4集团军指挥。我们很希望这个师能作为机动兵力，留在第47装甲军的左翼。而现在，我们就不能把保障苏多斯特河地段侧翼安全的任务交给它了。

这一天，党卫队"帝国"装甲师占领索斯尼察。

第4集团军在遭受伤亡之后，准备撤出叶利尼亚的突出部。如果早在8月份就接受我的建议，完全可以避免这些无谓的伤亡。

9月6日，我又一次到党卫队"帝国"装甲师视察。该师正在攻击马科希诺的杰斯纳河铁路桥。我费了很大工夫，才把航空兵调来，为这个师提供空中支援。但由于路况极差，该师未能将其兵力集中。一路上，看到了许多开进的队伍，有的在行军，有的在林中休息。部队的纪律很好，而且他们都对于重新回归自己的装甲集群感到满意，喜悦之情溢于言表。下午，部队占领大桥，还夺占一个渡场。我的车队多次在敌人的火网中穿梭，却没有受到一点损失。在回来的路上，遇到第1骑兵师以及党卫队的部分部队，因为路况太差，他们只得徒步行军。当我到达师部之后，便立即命令扩展杰斯纳河的登陆场，以使该师从这里向谢伊姆河西岸攻击，以减轻第24装甲军在通过这一地段时的压力。

9月7日，第3、第4装甲师在谢伊姆河南岸建立登陆场。这一天，集团军群命令我们向涅任－莫纳斯特里谢一线推进，重点是涅任。9月8日凌晨5时25分，又来了一道命令："新的攻击方向为博尔兹纳－罗姆内，重点为右翼。"这一天，我来到位于戈梅利的第2集团军司令部，与陆军总司令商谈10月初即将对莫斯科发动的新攻势的计划。除了这个问题之外，陆军总司令冯·布劳希奇元帅再次谈起第47装甲军在特鲁布切夫斯克方向作战的问题，对我9月1日电话里要求增加兵力的请求深表不满，由此我估计他可能窃听了我与国防军总司令部的通话。他认为，装甲集群当时根本没有必要扩大其作战行动。而我则极力为我所采取的措施进行辩护。我说，在我左翼有一支强大的敌人，我怎么可能对此置之不理，我必须把这支敌军歼灭。到这一天为止，我们俘获四万名敌军官兵，缴获火炮250门。我们的先头部队已接近巴赫马奇－科诺托普公路。

这一天，第2集团军占领切尔尼戈夫，而后奉命向涅任－博尔兹纳方向进攻。

同一天，被免职的纳格尔中校与我们告别，他的继任者冯·卡尔登少校到任。卡尔登少校与纳格尔和曾担任陆军联络官的贝洛一样，举止得体，头脑清晰。

在北方集团军群那里，第4装甲集群和第18集团军正准备向列宁格勒外围要塞发起攻击。攻击计划于9月9日开始。

9月9日，第24装甲军渡过谢姆纳河。在这一天，我目睹了第4装甲师的战斗，看着第33和第12步兵团分队向戈洛吉什切推进。俯冲式轰炸机为步兵团和第35装甲团提供了有力支援。只是，所有部队在经过两个半月的战斗之后，已经疲惫不堪，加之伤亡惨重，因此未能表现出很强的战斗力，这说明部队急需休整。遗憾的是，现在暂时还做不到。下午晚些时候，我来到第24装甲军军部。在这里冯·盖尔男爵将军对我说，党卫队师也在进攻中，此外第3装甲师准备向科诺托普推进。据战俘供称，俄军第40集团军已推进至俄第13和第21集团军之间。弹药还勉强够用，但燃料已出现紧张情况。

傍晚，我飞回位于克罗列韦茨的指挥所。在这里接到集团军群的通知：第1骑兵师不能停留在苏多斯特河地段，必须继续向北推进。这样，第18装甲师就不可能随装甲集群之后跟进了，而现在正需要新生力量，去扩展在谢伊姆河地段所取得的战果。晚上，收到一个令人惊喜的消息，第24装甲军在巴图林和科诺托普之间所进行的攻击，确实是敌人的薄弱部位，第3装甲师的先遣支队已向我们的攻击目标罗姆内进发。这就等于说，这个师已推进到敌人的背后。现在的关键就是如何迅速利用这一战果。但是要完成这一任务也绝非易事，因为我们的兵力已感明显不足，路况恶劣，特别是我东南侧翼的纵深已达240公里。现在，我手头已经没有预备队可以调遣了，我所能做的只有亲临前线，用我的身体力行激励第3装甲师继续向前挺进。于是，我决定9月10日重返前线。

当到达克森多夫卡的时候，冯·盖尔男爵将军向我报告，第3装甲师已占领罗姆内，并在罗门河对岸建立一个登陆场。第3装甲师从科诺托普城下经过，并没有夺占这座城市。第4装甲师正向巴赫马奇推进。党卫队"帝国"装甲师向博尔兹纳开进。根据战俘的口供，位于乌克兰的强大俄军虽然可以实施顽强防御，但不足以发动攻势。我命令冯·盖尔男爵将军，要抓紧占领重要铁路枢纽科诺托普，以确保我们的后方补给线。除上述这些师之外，第4装甲师正由巴赫马奇向南开进，党卫队"帝国"装甲师由博尔兹纳向库斯托夫济开进。党卫队"帝国"装甲师应与第2集团军建立联系。在处理完这些事务之后，我前往第3装甲师。

图 21 基辅会战

在谢伊姆河大桥，我们遭到俄军的空袭，在行军路上又遭敌炮火袭击。雨一直未停，路况变得越来越糟，路上停满了陷在泥泞中的车辆，行军纵队也拖得长长的，被拉得支离破碎。炮兵的牵引车现在也不得不用汽车拖拉。

这一天，我不可能再返回指挥所了，准备在赫梅尔约夫的第3装甲师司令部过夜。于是，我又来到罗姆内。在这个城市的北面，俄军利用防坦克壕和铁丝网，构筑了一段十分坚固的防线。尽管如此，俄军并没有守住这一地段。这是因为第3装甲师的突袭取得了成功，并达成突破。在罗姆内城外，我找到莫德尔将军，他详细地报告了行动的整个过程。虽然这个城市已被我占领，但还有不少残敌在各处做零星抵抗，因此我只能乘装甲车辆通过该城。17时，开始发起肃清残敌的行动。在城北，碰到一组参谋军官，克勒曼上校正在给他们下达命令。据他们说，他们受到俄国空军的严重袭扰，而我们的航空兵却无法提供足够的防空。其原因是，俄军的机场处在良好天气条件下，而我们的机场正被笼罩在一场暴风雨之中，致使飞机无法起飞。此时，有三架敌机用机枪向我们扫射，炸弹在我们周围爆炸。

从罗姆内，我用电话向我的司令部下达第二天的指示，命令第46装甲军及其下属的第17装甲师和"大德意志"步兵团，向普季夫利－希洛夫卡（位于普季夫利南部17公里处）发动进攻。为此，我请求空军为莫德尔提供强大的歼击航空兵支援。

这一天，巴赫马奇被我军占领。"大德意志"步兵团到达普季夫利。集团军群命令我们，做好向普里卢基两侧乌代河地段进攻的准备。

南方集团军群正准备在克列缅丘格附近强渡第聂伯河，由此再向北挺进，在罗姆内与我们会师。

整个晚上都下着倾盆大雨。所以，当9月11日我返回指挥所的时候，一路上真可谓困难重重。首先碰到的不幸是摩托车找不到了。接着，我那辆四轮驱动的越野车陷在泥里，无法拔出来。最后，不得不借助我的装甲指挥车和从炮兵借来的牵引车，把这辆越野车拖出泥沼。可是，行进时速只能保持在十公里，在泥泞的道路上缓慢地向吉罗夫卡开进。在吉罗夫卡，我找到奥德施中校的团部，但由于受敌人无线电干扰，无法了解前方的有关情况。最后，我还是从第 3 装甲师的摩托步兵那里听说，科诺托普已被我占领。在吉罗夫卡北部六公里处，遇到了第 10 摩托化步兵师的侦察营。14 时，我来到科诺托普，找到冯·勒佩尔将军，通知他罗姆内的有关情况。15 时 30 分，我又来到第 24 装甲军。在这里，听说博尔兹纳已被党卫队"帝国"装甲师占领。我命令第 24 军以其右翼向莫纳斯特里谢推进，左翼通过普季夫利向罗姆内推进。第 46 装甲军通过普季夫利向南推进。

18 时 30 分，我回到指挥所。10 日这一天，我用十个小时，走了 165 公里；而 11 日，用十个半小时才走了 130 公里。在这种松软又泥泞的道路上行进，要想提高速度是不可能的。从我上述在路上所花费的时间，就足以看到摆在我们眼前的困难是如何巨大。如果你不是一个身处前线的人，不亲身经历这种污泥成河的窘状，你绝对不可能理解部队当前的需要和装备状况，你也就不可能对前线的态势做出正确判断。而我们的军事领导既不亲自到前线来考察，又听不进我们的汇报。其结果必然是要付出沉重的代价，而我们所蒙受的巨大牺牲本来是可以避免的。

这天晚上，集团军群通知我，由冯·克莱斯特大将指挥的第 1 装甲集群由于道路泥泞，无法达成他们的目标。因此，命令我们继续向南推进。凡是了解当前道路状况的人，都不会对此感到惊讶。

9 月 10 日，第 17 装甲师到达沃罗涅日－格卢霍夫。9 月 11 日到达格卢霍夫。

9 月 12 日，第 1 装甲集群开始经谢苗诺夫卡向卢布内挺进，第 3 装甲师开始进攻洛赫维察，并占领在该地北部的苏拉河大桥。由于路况不佳而受阻的第 2 集团军，现已接近涅任。

北方集团军群认为，他们已取得对列宁格勒防线的关键性突破。

9 月 13 日，我们向"中央"集团军群提出请求，希望将一直在苏多斯特河地段担负保障左翼安全任务的第 18 装甲师调回来，由步兵接替其防务。但是，这一次又遭到拒绝，理由是这种调动对于决定性作战现已起不到任何作用。而对于我们东翼不明了的态势，以及由此可能引发的威胁，只字未提。

第 1 装甲集群占领卢布内。

9月14日，我的装甲集群指挥所移至科诺托普。天气还是没有任何好转。空中侦察已全面停止，地面侦察也由于道路泥泞无法进行。奉命执行侧翼防卫任务的第46和第47装甲军不得不依然停留在原地。绵长的东南翼侧，情况变得越来越动荡不定。为确保与克莱斯特装甲集群的联系，我决定，不管有多少困难，一定要到第24装甲军去一趟。我选择的行进路线是克罗列韦茨—巴图林—科诺托普—罗姆内，直至洛赫维察。在巴图林东南六公里的米申基，我遇到了冯·盖尔男爵将军，他告诉我，敌人似乎在洛赫维察集结，当务之急是要立刻封闭我们与克莱斯特之间的缺口。他说，他已命令他的师抵达苏拉河地段，去填补缺口。我们知道，在洛赫维察以南11公里的森恰，有强大的俄军在集结。我在经过罗姆内的时候，看到城里穿着礼拜盛装的老百姓，熙熙攘攘地各安其业。除波切普和科诺托普之外，罗姆内是我至今看到的受损最轻的俄国城市。在天刚蒙蒙亮的时候，我到了洛赫维察的莫德尔师部。直到现在，他只把他的师的一个团调到这里，其余各部仍被泥泞拖在半路。他向我报告，所谓强大的俄军大部分只不过是后勤部队，只有少数部队具有作战能力。俄军的坦克看起来也好像是从后方工厂里东拼西凑来的，目的是掩护其撤退行动。在基辅的巨大合围圈中，有俄军第21、第5、第37、第26和第38集团军等五个集团军的部分兵力。

敌人在普季夫利南部东南侧翼和扬波尔的进攻被我军击退。

我和比辛、卡尔登三个人，在洛赫维察的一所学校里过夜。我用无线电通知利本施泰因，第10摩托化步兵师要加快向罗姆内开进的速度，以使第3装甲师尚在后方的部分兵力投入洛赫维察方向。学校的建筑非常坚固，设备也很齐全。因为在俄国的宪法中对学校的各种标准都有明确规定。俄国在学校、医院、幼儿园和体育场所等方面，也确实做了许多工作，而且很注意维护，看起来整洁而有条理，他们普遍存在的问题是规章制度不够健全。

9月15日晨，我去视察由弗兰克少校指挥的第3装甲师先遣支队。昨天，他们把洛赫维察南部的俄军击退，俄军一直退到洛赫维察的西部，接着他们又在夜间袭击了15辆满载俄军步兵的卡车，部分俄军被击毙，其余被俘。从卢布内东部弗兰克少校的观察所瞭望，视野很开阔，可以看到俄军后勤纵队正由西向东运动，但被我军的炮火阻断。我在第3步兵团第2营遇到了莫德尔，他向我报告了他的打算。接着，我视察了第3装甲师的部队，后来又遇到第6装甲团团长蒙策尔中校。他对我说，他的装备损失很大，到今天他手里就只有一辆Ⅳ型坦克、三辆Ⅲ型坦克和六辆Ⅱ型坦克，也就是说整个团现在就只有十辆坦克了。这个数字实在使我震惊，这说明部队多么需要休整，装备多么需要维修。但另一方面也表明，这些勇敢的人为了达成他们的目标，已经贡献出他们的全部身心。

我利用无线电通知利本施泰因，命令第24装甲军开始行动，其所属的党卫队"帝国"装甲师应向南攻击，一直推进到库斯托夫济与佩列沃洛奇诺耶之间的乌代河地段，邻近的第4装甲师向斯列布诺耶–别列索夫卡推进。第10摩托化步兵师向罗姆内西部的格林斯克前进。然后，我从罗姆内南部飞回我的装甲集群指挥所。

这一天，第17装甲师开始向普季夫利方向挺进。

傍晚时分，我在科诺托普遇到了利本施泰因，此前他曾飞往集团军群司令部，受领了向莫斯科方向进攻的新任务。这个新的作战任务要达成的目标是，"歼灭铁木辛哥方面军的残部"。为达成这一目标，德国陆军将投入全部兵力的3/4。利本施泰因再次提出请求，让第18装甲师归属他指挥，但再次遭到冯·博克元帅的拒绝。博克元帅说他曾问过哈尔德大将：南边的作战行动重要，还是准备新的行动重要？哈尔德大将则回答：后者重要。

9月17日，我们的指挥所移至罗姆内。合围俄军的行动又有了新的进展。我们已与克莱斯特装甲集群建立联系。党卫队"帝国"装甲师占领普里卢基。第2集团军司令部撤出战斗。在1708年12月波尔塔瓦会战❶前几天，

---

❶ 在1700年—1721年的北方战争期间，俄国军队与瑞典军队于1709年7月8日在乌克兰的波尔塔瓦进行的总决战。波尔塔瓦会战以瑞典失败告终。——译者注

瑞典国王查理十二曾将罗姆内作为他的大本营。

9月17日，我去苏列布列杰视察第4装甲师。之所以要到这个师去，是因为该师还一直没有和右翼的党卫队"帝国"装甲师建立可靠的联系。路上要经过无人地带。在道路两侧的树林里，可以看到许多俄军刚刚留下的宿营痕迹。当走到佩列沃洛奇诺耶附近的时候，我突然发现有两门大炮正瞄准我们，这使我们立刻紧张起来。还好，后来我才发现这两门大炮后边并没有炮手。原来敌人早已溜之大吉，牵引火炮的马匹在附近的草垛旁悠闲地吃着草。在村庄的中央，碰到了党卫队摩托车步兵，他们正在为争夺乌代河渡场在此作战。然后，我又从这里出发前往位于乌代河畔的库斯托夫济。在库斯托夫济，党卫队部队也正在与敌交战。比特里希上校向我报告了战况。然后，我又返回罗姆内，途经无人区伊万尼察－雅罗谢夫卡。这中间有100公里的路程，由于道路极差，直到天亮才到达集群指挥所。

9月17日，我们和克莱斯特装甲集群商量好，让第25摩托化步兵师接替第3装甲师的任务，以便让这个勇敢的师有一个喘息的机会，用以维修补充车辆。

在这一天，俄军对我东部侧翼发起猛烈攻击。第10摩托化步兵师和"大德意志"步兵团，在科诺托普地区与敌展开激战。敌人在北诺夫哥罗德附近、杰斯纳河的登陆场等地，也增加了兵力。虽然由东部通往基辅的铁路被我航空队多次炸断，但俄国人十分能干，迅速将铁路修复。因此，我们必须估计到，敌人会在不久的将来调来更多的有生力量，给我们过长的侧翼造成威胁。

在北方集团军群那里，部队在夺占杰兹科耶－谢洛之后，向列宁格勒的进攻也随之停止了。大部分装甲师都纷纷南调，改由中央集团军群指挥，其中主要有：第4装甲集群司令部，第41、第51和第52军军部，第3摩托化步兵师，第6、第20和后来的第1装甲师。

9月18日，我们在罗姆内遇到一次危险。从清晨开始，东部就不断传来枪声，到上午枪声越发激烈。原来，敌人新调来的部队第9骑兵师和另一个装备坦克的师，分三路由东向罗姆内开来，距离罗姆内就只有800米。

从城边上的一个监狱的瞭望塔上，可以非常清楚地观察到敌人的进攻。负责守卫任务的第24装甲军，只有第10摩托化步兵师的两个营和几个高炮连。面对占优势的敌人，我们也无法进行空中侦察。冯·巴尔泽维施中校亲自驾驶飞机进行侦察，险些被俄军飞机击落。同时，敌人也在不断加强对罗姆内的空中突击。最后我们算是守住了该城和前进指挥所。但是，俄军还在不断向哈尔科夫－苏梅地段调运兵力，在苏梅和舒拉夫下车。为了对付俄军的攻击，我们从合围线上抽调出第24装甲军的党卫队"帝国"装甲师的部分兵力和第4装甲师，向科诺托普和普季夫利开进。由于罗姆内受到巨大威胁，9月19日装甲集群指挥所又撤回科诺托普。但是，冯·盖尔男爵将军为打消我的这一决定，在电话中对我说："如果装甲集群将其指挥所迁出罗姆内，那你们就会被部队看作胆小鬼。"我之所以把指挥所撤回科诺托普，是因为在那里进行指挥对即将在奥廖尔－布良斯克方向上新的作战行动更为有利。第24装甲军向我提出要求，希望现在暂时不攻击从东部调向这里的敌军，等把兵力集中之后再行动。他们的这一要求是合理的，但是我不能同意。因为，党卫队"帝国"装甲师只有很少几天能参与这一行动，然后该师就会和"大德意志"步兵团一起，改由第4装甲集群的第46装甲军指挥，而这个军位于罗斯拉夫尔地域。还有一个原因是，敌人又经苏梅向东运送兵力，在中布达俄军就调来有生力量，所以我们不能拖延，必须抓紧时间赶快行动。

9月20日，我们在东部取得一些小的胜利，但第3装甲师在合围圈的战斗还在继续，俄军第5集团军司令部就位于这个师的前方。另外，在南方，一部分敌军已在第25摩托化步兵师的作战地段达成突破。

自9月13日，我们已俘虏三万敌人。

9月20日，我到第46装甲军视察。冯·菲廷霍夫将军向我描述了近几日从格卢霍夫向南作战过程中的困难。俄军哈尔科夫军事学校的学生，在他们教官的指挥下，作战非常勇敢。只不过是地雷和恶劣的天气使他们未能发挥太大的作用。而在普季夫利、希洛夫卡和别洛波利耶这些地方，战斗更为激烈。我在希洛夫卡找到"大德意志"步兵团，这个团在新任

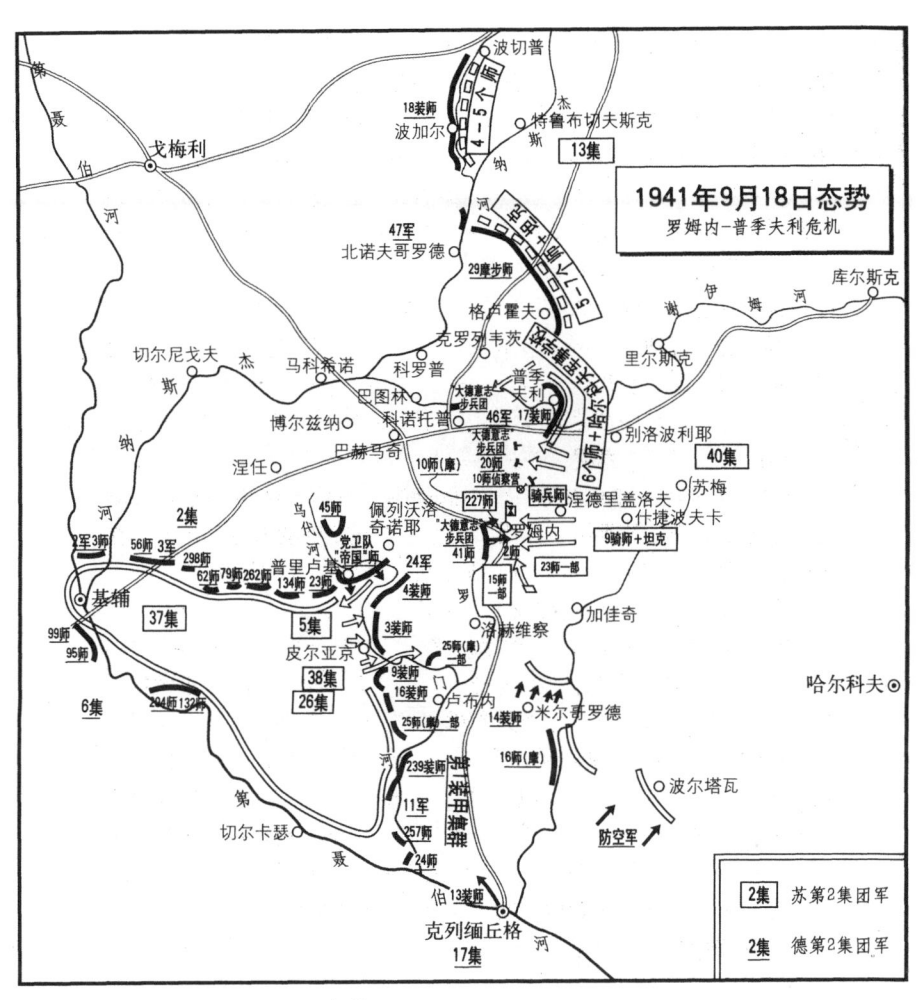

图 22 1941 年 9 月 18 日态势

团长赫恩赖因上校指挥下，正在该城东部英勇作战。别洛波利耶已被我方占领。

9月21日，在格卢霍夫附近的敌人对我方的压力增大。在该城的北部，还有俄军正在集结。我军开始向涅德里盖洛夫方向发起攻击。

自基辅会战开始以来，第1装甲集群报告，他们俘虏敌人4.3万人，第6集团军俘虏6.3万人。

9月22日，我再次驱车经普季夫利到雷利斯克方向的前线去，视察这一危险地段的设防。在维亚森卡，我找到第17装甲师师部，前任师长冯·阿尼姆将军曾在斯托尔普采受过伤，前几天已伤愈回来，接替了克特尔·冯·托马将军的职务。敌人从东部和东北部对格卢霍夫和霍洛普科沃发起攻击，已将部分守军包围。第17装甲师当面发现有两个新的俄国师。在返回第46装甲军指挥所的途中，我们又遭到了俄军强烈的炮火袭击，所幸没有伤亡。然后，我与冯·菲廷霍夫将军话别，他向我表示深切谢意，因为他要调到第4装甲集群任职。我把第17装甲师改为直接由装甲集群来指挥，把"大德意志"步兵团配属给第17装甲师。这个师的任务是歼灭格卢霍夫附近的敌人。现在这一使命终于算是完成了。

在基辅会战中，我军俘虏敌人的人数总计已达29万。

9月23日，为适应新的作战行动，各部队开始变更部署。第2装甲集群的重点为格卢霍夫及其北部。

第4装甲师和"大德意志"步兵团将卡姆利察附近的敌人击退，敌人撤向东方。在布良斯克－利戈夫的铁路线上，俄军的运输一派繁忙，这表明敌人还在不断向这里运输部队。

9月24日，我飞往斯摩棱斯克的中央集团军群司令部，参加一次有关发动新攻势的会商。陆军总司令和总参谋长也到会。会上确定，集团军群应于10月2日开始发动主要攻势，最右翼的第2装甲集群应于9月30日开始行动。这样的时间安排是我提出来的。因为，在第2装甲集群将来的作战地域，道路状况极差，必须利用这仅有的几天好天气，赶在泥泞季节到来之前，至少能修好通往奥廖尔的道路，以便能建立起奥廖尔与布良斯

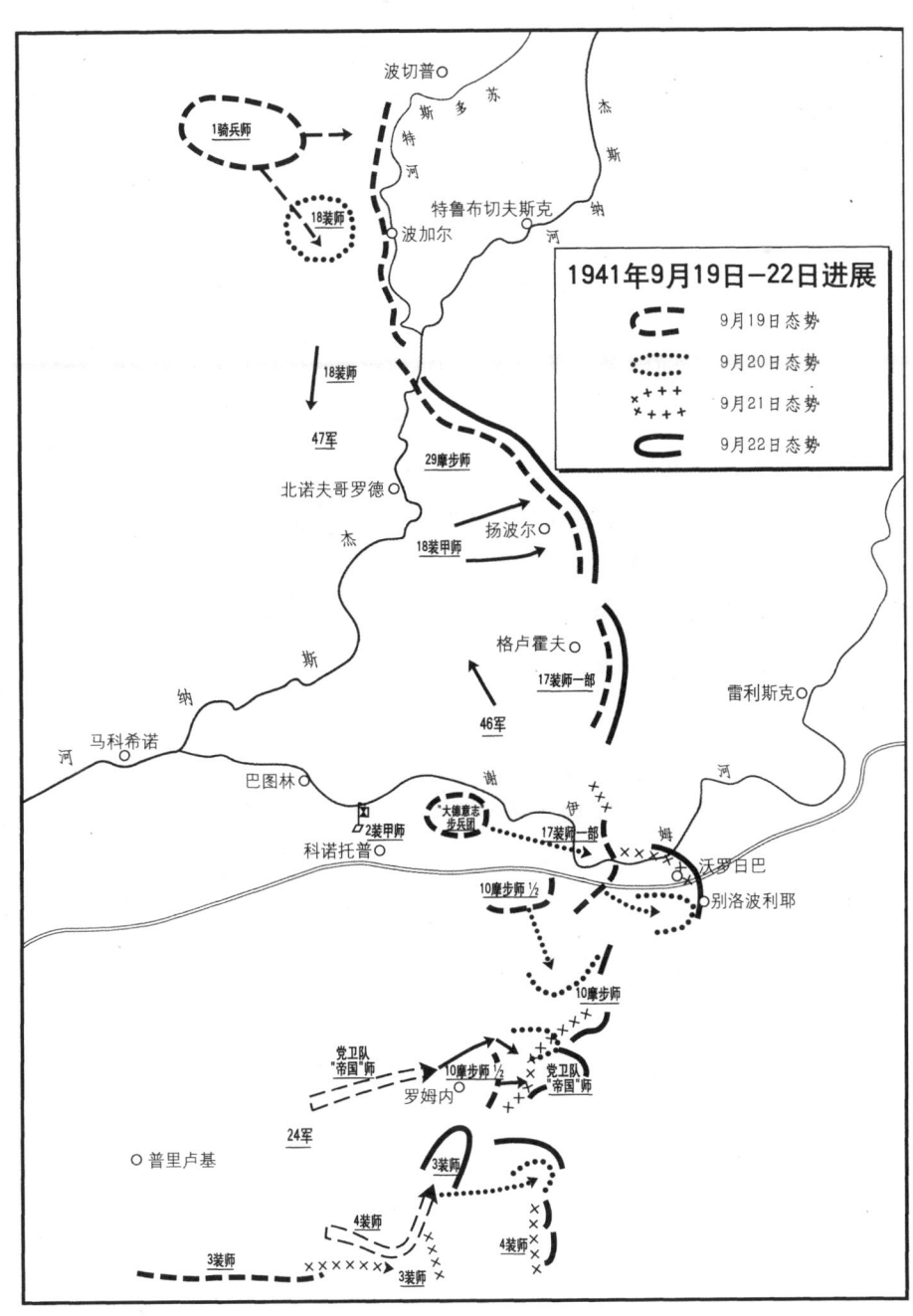

图 23　1941年9月19日-22日进展

克的联系，这样我的后勤供应就会有可靠的保证。此外，促使我提出这一请求的另一个考虑是，如果我不比中央集团军群的其他集团军提前两天发动攻势，航空兵就不可能为我提供强大的空中支援。

在以后的几天，我一方面忙于结束基辅合围圈的战斗；另一方面集结部队，准备发动新的攻势，另外还要安排部队的休整、装备维修和补充。现在，我的这支部队只能享受短短三天的休息，而且还只是一部分部队能享受到这种待遇。

在此后几天，敌人的有生力量又对格卢霍夫东部和北诺夫哥罗德登陆场发动猛烈攻击。9月25日敌人对别洛波利耶、格卢霍夫和扬波尔的攻击，均被我击退，大批人员成了我们的俘虏。

就在这一天，北方集团军群向陆军总司令部报告，以他们现有的兵力实在无法继续向列宁格勒进攻。

截至9月26日，合围基辅的会战胜利结束。被合围的俄军投降，66.5万人成了我们的俘虏。苏西南方面军司令及其总参谋长在最后突围时被击毙。第5集团军司令被俘。我曾亲自和他进行过一次有趣的谈话，我问了他两个问题：

1. 你是什么时候知道我的坦克开到你的背后的？答：大概是在9月8日。

2. 那么你为什么不马上撤出基辅？答：我们已接到方面军撤出基辅并向东方撤退的命令。但是，正当我们要准备撤退的时候，突然接到一道相反的命令，要求我们重新占领阵地，不惜任何代价守住基辅。

为了执行这道相反的命令，俄军付出了断送整个基辅集群命运的沉重代价。我们当时在惊讶之余也不明白，俄军为什么会采取这样的措施。但是，敌人从此再也没有犯过同样的错误。不幸的是，在此后的作战中，我们却重蹈敌人的覆辙。

基辅会战无疑是一次伟大的战术胜利。但战术胜利能否收到战略成果，一直是个疑问。现在的关键问题是，德国人能不能在冬季，确切地说是秋季泥泞季节来临之前，取得决定性的战果。虽然，原来准备进一步封锁列宁格勒的进攻计划已被迫停止了，但陆军总司令部还是希望，敌人无力在南方集团军群当面构筑一道供其进行有力抵抗的绵亘防线。此外，陆军总司令部还想在冬季到来之前，利用这个集团军群夺占顿涅茨盆地，并到达顿河一线。

但是，对莫斯科的主攻任务，将来还是要由加强的中央集团军群来担负。时间还够吗？

奥廖尔和布良斯克会战

要想进攻莫斯科，必须首先攻击奥廖尔－布良斯克。为达成这一目标，第2装甲集群的编制进行了如下变更：

第46装甲军及其党卫队"帝国"装甲师和"大德意志"步兵团转隶第4装甲集群，位于罗斯拉夫尔方向。

第1骑兵师再次归属第2装甲集群指挥。此外，第2装甲集群所辖部队有：

第48装甲军，由肯普夫装甲兵上将指挥，下辖第9装甲师、第16和第25摩托化步兵师；

第34军级司令部❶，由梅茨将军指挥，下辖第45、第134步兵师；

第35军级司令部，由肯普夫将军指挥，下辖第293、第262、第296和第95步兵师。

我决定，把经由格卢霍夫向奥廖尔的进攻作为主攻，并在这个方向上投入第24装甲军。该军右翼的第48装甲军向普季夫利进攻。第24装甲军左翼的第47装甲军，由绍斯特卡出击。右翼安全由第35军级司令部提

---

❶ 波兰战局结束后，德国在东部边界组建了七个相当于军级的边防司令部。自1939年10月改称军级司令部，因战斗力不及一般军，因此通常只遂行次要方向上的任务。——译者注

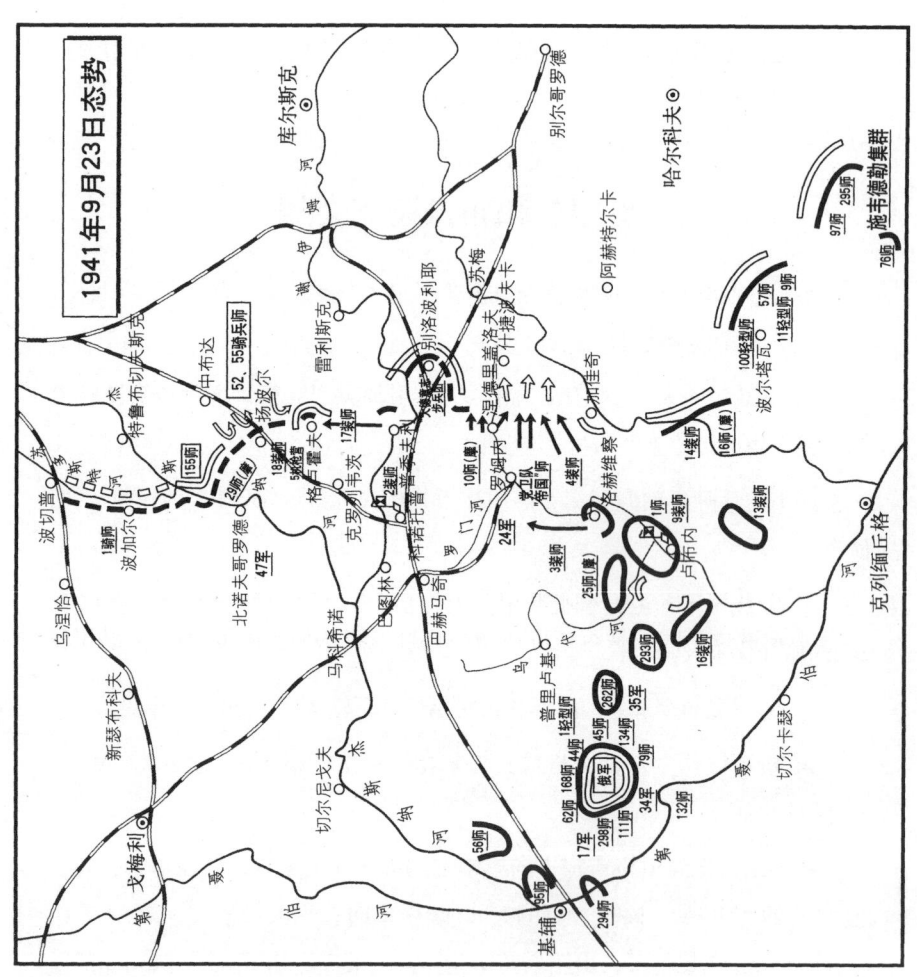

图 24 1941 年 9 月 23 日态势

供保障，左翼安全由第1骑兵师提供保障，这些部队均成梯次配置随各装甲军跟进。

为集中兵力实施攻击，我命令第48装甲军经苏梅和涅德里盖洛夫，向敌人的集结地域普季夫利附近实施攻击。我想通过此举首先稳住我的右翼。这是一个大胆的设想，但是我低估了基辅战场以外的俄军实力。第48装甲军未能击退其当面的敌人，被迫终止战斗，而后沿"大德意志"步兵团背后到达其集中地域。第25摩托化步兵师为终止战斗付出了一定的代价，他们被迫丢弃了一大批车辆。如果当初我接受了利本施泰因的建议，让他们一开始就在战线后面行进就好了。但是，如果第34军级司令部的步兵能够早点到达也不致如此，可是他们五天之后才到。

还好，我们的装甲师终于得到了100辆新坦克的补充。不幸的是，有50辆坦克却被错运到了奥尔沙，辗转很长时间才转运到我们这里。燃油也没有得到如数的补充。

为实施此次作战，在罗斯拉夫尔地域集中了最强大的兵力。进攻之初，在这里集中的兵力有：第1装甲师，党卫队"帝国"装甲师和"大德意志"步兵团。此外还有一直留作预备队的第2和第5装甲师。把这么多装甲兵力集中在进攻一线，是否正确还值得怀疑。我认为，还是把第46装甲军留给第2装甲集群更为妥当。另外两个处于休整的装甲师用于侧翼突击，比用于正面要好得多。

9月27日，我到第48装甲军视察，想亲眼看一看那里的实际情况。我到了位于罗姆内的军部，与其军长进行了简短的交谈。而后，又来到位于涅德里盖洛夫东南10公里的克拉斯纳亚，在这里有由胡比茨基将军指挥的第9装甲师，然后从这里回到涅德里盖洛夫。

从9月28日和29日的情况就可以看出来，第48装甲军对普季夫利的直接攻击已经失利。因此，对这一地域的攻击就此停止了。但是，我们在什捷波夫卡所采取的欺骗措施已见成效，敌人一直还没有摸清我们真实的进攻方向。"大德意志"步兵团表面上还一直停在其原来的阵地上，但在其背后的第48装甲军，在"大德意志"步兵团的掩护下，正在向北方开进。

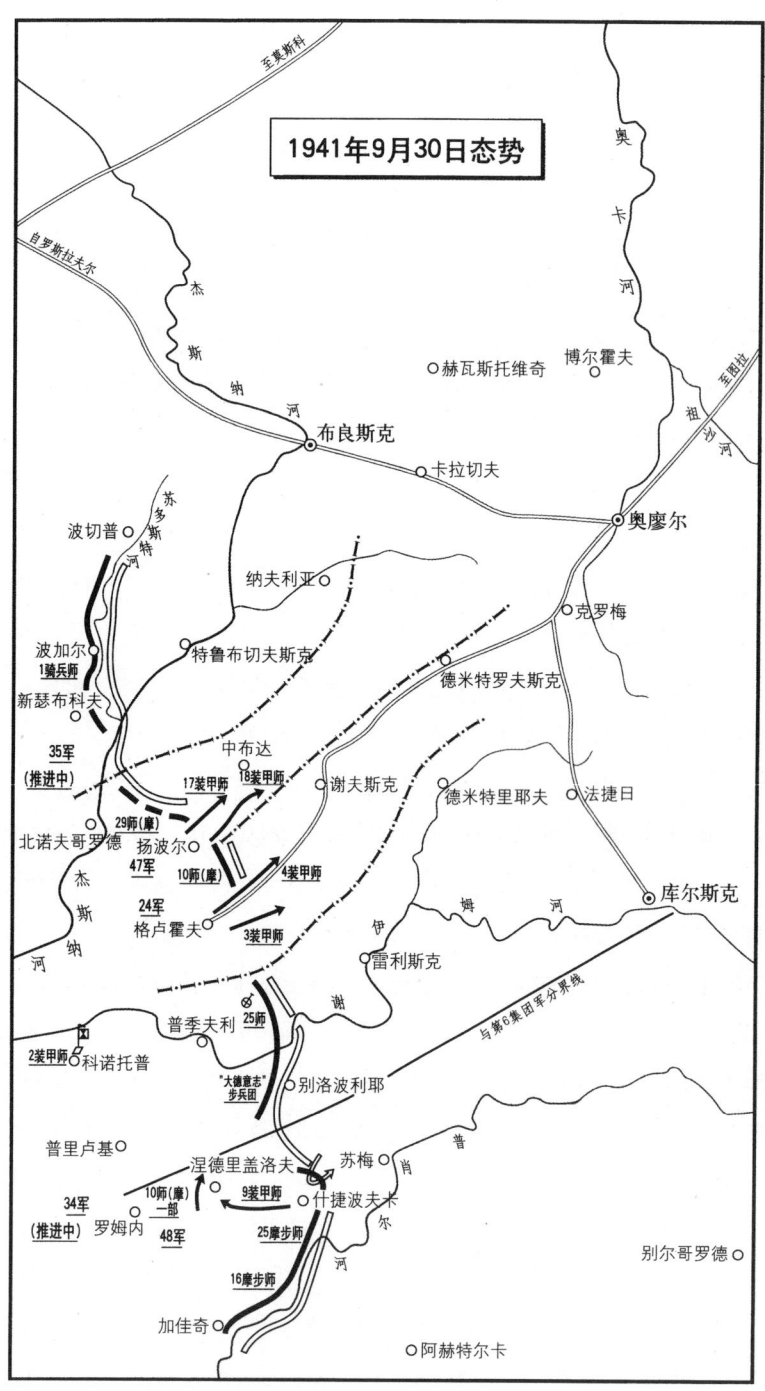

图 25　1941 年 9 月 30 日态势

9月30日，所属各部开始行动：

第48装甲军由加佳奇—什捷波夫卡出发，经涅德里盖洛夫，对普季夫利实施攻击，第9装甲师为先导。然后，第25和第16摩托化步兵师在由第34军级司令部的步兵接替其防务之后，与第24装甲军的第3和第4装甲师一起在前，随后是第10摩托化步兵师，由格卢霍夫出发，沿着公路向谢夫斯克–奥廖尔方向实施攻击。

第47装甲军的第18和第17装甲师由扬波尔出发，以其右翼对谢夫斯克实施攻击。第29摩托化步兵师在左后翼，成梯次配置，向中布达方向推进。

两个军级司令部负责侧翼防护，一部经科斯托波尔，另一部经罗姆内，分别向前推进。第1骑兵师现在苏多斯特河地段西岸，波加尔两侧。

我们的攻击达成了突袭。尤其是第24装甲军进展迅速，一直推进至钦内尔高地。第47装甲军占领舒拉夫卡，并向东北推进。

9月30日一早，我前往格卢霍夫，我们的指挥所刚刚迁到这里。在此，我对肯普夫将军说，必须准备兵力负责对位于普季夫利地域的第24装甲军东部侧翼的安全提供保障。肯普夫说，俄军突袭了他们在什捷波夫卡的第119步兵团的两个营，夺走了他们的车辆。在战斗中，俄军使用了重型坦克，使他们遭到重大伤亡。第9装甲师必须由第一线返回，以使这里的态势得到恢复。冯·盖尔男爵将军也向我报告说，由于天气不好，我方俯冲式轰炸机不能起飞。此外，他还推测，他的当面只是敌人的后卫，因为第47军军长莱梅尔森将军报告说，敌人完全被他们的突袭击溃。

我根据实际了解到的情况，要求集团军群暂缓抽调"大德意志"步兵团，因为肯普夫的军遭强敌攻击，第34军级司令部的先头部队10月1日傍晚才能前来接防。要等步兵师主力到达，还需四天时间。

格卢霍夫的居民请求我们，准许他们重新使用其教堂。我们爽快地答应了他们，将教堂交给了他们。

10月1日，第24装甲军占领谢夫斯克。敌人的防线已完全被我突破。

只要还有一点燃料，我们就会不遗余力地向前推进。我从格卢霍夫经埃斯曼，来到谢夫斯克的第4装甲师。一路上到处都是被击毁的各式俄军车辆，这说明俄军遭到了我军突袭。在公路旁一个矗立有大风车的小山丘上，我遇到了冯·盖尔男爵将军和冯·朗格曼男爵将军。据悉，第4装甲师的大部已到达谢夫斯克。遍地都是激战留下的痕迹，到处都有俄军的死伤人员。从公路到风车这段很短的路程上，我和我的随从还发现了14个并未受伤的俄军，他们躲在高高的杂草中，最后成了我们的俘虏，其中还有一名军官，被俘前他还与谢夫斯克进行过一次电话联系。据他说，谢夫斯克已落入德军之手。当我来到谢夫斯克的时候，在该城以北四公里的地方遇到了勇敢的埃贝尔巴赫上校，他是第4装甲师装甲旅旅长。我问他，能否一直推进到季米特勒夫斯克，他回答说可以。于是，我命令他，继续追击。可见，此前将军们向我报告的情况并不属实。他们曾报告说，由于部队燃料短缺不得不停止前进。正当我与埃贝尔巴赫上校谈话的时候，俄军战机突然来袭，多枚炸弹落在公路上以及谢夫斯克。然后，我驱车来到第一线的坦克分队，向在冯·容根费尔德少校指挥下的英勇的装甲兵们表示感谢。在返回的路上，我命令军长们继续向前挺进。第24装甲军的尖兵在这一天里向前推进了130公里！

我们的右翼第6集团军的先遣支队，到达加佳奇，正向米尔哥罗德开进。他们的任务是封闭我们与第17集团军之间的缺口。

10月2日，德军继续实施更加猛烈的进攻。我们已达成突破，俄军第13集团军被迫向东北方向撤退。这一天，我视察了第10摩托化步兵师及其下属的第41步兵团，团长是特劳特上校。令人高兴的是，近日伤亡极少！不过，如果有人问起自作战开始直到今天的伤亡人数，那数字也是相当惊人的。各部在人员上做了少量的补充，虽然这些人员的热情蛮高，但在其作战经验和顽强精神方面毕竟不如老兵。

第4装甲师占领克罗梅，从而抵达了通向奥廖尔的坚固公路。

自清晨，整个中央集团军群的兵力都在进攻中，而且借助良好的天气，取得了可喜的战果。在我们的左翼，第2集团军也粉碎了敌人的顽强抵抗，突破苏多斯特河-杰斯纳河阵地。

10月3日,第4装甲师到达奥廖尔。这样,我们就到达了一条良好的公路上,一些重要的铁路、公路枢纽也被我们占领,这就为我们下一步的行动夯实了基础。敌人万万没有想到,我们会如此迅速地占领该城,当我们的坦克冲进城里的时候,城里的电车还在行驶。俄国人本来准备把城里的工业设施搬走,现在已经不可能了。从工厂到车站的公路上,遍地都堆放着他们准备运走的机器和装有工具、材料的箱子。

第47装甲军奉命向布良斯克方向开进。

在我们的右翼,第6集团军的右翼向哈尔科夫、其左翼向苏梅和别尔哥罗德推进。这一行动对于保障我右翼的安全具有十分重要的意义。第4装甲集群突破敌人防线,向莫萨尔斯克—斯帕斯-杰缅斯科耶推进,目标是包围维亚济马西部的敌人。第3装甲集群在第聂伯河上游的霍尔姆夺占一个登陆场。

10月4日,第24装甲军的先头部队占领莫因,接着便沿公路向图拉推进。第3和第18装甲师向卡拉切夫推进。第17装甲师在涅鲁萨河对岸建立一个登陆场,这样就为继续向北挺进创造了前提。

我们的左邻部队已渡过博尔瓦河,到达苏希尼奇-叶利尼亚铁路。第3装甲集群占领别洛伊。在集团军群后方首次发现俄国游击队。

由于我准备在第二天去第47装甲军视察,因此命令我的车队提前开到德米特罗夫斯克,在那里的机场等我。这样,我就省得在恶劣的道路上长时间的颠簸,10月5日10时30分我便到了莱梅尔森将军那里。据悉,第18装甲师已越过奥廖尔-布良斯克公路向北攻击,第17装甲师奉命奇袭布良斯克。然后,从莱梅尔森将军的指挥所出来,我又飞往位于德米特罗夫斯克的第24装甲军军部。冯·盖尔将军向我诉说了燃油奇缺的苦衷。这样看来,燃料问题将对我们下一步的作战行动产生重大影响。可惜的是,我们从敌人那里只能缴获有限的燃料。当我们占领奥廖尔机场后,我便立即向第2航空队司令提出请求,希望他们能为我们空运500立方米燃料。这一天,我偶然目睹了俄军空军频繁出动的场面。当我刚刚降落在谢夫斯

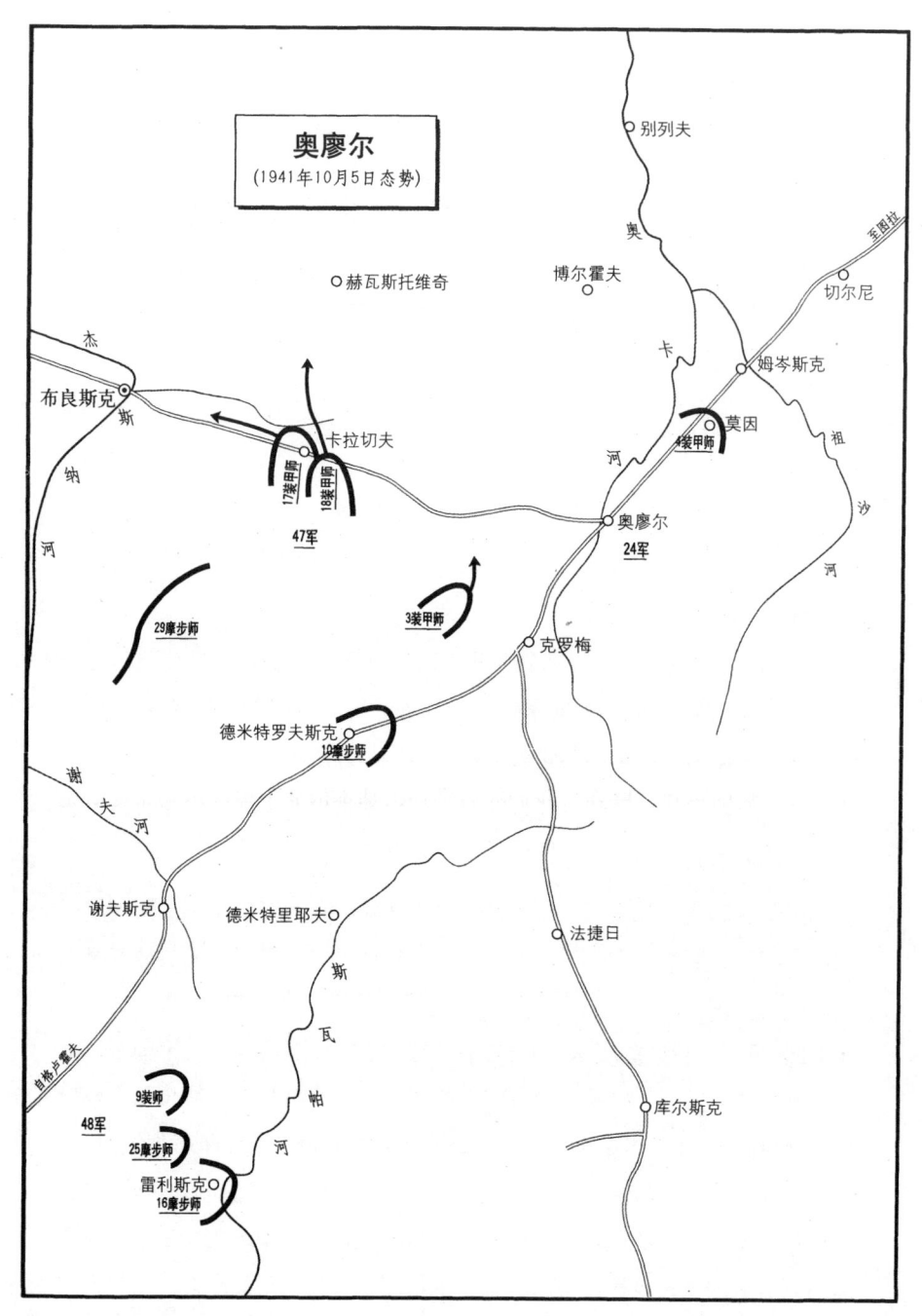

图 26　奥廖尔（1941 年 10 月 5 日态势）

克机场之后,有大约20架德国歼击机也降落在这个机场上,接着俄军飞机就来轰炸,不一会儿军指挥所也遭到轰炸,窗玻璃被震得粉碎。我立即来到第3装甲师行军的公路上。在这里我们又遭到俄军大约三至六架飞机的一连串的轰炸,由于这些飞机飞得很高,因此命中率很低。航空队答应我们到10月6日就会加强空中支援,到那时我们的处境就可以有所好转。

这一天,第2装甲集群改称"第2装甲集团军"。

第25摩托化步兵师奉命调往谢夫斯克,归由我这个集团军指挥。第48装甲军占领雷利斯克。第24装甲军在奥廖尔北部渡过祖沙河,正在扩充登陆场。第47装甲军占领卡拉切夫。

10月6日,我们的右邻希望我们能把警戒线推进到普肖尔河。我们的左邻第43和第13军正向苏希尼奇挺进。尤赫诺夫被德军占领。

10月6日,我们的指挥所移至谢夫斯克。第4装甲师在姆岑斯克南部遭到俄军坦克的攻击,损失惨重,在这次战斗中俄军的T34型坦克第一次显现出它的优势。这样,估计我也不得不暂时停止迅速向图拉开进的行动。

不过,从第17装甲师那里也传来可喜的消息:他们占领了布良斯克,同时夺占了杰斯纳河上的大桥。这样,我们就有可能与在杰斯纳河西部推进的第2集团军建立联系。我们的后勤补给基本依靠于奥廖尔至布良斯克的公路和铁路。在杰斯纳河和苏多斯特河之间的地域,已达成对敌人的合围。在博尔晓夫以北、纳夫利亚河对岸,我军已建立一个登陆场。

另外,令人高兴的是,我们暴露的侧翼一直平安无事,紧邻侧翼的肯普夫军缓慢通过泥泞地向德米特里耶夫推进。第34军级司令部在梅茨将军指挥下向雷利斯克开进。

"南方"集团军群的第1装甲集团军,奉命向亚速海方向推进。我们的右邻企图向什捷波夫卡方向开进。这样,一直被牵制在那里的第25摩托化步兵师一部就可以解脱了,并随肯普夫军一同向普季夫利推进。我们的左邻占领希斯德拉,奉命向布良斯克方向攻击,以便能与第2装甲集团军实施协同。

10月6日夜，下了这个冬季的第一场雪。尽管雪花很快融化了，可是却使道路变成了泥河，我们的车辆只能像蜗牛一样缓慢爬行，这使车辆受到非常大的损耗。我们不断向上级提出我们的请求，要求能尽快把冬装发下来。可是，我们得到的答复却是，冬装肯定会及时配发的，以后不要再提这种多余的要求。即使如此，我还是一再催请速发，但是在这一年里我们始终没有看到冬装的影子。

由于道路泥泞，第48装甲军不得已只好徒步向德米特里耶夫前进。俄军对布良斯克的反攻被击退。第29摩托化步兵师到达列夫纳河河口。

我们的右邻正向什捷波夫卡接近；左邻由西向布良斯克推进。这样，第47装甲军的压力就有望得到减轻，罗斯拉夫尔—布良斯克—奥廖尔的供给线也有了保障。第2集团军占领北部的苏希尼奇和梅晓夫斯克。在维亚济马，第4和第9集团军将大约45个俄军兵团合围。第10装甲师占领维亚济马。

陆军总司令部看到，现在局势的进展一直十分顺利，所以认为继续向莫斯科进攻是有可能的。他们想在莫斯科西部阻止俄国人组织新的防御。陆军总司令部打算让第2装甲集团军经图拉，继续向科洛姆纳和谢尔普霍夫之间的奥卡河渡场推进。毫无疑问，这个目标有点太大！与此同时，莫斯科北部的第3装甲集团军也要配合这一行动。不可理解的是，"中央"集团军群居然完全赞同陆军总司令的这一计划。

10月8日，我乘轻型联络机在从谢夫斯克至德米特罗夫斯克属于我们的"街道"❶ 上空飞行，到奥廖尔那里与我提前到达的车队会合。在上空飞行时，看到通往克罗梅的路况，使人十分忧虑。从克罗梅到奥廖尔，路面本来是坚实的，可是现在已经布满弹坑。冯·盖尔将军报告说，第4装甲师当面的敌人又得到了加强，其中一个坦克旅和一个步兵师是新组建的。第3装甲师向北开进，任务是占领博尔霍夫。10月9日第4装甲师的任务

---

❶ 指被德军占领的公路。——译者注

是，夺占姆岑斯克。每每听到有关俄军坦克的作用，尤其是其战术变化的报告时，我们都感十分郁闷。当时我们只有在特别有利的条件下，才能有效地对付敌人的 T34 型坦克。我们的Ⅳ型坦克上的 75 毫米口径短射程火炮，只有从 T-34 坦克背后实施攻击时，才能穿透其防护板，击中发动机。可是要想在射程之内，找到一个合适的发射位置，确实需要高超的技巧。而且，俄国人的步兵从正面攻击我们的同时，还会用大量的坦克从侧面攻击我们。他们确实学到了许多东西。这使我们的官兵所受到的压力日渐加重。冯·盖尔将军也一再提出尽快补发冬装的要求，其中最缺乏的是皮靴、衬衫和长腰袜子。看到这些报告，可以窥见事态的严重性，这使我情绪极度沮丧。我决定立即到第 4 装甲师视察，亲自看一看实际情况。在 10 月 6 日和 7 日交战的战场上，指挥官向我讲述了他们的作战经过。双方被击毁的坦克还散布在战场上，俄军被击毁的坦克要远远少于我们。

回到奥廖尔，遇到了埃贝尔巴赫上校，他也向我讲述了最近这场战斗的经过。而后，冯·盖尔将军和第 4 装甲师司令冯·朗格曼男爵将军也讲到此事。在这场紧张而艰苦的战争中，埃贝尔巴赫上校还是第一次露出精疲力竭的神情，他看上去与其说是体力上的困乏，还不如说是精神上的疲惫。看到我们这样最优秀的军官在近几日的紧张战斗中被拖累成这个样子，心中不免生出阵阵酸楚。

而与此相反的是，陆军总司令部和中央集团军群司令部却欢欣鼓舞！这种由于观点不同而形成的巨大反差，发展到后来已无法弥补，尤其是当时第 2 装甲集团军并不知道，他们的上司早已被胜利冲昏了头脑。

傍晚，第 35 军级司令部报告说，发现在西谢姆卡北部－谢夫斯克西部的敌人有增兵的迹象。从这个报告可以预计，在布良斯克南部被合围的俄军，正企图向东突围。于是，我立即与一直在苏多斯特河西岸的第 1 骑兵师取得联系，询问他们那里的敌人行动是否有变化。他们回答说，没有变化。尽管如此，我还是命令这个师向河东岸发动一次攻击。在攻击的同时我要求他们确认一下，敌人是仍在坚守，还是已经退却。不久，第 1 骑兵师便占领一个登陆场。

晚上，集团军群用电话通知我，他们将第35军级司令部转隶第2集团军指挥，认为这样就可以使我们不必担心左翼的安全了。但是，我并不同意这样做，因为对在杰斯纳河东南的特鲁布切夫斯克的合围行动，只能实施统一指挥。另外，集团军群还建议，将第34军级司令部交给第6集团军指挥，以此来减轻我们右翼的压力，而第6集团军可用来占领库尔斯克。这个建议好像是陆军总司令部或国防军总司令部的主意，可是现在也行不通。因为，这样的话我们就失去了右翼的防护。在这一天，虽然占领了德米特里耶夫，但由于路况太差，使后方跟进的第48装甲军未能与主力建立联系，危机仍未解除。

10月9日，正如我前天所预料的那样，西谢姆卡的俄军真的实施了突破。第293步兵团的右翼在敌人的猛烈攻击下，被迫撤向西谢姆卡和希林卡。由于装甲集团军的预备队第25摩托化步兵师直到现在还没有到达，所以我不得不临时急调第10摩托化步兵师的第41步兵团，来封闭第29摩托化步兵师和第293步兵师之间的缺口。本来，第48装甲军已奉中央集团军群之命向库尔斯克和利夫内推进，现在也不得不全部调向谢夫斯克。12时，第25摩托化步兵师师长克勒斯纳将军来到谢夫斯克，对第29摩托化步兵师和第293步兵师之间的所有作战分队实施统一指挥。值得庆幸的是，在我们这里进行激战的同时，第1骑兵师的主力却没有遇到重大抵抗，轻易渡过苏多斯特河，正向特鲁布切夫斯克挺进。他们曾受到敌人的欺骗，现正尽力弥补所耽搁的时间。在这一天中，受到压力最大的是沿特鲁布切夫斯克－谢夫斯克、特鲁布切夫斯克－奥廖尔和特鲁布切夫斯克－卡拉切夫三段主要公路。尽管如此，俄军也只有一小部兵力越过中布达－谢夫斯克公路突围出去，可惜的是其中还包括俄第13集团军司令部。

冒着纷纷扬扬的大雪，装甲集团军将指挥所移至德米特罗夫斯克。大雪使道路变得越来越难以通行。无数车辆被迫停在被雪覆盖的道路上，我们大家将这种路戏称为"滑雪跑道"。

尽管如此，我们还是把博尔霍夫占领了。第18装甲师在布良斯克北部与第2集团军的第43军协同，将在这个地方作战的俄军合围。

与此同时，东线的南部翼侧正准备向塔甘罗格和罗斯托夫挺进。我们的友邻第6集团军的先头部队已接近阿赫特尔卡和苏梅。

我们的左翼，正向莫斯科方向推进，已渡过乌格拉河，并占领格沙茨克。

10月10日，集团军群向我们下达几项新的指令：占领库尔斯克；结束特鲁布切夫斯克合围战；全面封闭在布良斯克东北部的合围圈；向图拉突击等，当然都是必须立即实施。于是，利本施泰因理所当然地要向上级请示，在这些任务中哪个是最急迫的。但我们没有得到任何答复。

几周后，我们已完全被这个泥泞季节拖垮了。轮式车辆只有靠履带式车辆拖拉，否则就无法行动。而履带式车辆又因超越其设计负荷而过度磨损。由于缺乏用于拖拉车辆的车钩和链条，所以只能靠飞机将一捆捆的绳索空投下来。上百辆这样的车辆及其乘员的补给，不得不从现在起用飞机运输，这种情况持续了数周之久。对于过冬的准备可以说基本没有做什么。大约八周以来，无论是部队的冬装，还是发动机的冷却水防冻剂的供应可以说是微乎其微。上述这种状况使士兵们在以后的数月里经受了巨大的困难和痛苦，而实际上这一切原本都是可以很容易避免的。

敌人对第29摩托化步兵师和第293步兵师的突破仍在继续。第4装甲师突入姆岑斯克。

我们的右邻第6集团军占领苏梅；左邻第13军在卡卢加西部渡过乌格拉河。这里的作战行动，也受到天气的极大影响。

10月11日，纳夫利亚河两岸的俄军在特鲁布切夫斯克附近实施突围。敌人在第29摩托化步兵师和第25摩托化步兵师之间打开一个缺口，被第5机枪营勉强堵住。同时，第24装甲军在奥廖尔东北的姆岑斯克与敌展开居民地战斗，由于道路泥泞，其中突入奥廖尔的第4装甲师未能及时给第24军以有力的支援。战场上出现了大量俄军的T34型坦克，德军坦克遭受重大损失。此前，我们的坦克在装备上一直占据优势，而现在则完全颠倒过来了。要想迅速取得全面胜利，现在看来已十分渺茫。于是，我就当前新出现的形势，向集团军群司令部递交了一份报告。在这份报告中，我详细地陈述了俄军T34型坦克优于我军Ⅳ型坦克的地方，而且还据此提出我们坦克生产的发展方向。我还具体地建议，尽快向我所在的战线派出一个专门的考察团，该考察团应由陆军兵器局、装备部、坦克设计专家和生产厂家等各单位的代表组成。考察团应对战场上被击毁的坦克进行实地考察，听取坦克乘员的意见，以便为制造新型坦克提供参考。此外，我还提出，尽快生产一种重型反坦克炮，用以击穿敌人的 T34 坦克。

根据希特勒的命令，为增加布良斯克东北第 18 装甲师一线的兵力，10 月 11 日 "大德意志"步兵团奉命向卡拉切夫 – 赫瓦斯托维奇公路开进。此外，我们还接到通知，第 2 集团军将要开到我们的右翼作战，第 34 和第 35 军级司令部将转隶第 2 集团军，而第 2 集团军一部兵力归属我指挥。从这种兵力的调配可以预计，下一步我们将要向东北方向开进了。

紧缩合围圈的战斗还在继续。

在整个战场的南翼，亚速海会战已胜利结束，俘虏俄军十万人，缴获坦克 212 辆，火炮 672 门。据国防军总司令部估计，俄第 6、第 12、第 9 和第 18 集团军被歼。同时还指出，现在已具备向顿河下游进攻的前提条件。党卫队 "阿道夫·希特勒"近卫师已到达距塔甘罗格西北 20 公里处。第 17 集团军位于哈尔科夫以南，第 6 集团军位于苏梅，但进展缓慢。在这些地方，俄军最近调来的部队都装备有大量坦克，迫使我们不得不转入防御。这对我的右翼也产生消极影响。由于第 11 集团军转向南方去夺占克里木，南方集团军群的攻击方向因此便呈现出一个扇形，向四方散开。

在中央集团军群的北部，下起大雪，部队在雪地里缓慢行进。第 3 装甲集群到达波戈列洛耶附近的伏尔加河上游地段。

10 月 12 日，大雪依旧下个不停。我们只得继续待在德米特罗夫斯克这个小镇子里，看着满路令人胆寒的烂泥浆，静候着陆军总司令部的新命令。据悉，布良斯克南部较大合围圈和城北的小合围圈，都已被我军封闭，但同时部队也陷入泥泞中而动弹不得。第 48 装甲军现在也不得不艰难地向法泰施推进。行动之初，我本想用这个军经苏梅去夺取一条坚固的公路。在姆岑斯克，我军还在继续与新调来的俄军激战。第 35 军级司令部下属的步兵，奉命清除特鲁布切夫斯克合围圈附近森林地带的敌人。

不仅是我们，就连南方集团军群（第 1 装甲集团军除外），也深陷泥沼，无法行动。第 6 集团军已占领博戈杜霍夫，该城位于哈尔科夫西北。在我们北部的卡卢加被第 53 军占领。第 3 装甲集群占领斯塔里扎，正向加里宁方向挺进。

陆军总司令部曾下达断绝莫斯科与外界的联系的命令，但我们一直没有收到。

10 月 13 日，俄军继续在纳夫利亚河与博尔霍夫之间实施突破。迫于敌人的压力，我不得不派第 3 装甲师的一部兵力和第 24 装甲军第 10 摩托化步兵师，去加强第 47 装甲军。尽管做出这种努力，但由于我们的部队已丧失机动性，因此一个大约由 5000 人组成的俄军集群一直攻击到德米特罗夫斯克地带，才被我们阻止住。

第 3 装甲集群突入加里宁。第 9 集团军到达勒热夫西郊。

10 月 14 日，我们将大本营移到奥廖尔，住在苏维埃大厦里，过得很舒服。这几日，战事趋缓。第 24 装甲军费了很大劲才将第 4 和第 3 装甲师从泥泞中拖出，准备用于姆岑斯克西北的进攻。第 47 装甲军结束合围战，在奥廖尔—卡拉切夫—布良斯克公路沿线集中其部队。"大德意志"步兵团转隶第 24 装甲军，向姆岑斯克开进。第 48 装甲军正调配兵力，准备进攻法捷日，由第 18 装甲师提供部分兵力，对第 48 装甲军进行支援。第 18 装甲师的任务是，准备从西北面对库尔斯克进行攻击。同时，第 34 军级司令部从西面向库尔斯克推进，消灭位于该地由叶夫列莫夫将军指挥的俄军强大集群，以彻底解决我右翼所受到的威胁。

在粉碎俄军顽强抵抗之后，第 6 集团军占领阿赫特尔卡。但是，由于道路泥泞，南方集团军群不得不停止前进。

中央集团军群的攻击行动也因天气而受阻。第 57 军占领博罗夫斯克，该城距离莫斯科 80 公里。

10 月 15 日，第 6 集团军占领苏梅以东的克拉斯诺波利耶。

10 月 16 日我到第 4 装甲师视察，为向姆岑斯克挺进做必要的准备。

这一天，罗马尼亚军队占领敖德萨。第46装甲军接近马沙伊斯克。

10月17日，被合围在布良斯克北部的俄军投降。行动中，我们与第2集团军协同，共俘敌五万人，缴获火炮400门，俄第50集团军主力被歼。在法捷日附近，敌人实施反突击。

10月18日，第11集团军开始对克里木发动进攻。第1装甲集团军在占领塔甘罗格后，向斯大林诺❶挺进。第6集团军占领格莱沃龙。

在第2装甲集团军北部，第19装甲师占领小雅罗斯拉韦茨。马沙伊斯克也被我方占领。

10月19日，第1装甲集团军开始准备向罗斯托夫进攻。他们突入斯大林诺。第17和第16集团军在哈尔科夫和别尔哥罗德方向取得胜利，但由于天气恶劣使他们无法实施追击。中央集团军群的情况大致如此。第43军在占领利赫文后暂归第2装甲集团军指挥，期限24小时。

10月20日，被合围在特鲁布切夫斯克的敌人投降。整个集团军群为泥泞所阻，未取得任何进展。

第1装甲集团军仍在斯大林诺作战。第6集团军接近哈尔科夫。他们在泥泞中前进，于10月21日到达该城西部。

10月22日，第24装甲军经由姆岑斯克进行的攻击行动，由于没有集中其炮兵和坦克的火力实施密集射击，宣告失利。于是，该军将全部坦克集中用于第3装甲师方向，于23日再次在姆岑斯克西北发起攻击，一举成功，并在追击过程中于10月24日占领切尔尼。我亲历了这两天的战斗，亲身领教了泥泞道路和俄军布设的地雷给我们制造的巨大困难。

10月22日，第18装甲师占领法捷日。

10月24日，第6集团军占领敌人已撤出的哈尔科夫和别尔哥罗德。位于我们左翼的第43军占领奥卡河畔的别廖夫。

---

❶ 今顿涅茨克。——译者注

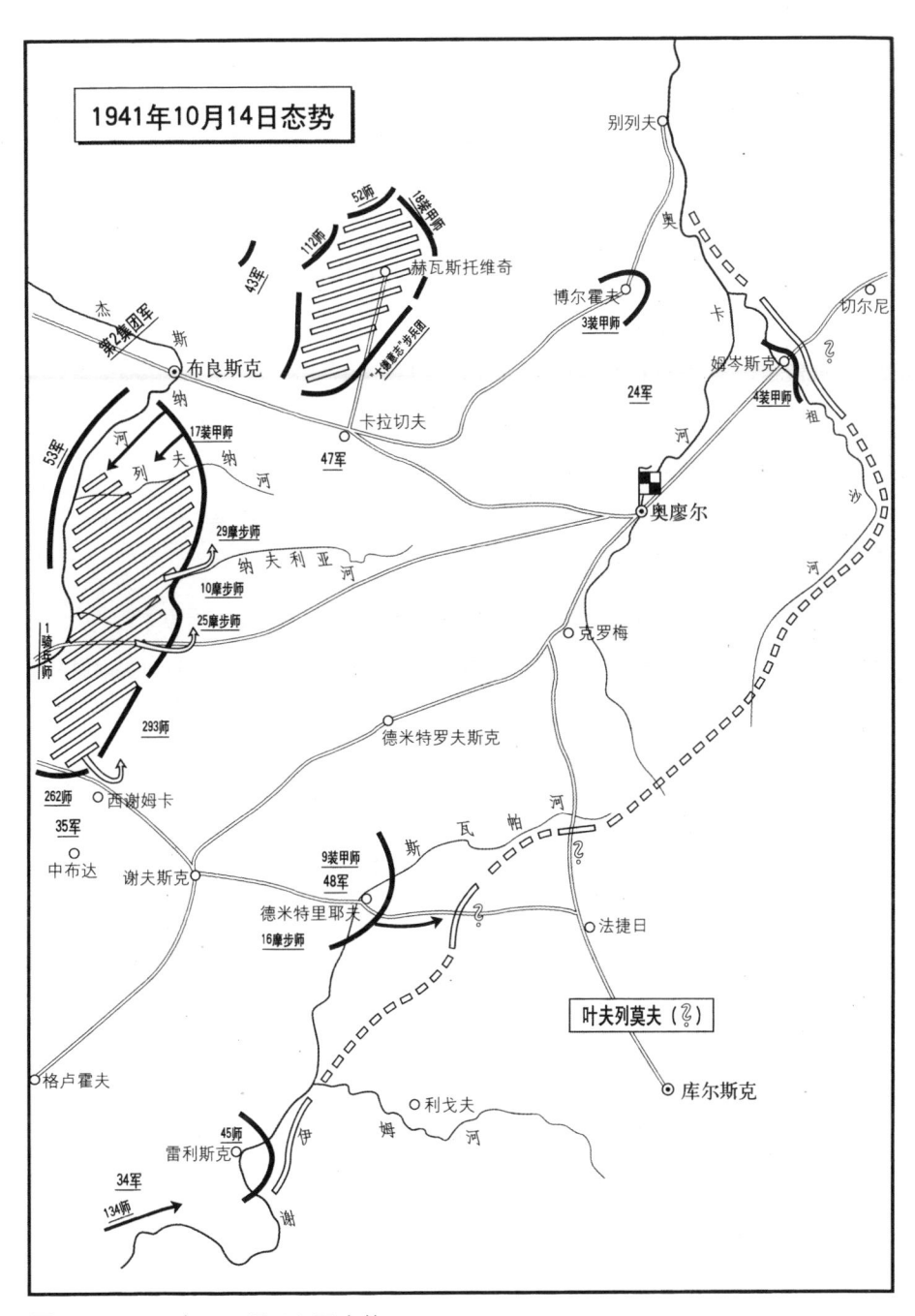

图 27　1941 年 10 月 14 日态势

10月25日，我与"大德意志"步兵团一起向切尔尼前进，并参加了埃贝尔巴赫集群争夺切尔尼北部的战斗。

10月25日，在布良斯克的战斗可以说已近尾声。在这一天，"中央"集团军群右翼各集团军，开始实施新的编制方案。第34和第35军级司令部，以及第48装甲军（第25摩托化步兵师除外）将转隶第2集团军。第1骑兵师返回东普鲁士，准备在那里改编为第24装甲师。在此次改编中，由海因里希将军指挥的第43军及其所属第31和第131步兵师，以及由魏森贝格尔将军指挥的第53军及其所属第112和第167步兵师，也划归第2装甲集团军指挥。后来，又有第296步兵师划归本集团军指挥。第25摩托化步兵师仍属第2装甲集团军。

第2装甲集团军当前的任务是，向图拉突击，新编的第2集团军向东挺进。也就是说，两个集团军又再次向两个方向发展。

随着布良斯克和维亚济马两个合围战的结束，"中央"集团军群再次取得巨大的战术性胜利。但是，集团军群是否仍有余力继续进攻，将战术性胜利扩大为战略性胜利，是国防军总司令部在此次战争中面临的最重大和最急迫的问题。

突击图拉和莫斯科

第2装甲集团军继续向图拉挺进。奥廖尔－图拉公路是实施这次行动唯一可以利用的道路，但是由于坦克和其他车辆的重压，几天之后便报废了。此外，被称为破坏专家的俄国人，在他们撤退的时候把所有的桥梁都炸毁了，并在道路两旁的所有地方布设了地雷。为了能保证部队得到最低限量的补给，我们用粗圆木铺了一道长达数公里的木排路。因为，部队的攻击力不只在于人数的多少，更主要的是依赖于燃料的供应数量。基于这个原因，我将现有的坦克都集中到了第24装甲军，交给埃贝尔巴赫统一指挥，让它与"大德意志"步兵团一起组成一支先遣支队，向图拉方向开进。10月26日，第53军到达奥卡河。第43军的第31步兵师扩展了它在别廖夫的登陆场。我们的右邻指挥其第 48 装甲军向库尔斯克推进。左邻第 4 集团军遭到俄军攻击，被迫转入防御。

10 月 27 日和 28 日，我和埃贝尔巴赫的部队一起行军。27 日，国防军总司令部曾打算让我们转向东部的沃罗涅日，切断俄军的补给线。但是，从我们这里并没有通向沃罗涅日的公路。而且，要想转向东部的沃罗涅日，首先必须要占领图拉。我请利本施泰因向上级转达我的这一想法。10 月 27 日夜间，我在切尔尼一所小型儿童医院里过的夜，这里已经很久没有人住了，长满了臭虫。我们的先头部队到达普拉夫斯科耶地带。第 53 和第 43 军扩大了他们在奥卡河的登陆场。第 4 集团军将俄军的强大反击击退。

10 月 28 日，我听利本施泰因说，国防军总司令部已放弃转向沃罗涅日的企图。于是，我们继续向图拉开进。由于燃料缺乏，埃贝尔巴赫让"大德意志"步兵团的一个营搭乘坦克前进。我们到达距图拉以南 30 公里的皮萨雷沃。为了能在次日一早乘飞机返回集团军大本营，我又不得不在切尔尼过夜。

10 月 28 日，我们还收到希特勒的命令："利用快速部队占领"谢尔普霍夫东部的奥卡河登陆场。但是，我们能够推进多少距离，完全要看补给的多少。在奥廖尔-图拉这样一条破烂不堪的道路上，我们有时最多也只能以每小时 20 公里的速度前进。"快速部队"已不复存在，只能说希特勒是生活在梦幻世界里。

这一天，第 1 装甲集团军占领米乌斯河畔的一个渡场，第 17 集团军占领顿涅茨河畔的一个渡场。

10 月 29 日，装甲部队的先头部队到达距离图拉四公里处。他们对该城实施突袭，但由于敌人反坦克炮和高炮的火力过于强大，行动宣告失利，坦克和军官都遭受重大损失。

第 43 军军长海因里希将军素以务实和冷静而著称，现在也向我诉说起他的部队糟糕的补给。他说，别的暂且不说，自 10 月 20 日以来部队连面包的影子都没见到。

到 10 月 30 日，由魏森贝格尔将军指挥的第 53 军在结束布良斯克合

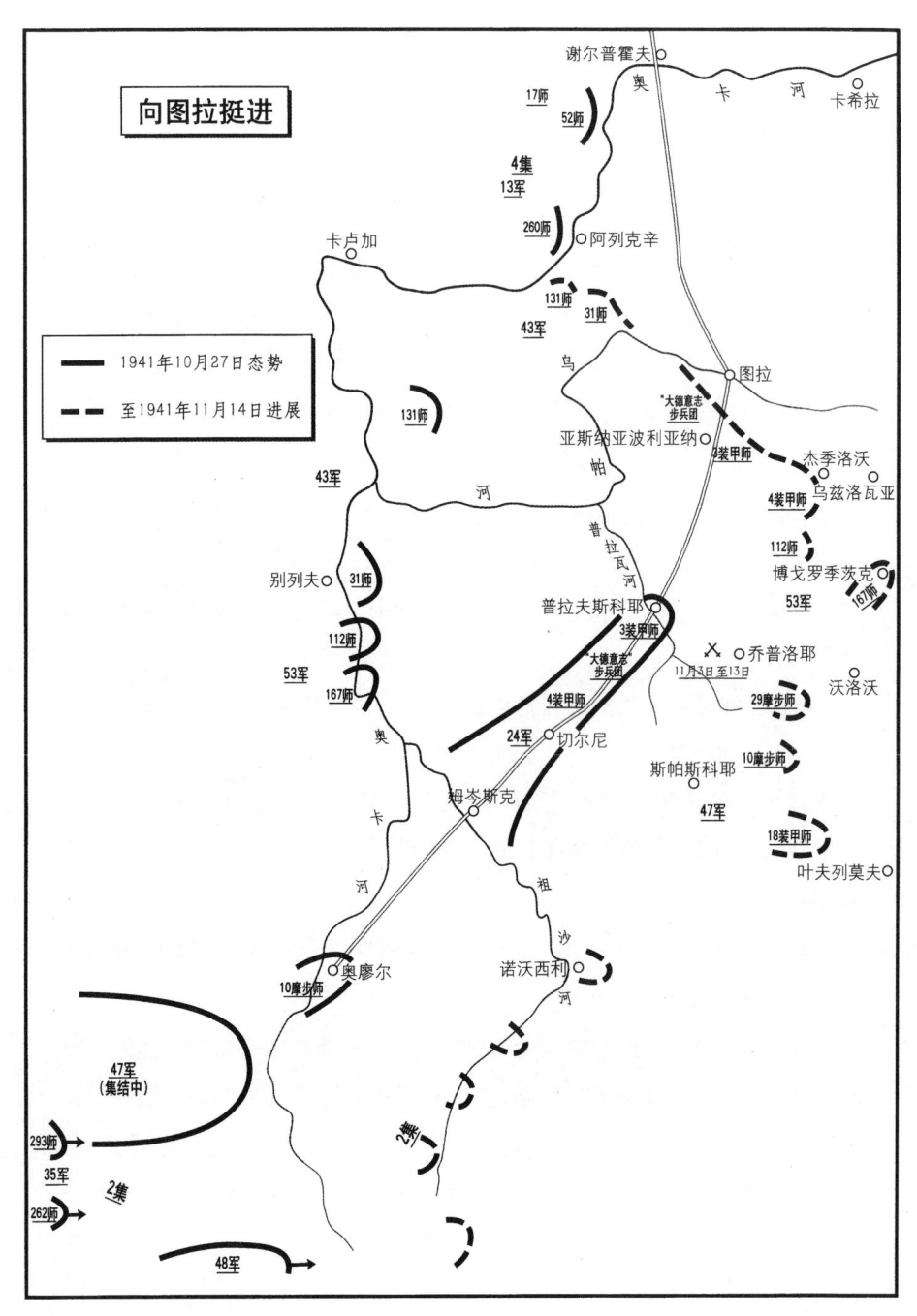

图 28　向图拉挺进

围战之后，从西面沿奥廖尔－图拉公路向东开进。该军所属第167步兵师与第112步兵师，于10月19日分别经博尔霍夫—戈尔巴乔沃和别列夫—阿尔勒谢尼耶沃—察列沃，向图拉方向推进。此次行军，他们饱受泥泞季节之苦，甚至其全部车辆，特别是重型火炮无法随军携带。于是，该军所属的摩托化部队不得不绕道，经由奥廖尔－姆岑斯克的"良好"道路。10月27日曾有报告称，将有一批俄军从东面运送到这里。我命令第53军来保障叶皮凡－斯大林诺哥尔斯克当面右翼的安全。

奥廖尔－图拉的公路变得越来越糟糕，使得随埃贝尔巴赫集群后跟进、已接近图拉的第3装甲师，不得不依靠空运实施补给。

从正面攻击图拉已不可能，为能继续向前推进，冯·盖尔将军建议从该城东部绕行。我赞成他的这一办法，命令部队继续向杰季洛沃方向进攻，夺占沙特河的渡场。冯·盖尔将军此外还认为，可以进一步挖掘摩托化部队在冰冻季节运用的可能性。他的看法完全正确。现在要占领一块地盘十分艰难，要耗费大量装备和器材。鉴于这种状况，修复姆岑斯克－图拉铁路显得极为必要。虽然已尽了最大努力，但工作进展十分缓慢。缺少机车的现状，迫使我绞尽脑汁寻找其他可替代的工具，最终想起了使用铁路工程车，但这种车最后也没有找到。

11月1日，第24装甲军到达杰季洛沃西部。

11月2日，第53军的先头部队在接近乔普洛耶时，突然遇到一支强大的俄军。这股敌军有两个骑兵师、五个步兵师和一个坦克旅，沿叶夫列莫夫－图拉公路前进。从他们的前进方向就可以推断，他们企图攻击位于图拉城前的第24装甲军的侧翼和背后。俄军对我第53军的突然出现，也感到十分意外。11月3日至13日，双方在乔普洛耶附近地域展开持续激战。第53军直到得到埃贝尔巴赫装甲旅的增援后，才把敌人击溃，抓获3000人，敌人把大量火炮丢弃，撤向叶夫列莫夫方向。11月3日夜出现冰冻，部队的运动虽然因此变得容易一些，但也开始遭受冷冻之苦。为保障装甲集团军在姆岑斯克－切尔尼及其以东地区纵深侧翼的安全，我动用了此间已开到卡拉切夫的第17装甲师的非装甲分队。为改善奥廖尔－图拉公路的状况，工兵部队、建筑营和德国青年义务劳动队❶都在不分昼夜地工作着。

在这些天,第48装甲军占领库尔斯克。

11月5日,冯·博克元帅来做短暂视察。11月4日,集团军群认为,俄军正从顿河以西的沃罗涅日－斯大林诺哥尔斯克之间的地域有计划地撤退,并将这一看法报告给陆军总司令部。但从第2装甲集团军那里所发生的事情来看,这种看法是站不住脚的。敌人在乔普洛耶的攻击非但未减,反而更加猛烈!

11月6日,我飞往前线。下面的一封信基本就是我此次飞行的印象:

敌人已争取到时间,而我们连同我们的计划日渐坠入恶劣的严冬,愈陷愈深。这对部队来说是一种精神和肉体的折磨,对作战而言则是一种悲哀和绝望。这一切使我极度沮丧。再好的愿望也敌不过大自然的力量。实施决定性打击的唯一机会已经错过,我不知道它会不会再回来。将来会怎么样,只有上帝知道。只是希望不要,也不允许失掉勇气,可是不能不说,眼前的考验确实太严酷了……

但愿不久我能写点让人高兴的事。我不怨天尤人,但眼下很难使人能高兴起来。

11月7日,我们这里首次出现严重的冻伤。我们从第1装甲集团军那里听说,他们已经自5日开始向顿河畔的罗斯托夫发动进攻。

---

❶ 德国于1935年6月26日颁布法律,规定18—25岁男性青年须加入青年义务劳动队,担负公益劳动任务。1935年10月有成员20万人,到1939年10月增加到35万人。在建造高速公路、西壁工事等大型工程中,都有青年义务劳动队参加。组织青年义务劳动队的初衷,是为了解决失业问题,但最终沦为以纳粹思想教育青年的组织以及军队的后备兵源。——译者注

11月8日，第53军在乔普洛耶的行动取得进展。第24装甲军将图拉敌人的反突击击退。

11月9日，我们还发觉敌人有从图拉东西两个方向发动攻击的企图。鉴于这种状况，第24装甲军由于已将埃贝尔巴赫装甲旅提供给第53军了，因此不得不转入防御。第17装甲师的非装甲部队也转隶第24军，被调往普拉夫斯科耶。由于又在切尔尼东面发现有新的敌人，所以位于姆岑斯克-切尔尼的师的侧翼防护任务，则由第47装甲军的其他部队来接替。这些天图拉的形势已紧张到什么程度，可以从下面这个例子窥见一斑：为保证第53军与在图拉作战的第3装甲师之间的联系，第4装甲师不得不以四个兵力单薄的步兵营防守杰季洛沃西部35公里的地域。

11月12日，气温降到零下15度，13日降到零下22度。在这一天，在奥尔沙召开了一次由陆军总参谋长主持的会商，参加会商的是中央集团军群各集团军司令。会上，陆军总参谋长颁布了所谓的"1941年秋季攻势命令"。命令中给第2装甲集团军规定的任务是，占领距离奥廖尔大约600公里的高尔基（过去称下诺夫哥罗德）。我的参谋长利本施泰因立即提出异议，指出在目前情况下集团军只能到达韦尼奥夫。现在不是5月，我们也不是在法国！我完全赞同他的观点，并向集团军群递交一份书面报告，指出：装甲集团军现已无力执行这一命令。我的这份报告并非无所依据，我曾于11月13日至14日到第53军和第24装甲军进行过视察，我掌握有最新的资料。

11月13日，我计划到普拉夫斯科耶的魏森贝格尔将军那里视察，我从奥廖尔起飞，但在切尔尼以东上空遇到暴风雪，不得不在切尔尼的野战机场迫降。然后，我又从这里转乘汽车，冒着零下22度的严寒，到达第53军军部。这是乔普洛耶会战的最后一天，魏森贝格尔将军向我报告了他的作战经验。我命令他，向沃洛沃-斯大林诺哥尔斯克推进，并向他保证埃贝尔巴赫装甲旅一直由他指挥，直到第18装甲师开来，对付逃向叶夫列莫夫之敌，以确保其右翼的安全。现在，步兵大量减员，已降到每连50人左右。冬装缺乏的现象日益严重。

在第 24 装甲军那里，地面结冰之后异常光滑，坦克没有履带防滑设备根本无法爬上斜坡。冯·盖尔将军认为，11 月 9 日之前根本无法发动进攻。为此，他急需埃贝尔巴赫的装甲旅，以及可供四天之用的油料，而现在只够一天用！我认为，进攻应于 11 月 17 日开始，这样就可以与第 53 军的行动相协调，阻止敌人在沃洛沃–杰季洛沃构筑新的防线。此外，第 43 军在图拉以西也遭到敌人的攻击，需要为他们解除压力。右翼的安全应由第 47 装甲军的第 18 装甲师、第 10 和第 29 摩托化步兵师来保障。

我在普拉夫斯科耶过夜。

11 月 14 日上午，我去视察第 167 步兵师，并与一些军官和士兵谈了话。补给情况十分糟糕。棉衣、皮靴油、衣物，特别是毛料裤子都十分缺乏，长筒袜和皮靴也十分急需。大部分人直到现在还穿着单裤，要知道现在的天气已经降到零下 22 度！中午的时候，我又来到第 112 步兵师，这里的情况也大致如此。我们的士兵很多人都穿戴着俄军的大衣和皮帽，只能从帽徽上辨认出他们是德国军人。装甲集团军已把储备的所有服装都拿出来，及时供应前线，但只是杯水车薪，解决不了根本问题。

像埃贝尔巴赫指挥的这支劲旅，现在也只剩下大约 50 辆坦克。按正常编制数，三个装甲师应装备 600 辆坦克。防滑装备还没有运到，光滑的路面给这个旅造成极大困难。冷冻使光学仪器无法使用，有一种油膏可以防止仪器结霜，但尚未运到。坦克在发动时，必须要在车身下烧火烘烤，燃油有时也结冰，润滑油变得十分黏稠。这个旅最缺乏的是冬装和车辆的冷却水防冻剂。

第 43 军报告，他们在作战中损失惨重。

我再次在普拉夫斯科耶过夜。

11 月 15 日，俄军对第 43 军的反突击仍在继续。

11 月 16 日，我视察海因里希将军的部队，在这里，冻伤、缺衣现象比比皆是，而且官兵们满身长了虱子！

11 月 17 日，我们获取的情报称，在西伯利亚的乌兹洛瓦亚附近发现俄军，而且在梁赞－科洛姆纳地段源源不断有俄军运到。第112步兵师与新到的西伯利亚军队遭遇。与此同时，从杰季洛沃方向开来的敌方坦克也向该师发动攻击，使这支已精疲力竭的部队不负重压。在判断他们的战斗力时，必须考虑到他们目前所处的现状：由于冻伤减员，每个团只剩下400人左右，机枪也因冰冻而无法射击，而且我们的37毫米口径反坦克炮奈何不得俄军的T34型坦克。因此，部队出现了惊慌失措的情绪，其影响一直波及博戈罗季茨克。在俄国战局中发生惊恐现象，这还是第一次，足以说明我们步兵的战斗力已近枯竭，再也担当不起重大任务。第53军只好将其第167步兵师调到乌兹洛瓦亚地域，这才基本稳住了第112步兵师的阵脚。

在这个时候，第47装甲军的部队也赶到这里，使装甲集团军的纵深侧翼安全有了保障。我在1941年11月17日的一封信中写道："我们的部队在补给已近枯竭的情况下，在冰天雪地里冒着严寒，在糟糕透顶的宿营条件下，一步一步地接近我们的最终目标。依靠铁路实施补给的困难与日俱增。这是我们陷入困境的主要原因，因为没有燃料，我们的汽车寸步难行。如果情况不是这样，我们早就接近目标了。尽管如此，我们英勇的部队还是以惊人的忍耐力克服各种困难，奋勇向前。我们的人都是这样优秀的军人，不能不感谢他们……"

在继续进行冬季作战的同时，我们还得为国内的、军队的和俄国居民的粮食问题操心。在1941年秋季粮食获得丰收之后，田地里到处堆满了谷物。牲畜也不缺乏。但由于铁路状况极差，从第2装甲集团军这里无法将大量粮食运回国内。部队的食粮有了保障，奥廖尔的俄国居民的粮食供应问题，已交给他们自己的管理机构去安排，足可以维持到1942年3月31日。为了安抚城内的百姓，我们将这一安排以布告的形式张贴在奥廖尔的城墙上。在这块富饶的黑土地上，俄国政府早已建立起许多大型粮仓，储存了大量粮食。虽然俄国人在撤退的时候，将一部分粮仓放火焚烧，但仍保全了一部分，我们也从正在燃烧的粮仓中抢出一部分粮食，这至少可用来供居民食用。

奥廖尔一些工厂的设备俄国人没有来得及运走，现在可以重新开工，这一方面可以供军队需求之用，另一方面也可使当地居民有工作。在这些工厂当中，有一个是铁皮制品工厂，以及一个制鞋厂的皮革和毡子加工车间。

至于说到俄国居民的态度，我可以讲述一个例子，就是我在这些天与奥廖尔的一个沙皇老将军的谈话，极具代表性。他说："如果是20年前，我们会热情地欢迎你们。但现在太晚了。我们刚刚开始重新复苏，你们来了，又使我们倒退到20年前，我们又不得不从头起步。现在我们团结一致为俄罗斯而战。"

11月18日，第2装甲集团军开始实施于11月13日预定对奥廖尔的进攻。各支部队的任务及进展情况如下：

第47装甲军：

第18装甲师攻击叶夫列莫夫工业区，于11月20日经过激烈巷战后占领该城，击退俄军反击后，继续坚守该城；

第10摩托化步兵师向叶皮凡－米柴洛夫推进；

第29摩托化步兵师攻击斯帕斯科耶－格列米亚奇，任务是对付可能来自梁赞－科洛姆纳地区的俄军，以保障本集团军东部侧翼的安全；

第25摩托化步兵师当时正奉国防军总司令部之命，执行收割任务，待任务完成后便作为军预备队，随后跟进。

第53军：

第167步兵师经斯大林诺哥尔斯克，向韦尼奥夫推进；

第112步兵师由于兵力不足，仍停在斯大林诺哥尔斯克地域，等待由卡拉切夫地区开来的集团军群预备队第56步兵师前来接防；此后应在顿河建立一个登陆场；

第24装甲军以其第17、第3和第4装甲师，"大德意志"步兵团，以及正向南开进的第296步兵师，通过两面攻击占领图拉。

在该军和第53军前方，第17装甲师的一个战斗集群正向卡希拉推进，目的是夺占奥卡河大桥，并阻止从莫斯科前来增援的俄军。

第 43 军以其第 31 和第 131 步兵师，经利赫文和卡卢加，在乌帕河与奥卡河之间开进，任务是肃清该地区的敌人，在图拉与阿列克辛之间确保第 2 装甲集团军与第 2 集团军间的联系。

位于第 2 装甲集团军右翼纵深的第 2 集团军，奉命从奥廖尔以东向东推进。因此，我们不能指望得到该集团军的支援。在这些天，他们判定，俄军正在叶列茨－叶夫列莫夫公路以西构筑工事。由此看出，当时希望俄军已撤到顿河以东的判断是错误的。

位于第 2 装甲集团军左翼的第 4 集团军，奉命在阿列克辛北部渡过奥卡河，向谢尔普霍夫方向攻击。该集团军辖有大约 36 个师。

与第 4 集团军相反，第 2 装甲集团军只有 12.5 个师的兵力。步兵还一直没有装备冬装，几乎丧失机动能力。每天平均推进速度只有五公里，最高也只能达到十公里！因此，实在令人怀疑，集团军还能不能胜任它所担负的任务。

11 月 18 日，第 47 装甲军在空军的有力支援下占领叶皮凡。第 24 装甲军占领杰季洛沃，并于 11 月 19 日到达博洛霍沃。11 月 21 日，第 53 军占领乌兹洛瓦亚。11 月 24 日第 24 装甲军占领韦尼奥夫，击毁俄军坦克 50 辆。第 43 军缓慢向乌帕河推进，当它到达目标后，从 11 月 21 日开始，俄第 50 集团军便投入第 108 坦克旅、第 299 步兵师、第 31 骑兵师以及其他部队，向第 47 装甲军先头部队发起攻击。态势再度趋紧。

在南方集团军群方面，第 1 装甲集团军经过在泥泞和冰冻中长时间的艰苦跋涉，于 11 月 19 日到达顿河畔罗斯托夫的北郊，与敌展开激战。11 月 21 日，占领罗斯托夫。顿河大桥被俄军炸毁。该集团军预计敌人不久便会进行反击，于是转入防御。11 月 20 日，第 2 集团军的第 48 集团军占领季姆，11 月 23 日这个军遭到敌人的反击。

我在 1941 年 11 月 21 日的一封信中写道：

天寒地冻，衣宿维艰，人员物资大量损耗，燃料迟迟供应不上，这给指挥官的精神和肉体造成巨大的折磨，时间越长，巨大责任感给我的压力就越大，纵然用世界最美好的语言，也无法为我分忧。

　　为能了解前线的真实情况，这三天来我一直在前线。如果战况许可，我将在星期天到集团军群司令部去，打听一下下一步的计划，对此我还一无所知。我猜不出他们到底是怎么打算的，同时也不知道，我们到来年春天将如何恢复态势……

　　11月23日下午，我决定亲自去找"中央"集团军群司令，请求他更改命令，因为我现在已无力将他的命令付诸行动。我向冯·博克元帅报告了第2装甲集团军所处的困境，描述了部队尤其是步兵疲惫的状况，他们缺少冬装，补给也已停顿，坦克和火炮所剩无几，而俄军还在不断从远东的梁赞-科洛姆纳运来新生力量，严重威胁我东部侧翼纵深的安全，等等，等等。冯·博克元帅听完我的一番诉说之后说，他已将我过去的报告原封不动地转达给了陆军总司令部，他们对前线的真实情况是十分了解的。为证明这一点，他接通了与陆军总司令的电话，而且还把一个耳机交给我，让我能听到他们的谈话。他把我刚才对形势的描述又向陆军总司令重复了一遍，并要求能更改我的任务，撤销攻击命令，并选择适宜的冬季阵地转入防御。

　　从通话中可以明显感觉到，陆军总司令根本没有权力做出任何决定。他在答复中对我们的困难只字未提，他拒绝我的请求，命令我继续进攻。博克元帅一再要求他，能为我指定一个在防线中可以达到的目标，最后他总算给我指定了米柴洛夫-察莱斯克一线，同时强调了彻底摧毁梁赞-科洛姆纳铁路的重要性。

　　我这次飞往集团军群的结果令人不甚满意。同一天，我请派驻我司令部的陆军总司令部联络官冯·卡尔登中校，再去向陆军总参谋长报告这里的情况，请求停止我们的进攻任务，但他最后也是无功而返。从陆军总司令到总参谋长一致拒绝的态度来看，将攻势继续下去的主意，不单单是来自希特勒，连他们自己也是这样主张的。不过无论如何，最高军事当局现在总算是了解我集团军当前的危急状况了，而且当时我推测，他们也如实地向希特勒做了汇报。

11月24日，第10摩托化步兵师占领米柴洛夫。第29摩托化步兵师占领叶皮凡东部40多公里的地域。11月25日，第17装甲师的先头战斗群接近卡希拉。我们的右邻占领利赫文。

11月26日，第53军到达顿河，其所属第167步兵师在伊万诺日洛渡过该河，在丹斯科伊东北部向该地的俄军西伯利亚部队发起攻击。这个勇敢的师缴获敌人火炮42门，俘虏4000人。第47军第29摩托化步兵师此时也从东部开过来，将敌人合围。

这一天，我在第53军，我决定11月27日到第47装甲军司令部及其第29摩托化步兵师视察。在叶皮凡，早晨听莱梅尔森将军说，昨日夜间第29摩托化步兵师曾遇到一次危机。俄军第239西伯利亚步兵师主力向东突围，而在此担负合围任务的第29摩托化步兵师由于兵力单薄，不仅没有能阻止敌人的突破，反而遭受重大损失。于是，我从该师师部到了损失最大的第71步兵团。我原先还以为，导致这种后果的原因是由于他们没有注重侦察，没有采取可靠的保障措施。但听了营长和连长在现场的报告之后，我才完全明白，其原因不是我们的部队没有尽到他们的责任，而是敌人过于强大了。只要看一看无数战死的士兵，他们都服装齐整，手握钢枪，就足以证明军官们的报告没有一丝虚假。我尽力鼓励那些情绪低落的士兵，帮他们度过当前的这段危机。那些西伯利亚人之所以在丢弃重型武器和汽车后，还能逃出我们的包围圈，只是由于我们没有力量能够阻止他们的突围。这是这一天中令我十分沮丧的事。我立即命令第29摩托化步兵师的摩托车步兵对突围之敌实施追击，但没有取得任何结果。

我继续向前行驶，先来到侦察营，而后到第4装甲师第33步兵团，并在第24装甲军过夜。你要想对目前的严重态势做出正确判断，你必须要亲眼看一下我们在那漫无边际的茫茫雪原里所遭遇的灾祸，亲身体验一

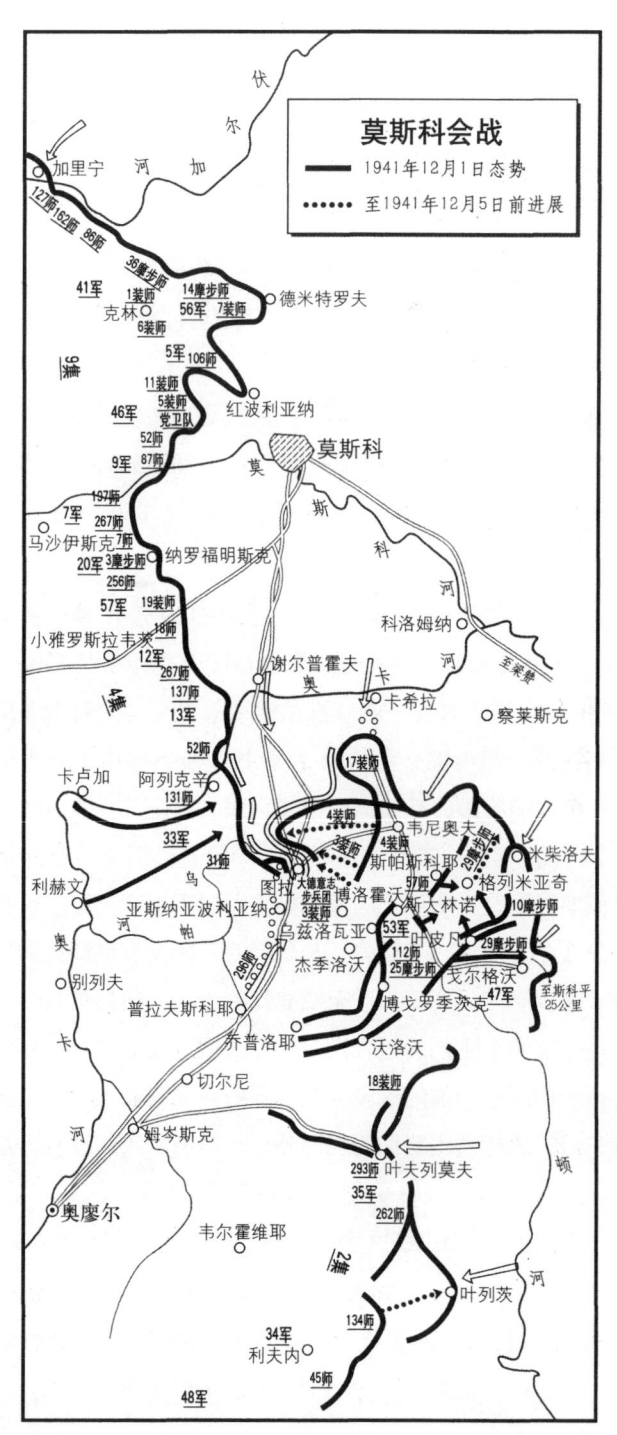

图 29 莫斯科会战

下这里的刺骨寒风和坎坷不平的道路，亲眼看一看我们那些行进在茫无人烟的旷野上的衣服褴褛、营养不良的部队，并想一想与全副冬装、营养良好的西伯利亚生力军所形成的鲜明对比。

当时在陆军总司令部负责装甲兵事务的巴尔克上校，这次与我同行。我请他将他亲眼看到的这些东西报告给陆军总司令。

我们当前最紧迫的任务是占领图拉。只有首先占领这个交通枢纽和机场，才可能继续向北方或东方推进，夺占下一个目标。为了进行此次作战，我与各军长进行了商谈，向他们说明此次行动会遇到的困难。我们打算通过两面包围来夺取这座城市，即第24装甲军从北面和东面，第43军从西面包围这座城市。在作战过程中，第53军应面朝莫斯科方向，保障我北部侧翼的安全；第47装甲军负责对付由西伯利亚调来的敌军，以保障我东部侧翼的安全。该军第10摩托化步兵师在到达米柴洛夫之后，派出爆破组炸毁梁赞－科洛姆纳铁路，但由于俄军的猛烈反击，未能达到目的。由于天气寒冷，第18装甲师大部炮兵在向叶夫列莫夫的开进被迫停在半途。早在11月29日，由于俄军占据绝对优势，第10摩托化步兵师首次感到巨大压力，不得不放弃斯科平。

在经过数月的艰苦作战之后，即使像第24装甲军这样的部队，其战斗力也受到重大折损，其军属炮兵的火炮只剩下11门。

在南部战线，11月27日俄军开始对罗斯托夫发起反击，这里的态势也随之变得紧张起来。我们右邻第2集团军的当面，敌人增加了兵力。位于我集团军左翼的第43军到达图拉－阿列克辛公路，并在这里遭遇一股强大敌人的反击。

第4集团军的第2装甲师到达红波利亚纳，此地位于莫斯科西北20公里。

11月28日，俄军再次攻入罗斯托夫。第1装甲集团军不得不考虑撤出该城。

第43军进展缓慢。这一天，集团军群放弃陆军总司令部和国防军总司令部所规定的深远目标，只是命令："打赢图拉会战。"

11月30日，国防军总司令部对是否已集中足够兵力用于对图拉的进攻，表示怀疑。要想为此集中更多的兵力，只有削减担负侧翼防护任务的第47装甲军的兵力。但我认为，这一措施过于冒险，因为东部所受到的威胁还在不断增加。不过，就在同一天，在南部战线发生了一件事，给全盘形势带来一缕曙光：南方集团军群在这一天撤出罗斯托夫，集团军群司令冯·伦德施泰特元帅也随之于次日被撤职，由冯·赖歇瑙元帅接任。这是敲起的第一声警钟！可是，不管是希特勒和国防军总司令部，还是陆军总司令部，都没有因此而迷途知返。

从1941年6月22日到现在为止，我们在整个东线战争中已损失74.3万人，这对我们350万的总兵力而言，相当于损失了23%。

也是在11月30日这一天，敌人又在我们东部侧翼前方的卡希拉增加了兵力。从这一点可以推测，敌人是从莫斯科西部防线中央抽调兵力，去增援其受威胁的侧翼。

此时我听说，我的战友默尔德斯上校已阵亡，他是一名优秀的军人，我为此深感悲痛。

随着巴尔干地区游击战争的日趋激烈，我们也不得不将更多的兵力投入这一地区。

南方集团军群新任司令冯·赖歇瑙认为，撤出罗斯托夫和将第1装甲集团军撤至米乌斯河地段以西，是必走的一步棋。刚刚过去24小时，就证明将伦德施泰特革职是多余之举。

在此期间，我本想将我们集团军的进攻准备工作，与计划于12月2日开始行动的第4集团军协同起来，但到12月1日我听说，第4集团军到12月4日才开始行动。说心里话，我也希望能推迟我们的进攻日期，这样好与第4集团军同时行动，而且还可以等待第296步兵师的到来。不过，第24装甲军却认为，他们不宜在兵力密集的待机地域等待时间过长，于是我便决定让该军在12月2日开始行动。

我们将前进指挥所设在亚斯纳亚波利亚纳，这是托尔斯泰伯爵的庄园，12月2日我来到这里参观。亚斯纳亚波利亚纳位于图拉以南七公里，紧靠着"大德意志"步兵团团部。这座庄园由两套房子组成，一套为"邸宅"，一套为"陈列室"，都属于19世纪后半叶乡村别墅的风格。我断定，"邸宅"是托尔斯泰的家庭用房。于是，我们便住进了"陈列室"。我们将托尔斯泰的所有家具和书籍，都集中存放在两间房子里，并在门上上了锁。我们宁可自己制作简易的家具，从附近的树林里拾柴取暖，也没有毁掉任何一件家具用来当柴烧，没有碰过任何一本书籍或文件。

12月2日，第3和第4装甲师以及"大德意志"步兵团成功突破敌人的前沿阵地，这大出敌人的意料。12月3日，进攻继续在暴风雪的天气里进行。道路已经结冰，这给部队的行动增加了许多困难。第4装甲师把图拉通往莫斯科的铁路炸毁，缴获六门火炮，虽然最终到达图拉－谢尔普霍夫公路，但战斗力和燃料也已耗尽。敌人撤向北方，形势依然很紧张。

据12月4日的侦察报告称，有一支强大的敌军出现在北部以及南部沿图拉－谢尔普霍夫公路一带。第3装甲师在图拉东部的森林地带与敌人进行艰苦激战。这一天，进展缓慢。

现在，影响图拉总体形势的关键问题有两个。一是，第43军是否有足够兵力，一直坚持到将该城包围，并与第4装甲师建立联系；二是，第4集团军的进攻能否给敌以足够压力，以阻止敌人向图拉方向转移兵力。

12月3日，我到位于格里亚兹诺沃的第43军视察，想亲眼看一看部队战斗力的现状。12月4日一早，我来到第31步兵师指挥所，并从这里到第17团第3轻型步兵营。1920年—1922年我曾在这个营担任第11连连长，它是我成长的摇篮。在与连长们进行详谈之后，我向他们提出一个严肃的问题，部队还有没有足够的战斗力以遂行当前的任务。军官们虽然满脸忧虑之情，但对于进攻能力的问题却异口同声地回答："我们早就想把敌人打跑了。"第43军的其他部队是不是也像这个戈拉斯尔老步兵营一样具有如此气魄，我无法得知，但就凭这一点，我决定再发动一次进攻。

返回的路程似乎没有尽头，加之暴风雪和颠簸不平的结冰道路，使我这一路险象环生。我的装甲指挥车最终还是掉进了一条深沟，要想在这漆黑的夜晚把它拖出来，似乎是没有可能了。凑巧的是，在另一个小坡上遇到了我的司令部的一辆通信车，他们连夜把我送到了亚斯纳亚波利亚纳。

12月4日，第43军完成进攻准备。第296师在施特默尔曼将军指挥下继续向图拉方向艰难地推进。在这一天，他们没有实施攻击。气温已降至零下35度。空中侦察报告称，有一股强大敌军由卡希拉向南开进。但由于俄军出动了强大的歼击机部队，使我空军无法进行更加详细的侦察。

12月5日，第43军开始发动进攻，但是除了第31步兵师取得一些战果外，其他各部均无进展。第296步兵师在天黑的时候才到达乌帕河，但已精疲力竭，我在一个团里看到了他们疲惫的样子。第29摩托化步兵师遭到来自韦尼奥夫东北的俄军及其坦克的攻击。第24装甲军的侧翼和背后遭到来自图拉北部俄军的威胁。现在气温已降至零下50度，部队几乎无法运动。鉴于这种情况，现在必须要考虑的问题是，继续进攻是否还值得。如果继续进攻，那必须要保证第4集团军也同时发起进攻，而且要取得胜利。但遗憾的是，这不仅根本做不到，而且还可能事与愿违。第4集团军与我们在奥卡河畔的协同，只局限于派出两个连兵力的突击组，在进行了一次奇袭之后，又返回其出发阵地，没有对第43军当面的敌人产生任何影响。最后，第4集团军也转入防御！

由于侧翼和背后都受到敌人的威胁，加之极为异常的严寒天气，部队已丧失机动能力。于是我决定，在12月5日夜间停止这种孤立无援的进攻，将最前方的突击部队撤至顿河上游—沙特河—乌帕河一线，转入防御。这在这次战争中还是第一次，而且是我自此次战争以来最难下定的决心。虽然，我的参谋长利本施泰因和年长的军长冯·盖尔将军都支持我的这一决定，但无助于我摆脱困境。

也就在这一天的夜间，我把我的决心向冯·博克元帅做了口头报告。他的第一个问题是："您的指挥所到底在什么地方？"他大概以为我身在距离前线很远的地方。不过这种错误绝不会发生在任何一个装甲兵将军的身上。为了能对战事和部队做出正确判断，我一直处在与战场和我的士兵足够近的地方。

不仅是我的第2装甲集团军出现危机，第4装甲集团军也停止进攻。

由赫普纳指挥的第4装甲集团军，以及已到达距离克里姆林宫只有35公里的第3集团军，到12月5日夜间，眼巴巴地看着这个近在咫尺的目标，但已无力向前推进半步。甚至在第9集团军那里，俄军已在加里宁两侧转入反攻。

我们对莫斯科的进攻已经流产。我们英勇部队的所有牺牲和努力都已付诸东流。我们在近几周所遭受到的不幸和失败，都因最高指挥当局坚持己见所致。那些国防军总司令部和陆军总司令部的人身处远离战场的东普鲁士，尽管我们呈送了许多报告，但他们对于冬季作战的实际情况仍是一无所知。正是由于这种无知，才使他们不断向作战部队提出不合理的要求。

根据我的看法，要想恢复和巩固原来的态势，而且一直坚持到来年春天，只有立即撤到地形有利、事先构筑有工事的阵地，这才是最好的和最利于保存实力的办法。在第2装甲集团军所管辖的范围内，早在10月就已构筑了祖沙河－奥卡河阵地，部队本可以撤到这里，保存实力。但是，这也正是希特勒绝对不允许的。我不知道，之所以会如此，除了希特勒的固执己见之外，是不是外交政策在这些天发挥了决定性的影响。据我估计是有关系的，因为12月8日日本参战，接着德国于12月11日向美国宣战。

在这些天，军人们大为不解的是，虽然希特勒已向美国宣战，可是日本却没有向俄国宣战。因此，俄军可以将它的远东兵力放心大胆地调到西线来对付德国。直到现在，他们还在不断地向我们的战线输送兵力，其速度之快大大出乎我们的意料。这一费解的政策所带来的结果是，我们的压力非但没有减轻，反而再添重负。

现在，战争真的可以被称为"总体战"了。世界上的绝大多数国家都将其经济和军事潜力集中起来，联合对付德国及其弱小的盟国。

还是让我们回到图拉。在以后的几天里，第24装甲军开始有计划地撤离。第53军受到来自卡希拉强大敌人的压力，而在第47装甲军那里，12月7日的夜间，在米柴洛夫遭到俄军突袭，第10摩托化步兵师遭受重大伤亡。这一天，在我们的右翼，已由第2集团军占领的叶列茨再度失守。敌人对利夫内发起攻击，并向叶夫列莫夫增加兵力。

12月8日我曾写过一封信，我对当时形势的一些看法可以从那封信里窥见一斑：

> 我们现在所面临的现实令人悲哀：上级对下级要求过高，他们不相信关于部队战斗力日渐下降的报告，反而不断提出新的要求，对严寒的冬季未做任何准备，被俄国零下35度的天气搞得手忙脚乱。部队的战斗力已下降到无法继续向莫斯科进攻，于是我于12月5日晚断然下定决心，停止毫无希望的战斗，撤到一条预先选定的、可使剩余部队进行防守的较短的战线。可是，俄军的活动依然频繁，步步紧逼，因此我们不得不做好发生不测事件的准备。我们的损失惨重，尤其是病号和冻伤者很多，虽然他们可以经过一段时间休息后重返前线，但眼下我们是一筹莫展。汽车和火炮被冻坏的数量远远超出了我们的预计。我们虽然可以利用当地的雪橇，但效率太低。所幸的是，到目前为止，我们的坦克勉强还可以使用。但在这种严寒条件下到底还能使用多久，只有上帝知道。
>
> 我们的不幸从罗斯托夫开始了。这是一个不祥的兆头。尽管如此，在罗斯托夫的进攻仍在继续。11月23日我飞往集团军群，结果一无所获，也没有得到上面的任何解释，一切照旧。接着，我的北部友邻吃了败仗，我的南部友邻战斗力也已耗尽。最后，我没有其他选择余地，只好停止进攻。因为，单靠我的力量无法彻底改变整个东方战线的局面，何况现在的天气已降到零下35度。
>
> 我还是请巴尔克把我对形势的判断向陆军总司令报告，可是不知道他是否转达了。
>
> 昨天，里希特霍芬空军元帅来看我。我们单独谈了很长时间，我发现，我们对整个态势有着相同的判断。接着，我又与施米特将军在同一个房间里进行谈话，他是我右邻集团军司令。他也赞同我的看法。这样看来，我的意见不是孤立的，但这一切都没用，

因为根本就没有人关心此事……

连我自己都不相信，两个月后战争形势会出现根本扭转……如果能立即下定决心，停止作战，先撤入一条适宜的防线，也许还能平安度过这个冬季。这一切在之后几个月里都是问号……这并不是为了我个人，而是为了更多的人，为了我们的德意志。这正是使我终日忧心忡忡的事情。

12月9日，敌人在第2集团军的利夫内地域扩展战果，并将第45步兵师一部合围。在我集团军这里，第47装甲军向西南撤退，第24装甲军则将俄军从图拉击退。

12月10日，我给元首的副官长施蒙特和陆军人事局局长小凯特尔写信，报告我们眼下所处的态势，希望能够打消他们对这里所抱的任何幻想。同一天，我还写信给我的夫人。信中写道：

但愿我的信（上面提到的两封信）能及时送到，因为清醒的认识和坚定的意志还能挽救一些东西。我们对敌人、对敌国国土的辽阔和气候的隐患估计得太低了，现在我们只好自食恶果……不过，我于12月5日已自主决定停止战斗，这至少还是值得庆幸的，否则，我们又将迎来一场灾难。

12月10日，我方发现俄军又在卡斯托尔纳亚和叶列茨附近运来大批部队。在第2集团军那里，敌人扩大其突破口，越过利夫内—切尔诺瓦公路。在我集团军这里，第10摩托化步兵师在叶皮凡进行防御。第53军和第24装甲军到达顿河—沙特河—乌帕河一线。

在这些天，在第296步兵师和第31步兵师之间的地域，出现一个缺口，着实令人不安。

12月11日，我们的右邻军继续向西撤退。叶夫列莫夫由于受到敌人的威胁，我军不得不于12月12日撤出。

为了封闭在第 43 军处的缺口，第 4 集团军将其第 137 步兵师转交我集团军指挥。但是，由于路程太远，加之天气恶劣，该师未能及时到达。因此，我不得不把我所有可以动用的机动兵力，都在 12 月 12 日用于支援告急的右邻。

12 月 13 日，第 2 集团军继续向后撤退。按原计划，第 2 装甲集团军本应坚守斯大林诺哥尔斯克—沙特河—乌帕河一线，现在看来已无法实现，特别是第 112 步兵师已无力抵挡俄军生力军的攻击，必须继续撤到普拉瓦地段以西。我们的左邻第 4 集团军尤其是第 4 和第 3 装甲集群，也无力坚守阵地，只得撤出阵地。

12 月 14 日，我到罗斯拉夫尔去见陆军总司令冯·布劳希奇元帅，冯·克卢格元帅也在。为了这次会见，我不得不在暴风雪里驱车 22 个小时。我把我的部队目前的处境向陆军总司令做了详细的报告，请求准许我的集团军队撤到祖沙河－奥卡河一线，这条防线曾是我们在 10 月份作战中的最前沿，后来又进行了扩建。另外，我还提出如何封闭目前第 24 装甲军和第 43 军之间宽达约 40 公里的缺口问题。我认为，第 4 集团军本应将其第 137 步兵师转隶第 2 装甲集团军，以用于封闭这一缺口。但冯·克卢格元帅只答应抽调该师四个营前来。我指出，这点兵力远远不够，我请求他派出另一半兵力。在封闭缺口的战斗中，英勇的师长贝格曼将军已经阵亡，这个危险的缺口至今还没有封闭。

罗斯拉夫尔会商的结果就是下达了如下命令："第 2 集团军由第 2 装甲集团军司令指挥。两个集团军应坚守库尔斯克—奥廖尔—普拉夫斯科耶—阿列克辛一线的前方阵地，必要时还包括奥卡河。"我本以为，陆军总司令肯定会把这一命令报告给希特勒，但后来的事实至少使我怀疑，他是不是这样做了。

在第 2 集团军那里，俄军已于 12 月 13 日开始进行纵深突破，14 日这一天，他们经利夫内向奥廖尔发展，并将第 2 集团军第 45 步兵师合围，歼灭其中一部。冰冻的道路光滑异常，部队几乎无法进行机动。冻伤造成的减员要远远大于被敌人火力杀伤的数字。由于右邻第 293 步兵师和第 2

集团军已撤离叶夫列莫夫，第47装甲军也不得不后撤。

由于我的一再要求，12月16日在附近逗留的施蒙特在奥廖尔机场与我进行了半个小时的谈话。我向他介绍了当前严重恶化的态势，请求他将这里的情况向元首报告。我估计夜里希特勒会打电话给我，答复我所提出的要求。在我与施蒙特的谈话中得知，冯·布劳希奇元帅已被解职，陆军总司令即将更换新人。在这天的夜里，我写道：

近几天夜里我常常失眠，绞尽脑汁，想尽一切办法来帮助我的那些可怜的士兵，他们直到现在还不得不毫无遮掩地露宿在冬天的狂风暴雪之中。这真是太可怕了，简直无法想象。陆军总司令部和国防军总司令部的人，从来不到前线来看一看，因此也不可能了解前线的实际情况。他们只会不停地下达无法执行的命令，拒绝我们提出的一切要求和建议。

这天夜里，我如期等来希特勒的电话，他命令我坚守阵地，停止撤退，同时也答应给我补充兵员——大概我没听错——空运500人！由于电话听得不是很清楚，希特勒就一再重复他的这些话。至于说到撤退，因为那是早在罗斯拉夫尔与冯·布劳希奇谈话的时候就已经开始了，现在要停止是完全不可能的。

12月17日，我找到第24、第47装甲军及第53军军长，再次向他们说明部队的状况，并研究了目前的态势。三位军长一致认为，以现有兵力不可能继续坚持在奥卡河东部地域。现在要做的，是保存部队战斗力，等待援兵，只有如此才能继续进行防御。他们还跟我说，现在部队已开始对最高指挥产生怀疑，认为他之所以下达那些无望的进攻命令，是因为他错误地判断了敌情。他们说："如果我们还具有机动能力和以往的战斗力，眼下这些事都不在话下。可是冰冻使我们完全丧失了机动力。俄国人无论在组织还是在装备上都做好了冬季作战的充分准备，而我们则完全没有。"

这一天，第2集团军一直在提心吊胆，害怕敌人在诺沃西利达成突破。

鉴于这种状况，在经由集团军群批准后，我决定飞往元首大本营，当面向希特勒阐述我的集团军所处的态势，因为所有书面的、电话里的陈述都如石沉大海，杳无音信。谈话日期定于 12 月 20 日。到了这一天，中央集团军群司令冯·博克元帅称病辞职，由冯·克卢格元帅接任。

12 月 18 日，第 2 集团军奉命防守季姆—利夫内—韦尔霍维耶一线，并于后几日与第 2 装甲集团军右翼建立联系，撤到大列卡 – 祖沙河一线。第 2 装甲集团军撤到莫吉尔基—维尔赫，普拉维—索罗琴卡—楚尼纳—科斯米纳一线。

第 43 军转隶第 4 集团军。

12 月 19 日，第 47 装甲军和第 53 军撤到普拉瓦阵地。我决定，第 47 装甲军撤至奥谢尔基 – 波季希尼奥夫卡；第 24 装甲军在奥廖尔地区集结，暂作集团军预备队，使其得到短暂休息，以备而后作战役机动兵力之用。

第 4 集团军的右翼受到敌人的猛烈攻击，但有一部敌人被击退。

我首次被免职

当我踏上进见希特勒之路的时候，我的同事们送给我一句话："小教士，小教士，你前面的路可不好走啊！"[1]现在送给我显得很合适。我很清楚，要想说服希特勒接受我的意见，绝不是一件易事。不过，我又想，我是一个具有前线作战经验的将军，对于我的报告，我们的最高统帅毕竟会认真听取吧。我一直抱着这种信念从奥廖尔北部的风雪弥漫的前线机场，飞往遥远的东普鲁士，走进设备齐全和温暖如春的元首大本营。

---

[1] 德国著名宗教改革家马丁·路德因发动反罗马教廷的民族运动，触犯了以罗马教皇为代表的封建主义的利益。1521 年神圣罗马帝国皇帝伙同教皇等各封建主在沃尔姆斯召开帝国议会，准备对路德进行迫害。这句话是路德踏上受审之路时，他的追随者们送给他的。——译者注

12月20日15时30分，我在拉斯滕堡❶机场降落。希特勒与我谈了五个小时，中间有两次短暂的休息，每次只有半个小时，一次是晚餐，一次是观看新闻片——这是希特勒的例行事务，他每周都要一个人观看。

希特勒大约在18时接见我，冯·凯特尔、施蒙特和其他军官也在座。但是我发现，参加这次谈话的既没有陆军总参谋长，也没有陆军总司令部的其他代表，冯·布劳希奇元帅被解职后，希特勒自己当起了陆军总司令。于是，像1941年8月23日一样，面对国防军总司令部一伙人，我再次处在一种被孤立的地位。当希特勒对我表示欢迎时，我第一次十分惊讶地发现他眼睛里充满了生硬和敌意，我立刻觉察到，他肯定是听信了别人的谗言。这间小房间里的灯光黯淡，更增添了几分不愉快的感觉。

谈话一开始，我首先讲述了第2装甲集团军和第2集团军的作战态势。然后，我就谈到将两个集团军逐步撤至祖沙河–奥卡河阵地的意图，我的这一想法曾于12月14日在罗斯拉夫尔，向冯·布劳希奇元帅做过报告，并得到了他的批准。我以为，他已将此报告了希特勒。所以，当希特勒突然愤怒地大声喊道："不，我不准您这么做！"真吓了我一大跳。我立刻向他报告说，撤退已经开始了，因为在刚才提到的防线的前方，并没有适宜的阵地可供选择。如果他重视保存部队实力，并想为部队提供一个过冬的阵地的话，那除了撤退就别无选择。

希特勒："那您就应当在原地挖战壕，坚守每一寸土地！"

我："不是哪儿都能挖战壕的，那里的冻土已经达1米到1.5米，而且用我们那些可怜的工程器械，根本就挖不动。"

希特勒："那您就应当用重型榴弹炮炸出弹坑，构筑阵地。一战时我们在佛兰德就是采用这种办法。"

我："一次大战的时候，我们的一个师在佛兰德所防守的地域平均不

---

❶ 波兰地名，今称肯琴。——译者注

过四至六公里，而且还配属有两至三个重型榴弹炮营，有充足的弹药。而现在，每个师防守的正面宽度已达 20—40 公里，却只有四门重型榴弹炮，每门配备大约 50 发炮弹。如果我用这么一点点的炮弹来炸弹坑，就只能炸出 50 个像脸盆那样大小的浅坑，周围是一片焦土，但决成不了阵地！再说了，那些炮弹我还要用来抵御俄国人的攻击。在佛兰德，从来没有遇到过像我们现在所经历的严寒。现在连架设电话线的杆子都插不进土里，必须首先用炸药炸出个洞。我们从哪里能搞来那么多炸药，炸出您所说的阵地？"

可是，不管我怎么说，希特勒还是不肯收回他的命令，他要求我必须在原地坚守。

我："如果一定要这样的话，那就等于在不适宜的地形上进行阵地战，就像在第一次世界大战中的西线一样。我们就会像当年一样再打一场物资装备大战，遭受同样骇人听闻的损失，而结果却决不出胜负。我们在这个冬天，已经因为采取这样的战术造成大量官兵的伤亡，但是没有换回任何结果，而这种损失是无法弥补的。"

希特勒："难道您认为，弗里德里希大王的掷弹兵都是自己想去死吗？他们也想活着，但是国王有权要求他们为他去死。我也同样有权要求每一个德国军人去牺牲他的生命。"

我："每一个德国军人都知道，在战争中他应当为祖国献出生命，而且现在我们的士兵已经用他们的行动证明，他们已经做好了为国捐躯的准备。但是，不能要求他们白白去死。如果按照我收到的指令去办，势必会造成无谓的牺牲。只有将部队撤到我刚才提到的祖沙河－奥卡河阵地，才能给部队提供一个抵御严寒的庇护地。我提请您注意一点，那就是我们现在所造成的重大伤亡，不是因为敌人，而是天气，非同寻常的严寒使我们付出的牺牲，要比敌人火力给我们造成的损失大一倍。不管是谁，只要他到医院里去看一看那些被冻伤的人，他就知道这说明什么。"

希特勒："我知道，您已经非常努力了，您很多时间都是与部队在一起。我承认这些，并表示赞赏。但是，由于您距离所发生的事件太近了，士兵所受的苦难给您的印象过深了，所以您给予士兵的同情太多。您应当站得远一点。相信我，当您在一个较远的距离上去看一件事物时，反而会看得更清楚一些。"

我："尽我的全部能力减轻我的官兵的苦痛，是我应尽的义务。但是这很难做到，因为直到现在他们还没有得到冬装，大部分步兵还穿着单裤。皮靴、衣物、手套和护耳不是完全没有，就是破烂不堪。"

希特勒听罢突然大喊："这完全不对。军需总监向我报告说，冬装早就发下去了。"

我："下发自然是下发了，可是并没送到我们那里。我一直十分关注着冬装的运输情况。由于缺少机车以及铁路线的阻塞，这些东西现在还在华沙的车站，已经在那里停了好几个星期了。我们早在9月和10月就提出补充冬装的要求，但被粗暴地回绝了，现在已经没法挽回了。"

于是，军需总监被叫来了，当面与我对质，证明我所说的完全属实。正是由于有了这次谈话，戈培尔才在1941年圣诞节发起了为前线士兵捐募服装的活动。但是1941年—1942年的冬天，前线的士兵们依然没有见到冬装的影子。

接着，我又谈到部队战斗力和补给情况。由于泥泞和寒冷的原因，汽车等运输工具损失惨重，造成部队的补给严重不足。这迫使部队不得不就地取材，自己去寻找运输工具。我们所能找到的运输工具主要是木质的小马车和雪橇。我们需要大量这种破旧的车辆，以替代所缺少的运载汽车。但是，这些工具的运载量实在太小，而且操纵它们又要占用大量人手。希特勒要求坚决裁减过于庞大的后勤部队和部队的运输队，以增强前线的兵力。实际上这种裁减早就开始了。但是，要使前线能真正得到更多的兵力补充，唯一有效的办法就是改善运输手段，尤其是铁路。但要想使希特勒明白这一简单的道理，并非易事。

而后，我又谈到营舍问题。就在几周前，在柏林举办了一次展览会。会上主要展示的东西是陆军总司令部为部队今年过冬准备的各种越冬设施，陆军总司令部想以此体现对部队的深切关怀。冯·布劳希奇元帅坚持要希特勒出席。展览富丽堂皇,而且还拍成了新闻纪录片。可惜的是,这些完美舒适的越冬展品,部队连影子也没有见过。由于部队在不停顿地机动作战,不可能建造什么像样的营舍,而且在当地也找不到所需的建筑材料。我们的营舍寒酸得很。希特勒对这些情况一无所知。军工部长托特博士是一个头脑清晰的人,为人正直,他当时也在场。我对前线的描述深深地感动了他,所以他特意送给我两个在掩体里用的小火炉,这本是他准备拿给希特勒看的,他让我拿到部队作为模型,部队可以就地取材自己制造。这至少算是我这次冗长谈话所换来的唯一一个积极的结果。

晚餐时,我的座位被安排在希特勒旁边,我抓住这个机会又向他介绍了前线生活的一些细节。可是,其结果完全不是我所预想的。在希特勒及其亲信的脸上,流露出明显的不屑一顾,似乎我是在夸大其词,故弄玄虚。

饭后,谈话继续进行。我建议,应当把有实战经验的总参谋部军官调进国防军总司令部和陆军总司令部。我说:"我从国防军总司令部各位先生的反应来看,我觉得,我们的请示和报告并没有被正确地理解,因此也就没有向您做如实的汇报。所以我认为,把有前线实战经验的军官调到陆军总司令部和国防军总司令部,担负起参谋职责,是极为必要的。我建议您来一次换班。自从开战以来,这两个参谋部的那些军官,一直高高在上,他们已经有两年多的时间没有到前线去看一看了。这次战争与一次大战大不相同,参加过一战的人,并不等于了解这次战争。"

我这一番话好像捅了马蜂窝。希特勒大声怒吼,说:"我现在离不开我周围的人。"

我:"我并不是说要您离开您的贴身副官,我不是这个意思。我是说,现在重要的问题是,要让那些有最新作战经验的军官,特别是具备冬季作战经验的军官来充当重要的参谋。"

这一请求也被粗暴地拒绝了。我与希特勒之间的谈话就这样以我的全盘失败而告终。当我离开会议室的时候,我听到希特勒对凯特尔说:"我还是没有把这个人说服!"一道裂痕就此产生了,再也没有弥合。

次日清晨,我在飞回之前,再次给国防军指挥参谋部参谋长约德尔将军打电话，向他重复指出，如果仍然按照现在的老办法行事，肯定会造成无法承受的重大人员伤亡，其责任我无法承担。无论如何要立即组建预备队，以便用来巩固我们已撤离的后方阵地的态势。但是，这次电话依然没有取得任何结果。

在与约德尔通话之后，我便于12月21日飞回奥廖尔。按照希特勒的命令，我把集团军左翼的分界线向希斯德拉河与奥卡河交汇处移动。这一移动使我装甲集团军所承担的责任大幅增加。无可奈何！为能符合希特勒的意图，我不得不忙着修改原来的命令，并下达新的命令。

为了能使这些命令得到认真贯彻执行，我于12月22日来到第47装甲军。在与其军长简短谈话之后，便到了位于切尔尼的第10摩托化步兵师，向师长冯·勒佩尔将军说明希特勒所下达的命令的目的和理由。接着，为了同一目的，又于下午到了第18和第17装甲师。接近午夜时分，我才回到奥廖尔，一路上冰寒彻骨，几乎把我冻僵。不管怎么说，我已向手下最重要的指挥官们详细地解释了因希特勒的命令可能给事态带来的变化。这样，我对以后几天可能出现的结果就问心无愧了。

12月23日，我又去听取其他军长的汇报。第53军向我报告说，第167步兵师现在也遭到敌人的猛烈攻击。第296步兵师撤到别廖夫。我军的防御能力已大不如前。在其左翼与第43军之间，依然还有一个巨大缺口。由于眼下部队已经没有办法进行机动，加之道路状况极差，看来这个缺口无法弥补了。我决定，第3和第4装甲师沿图拉-奥廖尔公路，撤至奥廖尔，在那里暂时休息三天，而后由第24装甲军军长指挥，经卡拉切夫-布良斯克向北推进，对渡过奥卡河进行反突击的俄军侧翼发起攻击。可是不幸的是，由于敌人已对我第2集团军的纵深达成突破，因此我们不得不调第24装甲军的一部兵力去应付这个新出现的危机，从而使部队未能及时向利赫文集中。而第24装甲军的非机动兵力则集中用来守卫奥廖尔。

12月24日，我到医院慰问伤病员，参加了他们举办的几个圣诞节庆祝活动。我的到来给那些英勇的战士带来了一点点慰藉和欢乐，却把自己搞得很忧郁。晚上，我一个人闷头工作，直到利本施泰因、比辛和卡尔登来看我，我们在一起聚了一会儿，我的郁闷之心才被战友情谊慢慢化解了。

12月24日，第2集团军被迫撤出利夫内。敌人在利夫内北部渡过奥卡河。按照陆军总司令部的命令，第4装甲师已向别廖夫开进，以阻止敌人的推进。我原本计划让第24装甲军各师统一行动，对敌人进行反击，但由于受到威胁而改为分散行动。

12月24日夜，第10摩托化步兵师遭俄军包围，不得不放弃切尔尼。俄军对取得这样的巨大战果也感到意外。之所以如此，是因为位于第10摩托化步兵师左翼的第53军部队未能守住阵地，才使敌人在此达成突破。第10摩托化步兵师一部兵力还是被敌人合围在切尔尼。我急忙将这一不幸报告给集团军群。冯·克卢格元帅严厉地斥责我，其中最难听的话是，一定是我命令撤出切尔尼的，而且不是当晚，至少早在24小时之前就下达了撤退命令。事实绝非如此。是我亲自将希特勒坚守这一地方的命令传达给部队的。因此，我十分愤怒，立即反驳了他对我不公正的指责。

12月25日，被俄军合围的第10摩托化步兵师的部队不仅突出合围，还带回了好几百名俄军俘虏。部队奉命向祖沙河－奥卡河阵地撤退。傍晚，我又和冯·克卢格元帅发生激烈争吵。他指责我的报告有错误，还威胁说："我要报告元首。"说完他就把电话挂上了。他做得简直太过分了。我随即给集团军群参谋长打电话说，如果这样对待我，我不想再干了，我请求辞职。不料，克卢格元帅却抢先一步，在我之前便给陆军总司令部发去电报，要求撤销我的职务。12月26日一早，我便接到通知，说希特勒将我调回陆军总司令部，以待后用。我的继任者是第2集团军司令鲁道夫·施密特将军。

12月26日，我与我的司令部告别，并向我的部队发了一个简短的日命令。12月27日，我离开前线，在罗斯拉夫尔过夜，28日夜在明斯克，29日夜在华沙，30日夜在波森❶，除夕到达柏林。

---

❶ 今波兹南。——译者注

关于我给我的士兵的告别令，还引发了冯·克卢格元帅与我的司令部之间的又一场争执。集团军群想制止我下发这一命令，因为冯·克卢格元帅害怕我会借这个命令对上司提出批评。实际上，这一命令无可指摘。最后，还是利本施泰因把我的告别书送到了我的战士们手里。

告别令全文如下：

第 2 装甲集团军司令集团军司令部，1941.12.26

集团军日命令

第 2 装甲集团军全体官兵们！

元首和国防军最高司令已于今日解除我的司令之职。

在我即将与你们告别之际，不禁忆起六个月来我们并肩为国家尊严而进行的战斗，以及我们装甲兵所取得的胜利。我对那些为德意志捐躯流血的人表示深深的追思之情。战友们，对你们在漫长的日月中一直恪守的忠诚、奉献和纯真的情谊，我表示深深的谢意。我们曾同舟共济，安危与共。关心你们，保护你们，是我的最大快乐。

再见了！

我相信，你们将一如既往，勇猛顽强，置冬季严寒和敌军优势于不顾，英勇奋战，夺取胜利。在你们艰苦的路程上，我的心永远与你们同在。

你们是在为德意志而战！

希特勒万岁！

签名　古德里安

第七章

退职

起初，我对于自己受到的这种不公正处理，十分恼怒。因此，1942年的1月初，我在柏林提交一份申请，要求对我被革职的原因进行军法调查，以驳斥冯·克卢格元帅对我的指责。但我的申请遭到希特勒的拒绝，其中的原因我并不知道。很显然，他们不想把事情搞清楚。他们也很明白，我是受到了不公正的待遇。因为，在我刚刚离开奥廖尔之后，施蒙特就奉希特勒的命令来到这里调查事情的真相。他与利本施泰因和多名前线的将军们进行了谈话，了解真相，并将了解到的情况告知他在大本营的代表。他说："这个人是受到了不公正待遇。整个集团军都站在他这一边，大家都很留恋他。我们必须设法恢复事情的原貌。"施蒙特是个理想主义者，他的真诚无可置疑，但由于受到其他人的干预，他的善良意图并没有变成现实。

我整日在柏林无所事事，而我的士兵们却还在艰苦的道路上跋涉。我知道，我的一言一行已经受到监视。所以，我在最初几个月的时间里深居简出，尽量少说话，只接待了很少几个来访者。第一位来访的人是"阿道夫·希特勒"近卫师师长泽普·迪特里希，他从总理府打来电话，说要来看看我。他说，他到我这里来是故意做给"上边的人"看的。虽然我受到了不公正的对待，但他并不站在他们一边。即使在希特勒的面前，迪特里希也不隐瞒他的看法。

在冯·伦德施泰特元帅被革职之后，陆军高级指挥层又接着发生了一系列的人事变动。截至目前，已有无数经受过考验的将军被罢免，理由要么莫名其妙，要么无法成立。其中有盖尔将军、弗尔斯特和赫普纳。里特尔·冯·勒布元帅和屈布勒将军是自己提出辞呈的。施特劳斯将军称病辞职。

这一"清洗"并非没有招致受害人的强烈抗议，特别是希特勒在罢免赫普纳大将的事件上。希特勒要求脱下他的军装，没收他的勋章，取消他的退休金，收回分配给他的住房，但均遭赫普纳拒绝。赫普纳认为，这一命令是违法的。与此同时，陆军总司令部和国防军总司令部的法学家们，这次也拿出足够的勇气指出，希特勒的这种做法是不合法的，要想对赫普纳这样做，必须经过惩戒诉讼程序，而这种程序对赫普纳是有利的。赫普纳曾自作主张，将他的防线缩短，而且在给其上司冯·克卢格元帅的一次电话里愤怒地讲到"外行指挥"，于是克卢格便添油加醋地把这些都报告给了希特勒。希特勒听完自然怒不可遏。正是由于这些事情，才导致了1942年4月26日由国会通过了一项法规，凭借着这项法规，希特勒便可以凌驾于立法、执行和司法之上。这项法规是在1933年3月23日灾难性的授权法基础上所导致的最后结果，授权法案已经为德国独裁者的专断独行打下了法律基础。自此，作为一个现代法治国家的德意志，已经不复存在。但是，军人并没有参与这两个法规的制定，相反却饱尝了法规带给他们的苦果。

近几个月这些不愉快的事情，导致我本已复发的心脏病加重了，医生建议我休息一段时间。于是，我决定，1942年3月底与我的太太一起，到巴登韦勒进行为期四周的疗养。春天的美景，加上疗养地的温泉浴，使我在参加俄国战局后的身体和心灵都得到了很大慰藉。不料在返回柏林后，我的太太却患了恶性败血病，在床上躺了好几个月，这又使我身心憔悴。除此之外，还不断有来访者登门造访，自然也带来一大堆令人厌烦的琐事。为脱离首都这个是非之地，我决定与我的太太离开柏林，到博登湖畔或萨尔茨的王室庄园购买一套小房子。9月末，我向负责这方面工作的后备军司令弗罗姆将军，提出休假的申请。弗罗姆请我去他那里面谈。就在前几天，隆美尔曾打电话告诉我，他因病将从非洲返回德国，并向希特勒推荐我代理他的职务。但这一建议遭到希特勒的拒绝。弗罗姆问我是否打算重新任职。我拒绝了。在我从萨尔茨的王室庄园返回的当天，弗罗姆又一次打电话，约我去见他。他告诉我，前天与施蒙特谈话时得知，我的重新任命是不成问题的。希特勒已听说我准备在南德购置房产。他知道我出生在瓦尔特高或西普鲁士，因此他希望我能住在出生地，而不是迁到南德去安家。据说，希特勒准备为每一位荣获橡叶铁十字骑士勋章的人，馈赠一份地产作为奖赏。不过，我还是想在自己的家乡寻找一个合适的栖身之地。从此，我便可以永远脱去这身灰军装，成为一个地地道道的老百姓。

不过，这些事情眼下还提不到议事日程上。1942年的秋天，我的心脏病明显趋于恶化。到11月底，我几乎快要崩溃了，昏迷了好几天，滴水不进。后来，柏林名医冯·多马鲁斯凭借其高超的医术，才使我慢慢恢复过来。到圣诞节，我就可以离开床铺几个小时。到1月，我感觉身体已大有恢复，2月末甚至可以到瓦尔特高去挑选房子了，并盘算着即将开始的农夫生活。可是，这一切都未能成为现实。

1942年，东线德军再次发起进攻。自6月28日开始到8月底，此次攻势所取得的战果是，南翼的克莱斯特部队推进至高加索山地；位于其北面的保卢斯第6集团军推进到伏尔加河畔的斯大林格勒❶。这些作战又是一种荒唐的行动。经过1941年至1942年冬季的艰苦作战之后，德军已疲弱不堪，根本无力达成预期目标。像1941年8月一样，希特勒把经济目标和意识形态目标放在首位，而将摧毁敌人的军事力量置于次要地位。他把占领里海的油田，切断伏尔加河的航运，以及瘫痪斯大林格勒的工业，作为其作战目标。但从军事角度看，这是无法理解的。

以上这些事情只是我从报纸和广播，以及偶尔从朋友那里得知的。但是仅凭这些渠道我就足以推测出，目前战场的态势已极度恶化，特别是1943年1月末斯大林格勒作战行动败北之后，即使没有西方大国的介入，败局也已注定。实际上，早在1942年8月19日英国就已在法国迪耶普登陆❷，标志着第二战线作战的开始。

---

❶ 今伏尔加格勒。——译者注
❷ 1942年8月19日，英军与加拿大军队在强大空军支援下突袭迪耶普，未果。英、加军队损失1艘驱逐舰、33艘登陆艇、106架飞机、4350人；德军损失48架飞机、1艘猎潜艇、591人。——译者注

1942年11月，盟军在北非登陆，致使在此作战的德军受到极大威胁。

9月25日，陆军总参谋长哈尔德大将被免职，由蔡茨勒将军继任。与此同时，也取消了总参谋长任免总参谋部军官的权力，改由陆军人事局管辖，而这个人事局是由希特勒直接领导的。这就意味着，总参谋长的最后一点权力也被剥夺殆尽。尽管蔡茨勒提出抗议，但徒劳无益。虽然早在1939年秋季，希特勒就对陆军的领导人产生了深深的不信任感，但当时他并没有下手。三年以来，大家虽然都在一起工作，但相互之间充满争执和怀疑。但是现在的情况好转了吗？与布劳希奇和哈尔德相比，希特勒会给蔡茨勒以更大的信任吗？他能接受军事专家们的建议吗？这些问题能否得以彻底解决，关系着德意志民族未来的命运。

不过，不管怎么说，这位新人上台之后确实以满腔热情，全身心地投入工作。他敢于在希特勒面前直言，同时也敢于为坚持自己的意见与希特勒据理力争。他曾五次向希特勒提交辞呈，五次被希特勒拒绝。希特勒对他的疑忌日渐增大，分歧与日俱增，最后不得不将他免职。蔡茨勒的对抗最终也未能使希特勒后退半步。

蔡茨勒在职时东线的战况可参见图30、图31。

第八章

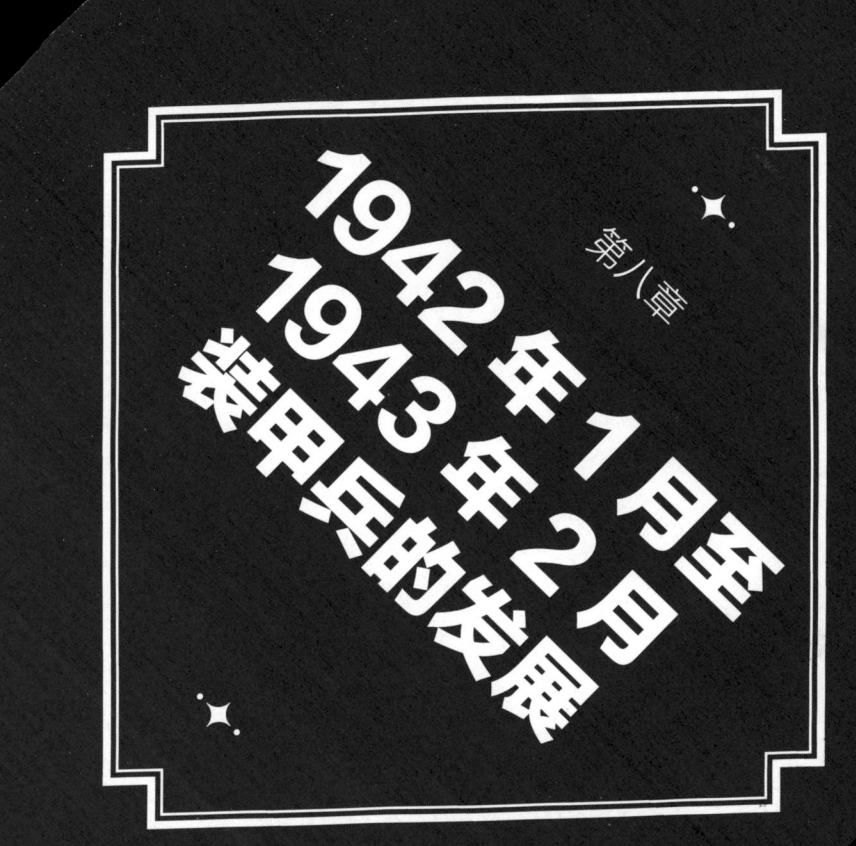

1942年1月至1943年2月 装甲兵的发展

自从 1941 年 12 月希特勒自任陆军总司令之后，便开始特别关注陆军装备技术尤其是装甲兵的发展。下面有一部分数字是绍尔提供的，他当时是装备和军工部部长阿尔勒贝特·施佩尔的助手。从这些数字中可以看出，希特勒是如何热心于推进装甲兵的发展，同时也从中暴露出他的性格是何等的变幻无常。

我上文已经提到，在 1941 年 11 月的时候，有一个由知名设计师、工业家和陆军兵器局的军官们组成的考察团，来到我的装甲集团军，搜集关于我们与优良的俄军 T34 型坦克作战的经验教训，以便能找到一种恢复我们技术优势的途径。前线的军官们提出一种主张，认为可以仿制俄军的 T34 型坦克，这样能以较快的速度改善目前德军装甲部队的不利处境，但设计师们不赞同此案。其中最主要的原因，他们认为这不仅极大地伤害了发明创造者的自尊心，而且是根本不可能的。因为，T34 坦克的关键部件尤其是它的铝制柴油发动机，不是在短时间内能制造出来的。况且，我们原料短缺，在合金钢方面无法与俄国相比。于是，在经过一番比较之后，最终的解决方案是，继续生产重约 60 吨的"虎"式坦克，另外再设计一种"豹"式轻型坦克，重量在 35 到 45 吨之间。1942 年 1 月 23 日，这一方案呈送希特勒。在一次会议上希特勒指出，德国的工业部门应将坦克的月产量提高到 600 辆。而我们 1940 年 5 月各型坦克的总产量才不过 125 辆。像坦克这样的重要作战兵器，其产量在近乎两年的战争中一直以这样一种缓慢的速度在增长，足以说明希特勒和总参谋部对于坦克在作战中的重大意义没有充足的认识。甚至在 1939 年—1941 年之间装甲部队所取得的重大战果，也未能改变他们的观念。

在1942年1月23日的会议上，希特勒突发奇想。他指出，炮兵可能即将装备一种新的空心弹，可极大提高其穿甲能力，因此装甲兵在未来的作用将会大大降低。他认为，如果这一新技术能用于实战，就要开始大量生产自行火炮，并利用坦克做自行火炮的底盘。在这次会议上，他要求开始着手对此进行研究。他的这一想法再一次为技术的发展，以及坦克在战术战略上的运用设置了障碍。

1942年1月8日，装备、军工部长托特博士因飞机失事身亡。施佩尔接替他的职务。

3月，克房伯公司和波尔舍教授奉命设计出一种重达100吨的坦克。研制工作加速进行，所以到1943年春天样车就生产出来了。为了加快坦克的发展，平时的汽车工业生产被迫处于停顿状态，许多专家从汽车工业转到坦克行业。1942年3月19日，施佩尔向希特勒报告说，到1942年10月将能生产出60辆波尔舍－"虎"式坦克，25辆亨舍尔－"虎"式坦克，到1943年3月可再生产135辆"虎"式坦克，总计将达220辆——假定这些坦克全部都可以使用！

4月，希特勒要求为"虎"式和"黑豹"式坦克的88毫米口径和75毫米口径坦克炮研制穿甲弹。于是，亨舍尔公司和波尔舍公司制造出第一辆试验用的"虎"式坦克。

同月，希特勒突然提出，他要远征马耳他，并要求生产12辆前装甲板为80毫米厚的Ⅳ型坦克，用于攻打马耳他的要塞。不过，到后来再也没有听他提及这个他急切要实现的念头。

1942年5月，希特勒批准了由奥格斯堡－纽伦堡汽车制造厂提出的"黑豹"式坦克设计方案，并下令生产运载超重型坦克的轨道运载车。此时，每月可以生产100门自行反坦克炮，Ⅲ型坦克月产量也提高到190辆。

1942年6月，希特勒又开始担心装甲的厚度是否足够。他命令将Ⅳ型坦克和自行反坦克的前装甲厚度增加到80毫米。还满怀疑虑地说，到1943年春季，这80毫米厚度的前装甲对新型"黑豹"式坦克来说是不是足够。

因此，接着他又要求研究一下，能不能把装甲增厚到 100 毫米，至少垂直面要增厚到 100 毫米；而"虎"式坦克则需要将其前装甲增加到 120 毫米。

在 1942 年 6 月 23 日的会议上，对于 1943 年 5 月的产量做了如下估计：

在老式 II 型坦克基础上发展的装甲侦察车………131 辆

"黑豹"式坦克………………………………………250 辆

"虎"式坦克…………………………………………285 辆

希特勒对这个计划十分满意。早在 1932 年鲁茨将军就提出过一种愿望，希望能生产出一种气冷式柴油发动机，当时只是在克虏伯公司制造的 I 型轻型坦克上装备过。现在，希特勒同意对坦克研制的基本问题进行探讨，并规定了坦克研制的基本原则：第一，超强的火器；第二，巨大的快速性；第三，厚重的装甲。由于希特勒是个自相矛盾的人，所以接着他又认为厚重的装甲是最重要的。然后，他就开始异想天开，想入非非。他命令工程师格罗特和哈克尔设计一种 1000 吨的大型坦克，将波尔舍－"虎"式坦克的底部装甲改为 100 毫米，装备 150 毫米 L37 或 100 毫米 L70 的火炮。波尔舍答应 1943 年 5 月 12 日将交出第一辆车。

1942 年 7 月 8 日，希特勒要求加快生产一个连的"虎"式坦克，以便用于列宁格勒的作战。15 天之后，也就是 6 月 23 日，希特勒突然更改了他原来的决定，要求最迟于 9 月生产出"虎"式坦克，以供在法国战场使用。这说明他当时似乎已开始担忧西方大国的大规模登陆行动。

关于老式的 III 型坦克的改进工作，希特勒命令将其火炮改装为 75 毫米 L24 火炮。虽说他一直十分关注扩大坦克产量的问题，可是在这次会议上，他又一次提出了用坦克底盘生产自行火炮，而这样做势必要缩小坦克的产量。

1942 年 8 月，希特勒又急切地询问，何时才能将 88 毫米口径长管火炮装在"虎"式坦克上。该炮的穿甲厚度应为 200 毫米。他命令将正在维修的 IV 型坦克改装长管火炮，以提高坦克的威力。

1942 年 9 月，又出台了一个新的生产计划，按照这个计划到 1944 年春天要完成下列生产指标：

    "豹"式（轻型装甲侦察车）   150辆

    "黑豹"式 600辆

    "虎"式   50辆

    坦克总计   800辆

    自行反坦克火炮   300辆

    轻型自行火炮   150辆

    重型自行火炮   130辆

    超重型自行火炮   20辆

    自行火炮总计   600辆

为了不致对坦克的生产造成过大影响，希特勒命令自行火炮的生产都使用非优质钢。尽管如此，现在的事情很明显，生产的重点已由坦克转向火炮。换句话说，就是从进攻转向防御，而用于防御的兵器却十分缺乏。因为部队此时已经在抱怨，指出现在生产的以Ⅱ型坦克做底盘的自行火炮以及38吨的捷克坦克，远远不能满足他们的需要。

在谈到波尔舍－"虎"式坦克时，希特勒说，由于这种坦克装有电传动装置和气冷发动机，因此特别适用于非洲战场，但必须将它50公里的活动半径提高到150公里。他说的后一点无疑是正确的，可惜只是说得太晚了。

希特勒的这些谈话是在9月的时候说的，当时德军正在斯大林格勒苦战。对自行反坦克火炮进行改进的方案，已经确定下来。方案规定：装备75毫米L70火炮和改装100毫米的前装甲。自行反坦克火炮或Ⅳ型坦克应改装重型步炮。正在制造的波尔舍－"虎"式坦克，部分应改装为自行反坦克火炮，也就是说，将炮塔改换为88毫米口径火炮，改装200毫米前装甲。还考虑将210毫米口径迫击炮装在这种坦克上。当然，我们当时的坦克确实都不适于巷战，可是不停地更改设计方案，也是不妥的。因为，坦克的型号过多，势必要为此储备更大量的零配件，也会给战场上的坦克维修带来诸多问题。

1942年9月，"虎"式坦克第一次投入战斗。第一次世界大战有一条经验，即新武器在投入大量生产和使用之前，必须要以极大的耐心进行较长时间的试验。法国和英国在第一次世界大战中，就是因将他们的坦克过早地小批量投入作战，所以未能取得突出的战果。军事专家们已批判了这一错误，我也经常提及，也写过有关文章。对此，希特勒心里是清楚的。但是，他却急于要对他心仪的新式武器进行一下试验。于是，他将这种新型坦克投入一次不太重要的作战行动，这就是列宁格勒附近的一处不大适宜这种坦克作战的沼泽森林地。在这种地形上，重型坦克只能在林间小路上以纵队队形开进，从而成了敌人部署在道路两侧的防御火炮的猎杀物。结果不仅遭受重大损失，而且泄露了秘密，失去了在未来作战中的突然性。同时，这种新型坦克在运用上的失败，给人们带来的失望情绪要远大于失败本身。

10月，我们采取了一种办法，使自行反坦克炮的产量大大超过坦克的产量，这就是在Ⅳ型坦克的底盘上装上75毫米L70长管火炮，以及利用"黑豹"式坦克做底盘，装上88毫米L71长管火炮。此外，还在40辆到60辆Ⅳ型坦克的底盘上安装重型步炮。希特勒还考虑将迫击炮装在Ⅳ型坦克底盘上，使它成为一种短口径、可发射爆破榴弹的武器。尽管设计方案五花八门，十分诱人，但造成的结果却适得其反，能够用于作战坦克的资源被消耗殆尽，其中也包括Ⅳ型坦克。这个月Ⅳ型坦克月的产量第一次降到了100辆。不仅如此，装备部还建议，除计划中"豹"式装甲侦察车之外，也将"黑豹"式坦克改为装甲侦察车。幸亏这个方案没有付诸实施。

不过，希特勒有一个观点是正确的，它完全有别于上述这些五花八门的坦克设计方案。他主张，"虎"式坦克应装备弹道低伸的88毫米口径长管火炮，而不应使用初速很低的大口径火炮。坦克炮主要是用来对付敌人坦克的，在这一主要任务面前，其他任何一种方案都处于次要地位。

11月，"虎"式坦克的月产量达到了希特勒提出的由13辆提到25辆的要求，自行反坦克炮的月产量也首次达到100辆。

1942年12月初，就坦克的使用问题又展开一场新的争论。有人说，分散使用"虎"式坦克会带来严重后果。而希特勒的观点是，在东线适合分散使用，而在非洲战场则必须集中使用。这一不可理解的观点依据何在，我还真是说不清楚。

III型坦克现已全部停产，部分生产能力转产自行反坦克炮。到1943年6月自行反坦克炮的月产量已提高到220辆，其中有24辆装备了轻型榴弹炮。这种炮的初速低，弹道弯曲，很适于步兵作战用，却削弱了反坦克能力。

在一次会议上，希特勒对克虏伯公司的工程师波尔舍和米勒博士提出要求说，他想要一种名为"小老鼠"的坦克，用于试验，重量为100吨，要求到1943年夏季生产出来，每月生产五辆。

已有报告显示，由于型号不断增加，而且变化无常，在零部件的生产上出现许多困难。

1943年1月，有关坦克装甲、坦克炮和巨型坦克的讨论继续进行。最后决定，将老式IV型坦克的垂直前装甲改装成100毫米，"黑豹"式坦克的正面装甲也改成100毫米。轻型"豹"式装甲侦察车在投产前，生产计划便被取消，因为它"无论是其装甲还是车载武器，都不适于1944年将会出现的情况"。

"虎"式坦克决定装备88毫米口径长管火炮和150毫米厚的前装甲。波尔舍的"小老鼠"坦克决定开始投入生产，月产量为十辆。可实际上，到最后，希特勒及其追随者们的这一梦幻中的庞然大物，连一个木质模型都没有造出来。尽管如此，仍然决定到1943年底要投入批量生产，将为其装备128毫米口径火炮，此外还在研究为其制造一种150毫米口径的火炮。

为适应城市战斗，希特勒决定利用波尔舍坦克的底盘建造三辆"撞虎"式坦克。虽然这一设想没有付诸实施，但足以显示这些纸上谈兵的战略家是如何的想入非非！他们这是想利用这种新奇的玩意儿，以一种骑士的作战方式与敌人较量。为保障这种"撞虎"式巨大坦克得到充足的燃料，希特勒又命令制造一种燃料拖车和辅助油箱。此外，希特勒还要求为坦克制造烟雾施放装置，而且还指出，直升机最适宜用来做炮兵观察，装甲部队也很需要这种飞机。

1943年1月22日，希特勒呼吁"竭尽全力制造坦克"，并将提高坦克产量的全权授予施佩尔部长，表明了他对德国装甲部队战斗力日趋下降的担忧，而敌人占据优势地位的T34坦克却源源不断地从其军工厂中开往前线。

希特勒也知道这个现实情况，可他还是在2月初命令制造所谓的"野蜂"重型榴弹炮和"胡蜂"88毫米口径加农炮，并将其安装在Ⅳ型坦克的底盘上，作为自行火炮使用。他将生产Ⅱ型坦克的生产线全部转产装备轻型榴弹炮的自行火炮，将旧式的38吨坦克改装为装备40毫米防坦克炮的自行火炮。他还命令加快生产90辆取名"费迪南德"的波尔舍－"虎"式坦克。为了对付俄军步兵的破甲弹，Ⅳ型坦克、"黑豹"式坦克和自行反坦克炮都装备了所谓的"围裙"。这种所谓的"围裙"就是在坦克的外壁挂上防弹钢板，以起到保护车体和传动装置的作用。

关于坦克型号的讨论变得越来越复杂。最后，总参谋部不得不介入。它要求除了"虎"式和尚未批量生产的"黑豹"式坦克外，放弃一切型号的研制。希特勒也同意了这一建议，装备部也表示欢迎，因为这可以使生产程序大大简化。但是，总参谋部的这一大胆建议有一个疏忽，由于Ⅳ型坦克的停产，德国陆军每月最多只能得到25辆"虎"式坦克。它可能导致的结果是，德国陆军会在很短的时间内全线崩溃，俄军将在没有西方盟国支援的情况下赢得战争，横扫欧洲，地球上没有一个国家能够阻止它。欧洲问题就会从根本上简单化。此后，我们大家就不得不去品尝真正民主的滋味了。

我们所面临的威胁日渐增大，这使装甲兵和希特勒身边一些比较明智的军人，急于找到一个能收拾这个岌岌可危的烂摊子的人。此时，有人将我战前写的关于装甲兵建设的文章放在希特勒的桌子上，并劝他阅读。然后，又建议他接见我。最后，希特勒终于表示愿意捐弃前嫌，和我谈一谈。就这样，完全出乎我的意料，1943年2月17日陆军人事局打电话通知我，让我到文尼察元首大本营与希特勒谈话。

第九章

装甲兵总监

任命和初步措施

1943年2月17日，有人叫我去接陆军人事局的电话，当时我还不知道即将要发生什么事。几周前，当我的心脏病好转之后，就去拜访了人事局局长博德温·凯特尔将军，想打听一下当前的形势和一些人的人事情况。照他的说法，我根本没有希望恢复原职。可是现在，凯特尔的助手林纳茨将军却通知我，让我立刻到文尼察向元首报到，但他没有告诉我希特勒为什么要召见我。不过我知道，希特勒能捐弃前嫌与我见面，肯定是大难当头，迫不得已。在斯大林格勒作战中，德国一个完整的集团军投降，这是前所未闻的罕见事。这是一次军事上的重大损失，给民族带来了巨大的灾难，而且因第6集团军的覆灭而在战线上出现的缺口，已无法弥补。这一切导致了一场重大危机，士气和民心已降到谷底。

恰逢此时，外交内政也遭遇挫折，使刚刚发生在军事上的灾难雪上加霜。

西方盟国在非洲登陆之后，迅速向前推进。当1943年1月14日—24日罗斯福和丘吉尔在卡萨布兰卡举行会议❶之后，非洲战场的重要性日渐

---

❶ 1943年1月14—23日，美国总统罗斯福与英国首相丘吉尔，以及两国高级军事领导人，在摩洛哥的卡萨布兰卡举行会议，制定了在第二次世界大战中的共同政策和战略。在会议结束后，罗斯福在记者招待会上发表了关于盟国将把对德、意、日的战争进行到这三国"无条件投降"为止的声明。——译者注

突出。这次会议对于我们而言，最重要的一点是，要求轴心国无条件投降。这一粗暴的要求，对德国人民尤其是对德国军队产生了极大的影响。它使德国军人从此不再抱任何幻想，因为敌人已经下定决心，要消灭整个德国民族，要除掉其经济上的强大竞争对手，他们的作战目的已不仅仅是针对希特勒和纳粹主义。

这一毁灭德国民族思想的始作俑者就是温斯顿·丘吉尔，长时间以来他不断为他的这个杰作自吹自擂。1945年1月5日，他在英国下院发表讲话时说道："在对所有决定我们命运和自由的事实，进行全面、深入、理智和成熟的思考之后，美国总统在得到以我为代表的战时内阁的完全赞同后决定，卡萨布兰卡会议要求我们的所有敌人全面地和无条件地投降。我们所坚决要求的无条件投降，并不是说用我们战无不胜的武器去不公正地和野蛮地踩躏全体人民。"

早在1944年12月14日，温斯顿·丘吉尔还向居住在东普鲁士的波兰人许诺，除了由俄国人占领的柯尼斯堡之外，他将但泽和波罗的海沿岸200英里的地区割让给波兰，并保障其享有和平。他说："你们可将你们的边界线向西部的德国境内推延"……"数百万人可以由东向西或向北迁徙。我特别要强调一点的是，德国人将被赶走，德国人要统统地从这一地方被赶走，西部和北部应当属于波兰人。我们不希望移民的杂居。"

如此对待东部的德国居民难道不算野蛮吗？难道这还算公正吗？很显然，下院对丘吉尔的讲话并不是一致赞同，因为1945年1月18日他再次为自己辩解说："面对恐怖的敌人，我们应当采取怎样的态度呢？是要求它必须无条件地投降，还是与敌人缔结和约，使它几年之后卷土重来呢？无条件投降的原则是美国总统和我在卡萨布兰卡公布于众的，我将为此、也为国家承担义务。我可以肯定，尽管还有许多事情尚未澄清，但自此之后，事情会朝着有利于我们的方向发展。难道我们应当现在，在已渡过难关、正迎来我们强盛阶段的现在，改变这一声明吗？我很清楚，对于我们而言，没有任何理由背离无条件投降的原则；也没有任何理由与德国或日本进行任何形式的超出无条件投降的谈判……"

对于当时的这一做法，温斯顿·丘吉尔今天已不再持肯定的态度了。他与外交大臣贝文都不再提及当时的这一要求了。对于1945年2月的雅尔塔会议❶的结果，大家也都轻描淡写，一笔带过。会议曾指出："消灭德国人民不是我们的目的，但只有在根除纳粹和军国主义之后，德国人才能实现其过上正常生活的希望，才能在民族大家庭中获得一席之地。"这个希望现在最终实现了吗？

很明显，关于1943年2月间欧洲未来前景的问题，中立国家要比西方国家的内阁看得更清楚一些。1943年2月21日，西班牙国家元首佛朗哥在给英国大使塞缪尔·霍尔爵士的一份照会中写道：

> 如果战争进程不能从根本上得以扭转，俄军将突入德国纵深。这一结果——如果事情真是如此——难道不是对欧洲和英国的重大威胁吗？一个共产主义化的德国会将其军事秘密和军备工业拱手让给俄国，德国的技术家和专家将使俄国成为横跨大西洋和太平洋的超级帝国。
>
> 我自问：在中欧，在被战争折磨得一贫如洗和流尽鲜血的形形色色的种族和民族中，难道就没有一种力量能够阻止斯大林的企图吗？没有，没有这种力量。我们可以断定，所有这些国家或早或迟，都要置于共产主义的统治之下。所以，我们将形势看得格外严峻，并请求英国人民对形势斟酌再三。一旦德国被俄国占领，谁都没有办法再去阻止俄军的侵入。

---

❶ 1945年2月4日—11日，苏、美、英三国首脑及其外长、参谋长在雅尔塔举行会议，对战后德国的处理方案进行协商并取得一致意见；计划于1945年4月25日在旧金山召开一次会议，共同制定联合国宪章。同时商定：欧洲战争结束后三个月苏联参加对日作战，并为此签订秘密协定。秘密协定对于苏联对日作战的先决条件做了规定：外蒙古（今蒙古）的现状须予保留；大连港国际化，苏联在该港的优越权益须予保证；苏联租用的旅顺港为海军基地须予恢复；苏联在满洲享有特殊权益，共同经营中东铁路和南满铁路等。千岛群岛、库页岛南部让与苏联。——译者注

如果德国经受不住，我们必须想办法。有人主张由立陶宛、波兰、捷克和罗马尼亚组成的联盟，来替代德国的位置，这是幼稚可笑的。这样一个联盟很快就会为俄国的武力所控制。

估计是受其政府委托和批准，1943年2月25日塞缪尔·霍尔爵士便对此做了答复：

> 我不能接受认为战后俄国会对欧洲构成威胁的理论。我也拒绝接受另一种思想，认为俄国在战后会发起一场针对西方的政治运动。您断定，共产主义将会对我们的大陆构成威胁，俄军的胜利将会使共产主义在整个欧洲取得胜利。我们的观点恰恰相反。难道一个民族能够完全依靠自己的力量在战后统治欧洲？俄国战后将全身心地投入到它的重建工作，而且会在很大程度上依靠美国和英国的支援。俄国在争取胜利的作战中，并非居于领导地位。在军事努力方面都是相同的，胜利也是盟国共同奋斗的结果。作战结束后，强大的美军和英军将占领大陆。他们都是优秀的军人，而不像俄军那样早已疲惫不堪，精力耗尽。
>
> 我可以冒昧地预测，英国将成为欧洲大陆最强的军事大国。英国对欧洲的影响将如推翻拿破仑统治时期一样巨大无比。以强大的军事力量做后盾，我们的影响将遍及整个欧洲，我们将参加欧洲的建设。

这就是大不列颠的代言人塞缪尔·霍尔爵士对中立的西班牙国家首脑佛朗哥的回答。希特勒对外交谈判深恶痛绝，因此他很清楚，他不可能与西方达成一致，他的命运，当然还有德国人民的命运，都系于刀尖之上。

在内政方面，由于雷德尔和沙赫茨被解职，国内的气氛也趋于紧张。现在，到处都危如累卵，摇摇欲坠。

在这样一种令人窒息的氛围中，我于1943年2月18日由贝克中尉陪同，乘火车到东普鲁士的拉斯滕堡，然后再从那里改乘飞机继续东行。在火车上我遇到了肯普夫将军，他是我的老战友，从他那里我知道了一些关于去年的作战情况。到了拉斯滕堡之后，凯特尔的副官魏斯少校到机场迎接我，但他也没有告诉我此行的目的。然后我们飞往文尼察，与我同行的还有肯普夫和我们在汽车兵监察部和第2装甲师的老同事。19日下午，到达文尼察，我们被安排在"猎人山"军人饭店，等候接见。

2月20日下午，希特勒的副官长施蒙特将军来到我这里，与我进行了一次长谈，主要话题是希特勒的人事安排及其实现的可能性。施蒙特向我透露，由于俄军坦克部队逐渐占据优势地位，而德国装甲兵的状况却每况愈下，已到了非改革不可的地步。在这个问题上，总参谋部与装备部之间存在着很大分歧，尤其是装甲兵已对领导失去信心，因此现在急需一位有能力和了解装甲兵的人来领导这一兵种。于是，希特勒决定由我来执掌装甲兵。他问我，对于履行这一职务有什么想法。我回答，现在正值德国人民和我的兵种面临困境之际，我完全听从希特勒的安排。但我同时也指出，顺利地开展工作必须有一定的前提，尤其是我大病初愈，我不愿像过去那样，为无谓的权限之争牵扯我的精力。因此我要求，我既不受陆军总参谋部领导，也不由后备军司令指挥，而是直接隶属于希特勒。此外，在装甲兵器的发展问题上，陆军兵器局和装备部必须尊重我的意见。如果不是这样，装甲兵的战斗力就无法得以恢复。最后，对于空军和党卫队编成的装甲部队，在其组织和训练上，我必须具有像对陆军装甲部队那样的同等权力。自然，后备军和军事院校的装甲部队也应隶属于我。

我请施蒙特把我的这些想法转达给希特勒，并补充说，只有在他同意我上述意见的前提下，再召见我，否则我情愿返回柏林，以后也不必再用我。我和施蒙特一直谈了两个多小时。

就在施蒙特返回元首大本营不久，来了一个电话通知我，让我于15时15分去见希特勒。希特勒准时接见了我，谈话刚开始的时候施蒙特也在座，不久希特勒就让我到他的办公室进行单独谈话。自从1941年12月20日之后，我还没有再见过希特勒。14个月过后，他似乎老了许多。他的举止已经不再像当年那样坚定有力，说起话来也不像过去那样流利，左手在不停地颤抖。我看见，我写的那本书就摆在他的书桌上。他以这样的开场白开始了与我的谈话："1941年我们分手了。当时有许多误解，对此我很抱歉。我需要您。"我回答说，如果他能为我提供一种环境，使我能做一些有益的事，我愿意听从他的安排。接着，希特勒便说，他想任命我为装甲兵总监。施蒙特已经把我对这个问题的想法向希特勒做了汇报。对此希特勒表示同意，并请我在此基础上拟制一份勤务守则，呈送给他。他还提到，他把我战前关于装甲兵的文章重读了一遍，从中发现我早在当时就已对装甲兵未来的发展做了准确的预言。他说，现在我应将我的这些思想付诸实施了。

然后，希特勒把话题转入当前的战况。他已清醒地认识到，斯大林格勒作战的失利以及接着在东线的后撤，已在军事、政治和经济上造成重大损失。但他表示，他仍有坚持到底和扭转战局的决心。从他的角度而言，这些话都是可以理解的。我与希特勒的第一次重逢就这样结束了，我们一直谈到16时，其中带有实质性的谈话有45分钟。

离开希特勒之后，我又到了总参谋长蔡茨勒将军那里，想从他那里了解一下当前的军事形势。这天夜里我同我的几个好朋友一起聊天，他们是前驻莫斯科武官屈斯特林、文尼察野战宪兵司令冯·普林和第15步兵师师长布申哈根，从他们那里我了解了许多在我离职后所发生的事情。我从普林那里了解到，德国对占领区的管理，尤其是帝国代表科赫的管理方法糟糕透顶，我们昔日的朋友乌克兰已经因此被逼得掉转枪口，成了我们的敌人。不幸的是，对这种状况军事部门却没有权力介入。他们是通过党和行政渠道实施的，不让军人参与，只是等把事情闹得不可收拾了，军方才有所闻。

2月21日，我与约德尔、蔡茨勒、施蒙特和希特勒的一位副官恩格尔上校，共同讨论我的新的勤务守则的原则。

2月22日，我飞往拉斯滕堡，与凯特尔元帅一起完成了勤务守则的初稿。23日，后备军司令弗罗姆大将也参加进来。几天之后，《装甲兵总监勤务守则》最后完成了，2月28日由希特勒批准签发。这份勤务守则是我此后几年的工作依据，因此我想将其原文引录如下。

装甲兵总监勤务守则

1. 装甲兵总监在促进装甲兵不断发展，并使其成为战争中具有决定性作用的兵种方面对我负责。

装甲兵总监直接隶属于我。其职位相当于集团军司令，是装甲兵❶的最高长官。

2. 在与陆军总参谋长取得一致的前提下，装甲兵总监对装甲兵和大规模陆军快速兵团的组织和训练拥有全权。

此外，他还拥有受我之命在组织和训练方面向空军和党卫队的装甲兵下达指令的权力。

我保留最后的决定权。

他在其兵种的技术发展和生产计划方面提出的要求，需与兵器、弹药部长密切协商后做出决断，并向我报告。

3. 他是装甲兵的最高长官，同样是后备军中装甲兵的司令。他的任务是，保障野战陆军获得源源不断的适用人员和装甲车辆，其中所指包括单车、部队的补充和组建。

根据我的指令，向野战陆军和后备军分配坦克和装甲车辆也是他的任务。

4. 装甲兵总监应确保装甲兵和快速部队按计划和适时地进行组建和补充。此外，他应在与陆军总参谋部取得一致意见后，负责处理野战陆军中失去坦克的乘员的使用问题。

5. 装甲兵总监应对装甲兵的作战经验、武器装备、训练和组

---

❶ "装甲兵"在勤务守则里包括：装甲兵、装甲步兵、摩托化步兵、装甲侦察部队、反坦克部队和重型自行反坦克分队。——作者注

织进行分析评估。

为此，他有权视察和参观国防军和党卫队的所有装甲部队。

野战陆军的装甲部队应将各种经验直接向装甲兵总监报告。装甲兵总监应将其新发现和经验通告包括兵器、弹药部在内的所有有关单位。

装甲兵总监负责领导装甲兵各种条令的制定。凡涉及兵团指挥和与其他兵种协同的条令，在其出版前应征得总参谋长的同意。

6. 作为兵种长官的装甲兵总监在其任职期间，对下列单位具有指挥权：

（1）隶属于特殊司令部的快速部队的后备部队和训练部队（除骑兵和摩托车步兵部队的后备部队）；

（2）野战陆军和后备军的快速部队的院校（不含骑兵和摩托车训练机构）及其教导队。

7. 装甲兵总监有权将与其职权有关的指令下达给陆军的任何勤务单位。各勤务单位应向装甲兵总监提供他所需要的资料。

元首大本营，1943年2月28日
元首希特勒（签字）

勤务守则的这些条文，使我的职权远远超出了陆军总司令部中其他兵种的将军。他们都在陆军总参谋长的领导之下，如果他们想到部队里视察，首先必须报请总参谋长批准。他们对后备军也没有施加任何影响的权力，陆军各院校无权而且也不准许出版任何条令。在这样的各种约束之下，他们无所建树自然也是可以理解的。同样，这也是装甲兵的各级将军们直到如今没有什么重大作为的原因。所以，有经验的前线军官并不想方设法争取到后方机构工作，一旦被调到后方任职，也总是千方百计重返前线，因为在那里可以充分施展他们的才能。然而，在我就任装甲兵总监之后，这种状况至少在装甲兵被一扫而光。总参谋部尤其是总参谋长，还有陆军总司令部的人，认为这个勤务守则严重侵犯了他们的神圣权力，所以很不喜欢这个文件。虽然说，我对此并不感到意外，但还是不得不忍受他们所制造的各种困难和障碍，甚至一直持续到战后。可是不管怎么说，由于有了这个新的规则，使我们装甲兵的建设和发展事业未受过大的伤害。直到战争临近艰苦的尾声，装甲兵一直以其强大的突击力，不辱使命地履行其职责，堪称立于时代顶峰的兵种。

当这份勤务守则由拉斯滕堡送往希特勒之后，我才发现其中有一个重大错误。那就是在第一条关于"装甲兵"的注释中，我把自行反坦克炮也包括在装甲兵编制内了，而它本来一直是隶属于炮兵的。我这样做本是出于好意，因为自行反坦克炮的产量在坦克产量中占相当大部分，但是由于它的火炮威力不够强大，在反坦克方面难以发挥明显作用。而效力更差的是"防坦克"分队，他们的火炮一直用半履带式车辆牵引，而且火炮的穿透能力不足以击毁敌人的坦克，实际上成了一堆废物。因此，我想通过我的努力来改变这种状况。可是，不知何人背着我，在"自行反坦克分队"一词前面加了"重型"两个字。于是，本该隶属于装甲兵总监的自行反坦克部队就只限于重型自行反坦克部队了。这种重型部队是刚刚组建的，其装备主要是在以"虎"式和"黑豹"式底盘为基础的自行反坦克炮。当我发现这一改动时，我就认识到这是一种愚蠢的恶作剧，它不仅是针对我个人的，而且是针对陆军的反坦克能力，这也就等于说是针对陆军自己的。

当这份勤务守则还在各部门进行传阅的时候，我便飞往柏林去组建我的司令部，准备开始工作。我还是将办公室设在了本德勒大街，还是选择了我的老办公室，战前我担任快速部队长官时就在这里办公。在人事方面，我选择了装甲兵出身的托马勒上校担任我的参谋长，他具有丰富的实战作战经验。全身充满活力的托马勒上校立刻满腔热情地投入工作，一直坚持到德国的最后崩溃。我对司令部的几个最重要的人员，无论是他们的品德，还是专业能力都十分满意。弗赖尔中校和考夫曼少校是我的总参谋部军官，分别负责组织和运用，前者由于身负重伤无法重返前线，后者则年轻气盛，精力充沛，后来由冯·韦尔瓦尔特男爵少校接替。我的副官是曾负过重伤的马克斯·楚·瓦尔德克中校。在装甲兵的每一个部门我都安排了一个具有前线经验的装甲兵军官担任主管，他们大多是年龄较大的军官，曾负过重伤，还需要一段时间的恢复。一旦康复，而且当办公室需要具备前线作战经验的新人时，他们就可以与前线军官进行轮换。利用这种轮换方式，可以使总监部与前线保持密切和不间断的联系。此外，我还为后备部队设立了一个国内装甲兵监察长，由埃贝尔巴赫将军负责，办公地点设在柏林。他的参谋长博尔布林克上校，同时也是后备军司令办公厅装甲兵处的处长。这是我事先和弗罗姆商定的，目的是为了与后备军保持协调一致，共同商定双方的需求，这种联系一直保持到战争结束。装甲兵院校一直隶属于院校司令冯·豪恩希尔德将军，他也是一位负过重伤的人。最后，我还在司令部中安排了一些负伤痊愈的军官作为机动，负责收集和分析前线的作战经验，调查研究前线发生的特别事件。

条令方面的工作由泰斯上校负责，我和他早在1938年就已经认识，当时他是奥地利坦克营的营长。直到德国崩溃的时候，他一直负责装甲兵条令方面的工作，另外他在收集战史资料方面也做了很多工作。

将来一旦开展工作还需要与一些在柏林的军事部门合作，所以，我先后登门拜访了一些部门。除此之外，我还拜访了航空部。航空部的米尔希元帅战前就是我的好友，我很尊重他。当时能给我留下良好印象的重要人物当中，米尔希元帅就是其中之一，他对问题的认识深入全面，能启发人的思路。他虽然对上层圈子里纳粹党的高官显贵们嗤之以鼻，但还是建议我去拜访几个能对希特勒产生影响的人，他们是戈培尔、希姆莱和施佩尔。施佩尔是装备、军工部长，他是我必须要见的人。

按照米尔希元帅的建议，3月6日我去拜访戈培尔博士，以新任装甲兵总监的身份向他做了自我介绍。他很友好地接待了我，并很快开始了一次长谈，谈及的话题主要围绕政治和军事形势。从谈话中可以看出，戈培尔博士确实是希特勒亲信中最聪明的人。我觉得我或许有望从他这里得到帮助，来扭转我们当前的形势。因此，我决定向他详细地讲述前线及其战争指导的重要性，以便能争取到他的理解。这虽然是我们的第一次谈话，但戈培尔博士表现得平易近人。于是，我便将当前存在的一些主要问题向他和盘托出。这些问题主要是，存在于我们最高军事指挥层中的极坏的组织状况，以及更糟糕的人事安排。我指出，现在国防军总司令部、国防军指挥参谋部、陆军总司令部、空军、海军、党卫队、装备部等多种机构并立，指挥上各自为政，而希特勒又不断地设立直属于他的机构，久而久之就造成了当前的混乱不堪，结果使希特勒自己也无法应付。由于希特勒没有接受过正规的参谋培训，因此我建议，希特勒最好设一个能统领全军的国防军总参谋长，这个人物必须要在作战指挥方面强于凯特尔元帅。我请戈培尔博士以适当的方式，把我所说的这一切传达给希特勒。因为我觉得，关于这些重大的人事安排的建议，如果出自一个希特勒最信赖的文人之口，要比一个军人讲给他听会获得更好的效果。因为根据我迄今为止的经验，希特勒一直认为军人是彻头彻尾不可信赖的。戈培尔博士说，这是件非常棘手的事，但他愿意试一试，找一个适当的时机把我的这些话转达给希特勒，力促希特勒改善最高军事指挥层的组织状况。

在这些天里，我又去拜访了施佩尔，他像对待朋友那样坦率地接待了我。他头脑清晰，为人诚实，后来我与他进行了非常融洽的合作。他不受任何不正常的和私人的虚荣心以及山头主义的束缚和影响，一切考虑和决心都来自他自己的正确判断。当然，他当时对希特勒也怀有一定的好感，但他会独立思考，因此他能看到这个体制的错误和缺陷，而且努力去加以纠正。

为能了解目前坦克的生产状况，此后几天我又去参观访问了施潘道的阿尔勒克特公司，以及位于柏林–马林费尔德的戴姆勒–奔驰公司。

最后，我又为装甲师和装甲步兵师拟定了一份战时新编制方案，可以一直沿用到1944年。我拟制这个方案的用意在于，一方面可以通过采用现代装备和作战方法提高部队的战斗力，另一方面又能节省人力和物力。在此基础上，构思了我的第一份报告，准备于3月9日当面向希特勒陈述。于是，我与托马勒上校一同飞往文尼察。16时，在这里为我举行了一个场面很大的集会，众人都想看一看我的首次亮相。当我看到一队队的人进入会场时，不免有点意外，因为我原本希望只在一个小范围内做报告。之所以会来这么多人，大概是由于我的一个疏忽，我把报告的大致内容告诉了希特勒的副官。现在看来，大家都对我的报告很感兴趣，因为包括国防军总司令部的全体人员、陆军总参谋长及其下属的几个处长、步兵和炮兵的兵种将军，以及希特勒的副官长施蒙特在内的许多重要人物，都来到会场。与会者对我的计划提出了一些批评，而批评比较多的是针对自行反坦克炮也隶属于装甲兵总监的提法，以及用自行火炮替代步兵师防坦克营的旧式火炮的主张。我事先没有料到我的报告会招致如此多的反对意见，会议也因此拖了四个小时，这使我筋疲力尽，以至于我在离开会场的时候失去知觉，直挺挺地倒在地上。幸好，不一会儿我就醒了，没有人知道发生了什么。

为防止报告有疏漏，我在做报告时随身携带了一份报告提纲。碰巧，这份文件我保留在身边，我将它引录如下。因为，它在我此后的工作中具有极为重要的指导意义。

报告提纲

1. 1943年的任务是，为进行有限目标的进攻提供一定数量的具有充足战斗力的装甲师。

1944年我们必须有能力实施大规模的进攻。对一个装甲师而言，只有当其装甲战斗车辆的数量与其他武器和车辆的数量达到一个适当比例时，才能具有充足的战斗力。按照这个逻辑，德国装甲师如按现在的四个装甲营计算，就需要400辆坦克。如果明显低于400辆，那么整部机器（人员和车辆的数量）就与真正的突击力不相符。遗憾的是，从这个意义上说，目前我们的装甲师还完全称不上有充足的战斗力。

但是，今年和以后几年，会战的胜利取决于它的重建。如果我们能成功地解决这一问题，我们就能通过与空军和潜艇的协同赢得战争。否则，地面作战就会变得旷日持久，并造成重大损失。

（引用李德·哈特的文章——可惜遗失了。）

因此，现在的问题是毫不迟疑地舍弃其他所有特别感兴趣的东西，集中力量建设有充足战斗力的装甲师。在这一过程中，宁可数量少、战斗力强，不要数量多、装备不足。后者需要大量车辆、燃料和人员，却收不到与其相应的效果，给指挥和后勤造成负担，并使道路堵塞。

2. 为达到预期的组织目标，我建议1943年实施下列战时编制：（示意图1，可惜已经遗失。）

关于坦克装备：

目前，我们的坦克主要还是Ⅳ型坦克。考虑到东线和非洲陆军不断补充以及训练的需要，每月能新组建一个营，或使其满员。此外，1943年还有望组建有限数量的装备"黑豹"式、"虎"式坦克的装甲营——但是装备"黑豹"式坦克的装甲营无法在7、8月前开赴前线。

但是，为了能使需整编的装甲师具备充足的战斗力，应考虑使用已大量生产的轻型自行火炮。

我认为，每月必须完成一个装甲营装备轻型自行火炮的任务，并将其编入装甲师中，直到生产的坦克数量足以达到装甲师的需要时为止。

此外，应在1944年—1945年全力提高Ⅳ型坦克的产量，但不得影响"黑豹"式和"虎"式坦克的生产。

3. 我建议1944年的战时编制如示意图2（可惜已遗失）。与示意图1相比，唯一的变化是坦克方面。团经补充后改编为旅，每旅编四个营。

4. 要达到上述编制中坦克的数量，取决于Ⅳ型、"黑豹"式和"虎"式坦克生产数量的不断增长，以及利用在Ⅳ型坦克底盘上安装75毫米L48火炮改装而成的轻型自行火炮。

此外，还依靠于每辆坦克使用寿命的延长。为此，要求：

（1）成熟的新型设计方案（"黑豹"式！）。

（2）乘员的严格训练（参加末期装配、单个训练和集体训练）。

（3）为训练分队提供充足的教学训练器材。胡伯将军关于他在这方面作战经验的信（已遗失）。

（4）持续不间断地训练，并保障必要的时间（新组建的部队在训练期间不要从其驻地和工厂附近搬迁）。

5. 要想赢得会战的胜利，只有在适当的地形上、在决定性地域集中全部装甲兵力，通过在数量和装备上达成的突然性取得。

为此，要求：

（1）新型坦克不应提供给次要战场，次要战场只限于使用缴获的坦克。

（2）将全部装甲分队集中编入装甲师、军（包括"虎"式、"黑豹"式、Ⅳ型坦克分队和一部分轻型自行火炮分队），并配备懂专业的指挥。

（3）进攻时考虑使用的地形条件。

（4）新型武器（目前尚指"虎"式坦克、"黑豹"式坦克和重型自行火炮）在尚未拥有足够数量、不足以保障达成突然性之前，不要使用。

新型武器的过早暴露，只会使敌人于次年生产出一种有效的防御武器，而我们又不可能如此迅速地具备相应的对付手段。

（5）不要组建新的单位：旧的装甲师和摩托化师的基干部队，具备经过专门训练的人员和装备，可为整编部队提供必要的帮助，而新组建的部队则无法与之相比。

目前，将装甲师长期用于纯防御任务是一种浪费。它将拖延整编工作，也因此延误进攻的时机。

现在要做的是，不久将大量装甲师的基干部队从前线撤回，加以整编。

6. 反坦克越来越成为自行火炮的主要任务，因为在对付敌新型装备方面，其他所有反坦克武器都效力极低，或受到的损失过大。

因此，所有在主要战线上作战的师，都要装备一定数量的自行火炮；在次要战线，高级指挥层应留置装备自行火炮的预备队，各师则依靠装备自行炮架的反坦克步兵。为节省人力、物力，自行火炮营和反坦克步兵营将不可避免地逐渐走向合并。

新式重型自行火炮只在主要战线和为特殊任务而使用。它首先是反坦克火炮。

75毫米L70自行火炮尚未进行试验。

7. 装甲侦察营变成了装甲师中被遗忘的部分。它的价值在非洲显而易见，而在东线目前尚不明显。但不能以偏概全。如果我们——如我们所希望的——1944年能再次实施大规模进攻，那时我们也将需要有效的地面侦察。

为此，要求：

（1）有足够数量的一吨重的轻型反坦克步兵车辆（目前尚处在建造过程中，但接近完成）。

（2）一种速度快（时速为60—70公里）、有足够装甲和武器装备的装甲侦察车。

目前，不再建造这种车辆。我请求赋予我权力，与施佩尔部长共同研究这一问题，并提出建议。

8. 对于装甲步兵而言，主要问题是继续大量生产三吨重的装甲步兵运输车，不要再有其他变化。

这种车辆也可满足装甲工兵和装甲通信兵的需求。

9. 装甲师和摩托化师的炮兵，从现在起应有足够数量的自行炮架，这是他们已期望十年的。编制见附件（已遗失）。炮兵观察员可以不使用最新型的装甲战斗车辆。

10. 在原则性的决断上，我请求：

（1）批准总监部的编制，并将其办公地点设在元首大本营；批准国土部队监察长司令部的编制，其办公地点设在柏林。

（2）批准战时编制。

（3）全部自行炮兵隶属于总监。

（4）取消在陆军、党卫队组建新的装甲师和摩托化师的计划，使这些师以及"赫尔曼·戈林"师与新的战时编制相匹配。

（5）批准1944年—1945年Ⅳ型坦克的继续生产。

（6）如能利用现有部件的话，可设计一种装甲侦察车。

（7）对设计一种装备75毫米L70火炮的轻型自行火炮的必要性再进行一次审查。也许应取消这一计划，代之以使用装备75毫米L48火炮的轻型自行火炮和装甲人员输送车。

报告的每一点都引起热烈的讨论。除了把自行炮兵隶属于总监这一点之外，其他各点至少在理论上都得到大家的赞同。把自行炮兵隶属于总监这个问题，在全场引起了轩然大波。除施佩尔之外，到会者一致表示反对，当然尤其是炮兵。元首的副官长居然也表示反对，其理由居然是，自行火炮是唯一可以使炮兵获得十字勋章的兵器。最后，希特勒满怀怜悯地看着我，说："您看到了吧，您招致了全场的反对。那我也就不能支持您了。"希特勒的这一表态产生了灾难性的后果。因为从此时起，一直到九个月后希特勒认识到这一错误，在这段时间里自行火炮一直独立存在；反坦克营装备的依然是射程不够、半履带车辆牵引的火炮；步兵师仍不具备有效的反坦克能力。直到战争结束，没有一个师得到了他们急需的反坦克武器。除此之外，我提出的很多建议，虽已获得批准，但执行起来异常艰难，其中最主要的就是我一再提出的一个急迫的请求：将大量装甲师的基干部队从前线撤回加以整编，使最高指挥当局拥有一支机动的预备队。遗憾的是，直至战争最后的艰苦阶段，恰恰是我们的最高军事指挥当局对于拥有一支机动的、强大的战略预备队的重大意义缺乏认识。我们的失败主要归咎于他们。这其中就有希特勒及其军事顾问们的责任，因为他们对我关于组建预备队的要求，非但不支持，反而千方百计加以阻挠。

3月10日，我飞回柏林开始工作。3月12日，参观了温斯多夫的装甲兵学校；3月17日，参观了卡塞尔的亨舍尔工厂，这个厂主要生产"虎"式坦克、"黑豹"式坦克的主要部件，以及43型高炮（88毫米口径）；

3月18日，参观了位于爱森纳赫的第300装甲营以及装甲兵士官学校，前者负责遥控坦克的试验工作；3月19日，到吕根瓦尔德参加一个展示会，希特勒也出席了。会上展示了"古斯塔夫"铁路火炮、"费迪南德"式坦克和安装有"围裙"的Ⅳ型坦克。

"费迪南德"式坦克是波尔舍教授设计的"虎"式的一种，电传动装置，在固定炮塔上安装了一门88毫米L70火炮，外表看起来很像自行火炮。但是，这种自行火炮除了其长管火炮之外，再没有其他武器，所以在近战中没有一点自卫能力。尽管它具有很厚的装甲，火炮的威力也算强大，但其缺点依然明显。由于这种火炮已经投入生产，而且已批量生产出90辆，所以我也不得不使用它。尽管希特勒对他的宠臣波尔舍的成品感到欢欣鼓舞，但如果从战术角度来看，我并不看好。后来利用这90辆"费迪南德"式坦克组建了一个装甲团，下辖两个装甲营，每营45辆。

"围裙"是一种防弹钢板，悬挂在Ⅲ型、Ⅳ型坦克和自行火炮的车体上，它能使俄军发射的反坦克火箭筒炮弹偏转方向或失效，否则坦克车体相对较薄的垂直部分经不住反坦克火箭筒的火力。

"古斯塔夫"是一种巨大的铁路炮，口径800毫米，只能在双路铁轨上运行。这件事本来与我毫不相干，可是当装填炮弹和射击演示完毕之后，正当我要离开，希特勒突然喊住我："您听见没有，米勒博士告诉我，可以用'古斯塔夫'打坦克了。您觉得怎么样？"起初，我还有点不知如何回答，可是当我知道"古斯塔夫"已批量生产了，我便立刻镇静下来，没有好气地回答道："射击倒是可以了，可就是不能命中！"米勒博士立刻大为恼火，对我提出强烈抗议。不过你怎么能够想象，用一种装填一发炮弹需要45分钟的火炮去打坦克？而且关于这种火炮的最短射程问题，米勒博士也给不出一个令人满意的答案。

3月22日，我与"赫尔曼·戈林"伞兵师师长商讨如何改编这支部队。当时，这支部队共有3.4万人，是唯一一支还在前线作战的伞兵师。这支部队曾在荷兰的作战中发挥过重大作用，至今他们还对这一段的经历沾沾自喜❶。不过到了1943年，后备兵员十分匮乏，再无法维持这样的一支部队，改编也就势在必行。

到3月底，我们根据最新经验，确定了装甲步兵的新编制。

格德勒博士的来访

这几天，正当我忙得不可开交的时候，我的一个老朋友冯·拉贝瑙将军给我带来了格德勒博士，说他很想和我谈一谈。格德勒博士对我说，希特勒已不能胜任德国总理和国防军最高司令的重任，所以应该限制他的权限。他拟制了一份改组政府的计划，并向我进行了详细的说明。从这份计划可以看出，拟制者胸怀伟大理想，想对社会的不公进行改革，这是应当肯定的。但是，格德勒博士所采用的学究方式会增加计划实施的难度。而且格德勒博士也不能肯定，计划成功之后是否能得到国外的支持。可以看得出来，他曾与国外进行过长时间的联系，但都碰了壁。即使格德勒博士的计划取得成功，敌人也不会放弃"无条件投降"的要求。

我问格德勒博士，打算如何限制希特勒的权限。他回答说，应当使他成为一个有名无实的帝国首脑，将他软禁在上萨尔茨贝格或另外一个地方。我又问他，利用什么方式除掉纳粹的领导人物，而又不致使改组政府的计划失败。他却回答说，这是国防军的事。可是，格德勒博士至今还没有赢得一位现役军官的支持。他请求我，当我到前线的时候调查一下，看是否有以及哪位将军准备响应他的行动，并把调查结果通知他。我问他，到底是谁在领导这个行动。他说是贝克大将。对此我非常惊讶，他怎么会把贝克拉到这样的一个行动中来，因为我对贝克的性格太了解了，他是一个优柔寡断的人。选择这样的一个人去领导政变实在不妥，因为他不能当机立

---

❶ 1940年在德国对西方开战之初，"赫尔曼·戈林"伞兵师的前身曾参加奇袭荷兰要塞的战斗，为迫降荷兰做出贡献。——译者注

断,在部队中可谓是一个无名之辈,没有任何影响。他称得上是一个哲学家,但不是一个革命者。

当时,包括我在内的所有人,都已清楚地看到纳粹体制的缺陷和弊端,以及希特勒的错误,因此将其推翻是在情理之中的。但是,由于斯大林格勒作战的惨败,以及敌国提出的无条件投降的要求,德国已被逼到了绝境,因此在选择使德国及其人民摆脱灾难的道路问题上,必须谨慎从事。如果还希望拯救德国的话,就必须考虑到其中巨大的困难和责任。而格德勒博士的计划会在总体上损害德国的利益,在实际中无法加以实施,所以经过一番考虑之后,我决定拒绝参加。我要像陆军全体官兵一样,效忠于我的誓词。因此,我劝格德勒博士还是放弃他的计划。

但是,格德勒博士却不大理会我的观点,还是一再请我帮他打听一下部队的反应。我答应了他的这一要求,目的想通过在部队的调查结果来向他表明,不光是我一个人,其他将军也与我持相同的观点,并想通过这种方式把这位理想主义者拉出泥坑。4月,我又遇到了格德勒博士,这次我十分肯定地告诉他,没有一位将军愿意接受他的计划。凡是我试探过的人物都表示要恪守他们的入伍誓词,加之前线正处于危急时期,因此都拒绝参与格德勒博士的行动。所以,我再次请格德勒博士放弃他的企图。

在我们的这次谈话中,格德勒博士否认他有任何谋杀希特勒的意图,最后他请我对我们的谈话严守秘密。我一直遵守我的诺言,直到1947年我看到律师法比安·冯·施拉布林多夫写的一本题为《反对希特勒的军官们》的书,我才知道,格德勒博士或冯·拉贝瑙将军没有遵守我们相互许下的诺言。施拉布林多夫在书中对我的描述也与事实不符。

自1943年4月以后,我再没有同格德勒博士谈过话,也再没有听说过有关他那份计划的事。

好了,还是让我们回到我的军事活动上来。

"堡垒"行动

3月29日,我飞往扎波罗热,去拜访南方集团军群司令冯·曼施泰因元帅。他刚刚在这里取得一次重大胜利,在夺回哈尔科夫的作战中他在战役上正确地使用了装甲兵团。我这次到这里来,正是想听听他在此次作战中的经验,尤其是"大德意志"师和党卫队"阿道夫·希特勒"师在运用"虎"式坦克营方面所取得的经验。在他的大本营里,正好遇到了第4装甲集团军司令霍特将军,他是我的老朋友了,他也把他的经验讲给我听。现在我看得更清楚了,希特勒完全容不得一个像曼施泰因这样能力超群的军事人才,实在是一件令人惋惜的事。希特勒和曼施泰因在本性上是截然不同的两个人:希特勒靠意志行事,在军事上一知半解,充满荒诞无稽的想象力;而曼施泰因则是一个杰出的军事天才,熟谙德国总参谋部的知识和技能,具有冷静的判断力,是我们战略上的优秀领头人。后来,当我担任陆军总参谋长后,我曾多次向希特勒建议,委任曼施泰因为国防军总司令部长官,以接替凯特尔的职务,但屡遭希特勒的拒绝。其中的道理很简单,凯特尔应付希特勒可谓得心应手,善于察言观色,常常是不等希特勒开口,就已经把事情料理停当了。而曼施泰因对希特勒来说,却不那么顺手,他善于独立思考,而且敢于在希特勒面前直言不讳。最后,在我多次推荐之后,希特勒只能用这样的话来搪塞我,他说:"曼施泰因也许能称得上是总参谋部培养出来的杰出人才,但他只能指挥完整的新锐师,却不会指挥我现在这样的残兵败将。我现在没办法为他组建一支全新的有作战能力的部队,所以任用他毫无用处。"这分明是一种托词,实际上他还是不愿意。

后来,我飞往位于波尔塔瓦的肯普夫集团军级支队❶。3月30日,又从他那里来到"大德意志"师,3月31日又到了党卫队"阿道夫·希特勒"装甲师和克诺贝尔斯多夫将军的军部。我到这些部队视察的目的,主要是

---

❶ 德军中高于军、低于集团军的一种特殊军队编制形式。——译者注

为了了解运用"虎"式坦克的最新经验，以及这种坦克的战术技术性能，以便为将来组建"虎"式坦克分队准备资料。4月1日，我再次来到扎波罗热，与曼施泰因告别，结束了我就任总监以来的第一次前线视察。

此后，我便带着在首次视察前线中所得到的资料，与施佩尔进行商谈，讨论如何提高"虎"式、"黑豹"式坦克的产量。接着我便于4月11日，来到上萨尔斯贝格的贝希特斯加登，向希特勒做汇报，这还是我第一次来到这个地方。这座元首别墅有一个很大的特别之处，即在我所能到的地方，每间房子都是独立的，没有通道相通。给我印象很深的是巨大的会议厅，厅里的大玻璃窗敞亮通透，地上铺着价值不菲的地毯，墙上挂着几幅名贵的油画，其中一幅是费尔巴哈❶的精美作品。在壁炉前面有一块高出地面的地方，那是希特勒在结束所谓的晚间情况汇报会之后，与其亲信、副官、党政助手和女秘书们一起共度良宵的地方。我从来就不是这个圈子里的人。

同一天，我拜访了希姆莱，同他一起就有关武装党卫队的装甲部队与陆军装甲部队的协调问题进行了商讨。我的目的只达到了一半。尤其是我关于放弃组建新部队的要求，希姆莱表示反对。在3月9日的汇报会上，我提出了关于组建新部队会造成弊端的观点，其中也提到了武装党卫队的装甲部队，希特勒虽在会上表示同意，但他又和希姆莱背着军人另搞一套。他们从来就没有给予陆军领导以完全的信任，总想在陆军之外，再组建一支类似古罗马帝国时期的私人武装，其目的无非是防备陆军背叛普鲁士－德意志忠贞不贰的传统，不听命于他的指挥。希特勒和希姆莱搞的这种分裂活动，把武装党卫队自己置于极为尴尬的境地。因为，党卫队的其他机构，特别是党卫队保安局特遣队所犯的过错，受到普遍谴责。即使在战争期间，武装党卫队在后备队人员的选择和数量及武器装备上，一直搞特殊化，所以陆军对党卫队也一直存有恶感。尽管如此，德国军人们还是以大局为重，认为在前线不分军兵种，战友情谊会将一切矛盾化解。

---

❶ 德国浪漫派古典主义画家，以独具风格的肖像画著称。——译者注

4月12日,我去拜访空军总参谋长耶顺内克大将,发现他已疲惫不堪,从其神态可以看出他的信心和勇气已丧失殆尽。我们之间无法建立一种亲密的关系,因此我们既没有谈及空军的事情,也没有触及装甲兵的话题。不久,即1943年8月,耶顺内克大将因遭到希特勒和戈林对空军的指责,忧郁悲痛而自杀。他步了其前任乌德特的后尘,乌德特是于1941年11月自杀的。之所以走到这一步,是因为他一方面认清了战争的必然结局,另一方面又无力置戈林的虚夸无能和无所作为于不顾,处在这种境遇之下他没有别的选择。我也曾想和这位空军总司令❶谈一谈,只是由于这位先生社交活动繁忙,一直未能和他见面。

　　回到柏林之后,我便于4月13日找到施蒙特,与他进行了一次长谈,想求他帮忙,将多余的装甲兵,尤其是那些具有多年实战经验的、不可多得的指挥官和技术人员,从败局已定的非洲战场搞回来。或许是我没有将施蒙特说服,或许是他根本没有把我的希望转达给希特勒。因为,第二天我在向希特勒汇报时再次提出这一请求,结果一无所获。事情就是这样,为了保全面子,往往会丢弃理智。他们宁可让无数架飞回意大利的飞机空飞,也不愿把非洲战场上的那些宝贵的人才捎带回来,以缓解我们前线人员匮乏的困难。4月29日在上萨尔茨贝格举行的汇报会上,我又一次提出了这个问题。同一天,我还与布尔、凯特尔和施佩尔,就组织和装备问题进行了商讨。

　　不管我怎么说,他们仍在继续向非洲运送部队,无数部队被送入火坑,包括我们最新的"虎"式坦克营。没有人理会你的抗议,以后在西西里岛的防御作战中依然如此。不过,戈林介入了此事。当我要求将"虎"式坦克撤回大陆时,戈林却说道:"古德里安大将!您必须看到,'虎'式是没办法跳过墨西拿海峡的!"我回答:"如果您能确保墨西拿海峡上空的制空权,'虎'式就能怎么运过去还怎么运回来。"听完我的话,这位空

---

❶ 指戈林。——译者注

军专家一声不吭了，但"虎"式坦克还是没有运回来，依然留在西西里。

4月30日，我从贝希特斯加登飞往巴黎，对西线总司令冯·伦德施泰特元帅进行我的就职拜访，视察西线的装甲部队，同时还对大西洋壁垒❶防御敌登陆坦克的能力进行考察。在鲁昂，我在第81军军部与孔岑将军就有关海岸防御问题进行了探讨，他是我在法国作战时的老战友。此外，我还在伊沃托视察了用缴获的法国坦克装备起来的第100装甲团，而后便接到希特勒的一份电报，要我回慕尼黑参加会商会。

5月2日，我到达慕尼黑。5月3日，召开第一次会议。5月4日举行第二次会议的时候，我的参谋长托马勒带着新获得的资料来到慕尼黑。出席这次会议的有国防军总司令部、陆军总参谋长及其重要的助手、南方集团军群司令曼施泰因、中央集团军群司令冯·克卢格、第9集团军司令莫德尔、施佩尔部长等，讨论的主题是东线的南方和中央两个集团军群，应不应当在1943年的夏天发动一次攻势。这个问题是由于陆军总参谋长蔡茨勒将军拟制的一份报告引起的。在报告中他指出，为了能为德国在东线的继续进攻创造有利条件，应对位于库尔斯克突出部的大量俄军实施两面包围，以极大削弱俄军的进攻力量。这个问题曾在4月进行过激烈的争论，只是由于当时刚刚遭受斯大林格勒惨败，接着东线南部也遭受重大损失，因此当时进行大规模进攻的可能性微乎其微。总参谋长认为，现在的情况已大不相同，部队已装备新型"虎"式和"黑豹"式坦克，足以取得一次决定性胜利，重新赢得主动权。

会议开始的时候，希特勒首先做了长达45分钟的讲话。在讲话中，他首先阐述了东线的形势，接着他就总参谋长的建议和莫德尔的反对意见进行了说明。莫德尔之所以提出反对意见，依据的是详尽的勘察资料，特别是空中照相资料。他认为，俄军恰恰在我两个集团军群可能实施钳形攻

---

❶ 为防止英、美在法国登陆，希特勒于1942年8月25日下令沿法国西海岸至比斯开湾修筑海岸筑垒地带，即大西洋壁垒。工程一直延续到1944年。——译者注

图30 东线态势（1943年2月22日—1944年3月4日）

势的突破地段，采取了极其周密的纵深防御措施，部署了极为强大的炮兵和反坦克部队，而且敌人的大量机动兵力已从这个突出部撤出。莫德尔由此得出结论认为，敌人已预计到我们的进攻，如果我们一定要实施这次进攻并希望取得胜利，那就必须运用其他战术。从希特勒首先提出莫德尔的观点这种做法来看，莫德尔的观点给他留下了深刻的印象，使他难以按照蔡茨勒的意见下定进攻的决心。于是，他请冯·曼施泰因元帅第一个发言，对蔡茨勒的建议发表意见。曼施泰因心绪不佳，每当他与希特勒面对面的时候常常是这样。他指出，如果早在4月发动进攻，也许还有成功的希望，但是现在就不好说了。另外，他还提出，如果发动进攻，还必须给他补充两个满员的步兵师。希特勒说，现在不可能搞到两个师，曼施泰因必须用他现有的部队发动这次进攻。希特勒一再重复他的观点，但并没有得到曼施泰因明确的回应。于是，他转向冯·克卢格元帅，克卢格明确表示赞同蔡茨勒的建议。我要求发言，指出进攻不可能取胜。我说，如果按总参谋部的建议发动进攻，肯定会使我们的坦克遭受重大损失，我们刚刚在东线完成的兵员补充也会因此前功尽弃。1943年我们再没有能力对东线兵员做进一步的补充；而在西线，我们却应当用新型的坦克组建机动预备队，以便来对付西方大国可能于1944年实施的登陆。此外，我还指出，对于陆军总参谋长期望值极高的"黑豹"式坦克，我认为在设计上还有许多缺陷和不足，这些问题不见得能在发动进攻之前全部得到解决。施佩尔从技术装备的角度，对我的发言表示支持。但在到会的人中，只有我们俩对蔡茨勒的建议表示明确反对。因此，到底是否实施此次进攻，希特勒依然举棋不定。会议就这样不了了之。

除了在慕尼黑参加的这次军事会议之外，还有一件事不妨提一提。自从1941年12月与冯·克卢格元帅发生那次不愉快的事情之后，我在慕尼黑又遇到了他。他在与我打招呼时表现出很不友好的态度，再度勾起往事，触动我的旧痛，所以我对他也极为冷淡。会议之后，克卢格先生请我到旁边的一间房子里，质问我为什么对他这样反感。我对他说，我对他耿耿于怀，主要是因为在对1941年12月的事情真相进行解释之后，他仍然没有表示出一点歉意。于是，我们不欢而散。

几天后，施蒙特到柏林来看我，拿来一封冯·克卢格元帅写给希特勒的信给我看，在信中克卢格要求与我进行决斗。克卢格先生明知这是不可能的，因为希特勒从不允许在战争期间尤其是将军之间进行决斗。尽管如此，克卢格还是选择希特勒做决斗的中间人。

施蒙特代表希特勒向我解释说，元首不希望我们两人之间发生决斗，同时希望我们以适当的方式小事化了。为了满足希特勒的意愿，我给克卢格写了一封信。我在信中说，如果我在慕尼黑的态度对你造成了伤害，那么我对此表示歉意；但同时我也指出，我之所以那样做，是因为你在1941年对我进行了恶意中伤，而他一直没有任何表示。

在坦克制造方面，4月继续按照我的要求生产Ⅳ型坦克，一直到"黑豹"坦克批量生产，月产量提高到1955辆。同时，我还安排像卡塞尔、弗里德里希港、施韦因富特等地的几个主要坦克生产厂，加强坦克防空装备的生产。我5月4日在慕尼黑做的报告中，还建议为这些工厂建造备用的生产车间，但遭到施佩尔第一助手绍尔先生的反对。他认为，没有必要建造备用的生产车间，因为敌人空袭的主要目标是飞机制造厂，敌人不会在摧毁了飞机制造厂之后再去轰炸坦克制造厂。

5月10日，希特勒回到柏林，把我叫到总理府商讨"黑豹"坦克的生产问题，因为工业界无法按期完成任务。为了填补欠产的缺额，商定到5月31日前将原来生产250辆的计划提高到324辆。会议结束后，我握着希特勒的手问道，能不能让我直言不讳地说几句话。他答应了。于是，我恳求他，放弃东线的进攻。我说，你也已经看到了我们现在的作战已十分困难，再发动一场大规模进攻肯定得不偿失，同时也严重影响西线的防御准备。我最后问他："您为什么一定要在今年在东线发动进攻呢？"凯特尔却突然插话说："出于政治上的原因我们必须进攻！"我回答："难道您认为，随便什么人都知道库尔斯克在哪儿吗？我们能不能占领库尔斯克，与世界毫不相干。我还是要重复我的那个问题：我们今年在东线发动进攻，到底图的是什么？"希特勒接着说："您说得一点也不错。我也是每当想到这次攻势时，总感到心里没底。"我说："这说明您对形势的感觉是正确的。把这个事扔到一边去吧！"希特勒向我担保，他不会被这件事情牵着鼻子走，谈话就这样结束了。除了已去世的凯特尔之外，有我的参谋长托马勒和装备部部长绍尔先生可以作为这次谈话的人证。

第二天，我乘火车到达勒岑，我的司令部暂时设在那里。5月13日，与施佩尔进行了一次谈话。当天下午向希特勒汇报。5月14日，陪希特勒去视察"鼠"式坦克的木质样车，这种车是由波尔舍教授和克房伯公司设计的，装备了一门150毫米口径火炮，全重175吨。不过，按照希特勒的一贯做法，他肯定还要对其进行多余的修改，因此这种车将来的实际重量可能要达到200吨。由于这种车的模型没有装备用于近战的机枪，所以我否决了这种坦克的设计方案。它与波尔舍设计的"虎"式"费迪南德"坦克，犯的是同样的毛病，不适用于近战。然而，近战对于坦克来说是无法避免的，在与步兵实施协同时也是必不可少的。于是，又引发了一场激烈的争论，因为除了我之外，所有在场的人都对"鼠"式大加赞扬。这预兆着它将来又是一个"庞然大物"。除了"鼠"式，还有一种由福马克公司设计的反坦克自行火炮，也是木质模型，用的是Ⅳ型坦克的底盘，高度仅为1.7米，很适于在边境的地形上使用。此外，还展示了装备重型步炮的自行火炮，以及一种37毫米口径双管自行高炮的模型。

我在参加完这次展示会之后便飞回柏林。

5月24日和25日，我去视察位于莱塔河畔布鲁克的第654装甲营。这个营装备的就是上文提到的波尔舍公司的"虎"式坦克。接着，去林茨参观生产"黑豹"式坦克和高炮的尼布龙根工厂。然后，5月26日我又从那里飞往巴黎，去视察装甲兵营长集训班。27日，我去视察位于亚眠的第216装甲营，28日视察位于凡尔赛的一个连长训练班，并与驻南特的第14、第16装甲师师长见面。最后于29日参观了圣纳泽尔要塞，亲眼看到了大西洋壁垒的防御能力。可是，参观所得的印象与我听到的那种大张旗鼓的宣传，差距实在是太远了，不免大失所望。30日我便飞回柏林。31日，前往因斯布鲁克，与施佩尔会商。6月1日，到格拉芬沃尔参观第51、第

52"黑豹"式坦克营，同一天返回柏林。

正当此时，国防军总司令部不知怎么突发奇想，要把第1装甲师调到希腊的伯罗奔尼撒半岛，去充当对付英国登陆的哨兵。这个师刚刚补充满员，而且它的坦克营是第一批装备新型"黑豹"式坦克的部队，是我们最强大的预备队，可现在却拿它当试验品送到偏远战场。我立刻提出强烈抗议，同时指出派一个山地师会更适于希腊。而凯特尔却提出一个荒诞的论断。他说，山地师需要有大量的运输工具来解决马匹的饲料问题，而我们没有这么多的运输工具。我无法和他辩论，但经过我的竭力阻止，"黑豹"式坦克暂时没有被运往希腊。此后不久，一位被派往希腊勘察地形的装甲兵军官回来后向我报告说，希腊的狭窄山路和高架桥根本不适合"黑豹"式坦克的运用。希特勒得知这一消息后，才最终批准了我的建议。如果没有第1装甲师，我们不久就会在俄国战场吃尽苦头。

对于"黑豹"式坦克的现状，我一直放心不下。6月15日，我又一次来看"黑豹"式坦克的装备情况，发现它的侧传动装置尚未就位，光学仪器也存在着毛病，总体看尚未到成熟阶段，投入东线战场为时过早。于是，第二天，我就把我的这一顾虑向希特勒提出。

在慕尼黑的四季饭店，我听取了隆美尔元帅关于非洲战场的作战经验。晚上，我飞回柏林。18日，去特博格参观炮兵武器，同日又飞往贝希特斯加登向希特勒汇报。为了把目前所存在的问题全面地向希特勒做出报告，中途我在格拉芬沃尔降落，再次去考察第51、第52装甲师。我发现，除了坦克本身的技术性缺陷之外，指挥官对这一新式坦克也不熟悉，而且还有一部分指挥官不具备足够的作战经验。遗憾的是，所有这些问题，都未能阻止希特勒和陆军总参谋长发动这场多灾多难的代号为"堡垒"的攻势行动。

非洲战场随着5月12日突尼斯的投降而最终失掉了。7月10日，盟军在西西里岛登陆。25日，墨索里尼被推翻，并被逮捕。巴多里奥元帅受托组阁，意大利退出战争只是时间问题。

正当南欧发生这些事件，以及战争日渐逼近德国本土的时候，希特勒却在东线发动了攻势，而这场攻势无论在装备上还是在准备上都极不充分。在南面，有十个装甲师、一个装甲步兵师和七个步兵师从别尔哥罗德地区出击；在北面，有七个装甲师、二个装甲步兵师和九个步兵师从奥廖尔西部地区出击。德国陆军把凡能搜罗到的进攻兵力都投入了这次行动中。本来，在慕尼黑时希特勒对这次行动还表现得犹豫不决，可不知是什么原因最后促使他下决心发动这次进攻，或许陆军总参谋长的压力是起决定性影响的因素。

进攻于7月5日开始，所运用的方式还是老一套，俄国人对此早已熟悉，因此对德军的进攻早已做了充分准备。本来有两个方案可供希特勒选择，一个是经谢夫斯克攻击俄军的突出部；另一个是从哈尔科夫向东南，突破或摧毁俄军的防线。但为了迎合蔡茨勒的计划，希特勒放弃了上述两个方案。按照蔡茨勒的方案，在季姆方向从两面包围俄军的突出部，重新夺回东线的主动权。

7月10日和15日两天，我先后到担任包围任务的南线和北线进行了视察，经过与现地装甲部队指挥官交谈，对整个行动的进程有了一个大致的了解，发现我们在进攻方法上和装备上都存在缺陷。在实际作战中，证明我对"黑豹"式坦克不成熟的担忧并非多余。同样，莫德尔集团军所使用的90辆波尔舍"虎"式坦克也不能满足近战的需要。因为，这种坦克只能携带少量的弹药，而且由于没有装备机枪，所以当它突入敌人步兵连作战地带后便无法发挥其效能。结果，既不能摧毁或压制敌步兵火力或机枪火力点，又无法使己方步兵伴随坦克一起冲击。等它们冲进俄军炮兵阵地，已变成孤军作战。尽管魏德林的步兵师作战英勇顽强，付出重大牺牲，但也无法利用坦克所取得的进展而扩展战果。莫德尔的进攻向前推进了十公里后，不得不停止。在南面，进展虽然比较顺利，但也无法切断俄军突出部位的阵地，或迫使其后退。7月15日，俄军开始对奥廖尔进行反击。敌人的反击极大地牵制了我们的进攻。8月4日，我方被迫放弃奥廖尔。同日，别尔哥罗德也被敌人攻占。

到这一天，位于奥廖尔东北面的祖沙河－奥卡河阵地已饱受俄军狂风暴雨式的攻击。这个阵地是我于1941年12月为我的第2装甲集团军选择的，我曾率领集团军进入这个阵地。也正是因为这个阵地，引发我与希特勒之间的冲突，而后又被冯·克卢格元帅利用，将我拉下台。

"堡垒"行动的失利，使我们遭受了一次重大挫折。我们费尽艰辛整编而成的装甲部队，其人员和装备均遭受重大损失，很难在短时间恢复元气。现在很难预计，这些部队能不能很快复原，及时用于东线的防御，特别是用于第二年在西线抵御盟军的登陆。很显然，俄国人可以对这次行动的战果加以充分利用，东线自此再无宁日。主动权已转向敌人一方。

1943年下半年的争论

7月15日，我来到法国视察那里的装甲部队。7月底，我到位于帕德博恩附近的塞讷河训练基地，视察那里的"虎"式装甲部队。视察中，我突然收到希特勒的一份电报，叫我立刻赶到东普鲁士。在第一次向他做汇报时我便病倒了，被送进医院。我在俄国时被传染上了痢疾，起初没有在意，因此也没有及时治疗。等体力刚有一点恢复，感觉能够坐飞机了，我便飞回柏林，想在柏林好好治一治。可是到了8月初，我还必须接受一次手术，直到8月底不得不一直躺在床上。

手术前，克卢格元帅派他的作战处处长冯·特雷斯科夫将军来见我。他告诉我，如果我能采取主动姿态，克卢格元帅愿意和我重归于好。他说，他想与我合作，一起来限制希特勒国防军最高统帅的权力。我素来了解克卢格，此人性格多变，反复无常，因此拒绝了他的提议。

我的身体只能慢慢恢复。1943年8月，敌人开始对柏林进行空袭，使我无法得到必要的治疗。此时，施佩尔建议我去外地疗养一段时间，而且还在上奥地利的一家饭店里为我准备了一个房间，这座饭店属于德国政府，坐落在高山之巅，风景宜人。9月3日，我偕夫人来到这里。第二天我便听说，我们在柏林的家被炸弹击中，大部分都被炸毁，再也无法居住了。已经有人把我们剩下的财产存放在温斯多夫军营的一个地下室。鉴于这种情况，我考虑能不能迁到上奥地利来居住。正当此时，我收到一份电报，通知我1942年秋国家答应赠予我们的地产现已兑现。后来才知道，此事是施蒙特努力促成的，当他听说我的住房已被炸毁之后，便开始为此事奔忙。在当时的情况下，我们没有别的选择，只有笑纳了。1943年10月，我的夫人就搬到了霍恩扎尔察县的代彭庄园，直到1945年1月20日俄军到达这里。

　　在此期间，我利用休假的机会，参观了将Ⅳ型坦克改产自行火炮的生产。负责建造大西洋壁垒和其他要塞工事的托特组织❶曾提出建议，将"黑豹"式坦克的炮塔固定在混凝土掩蔽部上使用。由于我们当时的生产力极为有限，如果这一建议被采纳，那对我们的装甲兵建设无疑将是一个沉重打击。此事足以说明，他们对事物缺乏一个全面完整的理解。

　　在我休假返回后，便立即着手对自行高炮进行改进。希特勒虽然批准了37毫米口径双管自行高炮的设计方案，但不同意将已定型的20毫米口径四管高炮安装在Ⅳ型坦克底盘上，致使这种重要的防空武器生产一拖再拖。

　　1943年10月20日，希特勒到阿雷西训练基地参观一批新式武器，其中有"虎Ⅱ"型坦克木质模型（后来，我们的敌人将其称为"虎王"坦克，它是一种优秀的新型"虎"式坦克）、福马克－反坦克自行火炮、"黑豹"式反坦克自行火炮、"虎"式反坦克自行火炮铁质模型，它装备有一门128毫米口径火炮，利用"虎"式底盘改装的380毫米口径自行迫击炮，由铁路运输的Ⅲ型坦克，以及其他各种轻、重型轨行装甲车辆。

　　10月22日，卡塞尔的亨舍尔工厂遭到敌人的猛烈空袭，工厂的生产暂时被迫停顿。春季我就曾经预言，敌人不久就会对我们的装甲兵工厂进行空袭，现在果然不出我所料，轰炸造成不小的伤亡。我立即赶到卡塞尔

---

❶ 德国于1938年成立的、专门承担军事建筑任务的建筑组织，因其领导者托特而得名。弗里茨·托特系德国工程师，纳粹党员。先后担任德国公路总监，协调建筑经济全权代表，水利、能源总监，武器弹药部部长等要职。——译者注

的兵工厂，慰问职工，他们很多人已无家可归。在一个被炸毁的大车间里，我向工人们发表了讲话。我一改以往人们在类似场合所惯用的那种空话和官腔，使工人们心里感到暖烘烘的，彼此心灵达到了沟通。

没有几天，即 11 月 26 日，柏林的阿尔勒凯特、莱因马塔尔、魏马格以及德国的武器弹药等工厂也相继遭到猛烈空袭。

12 月 7 日，决定将 38 吨重的捷克式坦克改装为轻型反坦克自行火炮。这种火炮的设计其实并不复杂，只是以捷克 38 吨旧式坦克为基础，增加其外装甲的倾斜度，同时安装一门无后坐力炮和一挺机枪。经过试验，证明这种自行反坦克炮是一种很成功的设计车型，最终满足了我在 3 月 9 日提出的要求。后来，这种自行火炮成了步兵师反坦克营的主要装备。

俄军坦克的数量日渐增加，而随之增加的是德国步兵的损失，面对俄军坦克他们没有丝毫防护能力。为此，希特勒在一个晚上举行的情况汇报会上大发雷霆。他慷慨激昂地发表了一篇冗长的讲话，痛斥了这种导致步兵师没有足够反坦克能力的愚蠢现象。碰巧我也参加了这次会议。当希特勒在大发雷霆的时候，我正站在他的对面。无疑，他看出了我脸上挂着几分嘲笑的神情，突然停住话头，默默地盯着我，然后说道："还是您对了！您在九个月前就跟我说过这个事。可惜，当时我没听您的。"直到现在，我才算真正可以贯彻我的意图了，可是已经太晚了。到 1945 年俄军发动冬季攻势的时候，我们只有 1/3 的反坦克连装备了新式武器。

这就是到 1943 年年底我们坦克装备发展的状况。在 1943 年下半年，作战态势继续向着不利于我们的方向发展。

不幸的库尔斯克攻势失败时，东方战场的战线走向是：从亚速海的塔甘罗格，经伏罗希洛夫格勒西部，沿顿涅茨河直到哈尔科夫南部的河曲部，再经别尔哥罗德—苏梅—雷利斯克—斯韦斯克—德米特罗夫斯克—特罗斯纳—姆岑斯克（奥廖尔东北部）—希斯德拉—斯帕斯-杰缅斯科耶—多罗戈布日—韦利日—大卢基，然后经伊尔门湖，沿沃尔霍夫向东北到楚多沃，与施吕瑟尔堡南部—列宁格勒南部—奥拉宁鲍姆南部一线连接，直抵芬兰湾。

现在，俄军正对这一战线发起进攻，而首先受到攻击的就是 A 集团军群、南方和中央集团军群。7 月 16 日至 24 日，俄军对斯大林诺方向的进攻被我挫败。但是俄军以 52 个步兵兵团和 10 个坦克军所进行的突击，在哈尔科夫和波尔塔瓦方向达成纵深突破。虽然我们未能让敌人达成突贯，但哈尔科夫还是在 8 月 20 日失守。俄军又在 8 月 24 日再次对塔甘罗格—伏罗希洛夫格勒一线发动进攻，并达成突贯。至 9 月 8 日，德军不得不将防线撤至马里乌波尔—斯大林诺以西—斯拉维扬斯克一线。到 9 月中旬，顿涅茨防线被迫放弃。到月末，俄军已推进至梅利托波尔—扎波罗热一线，并从这里直指普里皮亚季河与第聂伯河交汇处。

在中央集团军群负责的方向上，俄军于 7 月 11 日开始在库尔斯克北部发动反攻，8 月 5 日占领奥廖尔。在 8 月 26 日到 9 月 4 日这段时间里，敌人在科诺托普-涅任方向达成纵深突破，并在之后几天进一步扩大战果。9 月底，俄军到达普里皮亚季河与第聂伯河交汇处，其战线由这里经第聂伯河东部的戈梅利，向东直至韦利日。

在 10 月的下半月，俄军在第聂伯罗彼得罗夫斯克和克列缅丘格之间渡过第聂伯河。10 月底，德军在扎波罗热南部的防线崩溃，到 11 月中，已撤至第聂伯河以西。但是我们还掌握着两个登陆场，一个较大型的在尼科波尔附近，一个小型的在赫尔松以南。11 月 3 日至 13 日，俄军继续向北推进并占领基辅，一直突进到日托米尔。

希特勒决定进行反攻。按照他以往的坏习惯，这次行动又是以不充足的兵力实施的。所以，我在与陆军总参谋长取得一致意见后，就在 1943 年 11 月 9 日向希特勒汇报关于坦克问题时，向希特勒提出我们的建议：不要再进行这种零星的、分散兵力的反攻行动，而是要集中基辅以南的全部装甲师，经别尔季切夫向基辅方向反击。同时，我还建议将防守尼科波尔登陆场、由舍纳尔指挥的装甲师，以及在赫尔松守卫第聂伯河的克莱斯特集团军所属装甲师，都集中用来进行这次反攻行动。面对希特勒，我还是搬出我的那条老原则："要集中，不要分散！"虽然他也记得我这句话，但并不是这样做的。他也看过我呈给他的一份简短的备忘录，可是为满足指挥局部作战指挥官的要求，他就把我的建议丢到脑后。由于这次在别尔季切夫附近进行的反攻行动兵力不足，经过艰难的冬季作战之后，攻势被迫于12月停止下来，重新夺回基辅和重建第聂伯河防线的企图也随之化为泡影。1943年12月24日，俄军又开始发动新一轮的进攻，德军防线被迫经别尔季切夫撤至文尼察。

最能说明希特勒进攻战术特点的事例，当属他对第25装甲师的运用。但在谈这个问题之前，我还要提及一些往事。

在斯大林格勒惨败之后，我将一批被击溃的装甲师重新组织起来，其中的基干人员大多是由于伤病或者免遭被俘而逃出来的人。非洲战场丢失以后，我也采取了同样办法把那里的残余部队组织起来。在法国的第21装甲师是由占领军组成的，装备的都是缴获的坦克。第25装甲师是以同样方式在挪威组编的，师长由冯·舍尔将军担任。1927年—1930年，当我负责研究利用汽车输送部队问题的时候，舍尔将军当时是我在国防部的同事。后来，他去美国担任武官，在亨利·福特❶的国家里他用了很长一段时间，深入研究了摩托化问题，回国的时候带回许多有关摩托化问题的设想和建议。在战争即将爆发前，他被任命为陆军办公厅第6处处长，成了在陆军摩托化方面的主要顾问。由于希特勒一直对部队的摩托化问题怀有巨大兴趣，日久天长你来我往，两个人的接触日渐频繁。舍尔头脑精明，处事果断，而且很有口才。他把希特勒说服了，他的一系列想法，比如坦克的型号要简化、要大批量生产等，都得到希特勒的首肯。接着，舍尔便被任命为德国交通部副部长，负责德国的汽车事业的发展，而这种被迅速破格提拔的事在德国并不多见。但没过多久，由于工业界及与工业界有瓜葛的党政机构不情愿放弃他们传统的生产方式。于是，这帮人便开始在希特勒面前搬弄是非，舍尔也因此逐渐失去希特勒的信任，最终被罢了官。被免职后，他被派往挪威，那是一个少有战事的国度，是一片根本没有机

---

❶ 亨利·福特为美国著名汽车制造商，创办汽车公司。——译者注

会立功受奖的土地。但是不久，这个争强好胜、永不知疲倦的人居然把一些零星分散的占领分队，逐步编成一个装甲师。我对他这一行动给予全力支持，根据我的建议，后来这支部队被调到了法国。可是，在东线战场的"堡垒"行动失败后，希特勒便急着要把这支部队从法国调走，致使当地的驻防受到极大削弱。很显然，要将这支刚刚组建起来的部队投入东线作战，必须首先把他们缴获的装备换装成新式装备。而更需要的是，要训练他们掌握这些新式武器，还要进行与其他部队的协同训练。他们必须熟悉东线的作战经验，然后才能让他们担负与其训练水平相适应的作战任务。

可结果怎么样呢？1943年10月初，按照希特勒的命令，国防军总司令部和陆军总司令部把这个师刚刚换装的600辆汽车，移交给了第14装甲师。这个师也是刚组建的，要立即开赴东线战场。国防军总司令部认为，第25装甲师还不会马上开赴战场，他们还得在法国待上一段时间，因此可以将就着使用缴获的法国旧式装备。由于这600辆汽车的移交，使这个师的后勤补给能力受到极大削弱，只适用于西线战场。这个时候，该师的装甲侦察营正在换装装甲输送车，工兵也装备了新式车辆。第146装甲步兵团第1营装备了新式的装甲输送车。第9装甲团原来装备的从波兰军队缴获来的火炮，也换成德国生产的轻型榴弹炮和100毫米口径加农炮。高炮营还缺少一个连，反坦克营有一个连装备了自行火炮。通信设施还不完备。所有这些缺陷大家都是知道的，本应在法国逐步加以解决。

可是到了10月中旬，希特勒却命令这个师开往东线。我立即向希特勒提出反对意见，同时请他让我再到这个师去视察一次，以便了解一下这个师的确切状况，看一看它是否真有能力经受得住东线的艰苦作战。我马上动身前往法国，在视察了部队并于舍尔和部队指挥官们进行详细交谈后，用电报向希特勒报告说，这个师至少还需要四周时间，用以更换装备和接受必要的训练。可是，还没等我的电报到达希特勒的手里，部队就接到了立即开拔的命令。希特勒、国防军总司令部和陆军总司令部既没有理会该师的报告，也没有考虑装甲兵总监的意见，依然确定于10月29日将该师运往东线战场。

这仅仅是问题的一个方面。更有甚者，运输该师的计划既不符合该师的希望，也不符合当时前线的形势，而且运输工作还在中途变来变去，反坦克营也被拆散运输。为了提高这个师的战斗力，我把新组建的第509"虎"式装甲营拨给该师，当然这个营的装备也说不上很完备。正当此时，营长又更换了，而且旧的营长走了，新的还未到达。

于是，这个师就这样匆匆忙忙地转隶给了南方集团军群。运输计划中规定，这个师装备轮式车辆的部队在别尔季切夫－扎京地区卸载，装备履带式车辆的部队在基洛沃格勒－新乌克兰卡地区卸载，但计划并没有说明炮兵的牵引车辆和装甲输送车是属于前者，还是属于后者。这两种车辆的卸载地区相距三日行程。师的首席参谋及其先遣人员要经别尔季切夫到新乌克兰卡报到，而师长则要到文尼察向集团军群报到。在别尔季切夫，本应有一位负责卸载的军官安排轮式车辆部分的卸载和集中。11月6日，应开始向集中地区开进。可是卸载部队一直到此时还没有通信设备，不得不利用汽车作为下达命令的工具。

11月5日，敌人在基辅达成一次纵深突破。11月6日，集团军群下达命令："第25装甲师隶属于第4装甲集团军，其装备轮式车辆的分队应于11月6日出发，向比亚瓦热尔库夫开进，在比亚瓦热尔库夫－法斯托夫地区集中。集中过程中自己负责掩护。装备履带式车辆的分队部分应由基洛沃格勒向上述地区集中。"

集团军群对该师的情况一清二楚。

16时，师长召集各有关指挥官下达命令，各团、营长只得到一份1∶300000的地图。

此时，师长拥有的部队有：

第146装甲步兵团：团部、两个营部（部分），每营两个连；

第147装甲步兵团：同上；

第9装甲团：团部、第2营营部、各连部分分队，总计30辆Ⅳ型坦克、15辆"虎"式坦克；

反坦克营：营部、一个合成连；

装甲通信营：大致满员，但没有营长，营长与先遣人员在一起；

装甲工兵营：满员，但缺乏轻型工兵器材和舟桥器材；

高炮营：营部和一个高炮连。

在师长身边只有副官、两个传令官及几辆汽车和摩托车。

由于形势急迫，师长决定分几个行军集团，经扎京－斯克维拉，到达比亚瓦热尔库夫以西地段。各行军集团的组成是根据部队各自的准备状况和距离到达师的终点长度而定的。到达指定地域后，要组织防护，等待其他部队到达。师长认为，靠汽车传达命令，会耗费很多时间，因此11月6日22时以前不会开始行动。一直到现在，部队仍然还没有得到通信器材。还好，目前已实施了无线电静默。

当该师各所属部队就位后，第4装甲集团军向刚刚装备了无线电设备第25装甲师下达命令："第25装甲师加快向法斯托夫的推进速度，并尽一切努力守住该地。第25装甲师师长是法斯托夫地区作战行动的总指挥官。隶属于他的还有当地的两个边境护卫营和一个休假的营，以及党卫队'帝国'装甲师的一个团，这个团于傍晚到达。"行军路线为扎京—斯科维拉—波佩尔尼亚—法斯托维兹。但是，这条路线上的一座桥梁被俄国游击队炸毁，所以必须要选择斯克维拉东部的一条乡间小路。

师长决定，第一个行军集团开始上路。行军准时开始，起初进展还算顺利。到了下半夜，一大批由空军人员组成的纵队向后撤退，一队接着一队，把我们的行军道路阻塞。为此，师长果断采取措施，才使行军得以继续进行。正当此时，本来一直很好的天气开始转坏，不久便下起大雨，直到次日才停止，道路也变得泥泞不堪，难以通行。轮式车辆不得不绕行，只有履带式车辆还可以继续行驶。此时，各行军集团之间已经失去联系。

11月7日大约12时，师长从后撤的士兵口中获知，敌人已攻进法斯托夫。师长赶忙与一个传令官赶往前方，组织对法斯托夫的攻击。行进途中，师长多次遭到敌人的火力射击，于是便坐上一辆装甲输送车，他的传

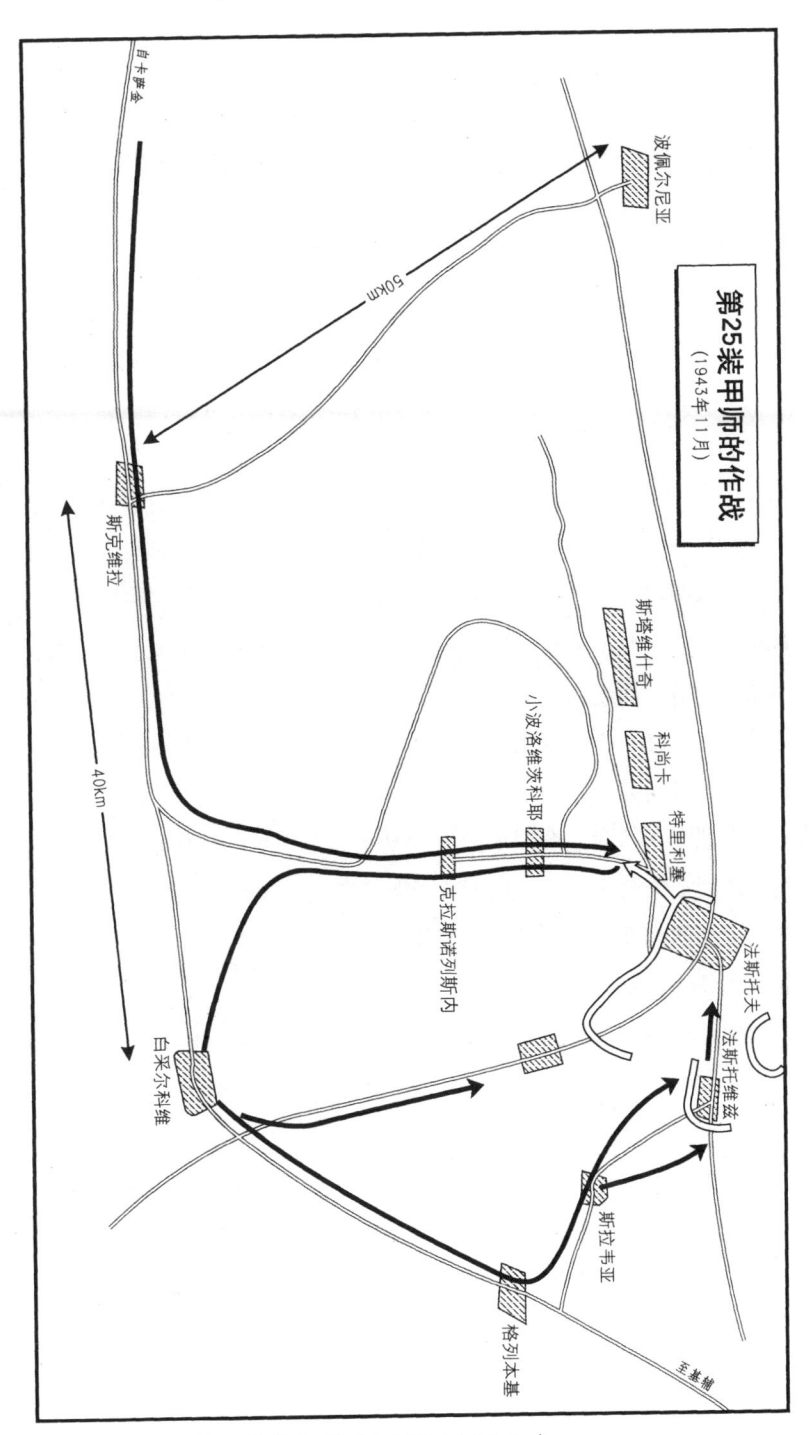

图31 第25装甲师的作战（1943年11月）

令官坐上另一辆,在前面开路。走到半路,又遇上了俄军的 T34 型坦克。紧随师长后面的是第 146 团的第 9 连,虽然装备有四门重型步炮,可是敌人一向他们开火,他们便惊慌失措,乱作一团。此时,师长正向第 146 装甲步兵团第 2 营开进,走到半路却碰到这支部队正在向后撤退,他立即阻止了部队的后撤,并重新把他们组织起来,向特里利塞推进。为防止部队再次陷入恐慌,他与部队待在一起,命令他们趁夜色挖掘战壕。夜里,俄军坦克冲入第 2 营的辎重队,击毁一部分运输车辆。此时,师长果断决定,趁黑夜冲出俄军坦克的包围,向法斯托夫方向前进,与已到达那里的其他部队会合。师长在这个小型战斗群的前后方各配置一个连,车辆和重型武器放在中间,冯·舍尔将军自己位于最前方。这样,他们经与俄军激烈交战,于 11 月 8 日 4 时左右冲出俄军坦克的包围,并在大约 14 时到达位于比亚瓦热尔库夫的第 47 装甲军军部,现在这个师归第 47 装甲军指挥。

在此期间,师的其他部队在冯·韦希马尔男爵上校指挥下,经格列本基—斯拉韦亚,向法斯托夫开进。11 月 9 日,冯·舍尔将军来到这个师。在法斯托夫东部一个叫法斯托维兹的小村子,有一股强大的敌军在那里据守,必须将其占领。时近中午,在师长亲自指挥下,占领了这个小村,而后继续对法斯托夫进行攻击。敌人遭受重大伤亡。11 月 10 日,部队已推进到了法斯托夫的东郊,在消灭位于斯拉韦亚的敌人之后便被迫停止,因为在斯拉韦亚南面又遇到了强大的敌军。但不管怎么说,我们已成功地阻止了敌人继续向前的企图。

尽管冯·舍尔将军身先士卒,但由于这个师是在准备不足和在极端困难的条件下分散投入战斗的,因此不可能取得突出战绩。他们虽然给敌人以重大杀伤,但自己遭受的损失也十分惨重。这支年轻的部队由于缺乏作战经验,起初曾引起一些混乱,但后来他们逐渐熟悉并习惯了东线冬季作战的艰苦。该师被仓促投入战斗,就集团军群、集团军和装甲军等中层指挥而言,可以说是迫于危急的形势,还算情有可原;但最高指挥当局就不能不受到谴责,因为他们本应比中层指挥更懂得爱惜这样一支年轻的部队。

后来,在 1943 年 12 月 24 日—30 日的战斗中,这个可怜的师再次被置于不幸的境地,他们防守的宽达40公里的防线受到优势敌军的攻击,最终被突破,造成重大损失,几乎全师覆灭。此时,希特勒和陆军总司令部却打算把这个师的番号撤销。我阻止了他们,因为这个师是无辜的,他们对其遭遇不应负任何责任。舍尔将军抱着重病,被迫离开前线。这个师是他用数月时间,投入巨大的爱,以超凡的才智组建起来的。可是现在,不仅这个师没有了,他自己也因此成了随葬品。此后,他再也没有受到委任,因为希特勒一直对他不信任。他的工作能力,他杰出的组织和训练才能,就此被彻底埋没了。

为了能使西线态势有所好转,我把各学校的教导队集中起来,在法国组成了一个"装甲教导师"。我为该师配备了新型装备,选调优秀军官,并任命拜尔莱因将军为师长,他过去曾担任过我的作战处处长。12月,希特勒批准了这个师的建制,还说:"这是个好主意,我怎么就没想到。"

在此期间,前线的激烈战斗一直没有停息。在中央集团军群方面,俄军在普里皮亚季河和别列津纳河之间的列奇察达成突破。争夺维捷布斯克和涅韦尔的战斗正激烈进行。戈梅利和普罗博伊斯克已相继失守,只是在莫吉廖夫以东和奥尔沙,位于第聂伯河东岸的一个登陆场仍在我军手里。

恢复东线攻势的可能性几乎永远被排除了。在这种形势下,有没有必要继续坚守登陆场确实值得怀疑。在希特勒的眼里,坚守尼科波尔的目的仅在于开采那里的锰矿。在我们看来,这一考虑的着眼点仅局限于了战时经济范围,是一个不成立的和有害于作战的理由。除他之外,我们一致认为,更好的办法是撤到河的对岸,留置以装甲师为主力的预备队,以便伺机"采取行动",进行机动作战。但希特勒一听"采取行动"这个词,就大发脾气。因为他认为,将军们嘴里的"采取行动"常常就是后撤的意思。因此,他主张死守所有已经占领的地盘,不管结果如何。

东线的冬季作战损失惨重,这使陆军总司令部无暇他顾。他们已没有精力为西线准备兵力,也没有精力考虑1944年春西方大国肯定会在西线进行的登陆。在这个时候,我有义务把被击溃的装甲师从前线调回来,对其进行补充整编。虽说不久西线即将成为国防军总司令部最重要的战场,理应给予最大关注，但是我的这一建议却没有得到他们的任何支持。他们对这些部队迟迟不肯放手，终于使我不得不再次就这一问题向希特勒做了汇报，当时蔡茨勒也在场。蔡茨勒说，调回部队的事已经下达了明确的命令。我立即进行了反驳。因为，陆军总司令部的命令中分明有大量可为前线将军们所利用的漏洞。我的这一番话遭到总参谋长的强烈抗议。但是，在陆军总司令部刚刚下达的一份关于调回一个师的命令中就这样写道："一旦作战态势许可，X装甲师就应尽速从前线撤出。战斗群暂时留在前线。撤出时向我报告。""暂时"这个词在陆军总司令部的命令中是经常使用的。这样的命令所带来的结果是，集团军群或集团军司令们便会辩解说，作战态势还不许可将某师撤出。但等情况允许了，时间也过去好几周了。所谓留在前线的战斗群，是指一个师最有战斗力的部分，尤其是装甲兵和装甲步兵，而正是这些部队需要补充和整编。实际上，他们肯于放手的绝大部分是补给部队，最多也是师部或基本满员的炮兵部队，这使我无法展开工作，因为最重要的部队还在前线作战。蔡茨勒对我的一番话颇为恼火，但为了西线的利益，我决不能置身事外，漠然视之。

到1944年6月6日盟军开始登陆之前，我们在西线战场勉强准备了十个装甲师和装甲步兵师，并对其进行了一些补充和训练。这些部队以及另外三个预备装甲师的训练，由冯·盖尔男爵将军负责，他是我的老相识了。现在，盖尔将军的官称是"西线装甲兵将军"。在我与希特勒发生多次争执之后，希特勒仍不愿任命盖尔将军为前线指挥官。在作战上，盖尔将军隶属于西线总司令冯·伦德施泰特元帅指挥，但在有关装甲兵工作方面则接受我的领导。我们配合得十分默契，这极大地有益于部队建设工作的开展。

1943年发生了许多事情，我还见了几个人，值得在此一提。我在上文已经说过，当我就任装甲兵总监时曾到戈培尔博士那里拜访过，当时我曾谈到高层军事指挥人员使用不当的问题，并请他劝说希特勒对高级指挥进行改组，任命一位握有相当权力的国防军总参谋长，以减少希特勒个人对作战指挥施加的影响。当时，戈培尔虽然也说这个问题很棘手，并答应在适当时机给予帮忙。1943年6月戈培尔部长正好也在东普鲁士，于是我再次去拜访他，向他提起他当初的许诺。他立刻就说起了这个问题。他承认现在的战争形势一天不如一天，心情沉重地说道："当我想到有一天，俄国人会来到柏林，为了不让我的妻子孩子落入残暴的敌人手里，也许他们不得不服毒自尽。每当这个时候，您提到的问题就像一座大山一样压在我的心头。"戈培尔心里明白，他知道长此以往，战争会以一种什么样的结局结束。遗憾的是，他虽已认识到这一点，但并没有从中得出什么结论。他始终没有足够的勇气把我的提议当面向希特勒说起，以便对希特勒施加某种影响。

在这种情况下，我又不得不转而向希姆莱进行试探，但这个人的态度十分暧昧，于是我放弃了与他谈论限制希特勒权限的念头。

11月，我又去约德尔那里，向他提出改组最高指挥层的建议。我对他说，应赋予国防军总参谋长以指挥作战的实权，这样就可以限制希特勒的权力，使他的权力只局限在政治领导和战争指导的范围。在我详细地解释完我的建议之后，约德尔只说了一句话："您能举出一位比希特勒更好的最高统帅吗？"说完，他面无表情，冷冰冰地盯着我，这分明是拒绝。看到他这个样子，我只有收拾好材料，离开他这里。

1944年1月，希特勒邀请我与他共进早餐，他说："有人送给我一只野鸭子。您是知道的，我是一个素食主义者。您愿意与我共进早餐，代我享用这只野鸭吗？"早餐只有我们两个人，房间很小，只有一个窗子，我们面对面地坐在一个小圆桌旁。屋子里除了我们俩之外，还有他的爱犬布隆娣，希特勒拿了几块干面包喂它。侍候我们的侍从轻手轻脚地走来走去。我觉得这样的环境太难得了，是谈论棘手问题的大好时机。在相互寒暄几句之后，我便把话题转到了战争形势上。我说，明年春天盟军就有可能在西线登陆，但是我们准备的预备队的数量仍显不足。为能获得更充足的兵力，必须从东线的防御兵力中抽调更多的部队。我们应当通过构筑坚固的边境防御工事和建立后方防御地带，使我们的防线获得可靠的支撑。尤其是应当把位于德国和俄国之间的一些旧要塞加以维修，用于防御，这比随意选择一个暴露地点作为"据点"要好得多。但令人奇怪的是，迄今竟没有一个人想到这一点。我这句话可是捅了马蜂窝。

希特勒说道："请您相信我，我是历史上最伟大的要塞建筑家。我建造了西壁工事，我又建造了大西洋壁垒。我已说不清到底用了多少吨水泥。我懂得所有关于要塞构筑的问题。东线现在缺乏劳动力、物资和运输工具。现在铁路的运输已经不能满足前线的供给。所以我已没有火车把您所需要的建筑材料运往前线。"像往常一样，他背出了一大串数字，并加以详细解释，使人没有插嘴的余地。他的这一本领确实不能不让人折服。不过，我还是提出了反对意见。我说，我知道，铁路是从布列斯特－立陶夫斯克才开始堵塞的。我努力向他解释说，我要求的修筑要塞的材料并不需要运往前线，只要运到布格河和涅曼河一线就够了，就目前铁路的运输能力来看，是完全可以做到的，而且当地也可以找到充足的建筑材料和劳动力。但是，如果还想继续进行两线作战并获胜，就至少要停止一线的作战，直到另一线得到巩固。既然西线可以获得充裕的补给，那么东线也可以做到补给充裕。在我步步紧逼之下，希特勒理屈词穷，最后他不得不重弹他的老调。他说：如果在前线后构筑了坚固的阵地和要塞，那么东线的将军们就整天想着撤退了。看来，他的思想已根深蒂固，要想改变他恐怕比登天还难。

接着，我又说到了将军们和最高指挥权的问题。我之所以要当面向希特勒提出这个问题，是因为我过去多次提出的有关这方面的建议，都是经别人向希特勒转达的，最后都不了了之。这次我向他当面建议，任命一位将军为国防军总参谋长，这样就可以对作战进行统一的指挥，改变迄今存在于国防军指挥参谋部、陆军总司令部、空军、海军和武装党卫队之间的杂乱无章的状态。但是，我的这一尝试也彻底失败了。希特勒不同意把他与凯特尔元帅分开。出于疑心，他立刻觉察到这是要限制他的权力。我没有取得任何结果。希特勒能相信哪位将军呢？通过这次谈话我算是彻底明白了，在这个问题上永远不会得到他的首肯。

一切依旧如初，依然是寸土必争。因此，也就从来没有采用过利用及时撤退的办法来挽救绝望的态势。不过,希特勒倒是多次带着呆滞的目光问我:"我不知道,为什么这两年来我们一切都这么不顺?"每一次我都回答:"改变您的方法吧。"但每一次都遭到他的拒绝。

决定性的一年

1944年1月中旬,俄军在东线的猛烈进攻已经达到顶峰。敌人在基洛沃格勒的进攻,暂时被我们击退。1月24日—26日,俄军开始对位于切尔卡瑟的德军突出部实施钳形攻势。1月30日,俄军向克里沃伊罗格东部的德军突出部实施攻击。两次攻击均告成功。俄军的优势过于强大,投入的兵力有:

在南乌克兰集团军群方面:34个步兵师、11个坦克师;

在北乌克兰集团军群方面:67个步兵师、52个坦克师。

2月下半月,战场相对平静一些。但是到了3月至5月,俄军再次发动进攻,德军被迫把防线撤至布格河以西的地域。

到3月底,中央集团军群的防线基本维持原状。

4月,南部的克里木半岛直至塞瓦斯托波尔全部失陷。俄军已渡过布格河,以及普鲁特河和谢列特河上游。切尔诺夫策被敌人占领。此后,在俄军最后一次大规模进攻失败,以及塞瓦斯托波尔失陷后,直到8月,这里的战事渐趋和缓。

1月份,敌人也对北方集团军群发起进攻。起初,他们只是在伊尔门湖北部和列宁格勒西南取得一些小的战果。但自1月21日起,敌人便投入强大兵力,迫使德军将防线撤至卢加河以西。到了2月,又不得不再向西撤,一直撤到纳尔瓦河以西。至3月底,德军撤到韦利卡亚河、普列斯考湖和佩普西湖西部,才算暂时稳住阵脚。

截至6月22日,东线才获得短暂的喘息时间。冬季作战使我们的兵力遭受极大损失,已经没有预备队可以使用。凡是眼前不急需的兵力和物资都被送去防守大西洋壁垒。这座所谓的壁垒，与其说是壁垒，还不如说是用来吓人的纸老虎。

在此期间，希特勒命令我去完成一件令人挠头的特殊任务。每当前线打了败仗，他都要把罪责归咎到某一个人身上。这次也不例外，他要为这次冬季作战中的撤退、投降一事寻找替罪羊。这次，希特勒就把克里木失守的罪责加到了耶内克大将的头上。党政要人们的添油加醋，更加重了耶内克的嫌疑。我的任务就是对所谓耶内克的案件进行调查。对此，希特勒专门下达指示称，必须有人为克里木的失守顶罪。鉴于当时希特勒的这种态度，我只有采取拖延战术，对案件进行慢条斯理的调查。我尽量把工作搞得十分细致和周密，向有关的要人尤其是党政要人进行了深入调查。不料，耶内克却对我这种慢慢腾腾的工作方法深表不满。但是，只有我自己知道，我这样做要比迅速调查，并在不适当的时机提出调查报告对他有利得多，我的最终目的是要争取他无罪释放。

我在上文已经谈到，早在1943年我就对西线的防御问题给予了极大的关注。到了年底，这个问题就显得更为重要了。2月，我去法国视察，与冯·伦德施泰特元帅和冯·盖尔男爵将军对此问题交换了意见。我们一致认为，由于敌人在空、海军方面占有明显优势，使我们的防御变得十分困难，尤其是敌人的空军优势对我们所有的地面机动造成极为不利的影响。我们只能在夜间进行快速和集中兵力的机动。我们认为，当前要做的主要事情是，准备充足的装甲师和装甲步兵师预备队，将其配置在所谓的大西洋壁垒的后方，使其能迅速机动到敌人可能登陆的地点。再有就是扩建公路网，准备诸如水面下桥和浮桥等渡河器材，以保障部队的机动顺畅。

我在视察部队的时候，就已亲身体验到了敌人空中优势的强大。当我们的部队在训练场上进行训练的时候，敌人的航空兵竟然敢在我们的头顶上空进行训练，谁说得准敌机会不会突然在我们的训练场上扔下几枚炸弹。

在我返回元首大本营之后，便对国防军总司令部下达的关于西线的作战指令和预备队的使用问题，进行了一番研究。我发现，作为主要力量的装甲师，配置得离海岸线过近。一旦敌人在我预料之外的地点登陆，这种配置方法就会导致部队无法迅速调动。在一次向希特勒汇报的时候，我就向他指出了这一缺点，同时建议摩托化部队采用另外一种配置方法。希特勒则回答说："这种配置是隆美尔元帅建议的。我怎么能违背现地指挥官的意见，擅自下达另一道命令？您还是再到法国去一趟，与隆美尔再谈谈这个事吧。"

4月，我再次来到法国。敌人空军的活动更加频繁，而且开始进行战略轰炸。在我到那里视察后没几天，设在马伊营的坦克库就被完全炸毁了。多亏冯·盖尔将军早就把部队和装备转移到了仓库另一边的村子里和树林里，才免遭重大损失。

我首先与冯·伦德施泰特元帅和他的参谋长一起，商谈了关于预备队的配置问题，然后便按照希特勒的意见，与盖尔一同到拉罗什吉永去见隆美尔元帅。早在和平时期我就与隆美尔相识。他曾担任过戈斯拉尔步兵营营长，我也曾在这个营任过职，此后我们一直保持着非常亲密的同志关系。后来，在1939年9月波兰战局中的走廊会战时，希特勒来我军视察，我们又见过一面，当时他担任元首大本营的指挥官。后来，他也来到装甲兵这个兵种，1940年在法国担任第7装甲师师长，不久被任命为非洲军军长和非洲装甲集团军司令，而且在那里赢得了名将的声誉。隆美尔不仅正直坦率，是个勇敢的军人，而且是一位具有杰出将才的指挥官。他活力无限，洞察秋毫，每当遇到困难都能化险为夷，而且对下属十分关心，所以享有这样的声誉绝非偶然。在过去的几年里，我们之间经常交流各自的作战指挥经验，而且常常取得一致认识。1942年9月，当隆美尔因病回国休养的时候，他还向希特勒推荐我代理他在非洲的职务，尽管他知道我已和希特勒闹翻了。他的建议自然被希特勒粗暴地拒绝了。万幸的是，这成了我不幸中的大幸，因为不久阿莱曼会战便遭到惨败，对于这次失败，无论是我，还是施图莫❶和他的继任者，甚至隆美尔自己，都无力挽回危局。

---

❶ 德国装甲兵上将，在隆美尔回国期间代其指挥在非洲的作战，在1942年10月末盟军发动的阿莱曼攻势中战死。——译者注

隆美尔在非洲获得的经验教训也许过于惨痛，以至于一提起盟军绝对的空中优势，就不免谈虎色变，甚至认为大兵团的机动是完全不可能的。而且他也不相信，装甲师和装甲步兵师在夜间还能调动。1943年在意大利的经历更加深了他的这种观点。所以，当冯·盖尔将军在报告中提到在大西洋壁垒后面部署机动预备队及其机动运用时，就遭到隆美尔的反对。对于盖尔将军和隆美尔的这次谈话情况我是知道的。所以，事前对于我的建议可能会遭到隆美尔的反对我已有心理准备。果不其然，当我向他提到将装甲兵力撤离海岸时，隆美尔便毫不犹豫地拒绝了我的建议。他说，我是从东线来的，不具有非洲和意大利的作战经验，在这方面他要比我高明一点，他不会被我的建议牵着鼻子走。在关于摩托化预备队的配置问题上与隆美尔发生争执后，我已预感到再跟他说什么都不会有结果了。于是，我决定再次向伦德施泰特和希特勒反映我的意见。可是，当我见到他们的时候我才知道，西线已没有装甲师和装甲步兵师预备队了。第9和第10党卫队师是仅有的两个师，而且也早在春天就调到东线，只能是等盟军登陆时再从东线调回来。要想减轻西线总司令在西线总体指挥上的负担，只有把国防军总司令部的预备队调到西线，并赋予西线总司令以指挥全权，隆美尔集团军群也应隶属于他。但实际这两点都没有做到。

隆美尔自担任在法国的B集团军群司令之后，对在他辖区之内的大西洋壁垒的防御能力确实做了很多工作。他遵照要把海岸线视为主要战线的指示，在水下设置了障碍物构成海岸的前沿防御阵地。在后方，在敌人可能空降的地域，布设了桩砦障碍物，以及大量的地雷。由他所指挥的部队，除了进行必要的训练之外，统统都用来构筑工事。如果你来到B集团军群，可以看到处处都是一片紧张忙碌的景象。看到这种情况，人们一方面会对这种不遗余力的努力加以肯定；可另一方面，人们也不得不感到遗憾，因为隆美尔对机动预备队的重要性一直缺乏足够的认识。现在，我们无论在空中还是在海上，都处于绝对劣势。在这种情况下，我们要想进行大规模的作战，就只有依靠在陆上机动运用兵力。但是，对于这个留给我们的唯一希望和机会，隆美尔都认为是不可能的，所以他也没有尽其所能做这方面的准备。另外，至少在我拜访他的时候，隆美尔说他已经料到敌人可能登陆的地点，而且对此深信不疑。他多次向我保证说，英国人和美国人肯定会在索姆河口以北登陆，这是唯一的可能性，不会有另一种可能。理由是，从后勤供给角度考虑，敌人实施这种大规模远洋渡海作战，肯定会选择上船码头距登陆地点最短的方案。此外，敌人对索姆河口以北地区提供空中支援，较对其他地区提供支援会更容易。隆美尔对他上述看法坚信不疑，听不进任何人的意见。

在所有这些问题上，隆美尔与希特勒的看法都是一致的，尽管他们的考虑角度和出发点不一样。希特勒的思想是第一次世界大战堑壕战的产物，他根本就不知道什么叫机动战；而隆美尔却是由于被敌人的空中优势吓破了胆，认为机动作战根本就没有可能实施。所以，无论是西线总司令的还是我的关于机动兵力的建议，一概遭到希特勒的拒绝就毫不奇怪了。因为他认为，隆美尔的所谓最新的作战经验更值得信赖。

1944年6月6日，盟军登陆的日子，这一天德国在法国的部队有：

48个步兵师，其中38个在前线，十个位于前线后方，其中五个位于斯海尔德河与索姆河之间，两个位于索姆河与塞纳河之间，三个在布列塔尼。

10个装甲师和装甲步兵师，其中：

党卫队第1装甲师（"阿道夫·希特勒"近卫装甲师）位于贝弗洛（比利时）；

第2装甲师位于亚眠－阿布维尔；

第116装甲师位于鲁昂以东（塞纳河东部）；

党卫队第12装甲师（"希特勒青年团"装甲师）位于利雪（塞纳河以南）；

第21装甲师位于卡昂；

装甲教导师位于勒芒—奥尔良—沙特尔地区；

党卫队第17装甲步兵师位于索米尔—尼奥尔—普瓦蒂埃；

第11装甲师位于波尔多；

党卫队第 2 装甲师（"帝国装甲师"）位于蒙托邦－图卢兹；

第 9 装甲师位于阿维尼翁—尼姆—阿尔勒地区。

要想取得防御作战的胜利，就完全依靠这十个装甲师和装甲步兵师了。这些师都经过一定的补充和训练。

在这些师中，由隆美尔指挥的有第 2、第 116、第 21 装甲师和党卫队第 12 装甲师。属于国防军总司令部预备队的有党卫队第 1 装甲师、装甲教导师和党卫队第 17 装甲步兵师。第 9、第 11 装甲师和党卫队第 2 装甲师则部署在法国南部，用来对付可能在地中海沿岸的登陆。

这种分散用兵实施防御的做法，从一开始就注定了它失败的命运。不仅如此，事情从头到尾都极为不顺。首先，敌人登陆的那一天，隆美尔恰好不在前线，他正在德国的路上，准备到希特勒那里去汇报。希特勒习惯于熬夜，因此当 6 月 6 日收到关于敌人登陆的第一批报告时，谁也不敢去叫醒他。当希特勒睡觉的时候，代他履行作战职务的是约德尔。但是约德尔无论如何也不敢自作主张，把作为国防军总司令部预备队的三个装甲师立即派往前线。另外，他也不敢肯定，敌人在诺曼底的登陆到底是主要作战行动，还仅是佯攻。对于敌人是否会在地中海登陆的问题，国防军总司令部也拿不定主意，因此也不敢轻易将法国南部的装甲师立刻调往这里。而位于登陆地点的德军第 21 装甲师，由于没有得到隆美尔的批准，也不敢贸然发动反击。这样一来，向英国空降部队发起攻击的最佳时机也就错过了。事情还不止于此，隆美尔还将第 116 装甲师向更靠近海岸的迪耶普调动，这个师一直在那里驻守到 7 月中旬。在装甲部队的运用上，高级指挥层可以说是知之甚少，因为他们居然命令装甲部队在白天头顶着敌机开进；更有甚者，他们竟然命令装甲教导师冒着敌人强大的舰炮火力实施正面反击。就这样，这点唯一具有强大作战能力的装甲兵力，在很短的时间里被消耗完了。尽管装甲部队遭到如此惨重的损失，但仍得不到任何补充，因为自 6 月 22 日以后东线已陷入全面崩溃。

如果当初希特勒和国防军总司令部接受了我和冯·盖尔将军的建议，粉碎盟军的登陆行动并不是什么难事。我们曾建议，将西线所有的装甲师和装甲步兵师划分为南、北两个集群,分别配置在巴黎两侧,并进行精心准备,那样就可以随时利用夜间向敌人的登陆地点开进。

退一步讲,即使兵力配置得不尽合理,如果在指挥上有明确的目标,取得抗登陆的胜利也不是做不到。6月16日,也就是在敌人登陆后的两周,第116装甲师还在阿布维尔和迪耶普之间的海岸边;第11装甲师在波尔多;第9装甲师还在阿维尼翁;党卫队"帝国"装甲师在法国南部清剿游击队。至于其他各师,加上在此期间从东线调来的第9和第10党卫队装甲师,都在敌舰炮正面火力的控制之下,随时都有被歼灭的危险。除了上述这些部队以外,还有七个步兵师位于塞纳河以东的海岸附近,他们无所事事地待在那里,只是坐等着一次预计发生但一直没有发生的登陆行动。

部队的具体情况如下:

6月7日,冯·盖尔将军奉命在卡昂地段指挥作战,起初隶属于第7集团军司令部,而后转由B集团军群指挥。党卫队第12装甲师和装甲教导师在第21装甲师的左翼,该师已与敌人交火。6月10日,冯·盖尔将军本想发动反击,但其司令部被敌人的空袭炸毁。于是,由党卫队第1装甲军接替其指挥。拖延数天后,党卫队"阿道夫·希特勒"近卫装甲师和第2装甲师陆陆续续地投入战斗。6月28日,由盖尔将军指挥的西方装甲集群经过一段休整,恢复了对党卫队第1和第2装甲军,以及第86和第47装甲军的指挥权。冯·盖尔将军向隆美尔提出建议,能不能集中兵力实施一次反击,但隆美尔已对胜利不抱任何希望,因此拒绝了盖尔的建议。隆美尔为什么会这样迟疑地和一点一点地投入预备队,这里是否还有其他政治方面的原因,我们就不做探讨了。因为,在汉斯·斯派达尔所撰写的名为《1944年的登陆》一书中,有过这样一段话:"元帅似乎也是出于政治考虑,将可靠的装甲部队留在手头,以应付即将发生的事件。"

6月28日,第7集团军司令多尔曼大将去世,由豪塞尔大将接任。

6月29日,希特勒将西线高级指挥官召到上萨尔茨贝格,举行一次会商。冯·伦德施泰特元帅、施佩勒元帅和隆美尔元帅都参加了这个会。这是我最后一次见到隆美尔。事情已发展到这个地步,可隆美尔还是坚持他原来的观点，也就是我在 4 月末在他的大本营见到他时的思想，他仍然认为在敌人掌握空中优势的情况下无法实施机动防御。希特勒召开这次会议的主要议题是加强我们的歼击航空兵的问题。在会上，戈林满口答应可以提供 800 架歼击机，就看施佩勒能不能提供这么多的驾驶员了。施佩勒说他不能，根据我的记忆，好像当时他说他手头只有 500 名驾驶员。这句话使希特勒大为恼火。这次会议之后不久，伦德施泰特、盖尔和施佩勒便都被解职。伦德施泰特的职务由冯·克卢格元帅接任。此时的克卢格元帅已成为希特勒的"宠臣"，备受重用。

新任的西线司令于 7 月 6 日正式到任，但他的到来并没有能改变衰败的形势。冯·克卢格元帅已在元帅大本营里待了好几周时间，已完全被那里的乐观主义所熏陶，因此一到法国，就首先与隆美尔发生了冲突，但不久他也不得不接受隆美尔对形势的判断。

克卢格先生确实是一个很勤奋的军人，是一个优秀的小规模战斗的战术家，但他对装甲部队的机动运用却一窍不通。不管在什么地方，只要他一插手，那里装甲兵团的作战就必定会遭殃。因为，他不懂得集中使用装甲兵团，没有抓到事情的症结和要害。所以，在他到任之后，仍然是零打碎敲地使用部队，而不是利用仅存的那一点装甲兵团实施机动作战。不仅如此，他甚至还让他们冒着敌人的优势火力，实施正面反击，把最后的一点机动部队白白葬送掉了。

7 月 11 日，卡昂失守。7 月 17 日，隆美尔在从前线返回的途中，遭遇英国歼击轰炸机的袭击，他的司机受了重伤，隆美尔的颅骨骨折，多处受伤，被送往医院。自他离开前线，西线战场便少了一位最具坚强性格的名将。

也就是在这一天，盟军已从奥恩河河口登陆，一直推进到卡昂南端—库蒙—圣洛—莱赛一线。

在诺曼底战线，西方盟军的部队从占领的登陆场向前推进，正在为后续部队打开通路，情况异常危急。而这个时候，在东线一场巨大灾难即将降临。

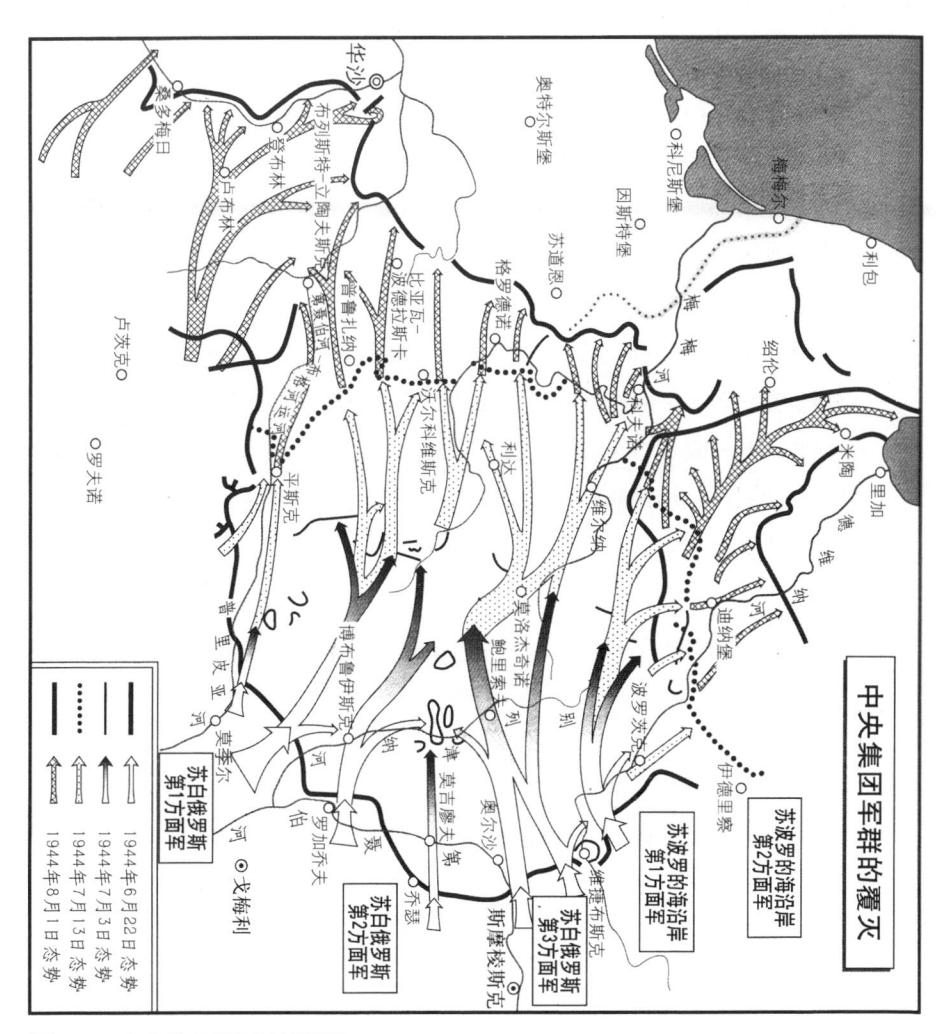

图32 中央集团军群的覆灭

1944年6月22日，俄军集中146个步兵师和43个坦克师，对布施元帅指挥的中央集团军群发起全线进攻，最终取得全面胜利。到7月3日，俄军已推进到普里佩特沼泽地北端，以及巴拉诺维奇—莫洛杰奇诺—科贾尼一线。俄军又从这一线，继续向前推进，到7月中旬已越过北方集团军群所辖地域，到达平斯克—普鲁扎纳—沃尔科维斯克—格罗德诺—科夫诺—迪纳堡—普列斯考。俄军的主攻方向为维斯瓦河畔的华沙方向以及里加方向，在这个方向上的德军根本无力阻止俄军的攻势。自7月13日，俄军的进攻也越过了A集团军群所辖领域，在普热梅希尔—圣利涅—维斯瓦河畔普瓦维方向占领了大片地盘。在俄军的此次进攻中，中央集团军群全军覆没，25个师被歼。

听到这个震惊的消息后，希特勒便在7月中把他的大本营由上萨尔茨贝格移至东普鲁士。为挽救即将崩溃的局势，他把所有能够使用的兵力都一股脑儿地调往前线。他撤了布施元帅的职，由A集团军群[1]司令莫德尔元帅接任，同时还让他兼任已被全歼的中央集团军群司令。但是，莫德尔元帅没办法身兼两职，希特勒又不得不任命哈尔佩大将为A集团军群司令。我与莫德尔早在1941年就相识，当时他就任第3装甲师师长。我在介绍1941年俄国战局时就曾提到过他，他勇敢善战，永远不知疲倦，对前线十分熟悉，身先士卒，深得官兵们的拥戴和信赖。他的下属也都是和他一样的人，否则他不会重用，在他这里找不到懒惰无能的人。因此，除了他之外，没有一个人能够担当这一重任。哈尔佩是一位老装甲兵，出生在威斯特伐利亚，冷静、稳健、勇敢和坚定，做事条理分明且实事求是，让他担当A集团军群的司令是再合适不过的了。假设没有他们两位将帅的高超指挥，东线的防御早已崩溃。不过，要想恢复原来的局面，绝非一日之功，特别是因为在此期间发生了一件人们料想不到的事件，使防卫国土的努力化为泡影。

---

[1] 疑为作者笔误，莫德尔为B集团军群司令。——译者注

第十章

1944年7月20日事件及其后果

俄军节节胜利，而我们已经没有任何预备队，因此东普鲁士省防线被突破的危险已近在眼前。鉴于这种情况，我以装甲兵教导部队最高长官的名义，于1944年7月17日下达命令，把位于柏林附近温斯多夫和克拉普尼茨装甲兵学校的尚能作战的部队，全部调到东普鲁士勒岑的要塞地区。

7月18日下午，有一个我过去认识的空军将军说，想和我见面谈一谈。他告诉我，新任西线总司令冯·克卢格元帅打算背着希特勒与西方停战，而且已经开始和西方进行了接触。这个犹如晴天霹雳的消息使我大吃一惊，我马上意识到，克卢格的这一举动必将对已近崩溃的东线和整个德国的命运产生重大影响。我们的西线和东线的防御会因此顷刻瓦解，俄军将会汹涌而至，没有人可以阻挡。一直到这个时候，我都想不通，一个正在和敌人作战的德国将军，怎么会采取如此手段与自己的国家元首为敌。所以，我对这个消息半信半疑。于是，我问他，你从哪里得到的这个消息。他拒绝做出回答。他也不告诉我，他为什么要将这个惊人的消息告诉我，又想从我这里得到什么许诺。我接着问他，计划中的行动是不是很快就要付诸实施，他说不一定。我想，这样就好了，这样我就有时间冷静地思考一下，如何处置这件事。为了能摆脱大本营里一天到晚的烦琐事务，挤出一些时间来冷静思考问题，我决定，7月19日到阿伦施泰因、托伦和霍恩扎尔察去视察，以便在旅途中把问题从头到尾地分析和思考一番，以便能定下最后的决心。现在，摆在我面前的是一件非常棘手的事。如果我还没有搞清楚这个消息的来源，就把道听途说的东西报告给希特勒，那么希特勒肯定会对冯·克卢格元帅产生极大的猜疑和误解，这对克卢格元帅来说是天大的冤枉，是不公正的。可是，如果我对这个消息秘而不宣，事情一旦成真，我就成了这一事件的同犯，要为此造成的严重后果承担责任。

7月19日上午，我去视察位于阿伦施泰因的反坦克步兵，正当此时，我的参谋长托马勒将军给我打来电话，请我把已经下达的命令，也就是把装甲教导部队由柏林调到东普鲁士的命令，向后顺延三天。这是柏林的陆军办公厅主任奥尔布里希特将军在电话里请他这样做的。其理由是，明天，也就是1944年7月20日，要在柏林周围举行一次由后备部队和教导部队参加的代号为"瓦尔屈蕾"的演习，如果缺了装甲教导部队，这次演习就没办法举行了。据我所知，"瓦尔屈蕾"是在抵御敌人空降和镇压内部暴乱采取行动时的代号。托马勒还宽慰我说，当前东普鲁士边境的局势还不算太紧张，再过两三天调派部队也没有问题。于是，最终我还是同意让教导部队参加这次演习。

这一天的下午，我去视察驻在托伦的后备部队，接着在7月20日的上午到达霍恩扎尔察，视察那里的反坦克步兵。晚上，回到代彭庄园的家中。大约19时，正当我在野外散步的时候，一个骑摩托车的士兵来到我身边，请我去接元首大本营打来的一个电话。回到家中，我的手下人才告诉我，收音机里播放了谋杀希特勒的新闻。我一直想和托马勒取得联系，直到半夜才联系上，从他那里知道了谋杀希特勒行动的真相和参与谋杀的人名单。他还告诉我，希特勒命令我于次日向他报到，让我接替蔡茨勒总参谋长的职务。并让我于7月21日8时在霍恩扎尔察等候，到时候会有飞机接我前往东普鲁士。

1944年7月22日这一天我只是做了上述这些事，除此之外我对这次谋杀活动没有一点预感，也没有跟任何人谈过这件事，7月20日我只打了一个电话，就是我上面提到的在午夜与托马勒将军的通话，其他一切关于我22日这一天活动的传说都是凭空捏造。

由这个事件而导致我就任总参谋长的大致经过，曾由托马勒将军代我记录在案，他还对这个声明的真实性发过誓言。这份声明一直保存在我身边，其内容大致如下：

1944年7月20日18时，托马勒将军在他的办公室接到一个电话，这个电话是魏岑内格尔中校从约德尔大将的国防军指挥参谋部打来的，问我在什么地方。托马勒告诉了他，接着便奉命立即到元首大本营，向希特勒报到。他于19时到达那里。希特勒接见了他，当时希特勒的副官冯·贝勒上校也在场。希特勒首先问他，我在哪里，身体是否健康。托马勒做了肯定的答复。然后，希特勒说他本已决定任命布勒将军为总参谋长。但布勒在谋杀行动中受了伤，还不知什么时候才能恢复，所以决定改由古德里安大将接任总参谋长之职。托马勒受托转告我，让我于次日晨到希特勒那里报到。

从这个事情的经过来看，希特勒起初并没有打算让我接替蔡茨勒的职位，他与蔡茨勒的矛盾已日渐加深。他之所以会想到我，只不过是因为谋杀行动发生之后，已挑不出让他满意的人选了。战后，对于我受命担任德国总参谋长一事，希特勒的敌人发出了许多无稽之谈，纯属恶意中伤，现在都不攻自破了。其实，连谎言制造者自己都说了，1944年7月份东线的形势正值紧迫之际，我可以在东线战场做出一番惊天动地的业绩而名扬后世，完全没有必要通过参与谋杀而去争那个总参谋长的职位。

当然，常常会有人问我，为什么要接受这个棘手的职位。可以简单地回答：服从命令。但事实上事情并不那么简单。更为深层次的原因是摆在我面前的形势。东线的崩溃已近在眼前，数以百万计的军民在眼巴巴地等着我们去拯救。如果我坐视东线德军的覆灭和我的故乡——东部德国——的沦陷而不去尽力，那我就成了一个十恶不赦的人和十足的懦夫。尽管我有这些愿望，但最终还是未能如愿，这成了我终生的遗恨。每当我想到德国的东部领土，看到那里的善良、无辜的人民的命运，恐怕没有一个人的心里会比我更加悲痛。因为我自己就是一个普鲁士人！

1944年7月21日，我从霍恩扎尔察飞往勒岑。在我到达之后，立刻去找托马勒了解情况，他向我简单地叙述了他前天与希特勒的谈话，以及谋杀行动的经过。接着，我便去见凯特尔元帅、约德尔大将和布格多夫将军，后者在施蒙特身负重伤后接任希特勒副官长，并身兼人事局局长。我与他们一起商讨了总参谋长一职的交接事宜,其中特别谈到了总参谋部的人员更新问题。原有的人员,要么在谋杀行动中受了伤,像作战处处长豪辛格将军及其第一助手勃兰特上校;要么有参与谋杀行动的嫌疑,已被逮捕;要么觉得我这个人名气太大,不愿与我共事;还有一部分人从未上过前线,这些人必须到前线去经受锻炼。在进行这次商讨之前,我已于16时到陆军总司令部报了到。

在与国防军总司令部的军官们就一系列问题进行商谈之后,我便于中午去向希特勒报到。希特勒的样子十分憔悴,一只耳朵还滴着血,右臂吊着绷带,几乎不能动弹。可是当他见到我时,精神看上去却出奇地镇静。他当面将陆军总参谋长的职务委托于我,而且还说,他与蔡茨勒已经有好长一段时间说不到一块儿了。蔡茨勒曾经向他提出过五次辞呈,这在战争期间是决不允许的。这就好比前线的军官,怎么能一遇到困难就甩手不干了?所以,他决不能再给这样的将军以任何权力。接着,希特勒也警告我,以后不能以任何形式提出辞呈。

后来,话题又转到人事问题上。我提出的关于陆军总司令部的人员安排方案,得到希特勒的批准。接着,我又向他提起最关键的前线指挥人选问题。我指出,最近被任命的西线总司令在装甲兵团的指挥上可以说是个外行,所以我建议将他调离,安排别的职位。希特勒也插话说:"他还是谋杀行动的知情人呢!"可是,凯特尔、约德尔和布格多夫却几乎异口同声地说,冯·克卢格元帅是前线"最能干的干将了",尽管他是知情人,也不能没有他。我本打算趁此机会,悄悄地将冯·克卢格调离西线,现在看来无法实现了。很明显,对于克卢格元帅的言行希特勒要比我知道得多,因此我也没有必要再采取什么步骤了。

在商讨完人事方面的事情之后,希特勒又与我谈到一些与我个人有关的安排。他告诉我,我的生命已受到威胁,所以他已安排秘密战地警察担任我的警卫。他们已对我的住所和我的汽车进行了仔细的检查,目前尚未发现什么可疑之处。鉴于这种情况,我决定从痊愈的装甲兵出身的人员中间选出一些人,作为我住所和办公室的贴身警卫,这种待遇还是我当兵以来的第一次。这些人对我很忠诚，一直陪我到我离职。不过，随着时间的推移，这种警卫工作也逐渐放松了。

希特勒知道我有心脏病，因此让我向他的私人医生莫雷尔咨询一下，看能否进行注射治疗。于是，我一面找莫雷尔医生咨询，同时也征询了我柏林医生的意见，我的柏林医生不建议我接受注射治疗。我看到希特勒在接受注射治疗之后的样子，所以也不敢接受莫雷尔先生的治疗。

谋杀行动使希特勒的右臂受了重伤，两耳鼓膜被震坏，右耳的咽骨管已经损坏。他的外伤恢复得很快，但是他过去得的左手和左脚颤抖的疾病，现在看来更加严重了，不过这跟这次谋杀倒没什么关系。实际上，这次谋杀行动给他精神造成的创伤要远远大于肉体上的。他对他周围的人以对总参谋部及其将军们根植已久的不信任，现在由于这次谋杀行动，已经变成切骨之恨。病态的身心使他慢慢丧失了对人类道德标准的正确判断力，由严厉变成残酷，由恫吓变成撒谎。他的谎话随口而出，却总是说别人首先在说谎。他现在对任何人都不再相信。如果说过去与他打交道就已经很费劲了，那么现在简直就成了一种折磨。他说起话来越来越粗暴无理，常常失去自控能力。过去彬彬有礼的施蒙特还能够对他施加一点影响，而现在自从没有教养的布格多夫接任以来，在希特勒的亲信中，再也找不出一个能对他的言行略加约束的人了。

在向希特勒报到以后，我又大略地看了一下谋杀希特勒的现场，对这个所谓的"形势分析室"被炸的状况，已经有很多人进行过描述，我不再赘述。接着，我来到陆军总司令部的陆军总长办公室。办公室里空无一人，也没有一个人出来欢迎我的就职。我走遍所有的房间，最后才发现一个正在睡觉的上等兵，名叫里尔。我让这个乖巧的小伙子给我找一名军官来。不一会儿，他领来一名军官，即巴龙·弗赖伊塔格·冯·洛林霍芬少校。这个人我认识，1941年我担任装甲集团军司令时，他是军中的一名传令官。我立刻任命他为我的副官。然后，我就给各集团军群打电话，了解前线的情况。在总参谋长办公室的桌上摆着三部电话，我也不知道哪部电话通哪里。我拿起第一部，一个女人的声音向我报告。当我说出我的名字时，她尖叫一声，把话筒挂上了。我费了很长时间才使这位接线员小姐平静下来，接通了我需要的电话。

1944年7月20日之前的形势已岌岌可危，这方面的情况我已在前面一章讲过。要想扭转那里的形势，首先要恢复陆军总司令部的正常工作。东线的指挥中枢已完全失去信心。我的前任打算把陆军总司令部迁到柏林附近的措森。司令部大部分机构，像军需总监、国防军和陆军运输长官以及其他许多重要的处，都已经搬到那里。由于负责通信联络的机构和设施也基本搬走了，所以从东普鲁士与前线取得联系，以及安排补给事宜相当困难。现在首先要决定的事情是，陆军总司令部将来设在什么地方。最后，我还是决定将总司令部设在东普鲁士，因为希特勒和国防军总司令部也在这里。已经搬到措森的机构和人员必须搬回来。

要想恢复正常的工作，第二步就是人事安排。我任命当时担任舍纳尔参谋长的文克将军为作战处处长，后来又提升他为陆军总司令部指挥参谋部参谋长，这样他就能对诸如作战处、组织处和东线情报处等所有的作战机构，进行统一指挥。我还任命冯·伯宁上校为作战处处长，文德兰德中校为组织处处长，东线情报处则交给经验丰富的格伦上校负责。军需总监自杀后，已经由托普上校接任其职。柏林将军过去在法国和俄国时是我的炮兵顾问，现被任命为派驻陆军总司令部的炮兵上将。在1940年—1941年一直担任我的通信指挥官的普劳恩将军，被任命为陆军和国防军通信长官。在陆军总司令部的重要成员中，只有国防军和陆军运输长官格尔克将军是唯一留任的。要等上述人员到齐，还需要几天时间，等他们都熟悉工作，则需要更多时间。

为了使陆军总司令部尽快运转起来，在最初几周时间里，我只能马不停蹄，连轴转地工作，无暇他顾。在今天看来许多重要的事，我都没有精力去管。我每天所关注的只是前线发生的事情，除此之外再没有多余的精力。为了挽救前线，我和我的新上任的同事们，都在不分昼夜地工作。

7月20日的谋杀行动实际产生了什么后果呢？

他们要除掉的这个人只受了轻伤。他的身体状况过去本来就不太好，现在更加虚弱。他精神上的平衡状态被彻底打乱了，隐藏在他内心深处的所有的邪恶妖魔都一下子被释放出来，从此他就为所欲为，肆无忌惮。

如果这次谋杀行动的目的，是要给德国政府机构以沉重打击，那就必须将纳粹的主要头目连同希特勒一起除掉。但爆炸时他们没有一个在场。对于如何铲除希姆莱、戈林、戈培尔、博尔曼等一系列最重要的人物，行动的策划者们事先并没有计划。对于谋杀一旦成功，能不能推行他们的政治计划，阴谋策划者们也没有丝毫的把握。谋杀者施陶芬贝格伯爵可能也知道该计划的这一缺陷，所以前几天当他准备采取行动的时候，发现希姆莱和戈林并没有出席上萨尔茨贝格的会议，他并没有动手。但是我不明白，施陶芬贝格伯爵为什么要在7月20日这一天动手，这个时候并不具备取得全面的政治上的成功的前提。也许是由于已经下达了逮捕格德勒博士的命令，迫使施陶芬贝格伯爵不得不赶快下手。

即使阴谋策划者们谋杀希特勒成功，并夺取了政权，但必须有一支部队来保卫这个政权。但是，他们连一个连的兵力都没有。所以，当施陶芬贝格伯爵在柏林机场降落，并带来了谋杀成功的错误消息时，他们还是没有能夺得柏林的领导权。而受命准备参加"瓦尔屈蕾"行动的官兵们，根本就不清楚这到底是怎么回事。因此，官兵们拒绝按阴谋策划者们的要求行事。我手下的装甲教导部队虽因参加"瓦尔屈蕾"行动而推迟了原来的调动，但也没有参与这次的谋杀行动，因为阴谋策划者们根本就不敢把他们的计划告诉给官兵。

从外交层面看，谋杀行动也不具备成功的前提。密谋者与敌对国家的领导人一直没有取得可靠的联系。也没有哪一个敌国的要人，曾许诺密谋者们，向他们提供哪怕是一点点支持。有人曾说过，即便是谋杀行动取得成功，那么德国的前途也不见得比今天好多少，这话一点也不为过。因为，我们敌人的最终目的，不仅仅是要消灭希特勒和纳粹主义，而是整个的德意志民族。

在谋杀现场即第一批付出生命的，有陆军总司令部作战处处长勃兰特上校、空军总参谋长科尔滕将军、希特勒的副官长施蒙特将军，以及速记员贝格尔。此外，陆军总司令部和国防军总司令部的许多成员受了伤。他们都是无辜的。

第二批为此付出代价的是参与者、知情者和他们的家属。实际上，在这批被处决的人中间，只有极少数人积极地投入这一行动之中。其他大多数人只不过是道听途说，或者是出于朋友的义气而没有四处宣扬，可是他们也为此丧了命。在为此付出性命的第一批领导者中间，要么是自杀的，如贝克大将、军需总监瓦格纳、冯·特雷斯科夫将军、巴龙·弗赖伊塔格·冯·洛林霍芬和其他人；要么是被弗罗姆的临时军事法庭处决的，如施陶芬贝格伯爵、奥尔布里希特、默茨·冯·克维恩海姆和冯·黑夫滕。

希特勒下达命令，把所有被告送交人民法庭。这就是说，他们将由文职法官组成的特别法庭进行审理，这对军人而言是不公平的，因为这样他们就被剥夺了受德国军事法庭审判的权利。这也就意味着，军事惩戒法和军事执法程序条例对他们不再适用，取而代之的将是希特勒的复仇的怒火，希特勒的报复心将成为审判的唯一标准。在独裁统治下，法律是从属于独裁者希特勒的。

为了能把作为参与者和知情者的军人送上人民法庭，第一步必须要开除他们的军籍。为能做到这一点，希特勒命令组成一个所谓的"荣誉法庭"，对他们的军籍进行审查。"荣誉法庭"庭长为冯·伦德施泰特元帅，其成员有凯特尔、施罗特、克里贝尔、基希海姆，还有我。我曾向希特勒提出，说我刚刚就任总参谋长，而且还要兼任装甲兵总监，请他免除我的职务。但希特勒没有批准。最后，经我一再请求，希特勒只准许让基希海姆做我的固定代表，当我的勤务工作与审判发生冲突时可由基希海姆代理。起初，我一次也没有参加审理工作，后来凯特尔奉希特勒之命找到我，要我至少偶尔露一露面。于是，我不得不歹出席了两三次可怕的审判，听到的都是些令人伤心的事。

预审是由卡尔滕布鲁纳和盖世太保的米勒党卫队总队长负责进行的。前者是一位奥地利籍的法官，后者是巴伐利亚的官员。他们两个人对军官团都一无所知。米勒对军官团冷酷无情，一直有着一种憎恨和自卑的混杂情感。除了这两个人之外，陆军人事局局长布格多夫将军和他的第一助手迈泽尔将军也参加审判会，他们是希特勒派来担任书记员和观察员的。

过去，荣誉法庭上的荣誉法官全部是具有荣誉观的军人，而接受审判的军人在供述自己的言行时，也都充满了坦诚。可是现在，这些接受预审的人一点也不知道，盖世太保执行的却是另外一套。受审的人不仅要供出自己的言行，还要供出其他人的姓名和言行。而每一个记录在案的名字都要遭到逮捕和接受审讯。靠着这种办法，不久盖世太保便整理出全部密谋者的黑名单。但事情还不止于此。他们还想根据尚未查证的供词，判断出谁是有罪者，谁是无罪者。我利用很少几次出席的机会，想力争能帮助几个人解脱，但几乎无一成功。还有几个参加预审的人，也跟我一样是这样做的，比如基希海姆、施罗特和克里贝尔。冯·伦德施泰特元帅也支持我们这样做。

"荣誉法庭"只有一项任务，那就是根据预审结果，决定是否应将被告作为参与者或知情者送交人民法庭。如果需要移交，就会向人事部门提出将此人开除军籍的建议。然后，德国军事法庭就再也无权参与此人的审理。我们的这种审理只是以书面案卷为依据来进行的，不可以当面讯问被告。

这种不按规则办事的审理，会使我们这些参与审理的人陷入左右为难的境地。你必须对供词的每一个词语再三斟酌，因为稍有不慎就会由于为减轻某一个人的负担，而给另外的人带来不幸。

人民法庭对判处死刑的人要处以绞刑，这在德国刑法尤其是军事惩戒法上是从来没有过的。过去，对判处死刑的军人，一直是采取枪决的方式，绞刑是从奥地利传入的。不幸的是，直到今天依然沿用着。

任何想要发动政变的人都会预先考虑到，政变一旦失败自己就必然会以叛国罪而丧命。但是，在为1944年7月20日付出生命的人中间，到底有多少人真正知道这个事件的内幕呢？大概只有极少数。这个论据希特勒当然是不会接受的。有一些被判处的军官，他们是在7月20日之前从间接渠道知道政变的事，他们也许认为这是道听途说，为了不使其蔓延而没有立刻向上报告。还有一些根本就与政变毫无瓜葛的人，之所以也被判处死刑，只是因为他们想帮同事一把。在这方面最凄惨的一个例子是海斯特曼·冯·齐尔贝格将军。齐尔贝格将军是奇希维茨将军的女婿。而奇希维茨将军是我极为尊重的老上司，曾任运输兵监察部监察长和师长。1944年7月20日，齐尔贝格将军在东线担任师长。他的首席参谋库恩少校过去曾在陆军总司令部施蒂夫将军的组织处任职，是谋杀行动的知情者。一天，齐尔贝格将军收到一份电报，命令他立即将库恩拘捕，严加看管，并押送柏林。而他却让库恩转到另外一个新设立的指挥所。他的本意是想给库恩一个自杀的机会。而库恩却不想自杀，而是投降了敌人。齐尔贝格于是被捕，并被送交军事法庭。军事法庭对他进行了轻判。但是，在过了一段时间之后，希特勒听说了这一判决结果，大为不悦，立即命令对齐尔贝格重新进行审判，非要置齐尔贝格于死地不可。他提出的理由是，库恩曾在陆军总司令部组织处工作过，知道的秘密太多了，他的投敌必将给战争的进行造成严重后果。齐尔贝格于1945年被枪决。我的这个老上司还有一个心地善良的女婿，名叫戈特舍将军，也遭到同样的命运。理由当然换了一个：因为他曾说过，战争也许再也无法取胜。

被判死刑的人，命运固然悲惨，但没有死的人的处境也许更糟。受到株连的人遭受极大的困苦，很难给他们以帮助和安抚。

无论从哪一方面来讲，谋杀的结果都是可怕的。我反对任何形式的谋杀，我所信奉的基督教严禁谋杀行为。所以，我对谋杀的决定是不赞成的。如果我们不从宗教信仰的层面来看，那我也可以断定，政变无论在内政还是外交上都不具备取得成功的前提。因为，政变的准备工作极不周密，主要领导者的人选也很不理想。积极发起者是格德勒博士，一个理想主义者，他认为即使不进行谋杀，政变也能大功告成。他和他的同谋们都深信，这是他们对其人民所能做的最大善事。格德勒博士为这次政变挑选了主要的领导人，并开列了一个名单，但不慎落入盖世太保的手中。贝克大将被密谋者们内定为未来德国的领袖，他的性格特点我在上文已经介绍过。我对他的看法，已经在7月20日他的所作所为中得到验证。冯·维茨勒本元帅是一个病人，他虽然对希特勒恨之入骨，但是没有能力在这种紧张的大事面前下定发动军事暴动的决心。赫普纳大将是一位勇敢的前线指挥官，不过我认为他对 7 月 20 日行动的后果不见得有足够的了解。奥尔布里希特将军是一个十分优秀的军官，但他没有指挥权，也没有用于发动政变的军队。截至 1944 年 7 月 20 日采取行动，政变者们已经对行动进行了长达一年之久的密谋和准备，知道这个计划的人越来越多。所以，无怪乎盖世太保最后掌握了这伙人的名单，并开始抓人。大概正是来自盖世太保的威胁，促使施陶芬贝格伯爵在还没有来得及通知其他密谋分子的情况下，便决定下手了。虽然谋杀没有成功，但谋杀者却对爆炸的效果深信不疑，足见他们何等轻率。我一直没有搞清楚，后备军总司令弗罗姆大将在谋杀行动中扮演了一个什么样的角色，但最后他也为谋杀行动付出了性命。法国驻军司令海因里希·冯·施蒂尔普纳格尔将军，是以一种可怕的方式死去的，我们俩是挚友，每次我去巴黎都要去看他。不过，最令人胆寒的是隆美尔元帅的结局❶，关于他的情况我还是在监狱里听到的。直到这个时候，我才算把亲身经历的这场悲剧全部看清楚了。

---

❶ 1944 年 10 月 14 日，希特勒派隆美尔的老战友、陆军人事部部长兼希特勒第一副官布格多夫，来到隆美尔的住所，向隆美尔传达希特勒的指示，如果隆美尔自尽，将对他的叛国罪严加保密，并为他竖立纪念碑，举行国葬，而且保证不对他的家属采取非常手段，其妻子将领取陆军元帅的全部抚恤金。最后隆美尔服毒自杀。——译者注

第十一章

总参谋长

让我们重新回到严峻的战事上。

自从陆军总参谋部开始运转以来，工作依然拖沓迟缓，因为希特勒还是不管大事小事一手统揽，一切都要得到他的批准，不给总参谋长一点实权。鉴于这种情况，我向希特勒提出如下要求：首先，在一切非原则性事务上，我应享有向东线各集团军群下达指令的权力。其次，对有关总参谋部的事务领域，我有权向所有陆军总参谋部的军官下达指令。但是，我的这两个要求都被希特勒拒绝了。凯特尔和约德尔也随声附和。凯特尔还亲笔写下了他同意希特勒的意见。而约德尔则在我的建议上写下这样的批注："总参谋部本就应该撤销！"如果总参谋部的领导人自己挖自己的墙脚，那么这个机构就无可救药了。由于他们拒绝我的要求，立刻便招致一系列违反军纪的事情发生，于是我不得不把那些违纪的头头调到总参谋部来，因为在这里我多少还算有一点惩处他们的权力。调回总参谋部之后，我就给那些过分自信的年轻人几周的清醒时间，让他们对自己的言行进行自我反省。我还顺便把我的这种做法报告给了希特勒，他非常惊讶地盯着我，但什么也没说。

在我开始总参谋长工作的最初几天，我就要求与希特勒进行一次单独谈话。他问道："您是要谈业务上的事，还是要谈您个人的事？"这还用说吗，当然是谈业务上的问题，因为只有在两个人的情况下才能把问题说清楚，无论谁掺和进来，都会使问题变得复杂。希特勒非常明白这一点。所以，他拒绝了我的请求，而且还规定，以后凡是谈有关业务问题时，都必须有凯特尔元帅和两个速记员在场。由于有了这一规定，我就很少有机会直截了当地向最高统帅陈述我的意见，因为只有在两个人私下聊天的情况下才有可能不那么拘谨，我也不会由于一时的言语失误而伤害他的尊严。对于这个带来后患的规定，凯特尔也负有一定责任。他之所以会同意这个规定，是因为他害怕他如果不在场，就无法及时知道一些重要的事情，时间长了就有可能丢掉乌纱帽。于是，我现在的工作条件同我的前任没有什么区别，同样受到许多限制。可想而知，在这个规定的约束下，上下级关系怎么可能融洽。

当我在1944年7月21日勉强接受总参谋长任命的时候，摆在我面前的东线的军事形势已糟糕到极点，使我无从下手。

最坚固的防线好像要算南乌克兰集团军群防守的地段，该集团军群由第6和第8集团军，以及罗马尼亚军队和一部分匈牙利军队组成。它所负责的防线由德涅斯特河流入黑海的入海口，沿河向东至基什尼奥夫，然后经雅西北部和弗尔蒂切尼南部，渡过普鲁特河和谢列特河，最后向西北方向到达谢列特河的发源地地区。该集团军群在三四月的春季作战中，在雅西北部击退了敌人的攻击，接着便留置一部分师作为预备队。该集团军群由舍纳尔将军指挥，深受希特勒的信赖。

北乌克兰集团军群与南乌克兰集团军群相邻。北乌克兰集团军群的防线由谢列特河上游的勒德乌齐地域，经代拉蒂恩北部，再经布恰齐—塔尔诺波尔—耶济尔纳—贝雷斯切齐科，到达科韦利以南地域，截至1944年7月12日，该集团军群也勉强取得了防御作战的胜利。但是，7月13日俄军再次发起进攻，集团军群的三处防线被突破。到7月21日，伦贝格、普热梅希尔、托马舒夫、海乌姆和卢布林相继被俄军占领，俄军最先头部队甚至已经到达维斯瓦河畔的普瓦维—布格河畔的布列斯—立陶夫斯克一线。

如果说这里的状况已经很糟了，那么中央集团军群自1944年6月22日以来的态势就更加恶劣，可以说是糟糕透顶了。在1944年6月22日至7月3日这段时间里，俄军在普里佩特沼泽地和别列津纳河之间，在罗加乔夫，在乔瑟，在奥尔沙和维捷布斯克两侧，都对德军防线达成突破。

德军在损失大约 25 个师之后，便退至达维德戈罗多克—巴拉诺维奇—莫洛杰奇诺—科贾尼—波罗茨克以北的德维纳河一线。接着，俄军又用几天时间乘胜追击，先后占领平斯克，以及普鲁扎纳—沃尔科拉维斯克—格罗德诺东部的涅曼河—科夫诺—迪纳堡东部的德维纳河—伊德里察一线。这样一来，不仅中央集团军群的防线已经摇摇欲坠，而且也把北方集团军群拖入崩溃的边缘。到 7 月 21 日，俄军又向桑多梅日至华沙之间的维斯瓦河河段，以及谢德尔采—别尔斯克—波多利斯克—比亚韦斯托克—格罗德诺—科夫诺一线，并经波尼维什，向绍伦和米陶发起进攻，声势浩大，势不可当。在米陶的北面，俄军已经到达里加湾沿岸。这样，北方集团军群与其他集群的联系就彻底被切断了。

北方集团军群的右翼位于波罗茨克北部，它的防线由此经伊德里察—奥斯特罗夫—普列斯考—佩普西湖—纳尔瓦，直至芬兰湾沿岸。由于中央集团军群遭到惨败，北方集团军群也不得不将它的左翼后撤，到 1944 年 7 月 21 日为止，已经撤到米陶—迪纳堡—普列斯考[1]一线。但在这里也未能立住脚跟。

我的前任留给我的除了一个组织杂乱的参谋部，还有一个已近崩溃的防线。陆军总司令部的手里已经没有预备队可供前线使用。现在，唯一一支可以派上用场的部队是罗马尼亚军队，但是这支部队现在却远在南乌克兰集团军群后方。只要看一看地图就清楚了，要想把它调过来需要耗费多少时间。国内的后备兵源也只能提供少量的部队，现正运往被打得惨败的中央集团军群。

现在成为我首要的作战助手的文克将军，是南乌克兰集团军群原来的参谋长，十分熟悉罗马尼亚的情况。所以，在征得南乌克兰集团军群司令同意后，我向希特勒提出建议，把驻在罗马尼亚所有可以使用的军队都抽调出来，重建中央与北方集团军群之间的联系。部队的运送工作很快就开

---

[1] 今普斯科夫。——译者注

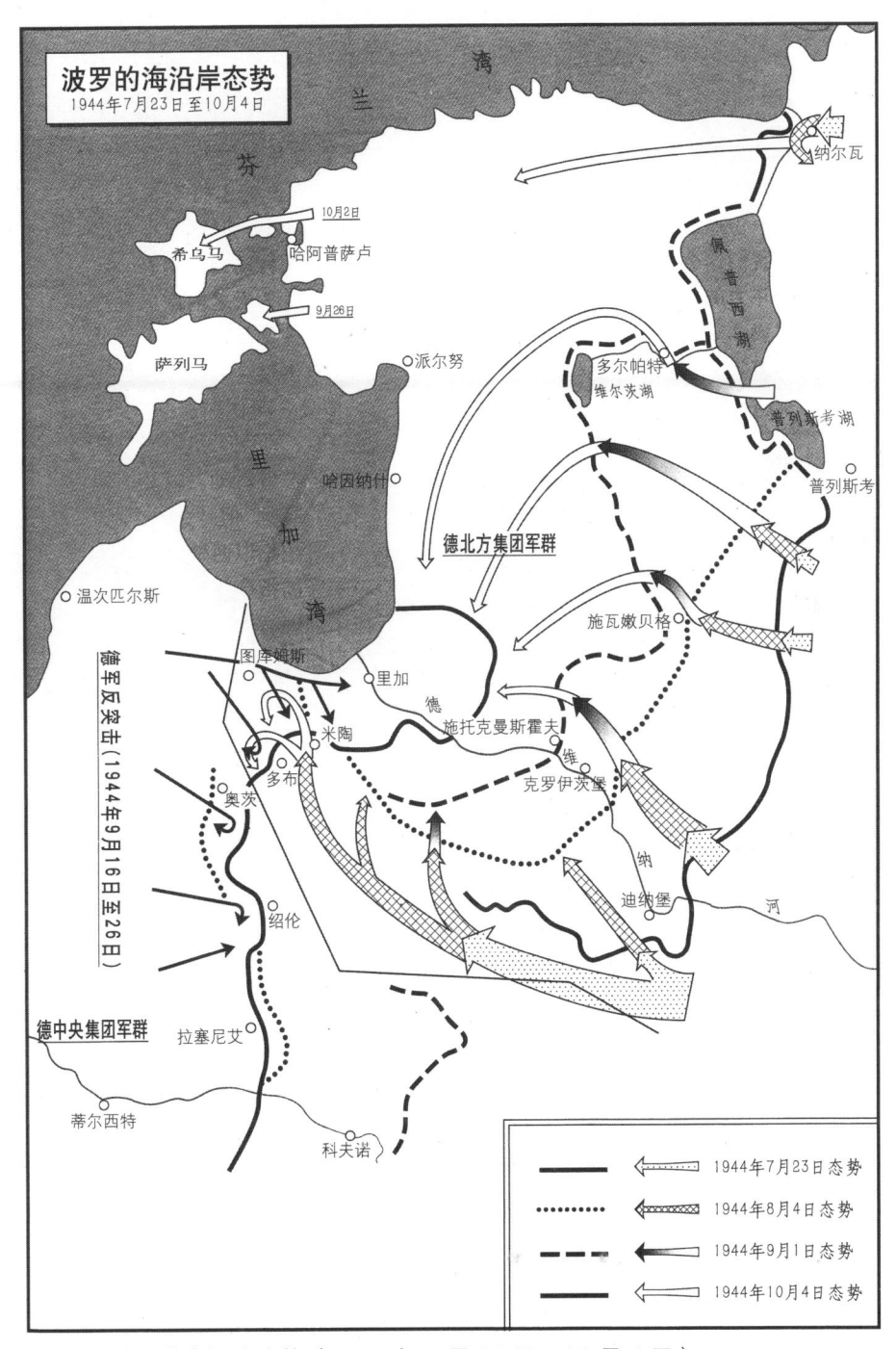

图33 波罗的海沿岸态势（1944年7月23日—10月4日）

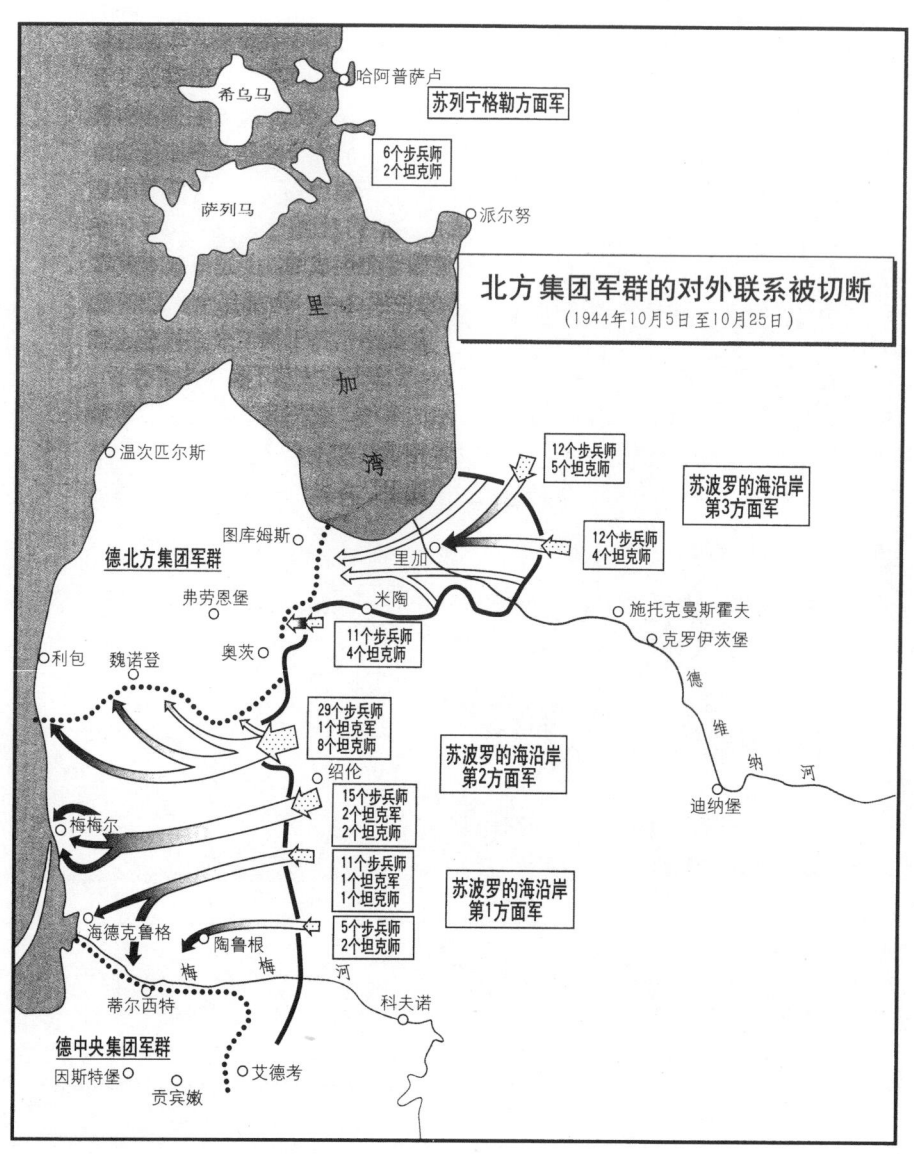

图 34. 北方集团军群的联系被切断（1944 年 10 月 5 日—10 月 25 日）

始了。此外，希特勒还命令将南乌克兰集团军群司令舍纳尔与北方集团军群司令弗里斯纳对调。他还破例赋予南乌克兰集团军群司令以从未有过的自主权。通过这些有力的措施，俄军的进攻被迫停止在多布伦—图库姆斯—米陶地域。我现在的企图是，不仅重建两个集团军群之间的联系，而且还要将位于波罗的海沿岸地区的部队撤出来，这样防线就大大缩短了。只有如此，才能使身处险境的北方集团军群避免被歼的命运。我命令舍纳尔将军拟订一份撤退建议。他建议用三四周时间完成撤退，但眼前形势不允许我们用这么长的时间，我们必须立即动手，先敌行动，把全部尚有一定战斗力的集团军群转移到东普鲁士。于是，我命令他七天之内必须撤出爱沙尼亚和立陶宛，在里加占领一个桥头阵地，将全部摩托化和装甲部队迅速集中于绍伦以西地域。我估计敌人下一次进攻就会指向这里。必须将敌人的进攻阻止在这里，才能重建北方集团军群与中央集团军群的联系。

1944年9月16日—26日德军实施反攻，恢复了两个集团军群的联系。这次行动的成功主要归功于施特拉赫维茨伯爵上校的英勇行动，以及由他组织起来的装甲师。现在应及时利用这一有利形势扩张战果，可是北方集团军群竟敢违抗命令，擅自自主行动。舍纳尔认为，俄军不会再攻击绍伦以西地域，而是瞄准米陶地域。因此，他没有遵照希特勒签署的指令行动，而是把他的装甲部队留置在米陶地域。我曾提醒他要遵照指令行事，但他未加理睬。舍纳尔为什么会有如此胆量？是不是他得到了希特勒私下的批准，我就不得而知了，我只知道他和希特勒一直保持直接联系。这样，到了10月，德军在绍伦西部的薄弱防线再次被突破，俄军一直推进到梅梅尔与利包之间的波罗的海沿岸。为了恢复北方集团军群与中央集团军群的联系，德军再次沿海岸发动进攻，但没有成功。最后，北方集团军群在陆上与外界的联系被切断，不得不依靠海路实施补给。

现在，我和希特勒发生了激烈的争论。争论的问题是，要不要把这部分宝贵的兵力撤出来，用于保卫德国领土。争吵的结果是毒化了气氛，其他依然如旧。

正当德军防线的左翼发生重大变化和激战之时，莫德尔元帅亲自指挥中央集团军群，稳住了位于华沙东部地域的阵线。1944年8月1日，波兰人在博尔－科莫罗夫斯基将军领导下，在华沙举行起义，对德军战线后方构成了一个巨大威胁。因为，华沙的起义切断了中央集团军群与冯·福尔曼将军指挥的第9集团军的联系。俄国人将会与波兰起义者联合起来，形成一股强大的力量。这种可能性不能排除。根据这种推断，我提议把华沙划入陆军的作战区域。可是，波兰总督弗兰克和党卫队总司令希姆莱却出于私心，说服希特勒拒绝我的提议，最终把华沙交给了总督管辖。希姆莱奉命开始镇压华沙起义。这样，在党卫队总队长❶巴赫－策莱夫斯基指挥下，投入大批党卫队和警察部队对起义进行残酷无情的镇压，长达数周之久。在参加行动的党卫队当中，有一部分不属于武装党卫队，他们的纪律相当混乱。比如，卡明斯基旅中的一大部是俄军俘虏，他们本来就十分仇视波兰人。而迪勒汪格旅则是由被判缓刑的德国罪犯组成的。当这些可以说是亡命徒的家伙一旦被投入残酷的巷战之中，他们为了保全自己的性命，什么事情都干得出来，道德对他们来说已经一钱不值。甚至连巴赫－策莱夫斯基自己都对我说，他已对其部下的放荡不羁和为非作歹束手无策。许多令人毛骨悚然的事也不时地灌输到我的耳朵里，于是我不得不于当天晚上向希特勒建议，把那两个旅调出东线。起初，希特勒还不肯接受我的建议。可是，党卫队旅队长费格莱因❷（他是希姆莱和希特勒之间的联络官）在旁边也不得不说："是真的，我的元首，他们确实都是些流氓和无赖！"这样，希特勒才接受了我的要求。为防止节外生枝，巴赫－策莱夫斯基干脆把卡明斯基给枪决了。

直到1944年10月2日，暴动才全部被平息。由于暴动者表示愿意投降，于是我向希特勒建议，按照国际法的惯例把这些人作为战俘处理，这样就能缩短作战的时间。希特勒也接受了这一建议。8月15日接替莫德尔担任

---

❶ 相当于中将军衔。——译者注
❷ 希特勒情人的妹夫。——译者注

中央集团军群司令的赖因哈特大将，接到了这一指令。于是，陆军便按照这个指令开始处理受降事宜。

像以往处理类似事件一样，最难处理的是如何准确地区分暴动组织者与未参加行动的平民。波兰本土军司令博尔－科莫罗夫斯基将军[1]在他撰写的一本题为《不可征服的人们》的书中写道："在战斗中，我们的指挥官几乎分不清军人和平民。我们的人没有军装，也无法阻止平民佩戴红白两色的袖章。他们像波兰本土军一样，使用德制武器，为此耗费了大量弹药。因为，平民常常以密集火力和投掷大量手榴弹，去对付一名德国士兵。我收到的每一份报告都在抱怨，弹药消耗量过大。"此外，由于波兰人从占领的德军仓库中缴获大量德军的军装，使德军官兵风声鹤唳，人人自危，作战方式也随之更加野蛮无忌。所以，当费格莱因和希姆莱不断将华沙情况向希特勒报告时，希特勒也不免大为恼火。于是，希特勒下了一道措辞严厉的命令来处理华沙问题。1944 年 10 月 11 日"东方党卫队、警察高级指挥官情报处"向总督弗兰克博士下发的一份指令，字里行间流露出希特勒的满腔怒火。指令指出："关于处理波兰问题的新政策——巴赫副总队长奉命对华沙进行镇压。也就是说，在不影响构筑华沙军事要塞的前提下，将华沙夷为平地。行动前，要把城内所有的原料、纺织品和家具搬出。主要任务是封闭民事管理机构。"这道指令是通过党卫队渠道走的，因此当时我并不知道。直到 1946 年，我在纽伦堡监狱里才第一次看到这份指令。不过，当时在大本营里我就已对全面摧毁华沙一事有所耳闻，有一次希特勒对华沙问题大发雷霆，我也正好在场。鉴于这些情况，我觉得有必要向希特勒当面阐明保全这座城市的重要性。我指出，希特勒已宣布将华沙作为要塞，而且德军也要在城内住宿，尤其是由于维斯瓦河当时已构成德军

---

[1] 波兰本土军司令。1942 年 2 月波兰反抗德国占领的各支力量，联合组成波兰本土军，博尔－科莫罗夫斯基男爵将军时任副司令。1943 年，波兰本土军司令罗韦基将军被德国盖世太保逮捕后，博尔－科莫罗夫斯基将军继任司令，遂展开对德军的破坏和游击活动。1944 年 8 月，趁苏军大举反攻之际，组织华沙本土军起义。——译者注

的最前沿，而这条河正好流经华沙市中心。因此，保全城内重要设施是十分必要的。

1943 年和 1944 年华沙的两次暴动，已使这座城市遭到巨大破坏，而从 1944 年秋季作战到 1945 年 1 月俄军发动的进攻，使这座城市几乎成为一堆瓦砾。

参加暴动的人，投降之后移交党卫队接管。博尔－科莫罗夫斯基由于和费格莱因早就相识，他们在国际体育比赛中曾多次见面。因此，博尔－科莫罗夫斯基就由费格莱因接纳。

常常有人提出这样的问题，为什么俄国人明知华沙举行了起义，却不从外部给起义者们以大力支持，而是将其进攻停滞在维斯瓦河畔，按兵不动。毫无疑问，暴动者属于在伦敦的所谓流亡政府，他们的行动受流亡政府指挥。这一派保守的波兰人是倾向西方的。因此，俄国人不愿起义成功，更不愿他们占领这座城市，从而使这帮人得势。俄国支持的是卢布林阵营的人。当然，这是他们同盟国之间的事。对我们来说，最重要的是，俄军将其进攻停止在维斯瓦河畔，而没有越过该河，这就给了我们短暂的喘息时间。

1944 年 7 月 25 日，俄军第 16 坦克军企图在登布林附近通过维斯瓦河上的铁路桥，被德军击退，损失坦克 30 辆。而后，我们将大桥及时炸毁。俄军其他坦克部队在华沙北部受阻。我们对俄军在维斯瓦河畔停止不前的理解，与俄国人所说的不尽相同。在我们德国人看来，俄军之所以停滞不前是由于我们的成功的防御作战，而不是俄国人所说的是因波兰起义者破坏活动所致。

8 月 2 日，"波兰自由民主军"的波兰第 1 集团军以三个师的兵力，在普瓦维—登布林地段渡过维斯瓦河。他们在此遭受重大损失，但占领了一个登陆场，一直坚持到俄军的到来。

在马格努谢夫，敌人也在维斯瓦河畔成功地建立了一个登陆场。波兰的渡河部队企图沿河边公路向华沙突击，但在皮利察河由于受到德军的阻击而停步不前。

到了8月8日，德军第9集团军认为，尽管波兰城内的暴动已被平息，尽管对俄军来说暴动发起时间早了一点，但俄军仍有可能凭借其强大的突击力，以突袭方式迅速占领华沙。该集团军还报告，自1944年7月26日至8月8日，已经俘虏敌人603人，投诚41人，摧毁敌坦克337辆，缴获火炮70门、反坦克炮80门、迫击炮27门和机枪116挺。这些数字看起来也许不算惊人，但对于为时一个月的撤退作战来说，这一战果也算相当可观！

到目前为止，德军无论在东线还是西线都没有在边境构筑任何防御工事。其原因是，希特勒认为德军在西线可依仗其大西洋壁垒。而对于东线，他则认为，如果构筑了防御工事，他的将领们就不会拼死进行防御，动不动就会向后方阵地撤退。正因为如此，才使我们在遭受多次失利后，丢失大片领土，防线一直撤到了德国边境附近。如果不再因局部的失利而对整个防线产生同样的影响，那就必须采取一定的措施。我曾在1月向希特勒提出过我的建议，首先必须重新修筑德国过去在东线的防御工事。然后，巩固这些工事与主要江河之间的联系。我已经和陆军总司令部的工兵代表雅各布将军，一起研究拟制了一份扩建东线防御工事的计划。为处理要塞方面的事情，我命令恢复被我前任撤销的总参谋部要塞处，由蒂洛中校任处长。为了可靠起见，这个计划由我亲自负责实施，而且以命令形式下达到各有关单位，然后我才向希特勒报告说，因事情过于急迫，不得不于事后请他批准。在这种情况下，希特勒也只好勉强同意了，但是这种先斩后奏的做法也不能常用。不管怎么说，要塞的修建工作总算是开始了。土工作业大多由妇女、孩子和老人等志愿者来承担，凡是国内能来的劳动力都来了。在这项工作中做出最大贡献的要算是希特勒青年团。所有这些忠诚勇敢的德国人，为了使自己深爱的家乡增添几分安全，为了表达对正在苦战的士兵的支持，他们不顾恶劣的天气，以极大的热情投入工作。但是，从其后来的结果看，他们所付出的辛勤劳动，并没有换来他们愿望的全部实现，也没有完全达到我的预期。之所以会如此，并不是因为这件事情本身在原则上有什么错误，而是后来我们没有能力为这些工事提供足够的人员和装备。由于西线形势日渐急迫，所以把原来计划用于东线的人员、装备，全部都运到了西线。这样，东线就只剩下了西线不想要的残羹剩饭。但是，我对当时在这里无私而忠实地付出的人们表示深切的谢意。尽管如此，应当说还是有相当一部分要塞，在很长一段时间内起到了很好的作用。在后来的柯尼斯堡、但泽、格洛高❶和布雷斯劳❷等城市的防御战中，都应当说发挥了一定作用。如果当时没有修建这些工事，俄军的推进速度将会更快，德国将有更大片的领土遭到他们的践踏。

我十分清楚，要想坚守住这些要塞工事，就需要给这些要塞一定的人员、装备和物资储备。所以，我命令组建了要塞部队，其兵员是不能再在野战部队服役，但给予一定照料尚能在要塞服役的人。第一批组建了100个要塞步兵营和100个要塞炮兵连。接着，我又命令先后组建了要塞机枪部队、反坦克部队、工兵部队和通信部队等。但是，当这些部队尚未具备作战能力的时候，其中80%就已被送往西线。尽管我对此提出强烈抗议，但是没有人理睬我。当我听到这个消息的时候，木已成舟，无法挽回。这些尚未准备就绪的部队被投入即将崩溃的西线，没有发挥任何作用便全军覆没。而在东线，构筑完好的阵地和要塞却没有人员来防守，所以后来这些要塞也没有发挥其预期的作用，未能给后撤的部队提供一定的庇护和支撑。

在武器装备方面，情况和要塞部队差不多。我首先提出的一个要求是，把储备的缴获火炮提供给我军使用，但凯特尔和约德尔却以近乎嘲笑的语气加以拒绝。他们说，在德国根本就没有什么可以使用的缴获火炮。可是，国防军总司令部陆军处处长布勒将军告诉过我，有上千门大炮和其他重型武器储存在兵器局，每个月都有专人进行擦拭，这些火炮从来没用过。于是，我命令将这些炮安装在东线的要塞和最重要的阵地上，并进行相应的训练。

---

❶ 今格沃古夫。——译者注
❷ 今弗罗茨瓦夫。——译者注

可是，约德尔却抢先一步得到特许，将所有50毫米以上口径火炮和每门炮按50发炮弹的弹药量送往西线。可是，当这些武器弹药送到西线的时候，已经太晚了，如果用在东线，其作用将不可估量。从1941年开始，50毫米和37毫米口径反坦克炮已经没有办法对付俄军的T34坦克，所以东线需要口径更大的火炮。

关于要塞的物资储备量，我命令要以能坚守三个月为限。此外，还建立了通信站和燃料库。我每一次外出的时候，都要到这些地方进行监督和检查。在这个过程中，有不少同事虽然曾受到过希特勒的打击排斥，但他们不计前嫌，也不顾自己身体的疾患，站出来给我提供许多帮助。尤其是施特劳斯大将给了我无私的帮助。甚至还有一些省党部的领导，虽然我们之间过去出于种种原因发生过一些矛盾和摩擦，但我已领会到他们愿为我提供帮助的一颗热心。

我组织起来的要塞部队被大部调往西线后，急需想办法予以补救。我突然想起来，在很久以前作战处处长豪辛格将军曾经向希特勒提出过一个建议，在东部受到威胁的省份组建国民军，当时遭到希特勒的拒绝。于是，我打算将东部各省份内尚能服役，但不是从事与战争密切相关工作的人组成国民军。只有当俄军可能达成突破的关键时刻，才将这些人征召入伍。我向希特勒提出这个建议，并请他把这一任务委托给冲锋队办理，因为冲锋队里毕竟还有一些可靠的人。事先，冲锋队参谋长舍普曼已经向我保证与我协作，而且这个人很有头脑，也与国防军保持着友好的关系。希特勒起初同意了我的建议，但第二天就变了卦。他通知我说，他已经决定把这个任务交给纳粹党党务办公室主任博尔曼来处理，而且要把这一组织的名称由国民军改为"民军"。博尔曼自打接受这一任务后什么也没干，在我一再催促下，他才把这一任务委托给全国各级省党部办理，但这与我只将此事局限在东部省份的初衷大相径庭。于是，"民军"就成了一个臃肿庞大的组织，它既没有经过训练的指挥官，也没有武器装备。实际上，纳粹党关注的不是什么指挥官问题，也不操心有没有武器装备，他们只关心把他们激进的党员安插在民军所有重要的职位上。我的老战友冯·维特斯海姆将军也成了这个连队里的一员,而他的连长却是一个从未当过兵的纳粹党干部。这些勇敢的、时刻准备为国捐躯的人,每天所接受的训练不是如何使用手中的武器,而是德国式的敬礼。在这支队伍里,伟大的理想和牺牲精神得不到赏识。我在后面还要讲到这个问题。

上述我能采取的所有措施,都近乎孤注一掷,但都是十分必要的,因为在国内由后备军组成的最后一点点战斗部队,都被投入西线的一次攻势之中,而没有用在东线的防御上。在8月和9月,西线已全面崩溃,由于没有事先构筑供退却使用的阵地或要塞,只能都撤至西壁工事。但是,由于西壁工事的装备已被运往大西洋壁垒,其余的大部分已经丢失,因此西壁工事也已称不上什么要塞了。德军仓促后退,敌人则穷追不舍,如果此时我们有预备队的话,会有多次成功实施反击的机会。每一次后退希特勒就会暴跳如雷,大声命令不得后退,要进行反击,但无奈没有部队可供使用。因此,到了9月,他决定将国内所有部队集中起来,进行一次最后的攻击。自1944年7月20日谋杀事件之后,国内后备军已由党卫队领袖希姆莱统率。他自称为后备军"总司令",并开始组织政治军人,尤其是政治军官的队伍,这是他和希特勒谋划已久的。新成立的组织被他们命名为"国民"步兵师、"国民"炮兵军等等。这些部队的军官是由布格多夫将军领导的陆军人事局挑选的,不允许由陆军其他部队的军官替代。这些纳粹的指挥官擅长上蹿下跳,十分活跃。他们在东线会直接向博尔曼汇报,而博尔曼是陆军的死对头,他又会到希特勒那里添油加醋地乱说一通。每当我看到这种情况时,都断然加以制止,对这种人严加惩处。当然,这必然会引发争吵,加上民军计划一再被拖延,大本营里的气氛自然不会和谐。

11月,希特勒想利用最后这一点现役兵力发动一次攻势,击败盟军,将敌人赶入大海。在国内的这最后一点兵力,是我们费了九牛二虎之力组建起来的,现在都将用在希特勒的这个宏伟的计划上。此事我还会在下面谈及。

1944年8月5日,正当谋杀事件和东线的溃败把我们搞得焦头烂额的时候,罗马尼亚国家元首安东内斯库元帅来到东普鲁士拜访希特勒。我奉

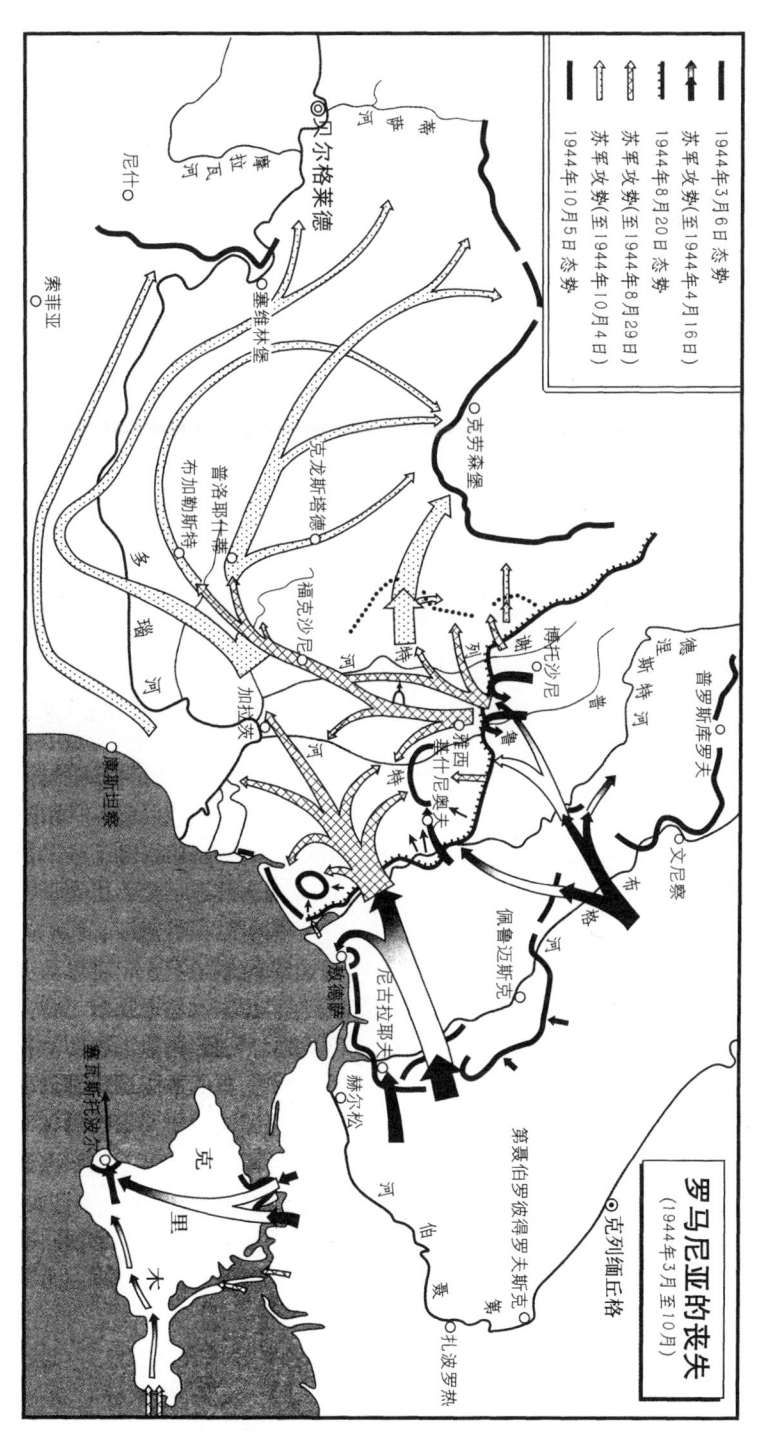

图35 罗马尼亚的丧失（1944年3月—10月）

命向这位元帅报告东线的态势。出席这次汇报会的除了希特勒、凯特尔和一些军官之外，还有里宾特洛甫及其外交部的助手。担任我的法语翻译的是外交部首席翻译施密特公使。施密特不仅为人亲善，而且是一位出色的翻译家，他能将我的话翻译得声情并茂。他有几十年的翻译经历，曾在无数困难的谈判中担任翻译，所涉及的领域五花八门，只是没有参加过军事方面的会议。当翻译了几句之后，他就感到军事专业词汇不够用了。于是，我就改用法语做报告，安东内斯库对我的法语还很满意。

在这次情况汇报会上，安东内斯库对我们所处的困境十分理解，他也认为必须首先重新建立中央和北方两个集团军群之间的联系。而且他主动提议，将他的部队撤出摩尔多瓦，如果需要的话，他可以撤到加拉茨—福克沙尼—喀尔巴阡山山脊一线。我立刻将这一慷慨的建议翻译给希特勒听，后来我还提醒过他。希特勒对安东内斯库的建议表示了感谢之意。这一建议所带来的后果我们在下面就会看到。

第二天上午，安东内斯库邀请我到"狼穴"他的住所，进行了一次私人谈话。他的谈话给我很大启发，同时也使我感到，这位罗马尼亚元帅不仅称得上是一位出色的军人，而且对他的国家、交通、经济及其政治状况有深入而透彻的了解。他说的每一句话都言之有据、逻辑清晰，待人接物平易近人、彬彬有礼。可惜的是，像这样有气质的人，在当时的德国已经很难找到了。谈了不久，我们就谈到了发生在德国的谋杀事件。他毫不掩饰他对这一事件的惊讶，他说："请您相信我的话，我对我的每一位将军都绝对信赖。在我们那里，军官参加这样的政变简直不可想象！"当时，我对这样严厉的责备，真是无言以对。但14天过后，安东内斯库面临的局势发生剧变❶，我们将和他共命运！

这次随同安东内斯库元帅一起来访的，还有罗马尼亚外交部部长米哈

---

❶ 1944年8月23日，罗马尼亚国王在反对派压力下，将安东内斯库解职。罗马尼亚宣布脱离轴心国，加入同盟国，要求德军在规定期限内撤出罗马尼亚。——译者注

伊·安东内斯库。此人精明狡猾，口蜜腹剑，很难赢得人们的好感。陪同元帅来访的，还有德国驻罗马尼亚公使冯·基林格，以及驻罗马尼亚的汉斯将军。我与这两位德国官员进行过长时间谈话，他们虽然对安东内斯库没有过高的评价，却认为德国应当支持这个年轻的罗马尼亚傀儡国王。他们的意见误导了德国对形势的判断，产生了严重的后果。由于听信了他们的意见，德国军方错误地以为罗马尼亚的形势很安全，因此对关于罗马尼亚可能背叛的情报未加置理。

1944年7月底，南方集团军群新任司令弗里斯纳大将也站到了安东内斯库元帅的观点一边。于是，在安东内斯库到元首大本营访问不久，便向希特勒建议将防线撤至加拉茨—福克沙尼—喀尔巴阡山山脊一线。希特勒虽然也同意这个建议，但是有一个前提条件，那就是必须有确实的情报证实敌人已经发动进攻，才能下达撤退命令。在这个阶段，所有的防线还比较平静。在以后的几天里，元首大本营收到的关于罗马尼亚局势的情报虽然矛盾重重，不过多数情报还是与德国驻外代表的观点相一致，都显得十分乐观。只有外交部部长里宾特洛甫不大相信他的公使发来的报告，因此他向希特勒请求派一个装甲师到布加勒斯特。在一次讨论这个问题的会议上，我指出里宾特洛甫的建议是正确的。但是，由于当时东线形势已十分紧张，我不可能从东线抽调出一个师派往布加勒斯特。因此我建议，把正在塞尔维亚剿匪的党卫队第4警察师调出来，派往罗马尼亚以解燃眉之急。可是，约德尔却说这个师决不能动，因为瓦拉几亚地区当时属于所谓国防军总司令部战场范畴，不属于东线。希特勒对此也犹豫不决，到最后不了了之。

同罗马尼亚一样，保加利亚的形势也危如累卵。当时，冯·容根费尔德上校正在保加利亚训练保加利亚的装甲分队学习掌握德国装备。在他的报告里充满悲观，不过他所报告的内容却是真实的。报告指出，保加利亚部队的情绪十分低落，从他们的态度上可以看出这支军队是靠不住的。我将这一报告送给希特勒看，但是他却不相信，而且还不止一次地表示，保加利亚人对布尔什维克恨之入骨，他们决不情愿为俄国人打仗。我请求他不要再向保加利亚提供德国的坦克装备，并将已经提供的尽快收回，但遭到希特勒的拒绝。我曾试图强行从保加利亚调回装备，但这一企图也因遭到约德尔的阻挠而未能付诸实施。

1944年8月20日，俄军开始对南乌克兰集团军群的防线发动大规模进攻，并在罗马尼亚军队防守的地段达成突破。但事情到此还没完，罗马尼亚部队居然投向敌方，立刻掉转枪口对昔日的盟友展开进攻。德国的领导和军队完全没有料到罗马尼亚的军队会如此背信弃义。虽然希特勒下达了立即撤退的命令，但有些地段的德军部队仍想坚守，有的则边打边撤。为了避免全线崩溃和全部被歼，必须立即撤退，并迅速占领多瑙河大桥。但罗马尼亚军队抢先占领了多瑙河上的桥梁，封锁了渡口，将德军置于被俄军攻击的危境之中。德军整整16个师全部覆灭，这对当时已陷入困境的我们来说，实在是难以承受的巨大损失。不过这些部队都坚持到了最后一刻，他们没有玷污军人的荣誉。他们对于这种悲惨命运不负有任何责任。如果在俄军尚未对加拉茨—福克沙尼—喀尔巴阡山山脊一线发起进攻之前就撤退，这一悲剧完全可以避免。因为，那样我们就会缩短战线，用节省出来的兵力坚守防线，不去指望罗马尼亚军队，从而使俄军的计划受挫。但要想做到这一步，就需对政治形势以及罗马尼亚领导的德行有一个透彻的了解。安东内斯库过于轻信他自己的组织，他也因此付出了生命的代价。他对他的军官们的信任没有任何根据，却给德国领导留下了错误的印象，使德国大上其当。仅仅几周的时间，整个罗马尼亚便丧失殆尽。9月1日，俄军攻入布加勒斯特。保加利亚国王博里斯于1943年8月28日突然去世，保加利亚也自此终止了与德国的同盟关系，于9月8日投降敌人。我们已经提供给保加利亚的88辆Ⅳ型坦克和50门自行火炮，也因此全部丧失。希特勒原本计划组织两个保加利亚师，用以对抗布尔什维克，现在也化为泡影。在保加利亚的德军被解除武装，成为俘虏。保加利亚军队开始站到俄国人一边，与我们作战。

现在，希特勒也明白了，巴尔干再也守不住了。在这种形势下，他也不得不允许部队实施迟滞作战，边打边撤。但是要想靠这些部队来防御本土，这种撤退办法实在是太慢了，还不知何时能撤回国内。

1944年9月19日，芬兰与英、俄签订停战协定。停战协定带来的直接结果是芬兰断绝了与德国的外交关系。1944年8月20日，凯特尔元帅拜访曼纳海姆元帅，结果一无所获。芬兰早在9月3日就开始要求停战。

连续发生的这一系列事件，自然而然也开始动摇德国与匈牙利的关系。匈牙利摄政冯·霍尔蒂海军上将本来就没有诚心与希特勒合作，他与希特勒的结盟完全是为政治所迫。在他1938年访问柏林的时候，他的这种审慎和有所保留的态度，就已经有了某种程度的显露。战争期间，希特勒曾一再向匈牙利施压，以争取其配合德国的行动。1944年8月末，我奉希特勒之命来到布达佩斯，向匈牙利摄政递交一封信，以便试探一下他的态度。在布达佩斯的城堡里，我受到了像往常一样的友好接待。当我们落座之后，摄政问我的第一句话是："您看，我的战友，在政治上必须有多手准备。"我立刻什么都明白了。这位聪明老成的政治家现在有了多手准备，或者至少他自认为是这样。匈牙利摄政冯·霍尔蒂海军上将一直跟我谈论匈牙利的民族问题。匈牙利是一个聚居着多种民族的国家，数百年来都是如此。他还强调了他们与波兰长期的友好关系，对这一点希特勒过去没有加以重视。匈牙利摄政希望能够在不久之后，将目前还在华沙作战的匈牙利骑兵师撤回国内。我答应了他的请求，而且我们也正准备将这些匈牙利部队运送回国。通过与摄政的谈话，我已经看出来无法获得对我们有利的结果，于是我把这一情况报告给了希特勒。尽管匈牙利总参谋长福勒斯说了许多好话，但也无法改变我的这一印象。

在我访问布达佩斯的时候，正值8月底,此时俄军已攻到布达佩斯城下，进入锡本比尔根❶。战争已逼近匈牙利边界。

---

❶ 罗马尼亚地区名。今称特兰西瓦尼亚，历史上为罗、匈、奥等国所争夺。1867年为匈牙利所占领，第一次世界大战后被罗马尼亚夺占，1940年8月经德国"仲裁"，将其一半划归匈牙利。——译者注

正当东线处境陷入危难之时，西线德军也正在进行殊死的防御战。7月17日，隆美尔元帅被英国的轰炸机炸伤。冯·克卢格元帅接管了西线的指挥权。这一天，德军的防线西自卡昂南侧的奥恩河入海口，经康蒙—圣洛—莱赛，直至海岸线。7月30日，美军在阿夫朗什突破德军防线。几周后，即8月15日，西线的大部分德军，共计31个师，不得不为其生存做最后挣扎。其中约2/3即20个师，被合围在法莱斯。敌人的装甲部队和摩托化部队正向奥尔良，并通过沙特尔向巴黎推进。诺曼底和布列塔尼，以及大西洋壁垒要塞的一部分已经失守，要塞中的五个德国师被合围。美军一部兵力在土伦和戛纳之间的地中海沿岸登陆。德军第11装甲师本来有能力抗击这一登陆行动，但此时它却远在罗恩河西岸的纳尔榜。德军其他部队的位置是：

2.5个师在荷兰；

7个师在斯海尔德河与塞纳河之间的海峡防线；

1个师在海峡群岛；

2个师在卢瓦尔和比利牛斯山之间的海岸线；

7.5个师在地中海沿岸；

1个师在意大利边界的阿尔卑斯山防线。

为阻止敌人对巴黎的进攻，只能抽调出2.5个师。新组建的两个党卫队师正运往比利时，三个步兵师经科隆和科布伦茨，向法国调动。

希特勒决定，让莫德尔元帅接替克卢格元帅的职务。为了能让莫德尔元帅集中精力对付敌人的登陆，希特勒将西线总指挥权再次交给了伦德施泰特元帅。

1944年8月15日，在元首大本营，我与希特勒发生激烈争吵。这一天，我来到元首大本营，向希特勒汇报西线战场的装甲兵情况。汇报过程中，我对希特勒说："单靠装甲兵的勇敢，无法弥补空军和海军的过失。"这句话使希特勒大为恼火。他要我跟他到另一个房间，在这里又继续大声争吵，由于声音太大，惊动了他的一位副官阿姆斯贝格少校，他进来说道："两位先生的声音是不是太大了点，外面听得一清二楚。要不要我给你们关上窗子？"

希特勒听说冯·克卢格元帅没有从前线返回大本营，于是对克卢格产生怀疑。他估计，这位元帅有可能已经和敌人建立联系。于是，他命令克卢格立刻到元首大本营向他报告，但克卢格元帅却在半路上服毒自杀了。

1944年8月25日，巴黎陷落。

此时，希特勒和国防军指挥参谋部必须对下一步的作战做出重大决断。但是首先必须要决定的是，要想防御德国本土，重点应当放在东线还是西线。

毫无疑问，对希特勒及其军事顾问们来说，继续实施防御是绝对必要的。由于我们的敌人早就一致提出了无条件投降的要求，所以无论与敌人进行全面谈判，还是分别与东、西线敌人进行单独谈判，都是多余之举。假如我们坚决进行防御，虽然需要拖较长的时间，但有可能取得一个比较有利的结局。

一种方案是，将防御重点放在东线。那样就要加固那里的防线，以阻止俄军继续向前突击的脚步。这样，对战争和补给都具有重要意义的上西里西亚地区，以及波兰的其他地区都会在德国的控制之下。但是，这一方案显然等于解放了西方国家的手脚，不需要多长时间，西方强国的绝对优势就会把我们扼杀。希特勒从来不想与西方单独媾和而对俄军不利，因此希特勒否决了这一方案。

希特勒的想法是，将重点放在西线。他认为，如果能及时投入兵力，有望在西线盟军尚未到达或渡过莱茵河之前，就将其击溃。

实施这一方案需要具备以下前提：

1. 坚守住东线的要塞，直到西线的攻势在达成一定目标后，再把腾出的兵力运往东线；

2. 确保西线的攻势尽早结束，以便在冰冻前，也就是在俄军可能发动新的攻势前，腾出预备兵力用于东线；

3. 迅速准备进攻的兵力,以使决心成为现实;

4. 为争取时间发动攻势,西线作战需要不断取得胜利。

希特勒和国防军总司令部相信,到了11月中旬肯定可以准时发动进攻,到12月就可以把强大的预备兵力运往东线。他们估计,东线的暖秋会使冰冻期来得较晚,俄军的冬季攻势或许在新年之后才开始。基于以上这些考虑,我对东线的忧虑便被排到次要地位。

我作为东线的最高长官,也只能忧心忡忡地静观着形势的进展。在希特勒决定采取西线方案之后,我要完成的任务就是坚守东线,也就是四条前提中的第一条。

除了修筑后方的要塞和阵地之外,我还利用一切手段加速构筑防线的阵地。到了12月,我把全部装甲师和装甲步兵师从防线撤回来,将其划分为四个集群作为预备队,并在兵力上进行了补充。东线的步兵相对较弱,因此只能撤回一个步兵师,将其留置在克拉科夫地区,作为预备队使用。

俄军在夏季作战中占领的维斯瓦河登陆场,我们应当将其除掉,或者至少迫使其缩小规模,以增加敌人发动进攻的难度,或成为迟滞敌人进攻的因素。

最后,应当缩短防线,经海路撤回波罗的海沿岸的军队,用以组成预备队,因为从陆路撤回的可能性已不复存在。

遗憾的是,这个东线计划并没有能全部实现。虽然构筑阵地的工作取得很大成绩,但由于西线登陆地段的形势一发不可收拾,东线所急需的人员和装备迟迟不能到达,要塞的作用因此也极为有限。更为不幸的是,希特勒又下达了一道命令:将所谓"大规模作战线"构筑在距前沿仅二至四公里的地方。"大规模作战线"就是在敌人发动大规模进攻前德军应该占领的防线。根据集团军群和我的建议,"大规模作战线"应设在防御前沿后20公里处。

俄军在维斯瓦河上的一个登陆场已被我方除掉,其他的也被迫缩小范围。可惜的是,由于先后有数个师被调走,尤其是善战的第4装甲集团军司令巴尔克将军被调往西线，因此在这个重要地段没有能进一步取得战果。俄军的登陆场，尤其是巴拉努夫登陆场，对我们构成了重大威胁。

尤其对我们不利的是，始终未能利用北方集团军群坚守库尔兰的行动而缩短防线。我曾多次提出建议，尽快撤出库尔兰，用北方集团军群的兵力组建强大的预备队。希特勒之所以拒绝我的建议，一方面是出于政治考虑，另一方面是基于海军总司令邓尼茨海军元帅提出的意见。他害怕这一措施会影响瑞典的中立态度，对但泽湾的潜艇训练基地造成损害。此外，他还认为，坚守东线北部的波罗的海沿岸，可以牵制大量俄军兵力，否则这些兵力就可以应用到东线的其他地方。俄军不断加强在库尔兰的攻势，更增强了他的这一观念。

基于同样的和类似的考虑，希特勒和国防军指挥参谋部也拒绝所有关于撤出巴尔干和挪威的建议，也不同意缩短意大利的战线。

不仅东线计划大部未能付诸实施，西线形势也令人沮丧。

自1940年，我们对包括西壁工事在内的西线要塞没有给予应有的重视，而是把所有的建筑力量都集中到了构筑大西洋壁垒上，到现在只能自食恶果。东线仅有的一点兵力——不过最多只能说是三流的力量，也被调到西线。但是，由于这点兵力不足以填补西线的空缺，加之法国后方地域的丧失，要塞工事因此失去了其应有的作用。要塞工事的迅速丧失，迫使我们以近乎非机动的部队在辽阔的战场上，利用被炸得七零八落的交通网实施机动作战，而制空权却完全掌握在敌人手里。当我们还拥有装甲部队的时候，我们偏偏要在诺曼底进行阵地战；而现在，当摩托化兵力已消耗殆尽之时，又要被迫进行机动战。当初，我就提出过要实施机动作战，但无人理睬。美军由于指挥冒失，给我们提供了许多实施反击的大好机会，可是我们没有适当的兵力加以利用。原本攻击美军南翼的计划，也不得不放弃。不过，最糟糕的是，原计划在11月中旬发动的攻势被迫中止，一直推迟到12月中旬。这样，及时从西线抽调预备兵力向东线转移的计划也落了空，致使继续坚守脆弱东线的设想化为泡影。

为西线准备兵力的工作未能如期完成。为了西线而争取时间的作战，也一无所获。尽管如此，希特勒和国防军总司令部依然一意孤行，顽固坚持要在西线发动攻势。多亏这次行动的保密工作做得很好，达成对敌人的突袭。不过，保密工作做得过于严格，也致使德军各司令部和部队对此一无所知，进攻所需的后勤保障尤其是燃料供应未能及时跟上。

东线的作战

正当西线德军从大西洋壁垒向西壁工事败退之时，东线战事一直也没有停止。在东线战场的南部，德军未能阻止俄军向前推进。经短暂休息之后，俄军便占领了整个罗马尼亚、保加利亚和匈牙利的大部。由弗里斯纳将军指挥的南乌克兰集团军群正在匈牙利作战，但自9月25日起，南乌克兰集团军群这个名称已与当时的形势不符，因此改称南方集团军群。10月，俄军占领了整个的锡本比尔根地区，但德军在德布勒森地域发动的反击，使俄军的进攻受阻。虽然巴尔干战线已归属东线管辖，但在东南线司令魏克森男爵元帅所辖战场，还一直属于国防军总司令部，而不属于陆军总司令部管辖范围。10月，在这一区域内的贝尔格莱德丢失。陆军总司令部和国防军总司令部所管辖的范围，其分界线位于多瑙河畔的一个村庄，地处德拉瓦河河口与包姚之间。但是，这一分界线在实际作战中毫无意义。俄军照样在两个最高司令部接合部的南部，渡过多瑙河，进入东南线司令所辖领域，而东南线司令的注意力却集中在其防线中的深远的南方。10月29日，俄军到达布达佩斯近郊。11月24日，他们又在莫哈奇附近占领多瑙河的一个登陆场。此时，德军还在萨洛尼卡和都拉斯，而摩拉瓦河河谷已经被控制在敌人手里。由于在巴尔干地区到处都在进行游击战，因此德军要想撤出这一地区变得越来越困难。11月30日，俄军在位于德拉瓦河东岸的佩奇突破东南线司令的防线，一直挺进到巴拉顿湖，摧垮了南方集团军群的多瑙河防线。到了12月5日，俄军已经到达布达佩斯城南。同一天，他们又在布达佩斯北部渡过多瑙河，进抵瓦茨，在该城东部德军才勉强阻止住俄军的进攻。俄军继续向东北方向推进，占领米什科尔茨，到达卡绍南部。德军被迫撤至波德戈里察—乌日采一线，并继续向北撤退。

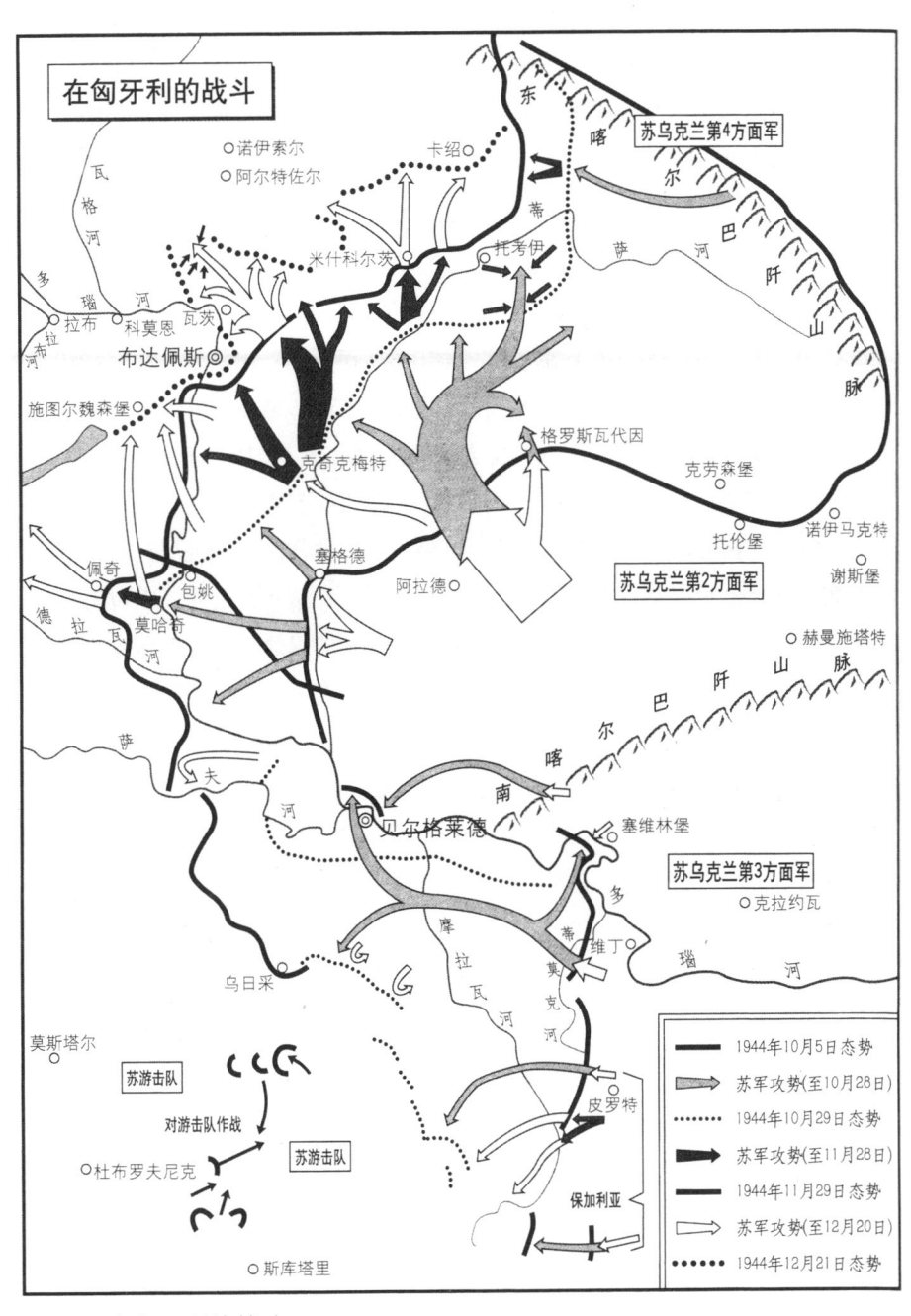

图 36　在匈牙利的战斗

12月21日，俄军继续进攻，到1944年圣诞节已将布达佩斯合围。敌人已经到达巴拉顿湖—施图尔魏森堡—科莫恩西部，以及多瑙河以北，直抵格兰河。从这里开始，德军的防线大致沿着匈牙利边界向前延伸。双方战斗异常激烈，我们的损失十分惨重。

9月，由哈尔佩大将指挥的北乌克兰集团军群更名为A集团军群。在这个方向上，俄军继续沿维斯瓦河实施攻击，于7月末逼近华沙。在其南面，在桑河与维斯沃克河之间的地域也发生激烈战斗。该集团军群所辖部队有，由海因里希大将指挥的第1装甲师，位于喀尔巴阡山；由舒尔茨将军指挥的第17集团军，位于喀尔巴阡山和维斯瓦河之间；第4装甲师由巴尔克将军、后由格雷泽尔将军指挥，位于维斯瓦河沿岸。8月1日，俄军在维斯瓦河占领多个登陆场，其中最重要的一个是巴拉努夫登陆场，其次位于普瓦维和马格努谢夫，另外还有四处。俄军在山地作战中的进展自然十分迟缓，而且也未取得突出战果。在8月5日至9日这几天之内，巴拉努夫登陆场的态势极为紧张，俄军随时都有达成突破的可能。多亏巴尔克将军勇猛善战，才勉强渡过难关，避免了一场灾祸的发生。经过几周猛烈的反击作战，巴尔克将军成功地迫使俄军紧缩了在巴拉努夫登陆场的面积，除掉了另一个小型登陆场，并夺回普瓦维。此后，俄军便把进攻重点转移到山地。在萨诺克和亚斯沃，敌人虽突破我军阵地，但未能达成突贯。直到匈牙利形势发生逆转，一直坚守东贝斯基德山山脊的第1装甲师，才被迫撤到卡绍–亚斯沃一线。在1944年年末至1945年年初这段时间里，该集团军群的防线沿着斯洛伐克边界，向东到卡绍，然后经亚斯沃—登比察西部—斯塔舒夫西部—奥帕托夫南部—维斯瓦河北部与桑河交汇处，直至华沙，不过，上文提及的俄军各登陆场仍掌握在敌人手里。

中央集团军群下属有四个集团军：冯·福尔曼将军指挥的第9集团军；魏斯将军指挥的第2集团军；霍斯巴赫将军指挥的第4集团军；赖因哈特大将（自8月15日由劳斯大将继任）指挥的第3装甲集团军。8月15日，中央集团军群司令莫德尔元帅被调往西线，他的职位由赖因哈特大将接替。8月，敌人已经到达华沙城下，接着推进到奥斯特鲁夫—苏道恩—东普鲁士边界—绍伦西部—米陶西部一线。9月，敌人进抵华沙东北的纳雷夫河畔，10月在奥斯滕堡两侧建立了登陆场。10月5日—19日，俄军最终突破德军在绍伦以西的防线，从而切断了中央集团军群与北方集团军群的联系。10月19日，中央集团军群的左翼撤至梅梅尔，10月22日又撤出位于河北岸的蒂尔西特❶和拉格尼特的两个桥头阵地。从10月16日到26日，俄军在沃尔夫斯堡—贡宾嫩—戈乌达普一线，向东普鲁士发起进攻。经过艰苦的争夺战，德军阻止住了敌人的进攻，还收复了一部分失地。俄军占领东普鲁士之后的所作所为，已经使德国人民提前品尝到了一旦俄国取得全胜会是一种什么滋味。

上文已经提到，9月14日—26日北方集团军群撤到了里加的一个桥头阵地，企图从那里尽快与中央集团军群建立联系。但是，该集团军群司令舍纳尔大将却未采取配合措施，使这一企图夭折。他命令他的装甲部队固守在里加-米陶附近，而不是调往绍伦以西地区，结果使俄军突破了绍伦防线，他自己也因此丧失了与其他部队建立联系的机会。北方集团军群下辖第16、第18集团军，起初有26个师，由于多次抽调兵力，目前还有16个师，这对于保卫德国本土来说是十分宝贵的。自从10月7日—16日撤出里加之后，该集团军群的防线几乎没有变动，到年底其防线由利包南部的海岸，经普雷库尔恩—弗劳恩堡南部—图库姆斯东部，直到里加湾。

相对而言，在喀尔巴阡山到波罗的海这条绵长的防线上，态势比较平静，因此不但可以构筑工事，还能抽调出装甲师和装甲步兵师组成预备队。当然，这支仅由12个弱小师组成的势单力薄的预备队，对于一条长达1200公里的漫长防线，以及敌军的压倒性优势来说可谓杯水车薪，他们也只能聊以自慰！

在这段相对平静的时间里，对于我们过长和兵力不足的防线而言，我们在东线构筑的工事还算坚固。我们尽量利用最新的作战经验，却招致希

---

❶ 今苏维埃茨克。——译者注

特勒的反对。构筑防线的一个最基本的要求是，把平时的防御前沿与为大规模作战而设置的"大规模作战线"分开。前线的指挥官们希望把"大规模作战线"构筑在防御前沿后约 20 公里的地方，加以良好伪装，由保障部队予以防守。他们还希望，为保全主力，允许他们在敌人刚要实施炮火准备时，将主力撤至"大规模作战线"。这样，敌人的炮火准备便失去其应有的作用，其经长时间准备而展开的兵力也发挥不了效能，而我们则可以更有效地抵御敌人的攻击。毫无疑问，他们提出的这个要求是正确的。我完全赞同，并将其报告了希特勒。希特勒听后大发脾气，说他绝不允许部队不经战斗就将 20 公里的地区主动放弃，他命令"大规模作战线"与防御前沿间的距离只能是两至四公里。这种荒唐的命令，只能说明他的思想还停留在第一次世界大战，任何人都改变不了他的观点。他的这一错误导致我们遭受重大损失。当 1945 年 1 月俄军达成突破时，希特勒不接受我的建议，命令预备队开到距离防线过近的地方。于是，防御前沿、"大规模作战线"和预备队三者，几乎同时在俄军的首次突破中被摧垮。为此，希特勒再次大发雷霆，并迁怒于阵地构筑者。我对此提出异议，于是他又把矛头转向了我。他让人把 1944 年秋讨论关于"大规模作战线"问题的记录拿来，他说他一直主张两条防线距离应是 20 公里。而且还追问："到底是哪个傻瓜蛋干出这样的蠢事？"我提醒他说，这都是他自己干的。记录拿来了，没读几句，希特勒便不让读了。他的脸上明显露出几分自责。可这于事无补，俄军突破已成事实。

等我下面写到俄军大举进攻的时候，还要再谈希特勒的战术。希特勒一直自诩为大本营里唯一一个真正具有作战经验的军人，对这一点他始终信心满满。遗憾的是，大多数军事顾问们还真的不如他。另外，加上党内像里宾特洛甫、戈林这样的一批马屁精的吹捧，希特勒竟然以统帅自居，不接受任何人的建议。每当我尽量使他了解前线实际情况时，经常遭到他的指责。其中有一次，他对我说："您不用再跟我上什么课！我已指挥德国陆军在战场上驰骋达五年之久，积累了足够的实战经验，总参谋部的那些先生是永远做不到的。我钻研过克劳塞维茨和毛奇的著作，通读了施利芬的所有作战计划。我知道的东西要比您多得多！"

除了我们自己的事使我们焦头烂额之外，匈牙利部队的战斗力如何，是否依然忠于我们等问题，也给我们乱上添乱。上文我已谈到匈牙利摄政霍尔蒂对希特勒的态度。站在匈牙利的立场上看，霍尔蒂的态度是完全可以理解的，但从我们德国的角度看，则认为他已经不可靠了。匈牙利摄政希望与西方重归于好，与其建立空中联系。但是，关于他是不是已将其思想付诸实施了，西方是不是愿意接纳他，我就不得而知了。不过我知道，在匈牙利的高级军官中已经有一批人投降了敌人，比如米克洛什将军已于10月15日向俄军投诚，他是在柏林任武官时与我认识的；再比如匈牙利总参谋长福勒斯，他最近还到东普鲁士来拜访我，拍着胸脯保证说匈牙利对德国忠贞不贰，我当时把一辆汽车作为礼物送给他。可是，没过几天，他就开着这辆本属于我个人的梅赛德斯车，跑到俄国人那里去了。因此，匈牙利已经无法使人再相信了。于是，1944年10月16日希特勒把霍尔蒂政府推翻，由萨拉叙代替。这个人是个匈牙利法西斯分子，头脑简单，能力有限。自从此人上台之后，匈牙利的局势并没有得到改善，相反两国间的互信和友好已荡然无存。

起初，斯洛伐克完全站在德国一边，现在很长时间以来游击队已经在全国展开。坐火车已经变得越来越不安全，直达列车经常会遭到拦阻，他们会上车搜查，发现德军军人尤其是军官就格杀勿论。这必然招致德军采取激烈的报复行动，仇恨日渐加深，谋杀更加频繁，而且在全国蔓延。西方大国有计划地号召在各地展开游击战，这种行为是不符合国际法的，它迫使我们进行自卫，而我们的这种自卫行动却在纽伦堡审判中被起诉人和法官判为违反国际法。事实上，同盟国军队开进德国时所奉行的惩罚规定，比起德国当初的作为有过之而无不及。只不过当时德国已是江河日下，大势已去，已没有能力以牙还牙。

为了对形势有一个全面的了解，还必须对意大利的情况做一个简要的介绍。1944年6月4日，盟军开进罗马。当时，德军南线司令凯塞林元帅正在罗马城北为防守亚平宁山防线，与占优势的敌人展开激战。德军20

个师被牵制在这条战线上。效忠于墨索里尼的意大利军队的战斗力十分薄弱，根本派不上用场，不得不将其留在里维埃拉沿海地区。在德军防线背后，游击战如火如荼，而且这种残酷的游击战是意大利人首先挑起的，为了保证集团军群的供给和通信的顺利畅通，我们不得不采取强硬的措施予以报复。停战后战胜国的军事法庭并没有采取公正的态度，而是以一种偏见加以评判。

阿登攻势

12月初，希特勒将其大本营由东普鲁士移至吉森附近的齐根贝格，他希望在这个更靠近西线的地方，指挥德军即将发动的最后一次关键性进攻。

数月前，德军将所有能够投入的兵力都集中起来，准备从艾费尔地区向吕蒂希南部的马斯河方向进攻，突破这里盟军的薄弱地段，而后渡过马斯河，合围和歼灭该地以北的敌军。希特勒认为，此次攻势一旦告成，就可使西方大国威风扫地，一蹶不振。这样，他就有足够时间把强大兵力转移到东线，粉碎俄军可能发动的冬季攻势。他认为，这样就可以彻底摧毁敌人取得全面胜利的希望，收回其无条件投降的要求，从而取得一个双赢的和平结局。

但是，由于气候的原因，以及组建部队的工作再三拖延，希特勒不得不把他原计划在11月中旬发动的攻势一再顺延，最后定于12月16日。

为实施这次攻势，新组建了第5、第6两个装甲集团军。第5装甲集团军由冯·曼陀菲尔将军指挥，第6装甲集团军由党卫队总指挥泽普·迪特里希指挥。进攻重点放在右翼的第6装甲集团军，该集团军下辖的部队是装备精良的武装党卫队。第5装甲集团军配置在中央。第7集团军由布兰登巴格将军指挥，负责保障左翼的安全。该集团军的任务十分艰巨，但他的机动兵力明显不足。

西线总司令冯·伦德施泰特元帅和B集团军群司令莫德尔元帅认为，现有兵力不足以达成希特勒计划中的宏伟战略目标，因此建议此次进攻只应达成一个有限的目标，也就是将进攻局限在马斯河东岸地区，消灭位于河东岸以及亚琛和吕蒂希之间的敌军。但是，希特勒拒绝他们的建议，坚持自己大而全的方案。

进攻于12月16日开始，冯·曼陀菲尔将军的第5装甲集团军突入敌军阵地。他的装甲前卫部队第116装甲师和第2装甲师，一直推进到马斯河附近。第2装甲师的部分兵力甚至已到达马斯河。而第6装甲集团军则进展不顺。山路狭窄而且结冰，致使车辆严重拥堵，后方部队未能及时到达第5装甲集团军地域，初期战果因此也未能得到及时利用。该集团军从而失去机动性，因此也就失去了实施大规模作战的前提。此时，第7集团军同样也陷入困境，因此不得不将曼陀菲尔的部分装甲部队向南调动，以掩护受威胁的侧翼。这样，再想实施什么大规模突破，已经成为空想。到了12月22日，德军已经意识到，攻势不可能再继续扩展，只能局限在一定的目标上。如果换上一位高瞻远瞩的指挥官，他必定会在这一天考虑到危急的东线，认识到东线存亡与阻止西线崩溃之向的密切关系。然而，不仅是希特勒，还有国防军总司令部和国防军指挥参谋部，在这些命运攸关的日子里，看不到全局，只是死死盯着西线的一隅之地。我们军事指挥的全部悲剧，在阿登攻势失败的例子上再次暴露无遗。

到了12月24日，任何一个明智的军人都应当认识到，此次攻势败局已定，必须立即转航向东，现在也许还来得及。

东线的防御准备

此时，我的大本营转移至位于措森附近的迈巴赫军营。在这里我坐卧不安，焦虑地关注着西线攻势的动向。为了我国人民的福祉，我盼望着此次攻势能大获全胜。但是，自12月23日这一天就已经可以看到，这次攻势取胜的希望已荡然无存。于是，我决定驱车前往元首大本营，请求希特勒中断此次徒劳无益的作战行动，立即将全部兵力运往东线。

在此期间，不断有情报表明，俄军的进攻即在眼前。我们已经判明敌军主力的展开地域。俄军三个主要突击集群的情况也已搞清：

1. 在巴拉努夫登陆场，俄军集中有60个步兵师、8个坦克军、1个骑兵军和6个坦克师，均已做好进攻准备；

2. 在华沙北部，有54个步兵师、6个坦克军、1个骑兵军和9个坦克师；

3. 在东普鲁士边界的兵力集群有54个步兵师、2个坦克军和9个坦克师。

除此之外，还有1个集群位于亚斯沃，下辖15个步兵师和2个坦克师；1个集群位于普瓦维，下辖11个步兵师、1个骑兵军和1个坦克军；1个集群位于华沙南部，下辖31个步兵师、5个坦克军和3个坦克师。

我们预计，敌人可能会在1945年1月12日发动进攻。俄军对德军的优势，步兵11∶1，坦克7∶1，火炮20∶1。就总体而言，毫不夸张地估计，俄军地面部队是我们的15倍，空中力量至少是我们的20倍。我决不会把德国军人的战斗力估计过低。他们都是出类拔萃之人，在进攻中能在1∶5的劣势下取胜。如有称职的指挥，德国军人凭借其超群的能力，完全可以抵消敌人在数量上的优势，并战而胜之。但是，时至今日，他们已经历五年对优势之敌的艰苦作战，补给和装备日益减少，胜利对他们来说已遥不可及，这一切都成了压在他们头上的巨大负担。最高指挥尤其是希特勒本人，必须竭尽一切努力减轻他们的负担，至少不要让他们超负荷。

现在，摆在我面前的问题是，部队今天所承受的负担是否已超过了人的极限。自从对俄作战以来，甚至早在1940年莫洛托夫访问的时候，这个问题就萦绕在我的心头，一直放不下。然而，到了今天它已经成了"生存"还是"灭亡"这样一个压倒一切的问题。

现在，有数百万德国人处在敌人的铁蹄之下，为使德国的东部领土免遭踩躏，我能够做的，就是阻止俄军的长驱直入。敌人在很短的时间内在东普鲁士达成的突破，已经注定了我们的命运！对这种处境，我和我的士兵心里都很明白。尤其是那些生活在东部的德国人更清楚，数百年来的文化遗产，700年来的劳动成果和奋斗所得，连同他们的家乡都将被付之一炬！面对这样一种未来，无条件投降的要求实际上就是一种暴行，一种对人类的犯罪，而对军人来说则是一种无法接受的耻辱。因此，应该尽量通过有别于"无条件投降"的途径争得和平。

要想达到这个目的，就只有采取措施阻止俄军的攻势。为此，必须立即将部队从西线调向东线，在利茨曼施塔特—霍恩扎尔察地域组建一支强大的预备队，以机动作战的方式抵御俄军的突贯。尽管德军已是久战疲兵，但论起机动作战，仍要比敌人高出一筹。

基于上述考虑，我准备在东线与敌人做最后一搏。但在与敌人展开斗争前，首先要与希特勒进行一番斗争，说服他准许我从西线抽调必要的兵力。为此目的，我于12月24日来到吉森，从这里再到元首大本营。

参加形势报告会的除了希特勒之外，同往常一样，还有凯特尔元帅、约德尔大将、布格多夫将军，以及一些年轻军官。我把我上面提到的敌人的兵力配置和兵力对比，向希特勒做了报告。我的这些情报是绝对可靠的，因为我的东方情报处是一流的。我和东线情报处处长格伦将军已相识很久，我对他本人、他的同事、他们的工作方法，以及他们所取得的成绩深信不疑。事到如今，格伦的预言已为现实所验证。这是历史事实，任何人都抹杀不了。但希特勒对此不屑一顾。他说东方情报处的数据是虚张声势，说俄军步兵师最多也不超过7000人，他们的坦克师根本就没有坦克。他大声喊道："这是诈唬人！是成吉思汗以来最大的诈唬，是谁搜罗来这些胡说八道的东西？"自从谋杀行动发生以来，不是别人而是希特勒整天在自己诈唬自己。他命令组建的炮兵军实际上只不过相当于一个旅；装甲旅说是由两个营组成，实际上只相当于一个团，反坦克旅实际只有一个营。依我看，他这样做不仅不能掩住敌人的耳目，相反只能使自己的组织编制混乱成一团。他以这种变得越来越古怪的心态揣度形势，认为俄军根本就没想真的发动进攻，敌人只不过是在制造假象。我对希特勒的这种分析，在晚餐时得到了证实。吃饭时，我坐在后备军总司令希姆莱的旁边，他同时还兼任上莱茵集团军群司令、德国内政部部长、警察头子和党卫队领袖。因此，他扬扬自得，傲气冲天，自以为他的军事能力已经和希特勒相差无几，自然不会把一个将军放在眼里。他对我说："我亲爱的大将，您是知道的，我根本不相信俄国人会发动什么进攻。这一切只不过是一个大骗局。您那个东方情报处提供的数据是过分夸大了。您太过虑了。我敢断言，东线不会出什么事。"面对这种头脑简单的人，任何解释都等于对牛弹琴。

不过，希姆莱的思想还不是最具危险性的，危害更大的是约德尔的见解，他反对把重点转向东方。约德尔认为，西线主动权已经被我方夺回，因此不能轻易放弃。他虽然也看到阿登攻势已停滞不前，但是他相信，敌人同样也已陷入被动地位。他认为，如果在另一个敌人料想不到的地方再发动一次攻势，便可以取得新的局部胜利。照此下去，积小胜为大胜，就可以达到把西线敌军全部消灭的目的。为此，他主张对阿尔萨斯－洛林的北部边界再实施一次攻击。于是，决定经比奇两侧，向南实施攻击，以萨韦尔讷为攻击目标。此次攻击于1945年1月1日开始，起初也确实取得一些战果。不过，距目标萨韦尔讷以及之后的目标施特拉斯堡，还遥不可及。但约德尔依然顽固坚持己见，强烈反对我提出的将兵力从阿登调到上莱茵的要求。他依然老调重弹，搬出其惯用的论据："我们决不能把刚刚赢得的主动权白白丢掉。"而希特勒也随声附和，因为他认为"东线我们还有地盘可以丢失，但西线再也输不起了"。我指出，鲁尔区已被西方炸成一片废墟，运输工具也已被敌人空袭摧毁，那里的情况不仅没有得到改善，反而在日益恶化。而上西里西亚工业区还完好无损，可以正常生产，实际上德国装备工业的重点早就转移到东线，如果上西里西亚一旦丢失，我们就会在几周之内彻底崩溃，我们的全部辛苦付出也会随之化为灰烬。但是，我的一切努力都是枉费心机。我在他们面前碰了一个大钉子。就这样，在这个没有丝毫基督教氛围的环境中，我度过了一个悲凉的圣诞夜。就在这一夜，传来了布达佩斯被围的消息。尽管如此，这未能促使他们改弦更张。他们下达了一份"东线必须自助"的命令，以此打发了我。于是，我提出要求，将驻在库尔兰的德军撤出，至少把曾在芬兰作战，现已从挪威撤出的部队调到东线。我的这一要求再次遭到拒绝。他们认为，从挪威撤出的部队是一支山地部队，适于山地作战，是专门为孚日山地战准备的。我对于孚日山作战地区是再熟悉不过了，自我任少尉的时候就是在这里度过的。

位于孚日山附近的比奇，是我当见习军官和少尉时的第一个营地。所以我很清楚，要想通过在这里投放一个山地师来扭转战争的结局，只能是空想。

12月25日，我乘火车回到措森。正当我在旅途中的时候，希特勒根本没有经过我就直接下命令把吉勒的党卫队军和它的两个党卫队师从华沙北部调走，派去为布达佩斯解围。这些部队本是作为赖因哈特集团军群的预备队被留置在防线后方的。赖因哈特负责的防线本来就过长，现在这种随意的调动使他一筹莫展，我也同样束手无策。我们提出的任何抗议都是徒劳。在希特勒眼里，解救布达佩斯要比保卫德国东部领土更为重要。我曾要求希特勒撤销这一决定，但他却说这是外交政策的需要，我的要求再次遭到拒绝。原来组建的预备队总共有14.5个装甲师和装甲步兵师，现在抽调出两个师到了次要战线，只剩下12.5个师防守着长达1200公里的防线。

回来后，我和格伦再次对敌情进行了详细的研究，并和文克商讨我们还可能采取哪些措施，以应付当前的紧急局势。讨论结果是我们一致认为，现在没有别的办法，只有立刻停止西线的全部进攻行动，及时将重点转向东线，这是能够阻止俄军大规模攻势的唯一有效途径。因此我决定，在除夕之夜再次到齐根贝格去见希特勒，请他接受这个唯一能给我们带来希望的决定。我决定这次一定要谨慎行事。到达齐根贝格后，我首先去见冯·伦德施泰特元帅和他的参谋长韦斯特法尔将军，向他们详细介绍了东线的形势和我的想法，以求得到他们的帮助。伦德施泰特元帅和他的参谋长，对其他各条战线的需求一贯给予充分的理解。他们告诉我，西线有三个师，在意大利有二个师。这四个师都位于铁路附近，只要一经元首批准，就可以立即调用开拔。于是，我对这几个师当即实施了动员，同时通知了野战运输长官，让他准备好车辆。一切准备就绪之后，我便去见希特勒。然而，结果同圣诞节之夜一样。约德尔说，现在抽调不出一点兵力，西线的部队还要用于巩固已夺取的主动权。不过，当我列举出西线总司令给我提供的数据之后，他变得十分尴尬。而当我向希特勒说出这四个师的番号时，约德尔大发雷霆，问我到底是从哪儿知道这些番号的。我告诉他这是西线总司令亲口所说，于是他气呼呼的，一言不发了。面对这个无可争辩的事实，他们无言以对。这样，我总算争取到了四个师，但也只有这四个师。我本以为，这四个师只不过是个开端，后面会得到更多兵力补充，但没想到这却是国防军总司令部和国防军指挥参谋部为东线所做的全部。而且，就连这一点可怜的兵力，希特勒还把它用到了匈牙利！

元旦一早，我就去找希特勒，向他报告吉勒的党卫队军在第 6 集团军司令巴尔克指挥下，准备于 1 月 1 日傍晚发起进攻，以解布达佩斯之围。希特勒对这次进攻的胜利抱有很大希望。可我却持怀疑态度，因为准备的时间太短了，官兵也不像过去那样充满活力。结果正如我所料，进攻在取得初步战果后，便停滞不前。

这次到元首大本营来，依然没有太大收获。回到措森之后，我们再次对情况进行了研究。我决定，亲自到匈牙利和加利西亚❶，与各位司令进行磋商，看他们能对我们判断未来局势提供哪些有益的意见。1945 年 1 月 5 日—8 日，我首先与韦勒将军进行了交谈，他当时已接替弗里斯纳的职务，担任南方集团军群司令。然后，我又找了巴尔克将军和吉勒党卫队将军，与他们讨论在匈牙利的下一步作战问题，了解布达佩斯解围作战失利的原因。据他们说，进攻失利的原因好像是 1 月 1 日傍晚取得初战胜利后，晚上没有利用这一战果实施大胆突破。我们官兵的状况已无法与 1940 年时同日而语，否则我们会打胜这一仗，而后利用腾出的部队去加固多瑙河防线。

接着，我又从匈牙利到克拉科夫访问哈尔佩。哈尔佩和他聪明的参谋长冯·克胥兰德将军，向我介绍了他们对俄军实施防御的想法，思路清晰，合情合理。哈尔佩说，预计俄军可能会在 1 月 12 日发动进攻。他建议，在俄军发动进攻之前，应从我们迄今占领的维斯瓦河防线撤出，撤至距防

---

❶ 历史地区名，位于喀尔巴阡山北部。西自维斯瓦河上游，东至俄罗斯罗夫诺—利沃夫地域，北抵卢布林丘陵。历史上长期为俄、奥所争，一战后归还波兰。——译者注

线大约 20 公里的较短的后方阵地。这样，我们就可以腾出几个师的兵力组成预备队。他进一步向我解释了这一想法的依据，我认为是完全正确的；不过恐怕难讨希特勒的欢心。我事先也把这个可能性告诉了哈尔佩。哈尔佩是一个特别正直的人，他只希望一定要把这个想法报告给希特勒，至于会不会使他下不了台，他并不计较。该集团军群已经把所有的力量都调动起来，防御措施也十分周密。

最后，我又与赖因哈特取得联系，他在电话里提出的建议与哈尔佩的建议大致相同。他主张放弃纳雷夫河防线，撤到较短的东普鲁士边界阵地，以便腾出几个师留作预备队。这个建议固然很好，但我还是对他说，很遗憾，这个建议获得希特勒首肯的可能性微乎其微。

现在，我已经完全搞清楚了，各集团军群最关心的是什么。于是，我决定在最后一刻再一次去见希特勒，力争让他把主要精力集中到东线，把西线的兵力转移到东方，接受各集团军群的建议，允许他们把部队撤到后方阵地。因为，除此之外再也找不到其他任何办法可以及时组建起预备队。

1945 年 1 月 9 日，我再次来到齐根贝格，决心再不退让，要让希特勒明白自己的责任所在。这次会议还是按照惯例举行。不同的是，我这次带来了我的装甲兵监察部参谋长托马勒将军。

格伦为我准备了一份详细的敌情资料，以及一些地图和图表，使敌我力量对比一目了然。当我把这些东西拿给希特勒看时，希特勒勃然大怒，说这些东西"愚蠢透顶"，要我赶快把搞这些东西的人关进疯人院。听后，我强压怒火对希特勒说："这些资料是格伦将军准备的，他是我最有才能的总参谋部军官，而且这些资料都是经我同意的，否则我绝不会向您报告。您如果把格伦将军送进疯人院，那也把我一同关进去好了！"希特勒要求立即免除格伦将军的职务，我断然加以拒绝。这场疾风暴雨般的争论就这样停止了。尽管如此，这次会议仍是不了了之，一无所获。哈尔佩和赖因哈特的建议都一概遭到拒绝，希特勒仍是对将领们充满敌意，认为那些凡是主张"行动"的将领，实际都是想往后方阵地撤退。这一切使我十分沮丧。

所有想在东线受威胁地段后方组建强大预备队的努力，都因希特勒和约德尔的反对而失败。国防军总司令部的人们都希望，我们关于俄军即将发动大规模进攻的精确情报，只不过是场骗局。他们只相信自己所希望的东西，面对真正的现实却闭上眼睛，装聋作哑。这是不折不扣的鸵鸟政策和鸵鸟战略！为了安抚我，希特勒在会议结束的时候，对我说："东线从来没有像现在有这样多的预备队。这都是您的功劳，我要感谢您了。"我回答道："东线只不过是空中楼阁，防线如果有一点被突破，全线会即刻崩溃。因为，12.5个师的预备队对于这样一条漫长的防线来说，实在是太少了！"

此时，各师所在位置如下：

第17装甲师在平丘夫；

第16装甲师在凯尔采；

第20装甲步兵师在维若尼克和奥斯特罗维茨；

第10装甲步兵师（只有战斗集群）在卡缅纳；

第19装甲师在拉多姆；

第25装甲师在莫吉尔尼卡；

第7装甲师在齐兴瑙；

"大德意志"装甲步兵师在霍热莱；

第18装甲步兵师在约翰尼斯堡东部；

第23步兵师（尚未做好战斗准备）在尼古拉肯；

第10摩托车步兵旅在森斯堡；

"勃兰登堡"装甲步兵师（新组建）一部在德伦福特；

"赫尔曼·戈林"装甲军的第1装甲伞兵师在贡宾嫩西部；第2装甲伞兵师在贡宾嫩西部的东普鲁士；

第5装甲师在布赖滕施泰因；

第24装甲师正从匈牙利运往拉斯滕堡。

临走时，希特勒对我说："东线要靠您自己了，东线的兵力已经足够了。"这话很不受听。我怀着沉重的心情返回措森的大本营。其实，希特勒和约德尔也都十分清楚，如果俄军真的发动进攻，仅靠东线的这点兵力是守不住的。他们也知道，即便能够立刻向东线派遣预备队，但由于敌人掌握着空中优势，预备队也肯定无法及时到达，最终远水还是救不了近火。他们之所以缺乏理解，没有我们这样的急迫感，多少是因为他们两个人的家乡都不在偏远的东普鲁士。在最后一次汇报时，我终于发觉原因就在于此。而我们是普鲁士人，我们关心我们自己的家乡，她是我们艰苦奋斗的结果，是数百年来西方基督文化的结晶，散布着我们深爱的先辈们的陵墓。我们知道，敌人在东线的进攻一旦成功，我们的家乡势必沦陷，这里的居民必遭蹂躏。因为他们在戈乌达普和讷默斯多尔夫的作为已为我们展现了一幅恐怖的画面。遗憾的是，我们的这种忧虑并不为希特勒所理解，我们提出的把居民从受威胁的地区撤出的请求也未得到支持。因为他认为，我们之所以会提出这种要求，是将领们的失败主义在作祟，他害怕这种情绪会影响公众。这种想法在省党部头目们尤其是东普鲁士的科赫身上，表现得尤其突出。科赫对将领们的怀疑，已经达到极致。驻东普鲁士的集团军群的作战地区，被他们局限在防线后方仅十公里的一条狭窄地段上。重型炮兵连被配置在由省党部管制的所谓后方地区，在这里不准构筑阵地，不准砍伐树木。他们这样做的理由是——用他们的话说，避免与民事机构发生冲突。

俄军的突击

1945年1月12日，俄军经过周密准备，从巴拉努夫登陆场发动进攻。1月11日我们就已搜集到大量直接证据，表明俄军即将发动攻势。有俄军俘虏供认，上司要求他们必须在1月10日夜间将全部营舍移交坦克乘员使用。我们截收到的一份无线电报称："一切准备就绪！加强兵力已经到达！"自1944年12月17日，俄军在巴拉努夫登陆场的火炮数量已增加到719门，迫击炮增加到268门。从普瓦维登陆场抓到的俘虏还供述："进攻即将开始。第一波由受惩戒人员组成的分队担任，40辆坦克负责支援。

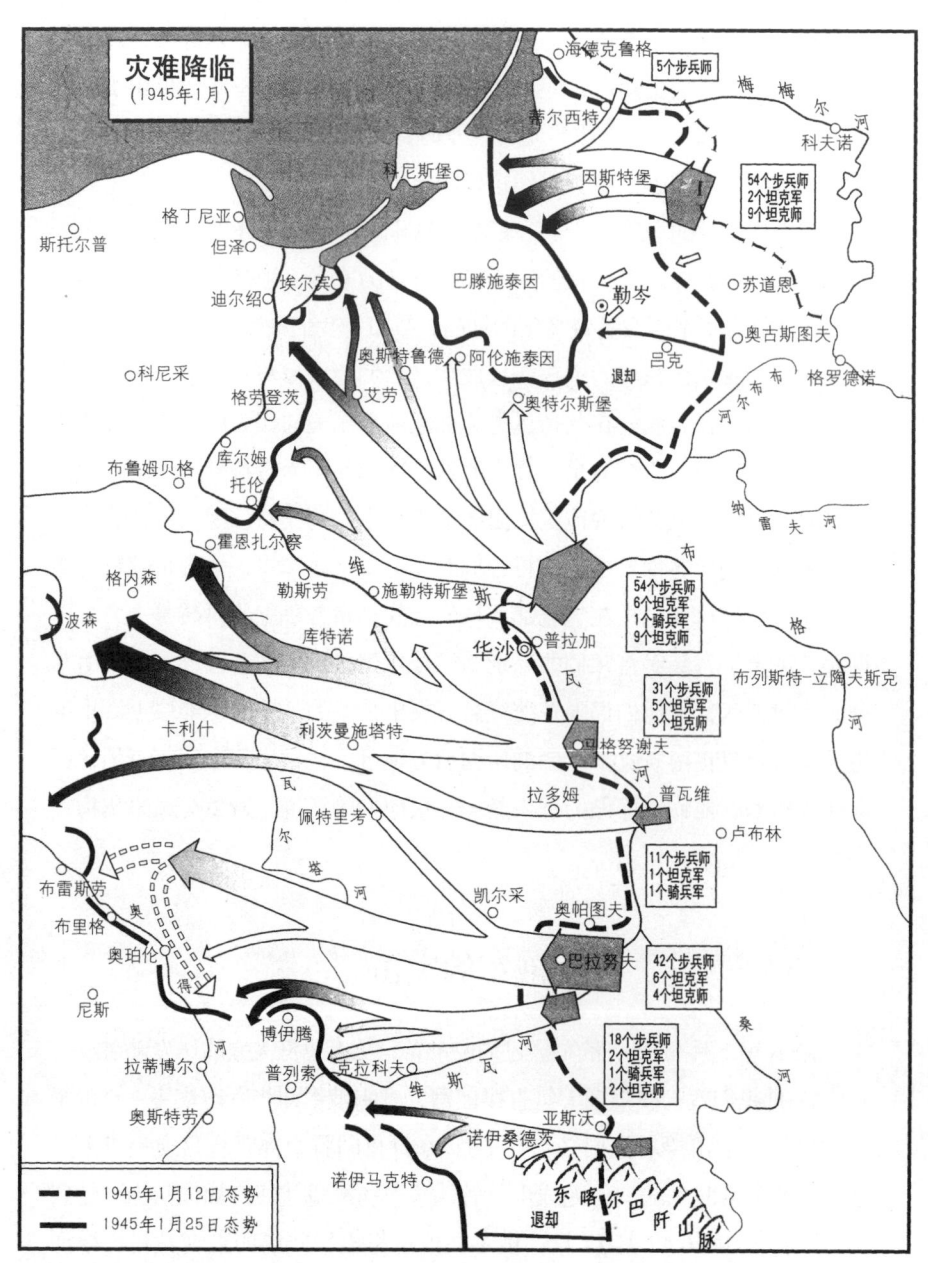

图37 灾难降临（1945年1月）

在主要战线后方二三公里的树林里有三四十辆坦克。1月7日夜间全部地雷都已清除。"空中侦察报告，敌军正进入维斯瓦河登陆场。另有俘虏供称，在进攻正面每公里部署有300门火炮，其中包括迫击炮、反坦克炮和多管火箭炮。在马格努谢夫登陆场，又发现60个新的炮兵发射阵地。

类似情报先后从奥斯滕堡附近的纳雷夫防线、华沙东部和东普鲁士传来。根据这些情报可以推断，敌人的主攻方向应在埃本鲁德—威隆湖—施洛斯巴格以东地段。

因为我们发动了新年攻势，因此只有在匈牙利和库尔兰，敌人不会在最近几天发动大规模进攻，这只不过是一种喘息而已。

1月12日，敌人首先对巴拉努夫发动进攻。敌人投入14个步兵师、2个独立坦克军和集团军的其他直属部队。但是，敌人集结在此的坦克兵主力这一天并没有投入战斗，他们是在等待初战结果，并依此决定之后的突击方向。俄军在物资上占有巨大优势，因此可以采取这种战术。

也就是在同一天，我们发现俄军进攻兵团大规模向北方普瓦维的维斯瓦河和马格努谢夫登陆场移动，车辆达数千部。很明显，这表明敌人对这里的进攻也即将开始！在华沙以北和东普鲁士，俄军也已做好进攻准备。他们已在这些地方的雷区内开辟了通道，位于战线后方的大量坦克已准备就绪。

A集团军群已动用它的预备队进行反攻。根据希特勒的命令，预备队被配置在了离防线过近的地方，这与哈尔佩大将最初的意愿背道而驰。结果，希特勒的这一介入给己方带来严重后果。预备队被置于敌炮兵火力准备之下，在发动攻势之前便遭受重大损失。俄军已将其当面的部分德装甲部队包围。德军不得不在内林将军指挥下，边打边向西撤，经过德军官兵的英勇奋战，最后终于立住脚跟。有一部分步兵部队也被卷入包围圈，致使装甲部队的行动更加迟缓。尽管如此，在各兵种的相互友好协同下，终于冲出敌人的包围圈。

1月13日，俄军在巴拉努夫西部达成突破后，继续向凯尔采方向挺进，然后从这里向北推进。此时，在这个地域又发现敌人第3、第4近卫坦克集团军。这样算来，俄军在这个地区总共投入 32 个步兵师和 8 个坦克军。在如此狭窄的地域内集中如此多的部队，尚属开战以来的第一次。

在维斯瓦河南部的亚斯沃，也有迹象表明，俄军会很快在此地域发动进攻。在普瓦维和马格努谢夫，敌人也已做好战斗准备，雷场已经扫清。

正如我们所料，在东普鲁士，俄军在埃本鲁德—施洛斯贝格地域的大规模进攻业已开始。俄军出动 12—15 个步兵师和相应数量的坦克兵团。在这里，敌人也突破了德军防线。

同一天，希特勒在埃尔萨斯的进攻也最终宣告失败。

到 1 月 14 日，敌人准备向上西里西亚工业区发动进攻的意图已清晰可见。这是在我们意料之中的。此外，敌人还有一支强大部队从巴拉努夫向西北和北部推进，企图与从普瓦维和马格努谢夫登陆场出击的部队建立联系。这股敌人的突击尽管被德军阻止，但从总体上看，守住防线的希望微乎其微。

从俄军在罗明滕草原和戈乌达普所做的准备可以判断，俄军的攻势正向东普鲁士方向延伸。

1 月 15 日的情况证实，敌人的主攻方向是从克拉科夫地域出发，向琴斯托霍瓦—卡托维兹一线突击。另一支强大兵力则指向凯尔采。我们判定，他们会从这里继续向佩特里考—托马舒夫推进，与经过普瓦维的突击部队取得协同。后者可能有两个步兵师和一个坦克集团军。从马格努谢夫登陆场出击的部队，很明显是以华沙为目标。

在克拉科夫南部，俄军开始对亚斯沃发动进攻。

在中央集团军群方面，敌人已在维斯瓦河 – 布格河三角地带和奥斯滕堡两侧完成了突破。敌人的目标是纳谢尔斯克和西部的齐兴瑙 – 普拉施尼茨。在俄军纳雷夫河登陆场和东普鲁士，形势日趋紧张。

在东南集团军群方面，俄军在多瑙河南部的第37集团军所负责的地段，已由保加利亚军队接手。我们推测，俄军的这支部队可能会移动至南方集团军群防线的当面，而后发动进攻。

自俄军发动大规模攻势以来，我就已经把当前的严重态势不折不扣地报告给了希特勒，急切地请他立刻回到柏林，因为这可以向外界表明，我们的作战重点又转移到东线来了。但在最初几天，他给我的答复只是重复1月9日的老话："东线要靠您自己了，东线的兵力已经足够了。另外，您自己也该清楚了，这个时候从西线抽调部队已经太晚了。"我不停地打报告，他就不停地发指令，白白浪费了大量宝贵时间。1月15日，希特勒第一次亲自干预我们的防御会战。他不顾我的反对，命令将"大德意志"军立即从东普鲁士调到凯尔采地域，阻止俄军对波森方向的突破。很明显，现在调集部队已经晚了，已无法阻止俄军的推进，相反却削减了东普鲁士的防御力量，而此时恰逢险象环生的危急时刻。如果现在把这支部队抽调走，那么东普鲁士也会陷入像维斯瓦河一样的灾难之中。这支部队有"大德意志"装甲步兵师和"赫尔曼·戈林"装甲伞兵师，由杰出的绍肯将军指挥。正当我为此力争的时候，这支部队已经登上火车。我拒绝执行这一命令，希特勒为此大发雷霆，并拒绝与我就此问题进行协商。不过，他终于决定离开他位于黑森的森林宿营地和靠近前线的孚日山营地，返回柏林。这至少使我有可能跟他面对面地商讨问题，而过去在电话里很难畅所欲言。这次谈话肯定不会愉快。希特勒也知道这一点，因此他尽量拖延与我见面的时间。

绍肯的"大德意志"军在下车时便遭到俄军炮兵的袭击。经过艰苦作战，最终和内林将军的第24装甲军建立联系。

1月16日，希特勒在柏林露面了。就在这一天，我和希特勒在已经被部分炸毁的总理府开始了谈话，他的大本营现在就设在这里。

希特勒终于做出决定，西线转入防御，将西线可以抽调出来的兵力运往东线。这个消息，是我刚刚踏入会议室前厅的时候知道的，尽管已经太晚了，仍不免使我兴奋异常。我拟制了一份预备队使用计划，准备将这些兵力运到奥得河，如果时间充裕，还可以继续向前运到奥得河彼岸，对俄军侧翼发起攻击，这样就可以大大削减敌先头突击部队的锐气。我问约德尔，希特勒的命令具体是怎么说的。他告诉我：抽调出来的主力部队，也就是第6装甲集团军,将要运往匈牙利。听完这句话,我真的失去了自我控制能力,我把我全部的牢骚和愤怒劈头盖脸地甩给了约德尔,但他只是耸耸肩,再没有任何表示。我始终没有搞清楚,是不是约德尔曾建议希特勒采取这个决定,或者说是对他施加了什么影响。在接下来的汇报中,我又与希特勒当面力争,提出我自己的建议。希特勒依然没有接受我的建议。他说,他之所以要进攻匈牙利,目的是要把敌人赶到多瑙河彼岸,以解救布达佩斯。对这个问题的争论持续了好几天。我据理驳斥了希特勒在军事上的考虑,而他却指出,德国的氢化工厂已经被敌人炸毁,所以匈牙利的油矿和炼油厂对我们来说就显得异常重要,对战争的结局具有十分重要的意义。他说:"如果您没有了燃料,您的坦克就无法开动,飞机就不能起飞。这想必您是知道的。但是我的将领们对军事经济却一窍不通。"他固执己见,已经到了无可救药的地步。

这样,我们从西线接收来的部队便被分割为两部分。当我在汇报中提到这一点时,他便说:"我早就知道您要说什么了,是不是又是什么'要集中,不要分散'。但您必须看到……"接着就是他上面说的话。

由于通向东南方向的铁路运输能力有限,而且还时常受敌人空军的袭击。因此,向匈牙利运送部队,要比向柏林地域运送需要更长的时间。

我与希特勒的争论可谓一波未平,一波又起。首先是关于主防线的问题,这个问题在谈话记录中是有记载的,表明是他出现了差错。其次是预备队的使用问题,他认为预备队配置得离前线太远了,而将军们则认为太近了。还有一个争论的问题是,哈尔佩到底有没有指挥能力,我认为哈尔佩是一个不可多得的将才。但是,希特勒总还是要找一个替罪羊,因此不管我表示怎么强烈的反对,希特勒坚持要把哈尔佩免职,由他的心腹舍纳尔大将接任。因为舍纳尔原来所在的库尔兰已没有立功的机会。舍纳尔上任的第一件事就是把勇敢正直、行事稳重的第9集团军司令冯·吕特维茨男爵将军解职,改派布塞将军接任。接下来他又与出色的绍肯将军发生激烈冲突,于是我急忙把绍肯将军调走,去担任一个集团军的司令。没过几个星期,我就让哈尔佩到西线重新担任集团军司令。在此之前,我还让巴尔克恢复了原职，他是在西线时受希姆莱陷害而丢掉乌纱帽的。

许多天的争论终没有白费，我终于如愿以偿：希特勒答应结束西线的进攻，将全部兵力调往东线——尽管太晚了。不过，撤出库尔兰的问题最终还是没有得到解决。只是第4装甲师被允许调出。

战争形势要求我们必须采取比过去更加迅速和更加有力的行动。在萨拉热窝东南，南斯拉夫游击队对E集团军群的压力日渐增大。在巴拉顿湖和多瑙河之间，敌人也不断增加兵力。俄军还在戈兰的登陆场增加了兵力。俄军加快了对A集团军群的追击。在西部，俄军越过斯洛姆尼基—梅胡夫一线，将其一部兵力转向克拉科夫。再向北，他们对琴斯托霍瓦—拉多姆斯科—佩特里考—托马舒夫实施突击。预计，俄军还将继续进攻利茨曼施塔特—沃维奇—索哈切夫。在突击集群后面还有强大的预备队跟进，其中一部分是由卡累利阿和芬兰运送来的。德国盟友相继崩溃所带来的弊端，现在已清晰可见。中央集团军群方面的形势日益恶化。俄军用三四十个步兵师的强大兵力，对普拉施尼茨—齐兴瑙—普伦发动进攻，随后跟进的俄军已通过比亚韦斯托克—奥斯托洛夫。在罗明滕草原、施洛斯贝格和贡宾嫩，情况大致相同。

尽管噩讯纷纷传来，但希特勒依然不将西线的兵力运至北德，也不撤出库尔兰。

到了1月17日，在A集团军群当面的俄军投入15个坦克军，由此可以判断敌人的主攻方向就在这个方向。在南方集团军群前方，有8个俄军坦克军；在中央集团军群前方有3个坦克军。现在，俄军主力向西，对克拉科—瓦尔滕瑙—琴斯托霍瓦—拉多姆斯科一线发起进攻。但在凯尔采地区，由内林将军指挥的第24装甲军对俄军进行顽强抵抗，使敌人前进受阻。强大的俄军正向华沙开进，其他部队则经沃维奇—索哈切夫向维斯瓦河挺进，企图切断由华沙撤出的第46装甲军渡过维斯瓦河的道路。这个军奉命向维斯瓦河以南机动，以阻止俄军经霍恩扎尔察—格内森对波森的突破。如果敌人的突破成功，那么东、西普鲁士与德国国内的联系就会被完全切断。遗憾的是，鉴于敌人的强大压力，该军只能渡河北上。强大的敌军如入无人之境，径直向德国的边界开来。

在中央集团军群方面，俄军对齐兴瑙——普拉施尼茨方向的进攻速度也明显加快。而在一直相对比较平静的纳雷夫河防线，也出现了敌人即将发动攻势的征兆。

下午晚些时候，作战处多次向我报告了一直在恶化的华沙周边形势；同时建议，如果华沙失守，应巩固防线继续实施防御。当我问及华沙的情况时，作战处处长冯·伯宁上校回答，根据目前情报来看，华沙的失守已经不可避免，也许现在就已经失守了。因为与该城的联络已经中断。在这种情况下，我同意了他的建议，并批准继续向各集团军群下达该指令。然后，我就到柏林参加在总理府举行的会议。正当我向希特勒汇报形势，以及为巩固防线而下达指令时，送来一份由华沙城防司令发来的电报，称华沙尚在德军手中，但准备今夜撤出。我把此事报告给希特勒，他立刻大发脾气，命令不惜一切代价死守华沙，而且要求立即拟制相应的命令。我对他说，现在下命令已经太晚了，但他断然拒绝接受我的说法。按照我原来的计划，华沙守军应当有一个要塞师，但由于此前抽调兵力运往西线，现在只剩下四个要塞步兵营和一些炮兵、工兵分队，而且战斗力极为有限。很明显，用这点兵力无论如何也是守不住华沙城的，如果华沙城防司令照希特勒指令行动，那结果只能是做俘虏。因此，尽管城防司令在撤退前就已经收到希特勒的命令，但还是决定撤出华沙。希特勒对此大为恼火，暴跳如雷，谁也劝不住。他现在是一叶障目，眼睛里只有华沙的得失，而对即将崩溃的全局视而不见。事实上，华沙对于全局而言仅仅是个次要角色。在以后的几天当中，他满脑子就只有华沙沦陷这样一件事，并把责任完全归咎于总参谋部。

1月18日，在匈牙利的德军在巴拉顿湖与布达佩斯西部的包科尼森林之间，再次发动攻势，试图为布达佩斯解围。进攻之初，取得一定战果，部队已推进到多瑙河畔。可是就在同一天，俄军便攻入布达佩斯，从此决定了它的命运。如果在波兰或者东普鲁士发动这样一场攻势，结果会大不一样，但这却违背了希特勒的观点。在波兰，俄军已推进至琴斯托霍瓦——

拉多姆斯科地域，以及佩特里考❶、利茨曼施塔特和库特诺附近。另一小股俄军对德军在霍恩堡的维斯瓦河桥头阵地实施攻击。敌人还在维斯瓦河北部，对莱斯劳—索尔道发动攻击，并向奥特尔斯堡❷—内登堡方向推进。不断有迹象表明，敌人在纳雷夫防线即将发动大规模进攻。尽管在这一线的北面，俄军在施洛斯贝格发动的攻势已推进至因斯特河畔，但像往常一样，希特勒依然拒绝让被孤立在敌占区的部队撤出。

这一天的情况汇报会的主题，全部围绕华沙失守一件事。在下午的会议上，希特勒命令我将那些起草和下达撤出华沙命令的总参谋部军官抓起来进行审讯。我向他解释说，事件的一切责任都由我来承担，应当逮捕和审讯的是我，而不是我的部下。希特勒说道："不，我不想惩罚您，我要惩罚的是总参谋部。我不能忍受这样一帮狂妄的知识分子，竟敢让他们的上司跟着他们的意见走。可是这就是总参谋部的体制，我一定要把这个体制打得粉碎！"我们围绕着这个问题进行了长时间的激烈争论，由于当时只有我们两个人，所以争论起来无所顾忌，但仍未取得任何结果。于是，我派文克将军去参加晚上举行的"夜间汇报会"，让他再次提请希特勒注意，他准备要做的那件事是不公正的，同时向他报告，我准备将自己逮捕，他决不能伤害我的部下。但是，就在这一天晚上，冯·伯宁上校、冯·克内泽贝克中校和冯·克里斯滕中校一起被捕了。陆军人事局的迈泽尔将军带着端着冲锋枪的士兵，执行了这一抓捕命令。对此，我事先一无所知，所以也未能介入。直到第二天我才知道，此事木已成舟。我立即去见希特勒，用最激烈的语言对他逮捕我无辜的同事，向他提出强烈抗议，并指出，在战争处在如此危急时刻，他这样做会使陆军总司令部关键部门的工作陷于瘫痪。为保证工作的连续性，我不得不派一些毫无经验的年轻军官来顶替。准备资料、定下决心、拟制命令等项工作，具有相当难度，他们难以

---

❶ 今波兰彼得库夫－特雷布纳尔斯基。——译者注
❷ 今波兰什奇特诺。——译者注

在短时间内驾驭。我要求希特勒对我进行审查。于是，接下来我便在这个攸关国家命运的关键时刻，接受了卡尔滕布鲁纳和米勒先生的长达数小时的审讯，搞得我筋疲力尽；而此刻在东线，士兵们正在为保卫国土和居民的生命进行生死存亡的战斗。不过，我自愿接受审讯的行动并非一无所获，至少使冯·克内泽贝克中校和冯·克里斯滕中校在数周后获释，而伯宁仍被关押。他们在获释后，还是不被准许再回到总参谋部任职，并被派到前线担任团长。在任职后的第三天，勇敢机智的克内泽贝克便阵亡在他的指挥所里。克里斯滕还算比较幸运，没有丧命。无辜的伯宁被以莫须有的罪名由一个集中营转到另一个集中营，直到德国崩溃时由德国监狱转到美国战俘营，在这里我们再次相见。

我一直为1月19日受到的侮辱而愤愤不平，同时也为因接受卡尔滕布鲁纳和米勒长时间审问，而浪费的许多宝贵时间感到痛心。正当此时，德国东部的战斗正如火如荼地进行。在匈牙利的俄军，企图集中大量快速部队，对我方援救布达佩斯的部队进行反突击。一份截获的敌军电报中称："以目前的装备无法取胜。你们将会遇到装备强大的敌军。"由此，我们预计将会遭遇敌强大的反突击。在喀尔巴阡山北面，俄军继续向布雷斯劳方向和上西里西亚工业区推进。由于德军的防御兵力单薄，俄军的进攻势如破竹。在北面，敌人向卡利什、波森和布鲁姆贝格推进。利茨曼施塔特已被敌人占领。目前，已没有任何力量可以阻止敌人前进的步伐。只有被包围的第24装甲军和"大德意志"装甲军，边打边向西撤退，一路收容不少部队。内林将军和绍肯将军在这几日捷报连连，堪称当代色诺芬[1]，他们所取得的突出战绩值得大书特书。

俄军在米劳—索尔道地区开始向德意志—艾劳方向推进。在它的南面，俄军向托伦—格劳登茨实施突击。在东北面，敌人向内登堡—维伦贝格一线实施突击。与此同时，在梅默尔南面又出现新的危机。有报告称，俄军

---

[1] 古希腊历史学家、军事理论家。——译者注

在北方集团军群方面也开始活动，但其真正意图尚不明了。不过有一点可以肯定，仅靠库尔兰的兵力无论如何也不可能阻止俄军进攻德国本土。因此，我在每次汇报时，都力促希特勒赶快将北方集团军群撤出来，但每次都碰钉子。

1月20日，敌人踏上了德国的领土。德国的最后时刻就此开始了。这一天的早晨，俄军已到达位于霍恩扎尔察东部的德国边界。在落下第一颗炸弹的前半个小时，我的夫人才离开瓦尔特高的代彭庄园。她之所以拖到最后一刻才离开庄园，为的是避免使周围的居民产生误解，以为大逃亡开始了。她一直处在纳粹党的监视之下，整日里惴惴不安。1943年9月遭敌机轰炸后，我们家所留下的家产已经不多，现在也只能撇下不管，像成千上万的德国人一样，加入难民的洪流。我们为能与他们共命运而感到骄傲。我们知道我们应当承受的负担。在离开代彭庄园时，庄园的许多人都围在汽车周围，挥泪送别，还有不少人要求跟她一起离开这里。这说明，我的夫人已赢得了当地居民的爱戴，所以离别的滋味对她来说格外苦涩。1月21日，她到达措森，由于找不到其他住所，所以就住在我这里。从这一天起，她就与我风雨同舟，共度飘摇不定的岁月，在这些日子里给了我很大的帮助和支持。

1月20日，在布达佩斯的西部，战斗还在继续，但仍未决出胜负。匈牙利参谋长福勒斯已投降俄军。在西里西亚，敌人越过边界，向布雷斯劳方向挺进。如前所述，在波森方向，敌人也已经越过德国边界。在维斯瓦河以北，强大的俄军正向托伦—格劳登茨一线迅猛推进。在主要方向上，俄军在其一线部队的背后还有强大预备队跟进，我们在1940年的法国战局中还没能够做到这一点。在梅默尔南部，敌人对韦劳—拉比奥一线实施攻击，并继续向柯尼斯堡方向推进。此时，中央集团军群已陷入敌人的钳形包围之中。在南面，敌军正向柯尼斯堡机动；在东面，敌人沿着梅默尔河向东普鲁士首府推进。在纳雷夫，第4集团军对面的俄军仍然没有行动，似乎是在等待着突破的消息，然后伺机行动。

1月21日，俄军实施了一系列进攻行动：对上西里西亚工业区实施围攻；向纳姆斯劳一线推进；争夺佩特里考；向格内森—波森和布鲁姆贝格—托伦推进，其中一部兵力已到达施奈德米尔；攻击里森堡—阿伦施泰因。对于赖因哈特提出的将第 4 集团军从纳雷夫突出部撤出的请求，希特勒再次加以断然拒绝。赖因哈特和第 4 集团军司令霍斯巴赫将军自然被气得火冒三丈。于是，当 1 月 22 日他们看到即将被敌包围时，便自主决定，率集团军向西普鲁士和维斯瓦河方向突围，企图与那里的魏斯大将的第 2 集团军建立联系。

霍斯巴赫事先没有将集团军群自主下定的决心向上报告，而是直到 1 月 23 日开始行动的时候才报告。因此，陆军总司令部和希特勒都不知道他们即将撤退的事。有关东普鲁士最坚固的勒岑要塞不战而弃的消息，我是第一个知道的。当希特勒接到这个最坚固、尚有兵力防守的要塞失守的报告后，犹如一颗炸弹落地，自然会暴跳如雷，大发脾气。这件事发生在 1 月 24 日。就在这一天，俄军继续沿马祖里运河向北实施突破，霍斯巴赫北部侧翼的机动因此受阻，使他原定的计划无法落实。直到 1 月 26 日，希特勒才得知中央集团军群玩的把戏，不仅未经他的批准，甚而他连丝毫消息都不知道。希特勒因此大有被愚弄的感觉，于是把满腔怒火对准了赖因哈特和霍斯巴赫："这两个家伙和赛德利茨❶是一路货！是卖国贼！要把他们送上军事法庭。必须马上把他们俩给我免职，还有他们司令部的人，因为他们是知情不报！"他现在已经失去自制力，我尽力安抚他，使他能平静下来。我对他说："我绝对可以为赖因哈特大将担保。他还是经常亲自向您汇报集团军群情况的。还有霍斯巴赫，他不会与敌人有什么联系。

---

❶ 瓦尔特·冯·赛德利茨 – 库尔茨巴赫（1888—1976），德国炮兵上将。1908 年入伍，参加过一战。二战初，在西线任第 12 步兵师师长，后调往东线。1942 年 1 月率赛德利茨集群成功为被合围在杰米扬斯克地域的德军解围。在斯大林格勒被合围后，于 1942 年 11 月 22 日曾建议集团军司令保卢斯撤出斯大林格勒，遭拒绝后，于 1943 年 1 月 31 日投降苏军。在苏军战俘营担任"德国军官联合会"主席和"自由德国"全国委员会副主席，进行反希特勒宣传工作。1944 年被德国军事法庭判处死刑，1950 年被苏联法庭判处死刑，后改判为 25 年徒刑，1955 年获释，返回德国。——译者注

绝对不会的。"可是，在这个时候，任何解释和申辩都没用，相反只能是火上浇油。直到希特勒和布格多夫商定了继任者之后，这场风波才算暂时平息。经商定，集团军群司令由伦杜里希大将担任，不久前他刚在库尔兰接替舍纳尔的职务。伦杜里希大将是奥地利人，聪明博学，有一套和希特勒打交道的技巧。希特勒把保卫东普鲁士的重任交给他，可见对他有多么信任。霍斯巴赫的职务由弗里德里希－威廉·米勒将军接任，他是个久经沙场的人，不过从未担任过什么高级职务。

1月25日，赖因哈特头负重伤。1月29日，我们见了一面，对所发生的事件进行了交谈。当时我还不知道有关霍斯巴赫的详细情况。

东普鲁士的形势日渐恶化，整个防御体系已近崩溃的边缘。而此时，希特勒却对他的将领们愈发不信任。东线继续在边打边撤，处境十分艰难。

在布达佩斯，德军夺回了施图尔魏森堡。但我们知道，凭借我们的这点兵力不可能取得突破的成功，比这更为糟糕的是，俄军也清楚这一点。在上西里西亚，敌人已逼近塔尔诺维茨。他们对科瑟尔—奥珀伦[1]—布里格[2]一线发动进攻，企图切断德军与工业区的联系，然后准备强度奥得河。强大的俄军向布雷斯劳，以及该城与格洛高之间的奥得河河段推进。他们在波森方向继续取得进展。在东普鲁士，俄军的钳形攻势，已将该省全部隔断。俄军把进攻重点放在了柯尼斯堡。在库尔兰，形势还算平静。

1月23日，在佩斯克雷恰姆和大施特雷利茨发生战斗。有迹象表明，敌人可能在奥珀伦和奥劳之间横渡奥得河。敌人向奥斯特鲁夫和克罗托申发动进攻，其坦克已经到达拉维奇。格内森—波森—纳克尔地区失守。在波森周围地域，战斗异常激烈。在东普鲁士，俄军继续向巴滕施泰因方向推进。按照赖因哈特的命令，把装有兴登堡夫妇遗体的石棺隐藏起来，然后便将坦嫩贝格纪念碑炸毁。

---

[1] 今奥波莱。——译者注
[2] 今布热格。——译者注

在库尔兰，俄军开始向利包发动进攻。

1月23日，外交部派驻陆军总司令部的新任联络官保罗·巴兰东博士前来见我。尽管我一再提出要求，但自从我1944年7月就任总参谋长以来，他的前任就始终没有和我见过面。他肯定认为，外交部根本就没有了解前线态势的必要。而这次巴兰东博士先生来见我，同我就当前的形势进行了开诚布公的谈话，交换了相互的看法。我们一致认为，可以通过外交手段为军事上的解决提供帮助，而且目前这种时机似乎已经成熟。我们认为，外交部应利用现在有限的一些外交关系，至少可以与某一个交战国达成停战。我们希望能够让西方的敌人明白，俄军如此迅速地向德国推进会给西方带来的危害，这样或许有可能与西方签订停战协定，或者至少达成一种默契。而作为西方让步的一种交换，我们可以把西部的国土让给西方大国，腾出我们的全部兵力用于对东线俄军的防御。当然，这种希望微乎其微。但是，既然已经溺水了，就总要拼命去抓住每一根可能救命的稻草。我们希望尽最后的努力，避免不必要的流血，以拯救德国和整个欧洲。最后我们商定，由巴兰东博士安排我与外交部部长里宾特洛甫单独进行一次交谈。我想把我跟巴兰东博士所谈论的形势问题，向这位元首的首席政治顾问全面地介绍一下，然后让他陪我一同去见希特勒，当面要求希特勒使用外交手段，发挥德国最后一点外交手段的影响力。我们心里都清楚，我们的手段是极为有限的，也不一定很灵验。但是，我们有义务尽我们的一切努力，来结束战争。巴兰东博士立刻去见了冯·里宾特洛甫先生，约定于1月25日与他会晤。

东线节节败退的消息像雪片一样纷纷传来。在匈牙利，俄军即将对我方实施突破的地点发动反攻。在西里西亚，敌人已进至格利维采。在科瑟尔和布里格，以及迪伦富特和格洛高之间，敌人已开始准备横渡奥得河。布雷斯劳正面虽然已经受到敌人的攻击，但像格洛高和波森一样，仍在德军的控制之下。在东普鲁士，俄军正对埃尔宾❶实施突破。

---

❶ 今埃尔布隆格。——译者注

1月25日，俄军准备在韦伦采湖南部发动反攻的迹象越来越明显。在多瑙河北面，俄军也准备对位于莱瓦—伊佩尔萨奇—布劳恩施泰因的克赖辛将军的第8集团军发动进攻。在上西里西亚，俄军准备继续向工业区进攻。敌人已经到达奥得河畔。

俄军在包围波森之后，并没有投入兵力夺取该城，而是一直向奥得河—瓦尔塔河河曲推进。战前，德军在这里本来构筑有坚固的防御阵地，但为了构筑大西洋壁垒，这里的建材几乎已经全部被运走，现在这里只剩下了一个空壳。俄军在施奈德米尔—布鲁姆贝格地段集中，企图在维斯瓦河西岸向北推进，以便能从背后攻击德军的河岸防御体系。

我们已觉察到敌人的这一企图，为避免这一危险的发生，我建议希特勒组建一个新的集团军群，让它来担负现在的A集团军群（自1月25日改称中央集团军群）和中央集团军群（现改称北方集团军群）之间地域的防御任务。我和国防军指挥参谋部的约德尔大将取得联系，谈了这件事，更主要的是谈到为这个集团军群选配司令和组建司令部的问题。我向他推荐在巴尔干的两个集团军群司令部以及冯·魏克斯男爵元帅。我对魏克斯元帅可以说是非常了解。他不仅人品出众，而且是一位杰出的军人；不仅头脑灵活，为人正直，而且勇敢坚毅，在这个危难时刻让他担此重任是绝对正确的。约德尔满口答应我，说在希特勒召集的情况汇报会上支持我的这一推荐。因此，我以为这件事已是板上钉钉，不会再出现任何问题。1月24日，当我向希特勒提出我的人选时，他却说："冯·魏克斯元帅在我看来好像总是一副疲惫不堪的样子。我怀疑他是不是能够担起这副重担。"我马上为我提出的人选进行辩护，并指出约德尔也曾同意我的选择。可是，令我大失所望的是，约德尔却自食其言，添油加醋地说魏克斯元帅沉溺于宗教。希特勒听后，当即拒绝了我的建议，随即任命希姆莱担任此职。我被希特勒的这个极端错误的决定惊呆了，于是拿出我的全部口才，力劝希特勒改变主意，以便能挽救本来就已陷入不幸的东线。但是，一切都是徒劳的。希特勒说，希姆莱在上莱茵的时候干得很出色，而且他兼任后备军总司令，因此可以直接支配这支辅助兵源。从人员和物资方面综合考虑，对于组建一条新防线来说，他担任此项任务是最合适的人选。在这种情况下，我只有想办法通过其他手段来弥补这位党卫队领袖的不足。于是，我建议至少能把魏克斯集团军群司令部的原班人马调来，但连这一想法也被希特勒拒绝。希特勒命令，由希姆莱自己组建自己的司令部。他还挑选党卫队装甲师师长拉默丁担任希姆莱的参谋长。此人虽然英勇善战，但对繁杂的总参谋部业务却是个十足的门外汉，更何况这是一个刚刚组建的集团军群。现在，剩下我能够做的，就是向这个新组建的司令部派遣一些总参谋部军官，但这难以从根本上弥补总司令及其参谋长在业务上的缺陷。希姆莱使用了大批党卫队军官，但其中大部分都是外行，无法胜任其职。他只是在碰了多次钉子之后，才肯找我来商量。

1月25日，我和德国外交部部长在他位于威廉大街新建的豪华官邸会面。我直截了当地把我们当前所面临的形势，毫无保留地向他做了全面介绍。他似乎有些吃惊，因为他不相信形势如此严重。他说："我看总参谋部的人都神经过敏了。"要说到神经，实际上，跟他进行这样一次劳神且不愉快的谈话，要时刻力劝自己戒躁勿急和保持头脑清醒，还真需要一种超人的神经！在详细讲述了我的想法之后，我问这位"德国外交政策的掌舵人"，是否愿意和我一起去见希特勒，向他建议至少要同某一个交战国达成停战。这里我指的当然主要是西线。里宾特洛甫说道："我不会去的。我是元首的忠实追随者。我清楚地知道，他不愿与敌人进行任何外交谈判，所以我不会和您一起去向他汇报您的这个建议。"于是，我立刻问道："如果三四周后俄军便兵临柏林城下，您又会做何感想？"里宾特洛甫大喊道："您认为真有这种可能吗？"我十分肯定地对他说，不仅可能，而且鉴于我们当前的这种领导方式，结果必定如此。听完此话，他哑口无言，呆若木鸡。可是，当我问他是否愿与我一同去见希特勒时，他依然拒绝。当我告辞时，他对我说的最后一句话是："这件事只有咱们俩知道，好不好？"我点头同意。

那天晚上，我去参加希特勒的情况汇报会，看到他在那里暴跳如雷。也许是我迟到了一会儿，因为当我走进会议室时，就已经听到他在大声吼叫。他要求人们必须要遵从他的"1号基本命令"。这个命令中规定，任何人都不准向其他与自己专业无关的人员透露自己工作领域的事，除非是工作需要。当他看到我进来时，他更是提高嗓门喊道："如果总参谋长跑到外交部部长那里，把东线的形势通报给他，想达到与西方国家停战的目的，那他就是犯了叛国罪！"我这才明白，原来里宾特洛甫并没有遵守保密的约定。那也好，现在总算可以让希特勒也知道情况的真相了。不过，我想他决不会深入了解我的这个建议。当他发现他的话对我并没有产生作用后，便停止了吼叫。直到我被关进盟军监狱之后，我才从可靠人士那里得知事情的真相。原来，就在我与里宾特洛甫谈话的同一天，他就把我跟他的谈话内容给希特勒打了一个报告，当然他没有指出我的名字，不过明眼人一看便知道事情是怎么回事。

这样，我打算与外交部部长合作，至少与交战一方达成停战的企图最终失败了。固然，当时西方国家并没有准备与德国进行这种谈判，而且他们早就跟俄国商定，任何一方不得单独与德国媾和。尽管如此，我还是想尽我的一切努力促使希特勒在这方面迈出这一步。现在看来，里宾特洛甫先生的这条路是走不通了，可是我还是下定决心寻找另外的渠道来实现我的计划。于是，到了2月的上旬，我拜访了德国的另一位重要人物，希望他能跟我站到一起，可是得到的答复同外交部部长如出一辙。接着，到3月我又进行了第三次尝试，具体情况我到后面再来谈。

到了1月27日，俄军的攻势更加迅猛，致使我们难以承受。俄军在布达佩斯西南转入反攻，在布达佩斯城内展开激烈的巷战，企图肃清德军在城内的残部。在上西里西亚工业区，情况变得越来越紧张。俄军向摩拉维亚山口以及特罗保—摩拉维亚—奥斯特劳—切申方向推进。瓦尔特高和东普鲁士的情况更加使人沮丧。波森被敌人合围，一部分工事也已失守。敌人正向申兰克、施洛普、菲莱讷、施奈德米尔和乌什挺进。纳克尔和布鲁姆贝格被敌人占领。在维斯瓦河西部，俄军正向施维茨推进。在梅韦，他们从东岸渡过维斯瓦河。在马林堡❶也展开激战。希姆莱把他的大本营移到奥尔登斯堡之后,未经陆军总司令部的同意,便将部队从托伦、库尔姆和马林韦德撤出。而希特勒对此却只字未提!由于希姆莱的乱指挥,敌人未经任何战斗便占领了维斯瓦河防线。维斯瓦河东岸部队的退路也将被切断,这只不过是时间问题。

在东普鲁士,双方为争夺弗劳恩堡、埃尔宾、卡尔温德、利伯米尔进行激烈战斗。敌人对柯尼斯堡发动进攻。萨姆兰德也出现危机。虽然德军在库尔兰击退了敌人的进攻,但这无关大局,实在不值得人们为此欢欣鼓舞。

这一天,我命令把1928年出生的新兵从东德军区运往西线,以免使这些还没有接受过训练的年轻人白白去送死。值得庆幸的是,这次行动居然办成了。早在1944年秋,我就曾以多种形式向上报告,反对征召这些16岁的年轻人入伍。

在希姆莱的司令部里,一切看上去都杂乱无章,混乱不堪,甚至连通信都不通。我把这种糟糕的状态报告给了希特勒,可是他却表现得若无其事。因为,在这个时候,陆军人事局局长布格多夫将军正拿着一本历史书,给他朗读一段历史事例,讲的是弗里德里希·威廉一世国王和弗里德里希大王在两百年前严惩叛逆分子时所采取的严厉措施。听到此例,希特勒十分得意地说道:"如果人们总认为我野蛮,那么就让所有自以为高尚的家伙读读这些东西吧!"不过,这至少说明他已经承认自己野蛮了,只不过是想用历史上的例子来为自己的野蛮开脱罢了。

同一天,第6装甲集团军开始向东线调动。希特勒回到柏林之后,便命令西线转入防御。对于调回东线的部队的使用,他有自己的一套计划。我向他建议,应将柏林东部的全部兵力分为两个集群,一个集中在格洛高—科特布斯,另一个集中在奥得河东部的波美拉尼亚。这样,我们就有机会

---

❶ 今马尔堡。——译者注

趁俄军先头部队兵力较弱和供给尚不充分的时机,对敌军实施攻击。而希特勒却坚持自己的观点,他要将这些部队的主力送往匈牙利去发动一次攻势,而不是将其用于保卫德国本土,尤其是首都柏林。据约德尔估计,运送第一个军就需要14天的时间。这样算来,要等全部军队都运送完毕,就需要好几周的时间。所以说,3月初绝不可能发动什么攻势。而到那个时候,柏林又会处在一种什么状况之下呢?

现在,上西里西亚工业区的大部地区已控制在敌人手里。所以说,战争最多也只能再拖很少几个月了。施佩尔早在12月份就在他呈送希特勒的一份备忘录中指出,鲁尔区被毁后,上西里西亚工业区已成为德国最后的工业区了,我们必须对此尽力予以保护。尽管如此,希特勒依然只把眼睛盯住西线,置上西里西亚工业区于不顾。施佩尔再次提交了一份备忘录,一开头便开门见山地指出:"战争已经失去。"在呈送希特勒之前,他先把这份备忘录给我看了。我对这份备忘录完全表示赞同。希特勒只是读了第一句,便把这份备忘录锁进他的保险柜,所有忠言逆耳的文件都被他锁在这个柜子里。在一次午夜情况汇报会之后,施佩尔要求与希特勒单独进行一次谈话,但是希特勒拒绝了他的要求,且说道:"他无非是还想说,战争已经失去了,我应当结束战争了。"可是施佩尔也不服输,又派了他的副官带着他的备忘录再次去见希特勒。希特勒命令他身边年轻的党卫队军官:"把那份文件锁进我的保险柜。"然后,他转过头来,对我说道:"您现在应当明白了,我为什么不愿意单独和人谈话。他们总是给我唠叨那些令人不愉快的事。我实在是忍受不了了。"

1月28日,俄军在吕本开辟了一个登陆场,准备横渡奥得河。我们预料,敌人会继续向萨冈推进。在北面,俄军从克罗伊茨—施奈德米尔地区,向西对法兰克福和什切青之间的奥得河河段推进,目的是为下一步进攻柏林建立一个基地。由于俄军已经摸透了德军的弱点,所以俄军主帅朱可夫元帅[1]行动起来胆子越来越大。向奥得河方向进攻的任务，由俄第1、第2近卫坦克集团军、第8近卫集团军以及第5突击集团军和第6集团军担任。除了这些部队之外，敌人手里还握有强大兵力，从纳克尔—布鲁姆贝格地域，向北攻击德军维斯瓦河防线背后。在东普鲁士，俄军沿维斯瓦湾海岸线，向东北方向推进，企图切断北方集团军群的海上交通线，将其分割。在更远的北面，敌人已逐步完成对柯尼斯堡的合围。

在1月29日的夜间情况汇报会上，希特勒又旧话重提，再次说到军官降级的问题。他指出，按照他的观点，凡是没有尽到职责的军官都应该给予降级处分。正在前线作战的久经沙场的军官，可以不经过任何调查，只根据某个人的一时印象便被连降几级。我就曾经看到这种事例。那是一位反坦克营长，他已经负了七次伤，曾荣获金质伤员勋章，在最后一次身负重伤尚未痊愈的情况下就匆忙赶到前线参战。他的营上了车之后，便沿着西线向前开进，由于多次遭到敌机的袭击，所以在开进途中改变了好几次行军路线。最后，他的营被打散，只好各自为战。造成这种状况本来不是这位营长的过错，可是希特勒却命令，把这个中校营长一下子降为中尉，而他是因为在作战中表现出色刚刚由预备役少校晋升为中校营长的。当时，我的参谋长托马勒也在场，我们俩都对希特勒的这个决定表示强烈反对。对此，一位在整个战争中从未上过前线的高官，面无表情地说道："金质伤员勋章原来也一钱不值。"我们的抗议没有产生任何作用。在同一天的会上，我还提到了一个名叫黑克尔的老预备役中校，他在1941年俄国战局中曾在我手下负责后勤事务，因被人诬告被贬到一个迫击炮营当了一名普通战士，他的全部差事就是在那里背炮弹。在纽伦堡审判档案中，还保

---

[1] 格奥尔吉·康斯坦丁诺维奇·朱可夫（1896—1974），苏联元帅、军事家。国内革命战争时期，历任骑兵排长、连长、团长、旅长、红军骑兵监助理、师长、军长和军区副司令等职。1939年任驻外蒙古苏军第1集团军群司令。1940年任基辅特别军区司令，晋升为大将。1941年任总参谋长。1942年任最高统帅部副最高统帅。1943年晋升为元帅。1946年任武装力量部副部长兼陆军总司令。1955年任国防部部长。在第二次世界大战中，成功指挥多个重大战役，为战胜法西斯德国做出重要贡献。——译者注

存有我当时谈及此事的记录。由于记录只有一份，所以我想把这份记录引述如下："在刚才提到的迫击炮营里还有一位中校，他是我在波兰、法国和俄国时的后勤官，表现很出色，曾荣获一级铁十字勋章。无辜的他受到他一位同乡的诬告，结果被免职，被派到位于维尔德弗莱肯的迫击炮营。这样一位诚实可靠而且在专业上出类拔萃的中校，居然在这里背炮弹。他曾经给我写过一封信，看后我十分痛心。他写道：'我是无辜的，我遭到了别人的陷害，根本没有人对事情进行公正的调查，只是根据一个流浪汉的告发。我现在真不知道该怎么办。'请相信我的话，这个人至今还没有得到平反！"但是，我的抗议依然没有任何结果。我碰到类似不幸的人实在是太多了，他们大多都被无辜地扯进党的冲突之中，要么被立即关进集中营，要么遭到惩处。我常常为他们的获释而奔走，但成功的例子却凤毛麟角。除了这些事情之外，每天工作和处理各种乱子，使我几乎没有一点闲暇时间，而一天也只有24小时。如果我每天必须要参加两次元首召集的会议，我需要在从措森到柏林的路上来回跑四趟，每趟45分钟，那么在途中我就要花费三个小时。希特勒的会议每次不少于两个小时，通常都在三个小时以上，这样就需要六个小时。所以，仅情况汇报会这一件事就要占用我一天之中的八九个小时，而在这段时间之内，什么工作也做不了。这种会议纯属聊天，唠叨些不关任何实际行动的空话。自发生谋杀行动以后，希特勒要求我必须出席国防军指挥参谋部和其他军种的情况汇报会。一般而论，这种要求无可非议。我的前任常常是卡着点来，争取第一个发言，发完言后便起身退席，给希特勒留下极为不快的印象。鉴于此，希特勒才向我下达了这样的命令。不过，在目前超负荷工作的情况下，一定要坐在那里听数个小时的闲扯——比如，已经丧失作战能力的空军和海军代表的发言，真是对我精神和肉体的一种巨大折磨。除此之外，希特勒还总是按照他的老习惯，在开始时滔滔不绝地发表一通议论。在当前形势已经变得如此严峻的时刻，他非但丝毫未改其旧习，反而变本加厉，不厌其烦地不断解释德国在战争中失利的原因，而且总把一切过错都推诿于环境和别人，从来不说他自己。我前后只参加过两次这种会议，经常是第二天清晨才返回措森。通常在早晨5点钟我才能睡一会儿觉，可是8点就要起来，听取陆军总司令部军官的情况汇报，然后审阅各集团军群发来的情况晨报。接着我就抓紧时间吃早点，此时汽车已经等在门口，接我去总理府开会。当我开完会准备要返回时，又常常由于空袭警报而不能返回。每逢这种时候，希特勒都不让我走，因为他怕我半路上被敌机炸死。因此，有好多次我就派我的助手温克将军替我去参加晚上的会，这样我就能腾出一些时间思考一些问题，或者在措森处理堆积如山的繁杂事务。在会议上，希特勒常常对军官团和整个陆军无端发火，大声斥责，说出很多极不中听的话，所以我就经常以缺席来发泄内心的不满。对此，希特勒也心知肚明，于是在接下去的几天里他就会稍稍收敛一些，但过不了多久，就会旧病复发。

1月30日，俄军在匈牙利巴拉顿湖的南面，对德第2装甲集团军发起了猛烈攻击。在奥得河畔，俄军将兵力集中在奥劳地域，估计是要扩展那里的登陆场。俄军在吕本登陆场也增加了兵力。敌人在瓦尔塔河南岸成功达成突破。河北岸的敌人则向西推进，占领索尔丁—阿恩斯瓦尔德❶地域，从而对什切青构成威胁。他们还对布劳恩斯贝格❷南部、沃尔姆蒂特、阿伦施泰因北部和巴滕施泰因发起强大攻势，目的是想阻止德军向西方向的突击，并攻击我军背后。柯尼斯堡要塞已被敌人从南、西两个方向包围。

1月31日，俄军在匈牙利对我军位于多瑙河和巴拉顿湖之间的防线发起进攻。由此推断，敌人也将在多瑙河北部发动一次进攻。在施泰瑙的奥得河登陆场，敌人也正准备对萨冈—科特布斯发动攻击。俄军继续在瓦尔塔河两岸推进。我们在奥得河和瓦尔塔河河曲部地段的阵地由于兵力太弱，已被敌人突破。不过在波美拉尼亚，德军在施洛普—德意志-科罗内—科尼采一线暂时成功地阻止住了敌人的进攻。在东普鲁士，敌人向海因斯贝格推进。在库尔兰，敌人再次发起攻击。

在令人胆寒的1月份，俄军所有曾令我们担心的重大攻势，现在都已

---

❶ 今霍什奇诺。——译者注
❷ 今布拉涅沃。——译者注

成为现实。敌人进展之所以如此之快,主要原因有三个:一是,希特勒和国防军指挥参谋部对西线行动的错误指导;二是,西线的部队向东线调动的速度过慢;三是,魏克斯集团军群的处境本来就异常艰难,希特勒却雪上加霜地给他派了一位根本不懂军事的总司令。实际上,敌人已将东、西普鲁士与德国领土分隔开,使这两个地方成为孤立的小岛,只有通过海上和空中实施补给,因此不可能长时间坚守,不多时日便会失守。为保障这些被分割陆军部队的生存,空海军不得不放弃自己的战斗任务,转而担负起补给任务,其战斗力自然被大大削弱。俄军发现我们已成强弩之末,攻势越来越猛。他们的坦克也因此变得无所顾忌。1月26日希特勒下达命令组建一个反坦克师。这个师的名字很好听,也很贴切。不过,仅此而已。这支部队只是由几个摩托车连组成,由几名勇敢的中尉指挥,装备的是反坦克火箭筒,他们就是用这种武器来对付俄军的T34坦克和其他重型坦克。而且,这个师是被一个连一个连地分散使用。那些勇士实在太可惜了!

2月初,东线也如西线一样,形势急转直下。

在东线,尽管我一再要求将库尔兰集团军群撤出库尔兰地区,可是到目前,仍有20个步兵师和2个装甲师坚守在库尔兰北部地区。这些部队的官兵都是出类拔萃之辈,具有很强的战斗力。截至此时,希特勒只同意从这里撤出四个步兵师和一个装甲师。

北方集团军群由于受到敌人的重压,被迫蜷缩在萨姆兰德、柯尼斯堡和南部的埃尔梅兰地域。现在,北方集团军群也像库尔兰集团军群一样,要依靠海上和空中通路进行补给。它的19个步兵师和5个装甲师都已受到严重损失,不过它收容了其他师的一些残部。

维斯瓦集团军群共计25个步兵师和8个装甲师,由于防线过长显得兵力十分单薄。这条防线从格劳登茨和埃尔宾之间的维斯瓦河河段,经德意志-科罗内,直至施韦特—格林贝格的奥得河河段。

中央集团军群的防线西自西里西亚,一直到达喀尔巴阡山山脊。俄军已在布雷斯劳的北、南两面开辟了横渡奥得河的登陆场。上西里西亚工业区已经完全丧失。目前,这个集团军群有20个步兵师和8.5个装甲师。

最后是南方集团军群，目前还有 19 个步兵师和 9 个装甲师，位于喀尔巴阡山和德拉瓦河之间。该集团军群的任务是，等从西线调来的预备队到来之后，在巴拉顿湖两侧发起进攻，目标是夺回多瑙河左岸地区。如果此举获得成功，那么东线的南翼就可以得到巩固，而且还能保住该处的油田。

在西线，自阿登攻势失利之后，德军防线已经沿马斯河一直后撤至上莱茵。

准备在匈牙利实施攻击的党卫队师，现集中在波恩—阿魏勒和维特里希—特拉本–特拉巴赫两个地域，休整待命。其他部队的运输由于敌人的空中优势，而变得十分困难。

目前，整个东线的兵力大约有 103 个步兵师和 32.5 个装甲师和装甲步兵师，但各师的兵力都明显不足。在西线，还有大约 65 个步兵师和 12 个装甲师，其中有 4 个师准备调到东线。

看到这种状况，我下决心要再一次建议希特勒放弃匈牙利的攻势，代之以对一股俄军先头部队实施攻击，这股敌人已推进至法兰克福和屈斯特林❶之间的奥得河。该股敌军分别位于河的两岸，侧翼都十分薄弱。其中，一部位于河南岸的格洛高—古本一线，另一部位于河北岸的皮利茨—阿恩斯瓦尔德。我期望能够通过此次攻击行动，为德国首都和领土提供一点安全防护，也能为与西方达成停战争取到一定的时间。

要想赢得此次作战的胜利，其前提是必须尽快撤出巴尔干、意大利和挪威，尤其是库尔兰。2 月初，我先去拜访了日本驻德国大使大岛浩，然后又向希特勒提出我的建议。但是一提撤退，他就马上予以拒绝。最后，我对这个固执己见的人语重心长地说道："我一再向您提出撤出库尔兰，并不是因为我一定要和您争个高下。我觉得，现在我们除了从西线撤兵得到预备队之外，已经没有别的办法了，而没有预备队就不可能守住德国的

---

❶ 今科斯琴。——译者注

首都。我提出这样的建议没有别的意思，只是表示我对德意志的忠诚！"希特勒听完这句话，气得整个左半身都在发抖，他暴跳如雷，大发脾气，对我吼道："您怎么敢对我说这些话？您难道认为我不是为德意志而战吗？我一辈子都是在为德意志而奋斗！"他青筋蹦起，大喊大叫，直到戈林把我拉到另一个房间，一起喝了一杯咖啡，才使我们紧绷的神经稍稍缓解了一些。

接着，我去找邓尼茨海军元帅，请他，甚至可以说是哀求他，希望在我下一次提出撤退问题时，能够支持我。我还从他那里得知，船是有的。如果决定放弃重型武器，那么可以用船只将部队运回来。但希特勒执意不肯。

希特勒把我叫回会议室，我提高嗓门再次提出撤出库尔兰的问题，于是希特勒再次大发脾气。最后，他走到我的面前，挥舞起拳头，我好心的参谋长急忙把我拽到一边，怕我会挨上希特勒的拳头。

这具有戏剧性的一幕并没有使我的建议获得通过，库尔兰的军队仍是可望而不可即。我提出的进攻计划只好放弃，代之以从阿恩斯瓦尔德地区发动一次小规模的攻击行动，目的是击败瓦尔特河北部的俄军，保持波美拉尼亚省与西普鲁士的联系。即使像这样的目标有限的行动，要想付诸实施，我也要进行一番艰苦的斗争。根据格伦将军的敌情报告，我估计俄军在奥得河畔的兵力每天会增加四个师。所以，要想使我们的攻击行动取得成功，就必须在俄军后援到达并识破我们的企图之前，以闪电般的速度进行。2 月 13 日在总理府召开了一次会议，专门就这个问题进行了讨论。参加这次会议的，除了希特勒的亲信之外，还有党卫队领袖希姆莱，他是以维斯瓦集团军群司令身份出席会议的，此外还有第 6 装甲集团军司令、党卫队上将泽普·迪特里希，以及我的首席助手温克将军。我已决定，在这次行动期间把温克派到希姆莱那里，以便对作战进行实际指挥。此外，我还决定于 2 月 15 日发动进攻，否则就无法实施。我也明白，希特勒和希姆莱一定都会反对我的这个计划。因为，他们俩在潜意识里都害怕进行这次进攻行动，他们担心这次行动一旦真的执行起来，就会把希姆莱无能的原形完全暴露在光天化日之下。于是，希姆莱对希特勒表示，进攻行动必须向后顺延，因为还有一部分弹药和燃料没有从火车上卸下来，还没有发到部队手里。我再次提出我的上述意见，并对希姆莱的说法表示坚决反对。这再次引起了我与希特勒之间的激烈争吵。

我："我们不可能等到最后一桶油和最后一发炮弹卸下火车再去行动，如果那样的话，俄军就会变得更加强大，到那时我们就无法对付了。"

希特勒："我不准您指责我，我只是想等候。"

我："我一点也没有指责您，只是说如果要等到最后一批物资卸载之后再去行动，那就会错过进攻的良机。"

希特勒："我刚才已经说过了，不准您指责我，我是想等候。"

我："我方才也说过了，我不是指责您要等候，但是我确实不想再等了。"

希特勒："我再次告诉您，不准您指责我，我是想等候。"

我："必须把温克将军派到党卫队领袖的司令部里，否则这次进攻就无法取得胜利。"

希特勒："党卫队领袖一个人就足以指挥这次作战。"

我："帝国领袖没有独立指挥作战的经验，而且也没有一个合适的司令部。所以把温克将军派到那里是绝对必要的。"

希特勒："我不准您指责我，说党卫队领袖不能完成这项任务。"

我："为了能正确指挥这次作战，我坚持要把温克将军派到集团军群司令部去。"

这场激烈的争论进行了两个小时。希特勒气得两颊通红，他站在我的面前，高举着拳头，全身发抖，他已经完全丧失自制力。希特勒每次发火之后，都要在地毯上大步地走来走去，然后突然停在我面前，脸对脸地对我又大声狂吼一番。当他声嘶力竭地怒吼时，眼珠好像要从眼眶里跳出来，太阳穴的青筋直蹦。我已经下定决心，不管你怎么狂吼，我都要不断重复我的要求。这次我是铁了心，一步也不退让。

当希特勒转过身，向壁炉方向走去的时候，我突然看到悬挂在壁炉上方的俾斯麦肖像,这幅画是伦巴赫的作品。这位伟大的政治家和铁血宰相,正以一双冷峻的眼睛注视着在他脚下上演的这一幕。在会议室昏暗的灯光下,他头盔发出的闪光好像一直照到我的心里。他的目光仿佛在问:"你为我的帝国做了些什么?"在我的背后,兴登堡的半身铜像矗立在房间的另一端,此时我也感到他的眼睛盯着我。他也在问我:"你为德意志做了些什么?我的普鲁士将会是什么样子?"此情此景虽然令人毛骨悚然,却坚定了我的意志。我面不改色,沉着坚定。希特勒的狂轰滥炸没有发挥任何作用。到这个时候,他大概也看出来了,他的狂叫怒吼没有、也不会动摇我的半点决心。

突然,希特勒走到希姆莱的面前,说道:"好吧,希姆莱,温克将军今晚就到您的司令部去,负责指挥这次进攻。"他又走到温克将军面前,对他说,他应立刻出发到集团军司令部报到。说完,他就坐在他的椅子上,并请我坐在他的旁边,对我说:"请您继续汇报。总参谋部今天赢得了一场会战的胜利。"一边说着,一边还露出了他最和蔼的微笑。这是我打赢的最后一仗,但来得太晚了!这样的场面我还从未经历过,也从未看到过希特勒发这样大的脾气。

在这场令人郁闷的闹剧过后,我来到会客室,坐在一个小桌旁。这个时候,凯特尔走到我面前,对我说:"您怎么能这样跟元首争吵?您没看见他都被气成什么样子了吗?他如果因此得了中风,那该怎么得了?"我也对凯特尔冷冷地说:"一位政治家一定要听得进反面意见,要接受真理,否则他就不配当一个政治家。"希特勒的其他亲信们都附和凯特尔,可是我坚持我的意见,直到把他们都说得哑口无言。然后,我便立即让我的助手用电话下达了进攻指令,因为不能再浪费一点时间了。我不知道,经过这一番艰苦斗争迫使他们授予我的这点权力,是否转眼间又会被收回。后来,有几个曾参加过这次会议的人告诉我,他们在元首大本营里工作这么多年了,还是第一次看到希特勒发这么大的脾气。

2月15日,由劳斯大将指挥的第3装甲集团军已做好进攻准备。16日清晨,在温克将军亲自监督之下,发起了进攻。16日和17日,行动进展得很顺利。这极大地增加了我们的信心，因为它为我们以后的行动争取到了宝贵的时间，当然在以后的路上还会遇到各种各样的困难。但是，正当我们为此欣喜的时候，却突发不测事件。17日夜，温克将军向希特勒汇报完之后，由于看到他的司机太疲劳，便自己驾车返回。哪知他自己也因疲劳过度睡着了，在柏林-什切青公路上撞到桥栏杆上，身负重伤，被送进医院。随着他的离去，进攻行动也随即停了下来，此后就再也没有继续。温克的伤势需要几周的治疗，他的职位便由莫德尔的参谋长克雷布斯将军接替，后者刚被解职，正准备调往前线任职。

我和克雷布斯早在戈斯拉尔步兵营的时候就已经认识。他在军事方面受过良好的教育，人很聪明，只不过由于一直在总参谋部内工作，因此缺乏指挥部队的实际经验。他因长时间在总参谋部任职，不但在业务上精明强干，而且具有很强的适应能力，这使他在希特勒等人面前表现更多的是八面玲珑，随声附和，很少有反抗性。另外，他还是陆军人事局局长布格多夫将军的同学和密友。没过多久，布格多夫就把克雷布斯拉入他在元首大本营的朋友圈。现在，克雷布斯与这个圈子内的博尔曼❶和费格莱因等人也成了好朋友。这些关系，使他的思想和行动逐渐丧失独立性，为这个圈子所控制，因此不可能指望他会站到他们的对立面。当我和他在一起工作时，他受的这种影响还不太明显，因为我通常就代表着陆军总司令部。不过在我去职之后，他受到的这种影响就表现得十分明显了。

当克雷布斯第一次到希特勒那里去报到的时候，希特勒就为他的骑士铁十字勋章增添了橡树叶，由此可以看出布格多夫的关系有多硬。几天后，我又和克雷布斯一同到希特勒那里去汇报。由于我们到得很早，其他军官尚未到达，所以希特勒请我们先到他的小办公室坐一坐。他指着挂在办公桌上方的弗里德里希大王的画像对我们说："每当坏消息压得我喘不过气来的时候，我就能从这幅画上面重获勇气和信心。你看他那双坚定的蓝色

---

❶ 希特勒的秘书。——译者注

眼睛，那宽大的前额。多么伟大的人物！"于是，我们就谈起了弗里德里希大王作为政治家和统帅的才能。希特勒最崇拜和最想效仿的就是这位大王。遗憾的是，希特勒是心有余而力不足。

在此期间，正值德国青年义务队领袖希尔的七十大寿。希尔是一位杰出的老军官。他以忘我无私和高度责任心，出色地完成了党赋予他的各项任务。希特勒因此授予他德意志勋章。2月24日夜间，他在戈培尔博士家中做寿，我也接到了他的邀请。我对希尔一直很敬佩，因此欣然接受了邀请。晚餐后，跟往常一样响起了空袭警报。我们所有人都进入防空洞，在那里我遇到了戈培尔的夫人玛格达·戈培尔以及他们乖巧可爱的孩子们。我们在防空洞里一直等着警报解除，此时我突然想起1943年与戈培尔博士的那次谈话。眼前坐在我周围的这个小家庭，他们的幸福和毁灭与希特勒的命运紧紧联系在一起。当我一想到他们已好景不长的时候，内心感到格外压抑，不想再多说什么。戈培尔博士两年前跟我说的话，到4月末一丝不差地全部应验了。可怜的夫人，无辜的孩子！

也是在这个时期，匈牙利新任国家元首萨拉叙来德国访问。希特勒在总理府的大厅里接见了他，我也在座。大厅里的所有装饰品都被拿掉了，灯光暗淡，一片凄凉。双方谈起话来慢条斯理，毫无生气。看上去这位新任国家元首不会干出什么大事，而且似乎他并不情愿有这一番发迹。我们已经没有任何同盟国了。

在最近几个月的时间里，盟军的空袭使德国遭受的破坏日益惨重，装备工业遭到严重打击。特别是氢化工厂遭到的破坏，使我们无法承受，因为我们的燃料主要来源于此。1月13日，位于什切青的珀利茨氢化工厂被炸毁。接着1月14日，马格德堡、代尔本、埃门和不伦瑞克石油设施，以及曼海姆的洛伊纳工厂和燃料工厂也遭到敌机轰炸。1月15日，波鸿和雷克灵豪森的苯工厂被炸。1月14日，位于霍尔施泰因的炼油厂被炸毁。据德方的报告，盟军为此损失飞机57架，而德军却损失了236架。由于多个燃料工厂遭到破坏，产量大幅下降，德国因此被迫将燃料的供给来源转向奥地利的齐斯特斯多夫和匈牙利巴拉顿湖的石油。当初希特勒执意要将从西线抽调出来的大部兵力运往匈牙利的原因,从这个事情上也可以得到部分的解释,他是想获得匈牙利的石油和炼油厂,否则装甲兵和空军就都无法机动。

1945年1月20日,匈牙利与俄国签订停战协定,匈牙利的军事政治形势也因此变得令人担忧。停战协定规定,匈牙利需要向俄国交付八个步兵师,以协助俄军对德国的作战。

1月底,内林将军和冯·绍肯将军的两个军,且战且退,已经通过卡利什。2月1日,俄军到达屈斯特林的奥得河畔,一直推进到库尔姆以西和埃尔宾地区。2月2日,敌人占领托伦。2月3日,敌人绕过顽强防御的施奈德米尔城,径直向后波美拉尼亚推进。2月5日,库里施沙洲失守。在波森、奥得河畔法兰克福和德意志-科罗内周围,战斗仍在继续。俄军正向皮利茨和德意志-科罗内之间的波美拉尼亚推进。

自2月6日,在波森城内已经展开巷战。在屈斯特林,俄军在奥得河畔占领一个登陆场。2月8日,他们在皮利茨和阿恩斯瓦尔德的攻击虽被我方击退,但该地域的战斗一直持续了数天。

从2月10日起,敌人在维斯瓦河西岸的施维茨和格劳登茨发起攻击。2月12日,埃尔宾失守。

盟军继续对德国的炼油厂目标以及许多其他城市进行空袭,同时柏林也受到猛烈空袭。

2月13日,维斯瓦河畔的施维茨、波美拉尼亚的许多地区,以及布达佩斯堡垒先后失守。2月15日,科尼采、施奈德米尔和图赫尔失守。2月16日,格林贝格、索默费尔德和索劳失守。布雷斯劳被合围。2月18日,格劳登茨也被合围。2月21日,迪尔绍失守。

与上述情况相反的是,在2月17日至22日这几天时间里,南方集团军群却摧毁了俄军在格兰河上的一个登陆场。之所以能取得这样的胜利,完全归功于该集团军群司令韦勒将军出色的指挥。希特勒在一次商讨进攻计划的会议上曾说:"韦勒虽不是纳粹党员,但至少是个好小子!"

2月24日，波森和阿恩斯瓦尔德失守。接着2月28日，后波美拉尼亚的施洛豪、哈默尔施泰因、布伯利茨也相继失守。3月1日，新什切青❶失守。

芬兰于3月3日对德宣战。

同一天，德军在西里西亚的劳班发起攻击，目的是夺回位于柏林和西里西亚之间唯一的铁路交通线。3月8日行动结束，但对全局而言没有太大意义。

3月4日，俄军已到达克斯林❷和科尔贝格之间的波罗的海。至此，波美拉尼亚已全部沦陷。

俄军在德国国内的作战行动野蛮至极，难以用语言形容。我就曾亲眼看到过大批逃难的人群。有关这些情况的报告，在陆军总司令部和宣传部那里已经堆积如山，而且都是目击者们呈送的报告。宣传部的国务秘书诺伊曼奉戈培尔博士之命，请我向国内外新闻界揭露和谴责俄军的这种残暴行为。3月6日，我应约发表了讲话，因为我至少想唤起敌人的侠义心肠，以减轻德国人民的苦痛。同时我也提到了英美空军的暴行。遗憾的是，我的呼吁没有产生任何效果。在这些日月里，什么仁义道德，什么侠肝义胆，都被人们抛到九霄云外；而与此同时，复仇之风却在各处肆虐。因此，在十天之后诺伊曼再一次请我发表一次广播讲话时，我断然加以拒绝，因为我知道这种讲话只能是白费口舌。对于我可怜的人民来说，我已经不能给他们带来任何希望了。

3月6日，西方盟军已推进到科伦城的纵深。在东线，俄军开始对什切青发动攻击。

3月7日，西方军队已突破德国在科布伦茨方向的防线。在东线，格劳登茨失守。俄军继续占领着波美拉尼亚。

---

❶ 今什切齐内克。——译者注
❷ 今科沙林。——译者注

3月8日，在西线的雷马根，敌人夺取了完好无损的莱茵河大桥。守卫大桥的德军由于炸药不足，未能及时将这座重要的大桥炸毁。希特勒又为此大发脾气，并要求严惩有关人员。结果五名军官被立即枪决。

3月9日，什切青两侧的俄军已到达奥得河东岸。

在匈牙利，我们终于开始发起了攻击，而且初战告捷。然而，那里的春季已经开始，地面解冻，遍地泥泞，我们的坦克无法向前推进，致使这次被寄予很大希望的攻击化为泡影。我们虽然在巴拉顿湖北部占领了一块地盘，但我们在巴拉顿湖南部的攻击却不得不停顿下来。

3月12日，在布雷斯劳城内展开巷战。

连日来，空战一直在激烈地进行。柏林一连遭到12天夜间轰炸。

3月13日，俄军推进到屈斯特林的诺伊施塔特，已经到达但泽湾和普齐希。德军虽在匈牙利的进攻取得一定进展，但由于全局形势的迅速恶化，因此区区战绩对全局而言也无足轻重。

到最后，取得决定性胜利的希望全部化成为泡影。党卫队本来一直保持着高昂的士气，但到此时也大不如前。即使装甲兵以自己持续的顽强作战，为党卫队提供掩护，但党卫队各师所属部队仍是成建制地违抗命令，向后撤退。党卫队师在人们心目中树立已久的威望也随之消失殆尽。当希特勒听到这些事情之后，火冒三丈，盛怒之下他命令立刻把这些师的臂章全都扯下来，其中也包括以他的名字命名的近卫师。他想让我到匈牙利去执行这一命令，但我拒绝了。我建议让正好在场的党卫队领袖希姆莱去，因为他是武装党卫队的顶头上司，只有他才有权惩处党卫队的那些违纪的长官，理应是他亲自到匈牙利去执行这一任务。本来，希姆莱一直不允许陆军干预他的部队，可现在他却变了，他主动请求我的帮助。但由于我重任在身，所以到最后他也只能亲自出马，一个人去处理此事了。在这件事情上，他并没有赢得武装党卫队对他的好感。

正当情势日益紧张之际，负责纳粹党组织工作的领袖莱博士，在一个夜晚突然跑到希特勒那里，向他提出一个新建议。他建议把从西线调回来的纳粹政治官员组成一支义勇军。他说："我的元首，我可以保证至少有四万名英勇的斗士，用他们可以守住上莱茵和黑森林各条道路的隘口。请您相信，他们完全靠得住。请您批准，我的元首，就用您伟大的名字来命名这支义勇军，就叫它'阿道夫·希特勒义勇军'。总参谋长应立即为此提供八万支冲锋枪！"我相信，只有莱博士自己相信这支新组建的队伍具有价值。所以，我首先请他把这些斗士的确切数字搞清楚，然后我再根据情况发放枪支。后来，他也再没有提起此事。希特勒在一旁听着，一言未发。看得出来，希特勒似乎对这位组织部部长也已经不那么信任了。

德军在布雷斯劳、格洛高、科尔贝格、但泽和柯尼斯堡等地，仍在继续坚持。什切青城下激战正酣。有一天，希特勒要第3装甲集团军司令劳斯大将当面向他报告战斗的进展情况，以及部队的战斗力。劳斯便从总体形势开始说起，可是希特勒却打断了他，说："总体形势我早就清楚。现在我想听的是您所属各师战斗力的具体情况。"于是，劳斯便谈起了他所属部队的一些细节，这说明他十分熟悉其部队所防守的各条防线的情况，对每支部队的特点也非常了解。我当时也在场，觉得他讲得很出色。当他汇报完之后，希特勒未做任何评论便让他退出会议室。可是，当劳斯刚刚跨出总理府的地下室，希特勒便急速转向凯特尔、约德尔和我，大声喊道："他汇报得简直是一塌糊涂！他讲的都是些鸡毛蒜皮的琐事。听他的口音，他不是东普鲁士人就是柏林人。必须马上把这个人免职！"我立刻接着说："我的元首，劳斯大将是我手下最优秀的装甲兵将军中的一个。他本来一开始是要汇报一些大事的，可您打断了他，那些部队的具体情况也是您要他汇报的。至于说到他的籍贯，劳斯是一个奥地利人，我的元首，他是您的同乡啊！"

希特勒："这绝不可能。你看他那样子，他绝对不可能是一个奥地利人。"

约德尔："不，我的元首，他肯定是的。他可能是一个奥地利人。您看他说话的样子多像演员莫泽尔。"

我："在您尚未做出决定之前，请您对这一点予以考虑，那就是，劳斯大将的汇报可以说明，他对于他所负责防守的每一条防线都十分熟悉，对其所属每个师的情况都十分了解,他在长期的战争中始终表现得出类拔萃。所以我在前面说了,他是我们最优秀的装甲兵将军之一!"可是,这依然没有能够改变希特勒的观点。我再次强调指出,现在我们已经没有几个优秀的将领了,但我的话还是没有起任何作用。劳斯最终还是被免了职。我一怒之下便离开了会议室,去找劳斯,把刚刚发生的这些情况告诉他,以便让我的战友对他的同乡即将采取的措施有所准备。劳斯的职位最后由冯·曼陀菲尔将军继任。冯·曼陀菲尔将军是随西线的装甲部队撤到东线的。

在这一段时间内,外交部似乎已经决定——尽管太晚了——由一个中立国斡旋,同西方国家进行谈判。里宾特洛甫的一个朋友,名叫黑塞的博士,据说受里宾特洛甫之托,曾出现在斯德哥尔摩,但并没有取得任何结果。不过,这个传言却激发起我和我的外交顾问巴兰东博士的一种欲望,想再次试探一下我们的计划。我决定再去拜访一下党卫队领袖希姆莱,建议他利用外交部与一些国际组织的关系——如红十字或国际缉查组织等,设法尽快结束已变得毫无意义的杀戮。

自温克将军负伤离开之后,希姆莱指挥的阿恩斯瓦尔德地域的攻势一败涂地。在他的司令部里,情况杂乱得不可言状。自他担任这个地域的总指挥以来,我从未收到过他哪怕是一份关于该地域的确切的报告,而他对于陆军总司令部所下达的命令,也从来没有正眼看过。因此,3月中旬我便亲自来到他位于普伦茨劳的大本营,以了解那里的真实情况。希姆莱的参谋长拉默丁在门口迎接我,开口第一句话便问我:"您能不能不把我们的总司令弄走?"我对拉默丁说,这是你们党卫队自己的事。我问他,党卫队领袖到哪里去了。他告诉我,希姆莱得了流行性感冒,住进霍恩吕兴疗养院,正在接受其私人医生格布哈特教授的治疗。我立刻赶到那里,发现他的健康状况并不算坏。如果是我的部队处在这种危急状态下,我绝不会因为这么一点伤风感冒就轻易离开前线。见到他之后,我向这位执掌党卫队大权的人讲清了这样一件事:我说,你在德国是一个身兼多个最高级职务的人物:党卫队帝国领袖、德国警察最高长官、内政部长、后备军总司令,以及维斯瓦集团军群司令。而要出色完成这其中任何一项职务都需要付出全部精力，在战争的危急时刻尤其是如此。退一步讲，就算是一个无所不能的人，即使付出其全部精力，也不可能保证每一项工作都干得出色。说到这里，希姆莱大概也明白了，当好前线的指挥官实在不是一件容易的事。接着，我就建议他辞去集团军群司令的职务，专心致志地去干其他的事情。

希姆莱已经不像过去那样自信了。他犹豫不决地说："我不能对元首开这个口，他不会批准的。"我马上接过话头，说道："那么您能不能让我替您去说？"希姆莱犹豫了一下，最后勉强同意了。于是，当天晚上我就去见了希特勒，对他说，现在希姆莱身兼数职，实在太繁忙了，是不是应当免掉他维斯瓦集团军群司令的职务，由现任第1装甲集团军司令的海因里希大将来接替。希特勒虽然叽里咕噜地发了半天牢骚，但最终还是勉强同意了我的建议。3月20日，海因里希走马上任。

像希姆莱这样的一个军事上的外行，为什么一定要跑到军队里来，谋求一个司令的职位呢？他对军事一窍不通，关于这一点，他自己知道，大家知道，希特勒也知道。既然如此，他又是怎么当上这个司令的呢？很显然，是其无限制的野心和虚荣心使然。他主要是想得到一枚骑士勋章❶。但是，希姆莱和希特勒都低估了一位部队指挥官所应当具备的能力。希姆莱习惯于搞阴谋诡计，浑水摸鱼。因此，当第一次要他在光天化日之下拿出真本事的时候，就搞了个全盘皆输。硬要担当这一职务，说明希姆莱是不负责任的，而把这样一项任务交给他，说明希特勒也是不负责任的。

在这个阶段，有一天施佩尔来到我这里，他对目前形势的发展一直是忧心如焚。他告诉我，希特勒准备在敌人到来之前，把所有的工厂、水电设施、铁路和桥梁统统炸毁，以免落入敌手。施佩尔指出，这种疯狂的行动势必使人民遭受史无前例的浩劫。他请我一起采取行动，制止这一命令付诸实施。我欣然同意了，立即起草了一份命令。命令除了可以对位于德

---

❶ 只有在前线指挥作战的有功之臣才有资格获得骑士勋章。——译者注

国境内少数几条防线前方的设施进行破坏之外，其他一切有关民生的供给和交通设施都必须予以保留。第二天，我便把这份命令拿给约德尔看，因为凡涉及全军的事务都得有他参与。他把命令草稿拿给希特勒，但是他们并没有请我去对这份草稿做些说明。第二天，我去见约德尔，问他希特勒对这份命令草稿有什么反应，他却让我看了一份希特勒签署的命令，这份命令与我和施佩尔起草的命令完全背道而驰。

为了能清楚地说明施佩尔的态度，我将我们共同拟制的关于阻止破坏桥梁和工厂的备忘录节录一段如下，这份文件是1945年3月18日呈送给希特勒的：

"一旦战争发展到德国领土，任何人都无权对工厂设施、煤矿、电力设施和其他供给设施，以及交通设施、内河航线进行破坏。破坏桥梁对交通带来的负面影响，要比敌人空袭造成的破坏影响严重得多。破坏这些设施无异于断绝德国民族的生机……

"在战争的这个阶段，我们没有权力对关系民生的设施进行破坏。如果是敌人想毁灭这个英勇的民族，那么这一历史耻辱应由他们去背负。我们的义务是，尽我们的一切可能为将来的民族复兴创造条件。"

希特勒在看过我和施佩尔共同起草的备忘录之后，却发表了这样的观点，他说："战争如果打败了，民族也就完了。这是天命，无法回避。没有必要考虑民族如何生存下去的问题。还不如我们自己把它毁掉。因为，既然败了，就说明民族是软弱的，而未来最终属于强大的东方民族。那些战后的幸存者，都是劣等的，因为优等的已经死掉了！"

这些话实在令人震惊，不过我早就听希特勒说过好多次了。我反驳说，德意志民族一定会永存。即使进行破坏，德国民族也会永存，这是自然法则，谁也改变不了。这种破坏只能给我们苦难的民族增加新的、本可以避免的苦痛。

尽管如此，破坏命令还是在1945年3月19日公布了，3月23日由博尔曼下达执行令。执行破坏行动的任务交给了省党部，因为军队拒不执行。博尔曼命令将受到威胁地区的德国居民运往德国内地，没有交通工具的人只能步行。由于没有事先采取周全的供给措施，所以在执行过程中给居民造成了巨大灾难。

军事当局与施佩尔联合起来，共同阻止这一命令的执行。布勒拒绝发放炸药，使破坏行动未能全部实施。而施佩尔则到各地军队指挥所，当面向他们解释执行这一命令给自身带来的危害。我们固然没有能力彻底废弃这个破坏命令，但由于我们的努力，大大缩小了破坏所造成的损失。

第十二章

最后的崩溃

3月15日，陆军总司令部大本营遭到一次极为严重的轰炸，空袭共持续了45分钟，所投掷的炸弹数量比一个航空队全部弹药储备量还要多，足以炸平一个大型城市。而如此数量的炸弹全都投在了我们的这个小营房上面。很显然，敌人已将这里作为一个军事目标，千方百计要除掉它，因此对敌人的狂轰滥炸也没什么可抱怨的。中午，当空袭警报响起的时候，我和平常一样走进我的指挥所，开始工作。我的夫人在被迫离开瓦尔特高之后，便加入了难民流，后经希特勒的批准，与我住在了一起。此时，她正站在一个士官身边，看他在地图上标出敌机的飞行路线。她发现，这次敌人的轰炸机群不是像往常那样从勃兰登堡飞向柏林，而是一直朝着措森的方向飞来。我的夫人发现异常，立即跑来把这个情况告诉了我。我立刻命令各部进入防空掩蔽部，当我刚刚跨进防空洞时，第一枚炸弹就落了下来。要不是在这最后一秒钟有我夫人的提醒，那我们所遭受到的损失就不知道会有多严重了。可是与此同时，作战处却没有把我的警告当回事，结果克雷布斯将军和其他一些人受了重伤。克雷布斯的颞动脉被弹片击穿，轰炸停止后我立刻便去看他，发现他连睁眼睛的力气都没有了。我们立刻把他送进医院，这样他就有好多天无法工作。

在这种状况下，准备去接受维斯瓦集团军群司令之职的海因里希，来到措森见我。他的第一个任务是，为被俄军合围的小城屈斯特林解围。希特勒想利用五个师的兵力，从我们还占领的奥得河畔法兰克福的一个小桥头阵地出发，向敌人发动一次进攻。我认为这样的进攻行动，取得成功的希望十分渺茫。因此，我建议首先应当消灭屈斯特林附近登陆场内的俄军，然后再与被围的德军建立直接联系。由于在这个问题上看法不一，又引发了我与希特勒几番争论。这个要塞工事还是弗里德里希时代建造的，其守备司令是早在华沙会战中就享有盛名的赖内法特将军，他是警察系统的将军，一名优秀的警察官员，而不是正规军队的将军。

在说到这次反攻行动之前，先说一说发生在总理府内的一件小事，严格说来也算是政治上的事。大概是3月21日，根据事先和巴兰东博士商讨好的计划，我去找希姆莱，以便敦促这位党卫队领袖利用他与中立国的关系，达到与西方停战的目的。当我找到他的时候，他正与希特勒在总理府满是瓦砾的花园中散步。希特勒看到我，高声问我有什么事。我说，我要找希姆莱谈一件事。希特勒于是走开了，我便单独和希姆莱进行谈话。我直截了当地对他说："这场战争我们已经不可能取胜。现在，我们唯一要办的事就是尽快结束这场已无任何意义的杀戮和轰炸。除了里宾特洛甫之外，现在只有你还跟中立国保持有一定的关系。由于外交部部长拒绝把我的建议报告给元首，所以现在我只有请您和我一起去见希特勒，利用您的关系，帮助我达成停战的目的。"希姆莱回答说："我亲爱的大将，现在谈这个事是不是早了点！"我说："我真不知道您在说什么。现在不是差5分12点，而是12点过5分了。如果我们现在还不抓紧机会进行谈判，那我们就永远没有机会了。难道您没有看到，我们现在的情况已糟到何种程度了吗！"我跟他谈了半天，没有取得任何结果。归根结底是他惧怕希特勒，这种人一点用处也没有。

晚上，在汇报完情况之后，希特勒留住我，对我说："我发现您的心脏病又厉害了。您必须立刻休养四周。"这对我个人而言，倒是一件值得欣喜的事，但鉴于当前司令部所处的状况，我无法接受这个建议。我对希特勒说："现在我不能离开我的岗位，因为没有人接替我。温克的伤还没有好。克雷布斯在3月15日敌人的空袭中受了重伤，现在还在医院，还不能工作。至于说到作战处，由于在华沙事件时根据您的命令，抓了一批人之后，至今还没有恢复元气。我马上想办法找到一个合适的人替代我，然后我就休假。"正在我们谈话的时候，进来一个人报告说，施佩尔要求求见。希特勒回答说，今天不能见他。接着，他又老调重弹，说道："凡是想跟我进行单独谈话的，肯定都是要跟我说些令人不愉快的事。每次都是这样。我实在再也无法忍受那些坏消息了。他在他呈送给我的备忘录中第一句就说：战争已经失去！今天他肯定还是要说这句话。我已经把他的备忘录锁进了我的保险柜，我永远也不会看它了。"说完，希特勒便叫人告诉施佩尔，让他三天后再来。

3月的日子艰苦难熬，在这些日子当中有几次谈话还是挺有趣的。有一天晚上，希特勒大发脾气，原因是西方同盟国夸大了德军被俘的人数。对此他大声喊道："我们的部队在东线作战非常勇敢，为什么在西线他们就很快投降了，原因只有一个，就是那个可恶的《日内瓦公约》，它规定要保证被俘人员受到种种优待。我们必须废除那个可恶的公约！"约德尔对希特勒的这种野蛮的和毫无意义的观点，表示了强烈的反对，再加上我的支持，最后总算打消了希特勒的这一念头。另外，约德尔还曾阻止希特勒对一位将军的任命。这位将军在不久前因粗暴无理，不仅受到处罚，而且已被勒令退役，而希特勒却准备任命他为集团军司令。约德尔到现在也不得不承认，总参谋部必须要实行统一领导，而且对过去在这个问题上的错误认识后悔不已。在这个山穷水尽的时刻，在斯大林格勒会战失败之后，他好像如梦方醒，对事务看得也更透彻了。

3月23日，西线敌人已到达莱茵河中上游；在河的下游，他们在与鲁尔河的交汇处渡过莱茵河。在东线，俄军在上西里西亚的奥帕伦达成突破。

3月24日，美军渡过上莱茵河，向达姆施塔特和法兰克福挺进。在东线，双方对但泽展开激烈的争夺战。俄军开始对屈斯特林发动进攻。

3月26日，俄军在匈牙利发动新的攻势。我们与屈斯特林重建联系的企图失利。

3月27日，巴顿的装甲车开进美因河畔法兰克福近郊。在阿沙芬堡附近展开激战。

同一天，希特勒在中午的情况汇报会上，对屈斯特林的失守大为恼火。他认为，主要责任应由第9集团军司令布塞将军来负，并责怪他在火力准备时段火力不够强大。他说,在第一次世界大战的佛兰德作战中,发射的弹药至少要比这多十倍。我接着说道,眼下布塞已经没有那么多的炮弹了,所以他不可能做到增强火力。不料,希特勒却朝着我大喊道:"那么您就应当想办法多给他一点!"于是,我就将分配给我的弹药单据拿给他看,并指出,我已经把我所能支配的全部弹药都给了布塞。接着,希特勒又怒吼道:"部队同样也不中用!"我向他强调指出,参战部队已经恪尽职守,他们已经付出了重大牺牲。会议不欢而散。回到措森之后,我对弹药的数量、部队的损失情况,以及现在部队的状况,再次进行了详细核对,然后写了一份简明的报告,呈送希特勒。因为我不愿再见到希特勒,不愿再同他进行毫无意义的争辩,所以晚上的汇报会我便派克雷布斯将军替我去参加,并把这份报告交给希特勒。同时,我还请克雷布斯向希特勒转告我的一个要求,希望希特勒能够批准,我第二天到法兰克福桥头阵地去做一次视察。我想亲自看一看,希特勒主张投入五个师的兵力从这个狭窄的桥头阵地,向奥得河东岸的屈斯特林的攻击行动,是否可行。直到此时,我对这个行动的怀疑还不足以使希特勒更改他的计划。

深夜,克雷布斯从柏林返回措森。他告诉我,希特勒不准我到法兰克福去视察,并命令我3月28日和布塞一起来参加中午的情况汇报会。希特勒认为我的报告是在教训他,所以十分恼怒。可以预料,这次汇报会肯定又会吵得一塌糊涂。

1945年3月28日14点,照例出席汇报会的那些人都聚集到总理府的防空洞里,布塞将军也来了。希特勒要求布塞首先汇报。布塞开始汇报,可是刚说了几句,希特勒就打断了他,搬出了昨天那些老话,对布塞横加指责。我只听他说了两三句,就满腔怒火,实在忍不住了。我打断希特勒的话,重申我3月27日的口头和书面的报告。我说:"请您准许我打断您的话。昨天,我已经以口头和书面的方式向您做了报告,指出布塞将军对于屈斯特林进攻行动的失利不应负任何责任。第9集团军在进攻当中已经把分配给他们的所有弹药都投入了战斗,部队也尽到了他们所应尽的责任。部队所遭受的非同寻常的损失就是一个有力的证明。所以,我请您不要再指责布塞将军。"听了我的话,希特勒便说道:"除了这位元帅[1]和这位大将之外,我请各位先生都离开这个会议室!"等到所有与会者都进入接待室之后,希特勒就直截了当地对我说:"古德里安大将,您的健康状况要求您立刻休假六周!"我马上举起右手说道:"报告,我要退席。"说完,我便朝着大门走去。当我抓住大门把手时,希特勒把我喊住,对我说道:"请您参加完汇报会。"我默默地坐回我的座位。参加会议的人又都被叫回会议室,会议继续进行,好像什么事也没发生。只是,希特勒没有再对布塞进行任何指责。希特勒一再征询我的想法,然后又过了很长时间,会议总算熬到了头,大家纷纷离开防空洞。希特勒把凯特尔、约德尔、布格多夫和我留下。希特勒对我说:"请注意您的健康,尽早康复。六周后形势会更紧张,那时我会更需要您。您想到哪儿去休养?"凯特尔建议我到巴特利本施泰因去,他说那里风光秀丽,景致宜人。我告诉他,那里早已被美军占领了。这位热心的元帅说:"那就到哈尔茨的巴特萨克萨吧。"我对他的关心表示感谢,并说,我将自己去选择一个地方,至少不会在48小时之内被敌人占领的地方。说完,我又举起我的右手,然后凯特尔陪我离开这里,永远离开了这个元首防空洞。在去停车场的路上,凯特尔劝我以后不要再顶撞希特勒。都到这个时候了,我还有什么可说的?任何话都是多余的。

傍晚时分,我才回到了措森。我的夫人正在迎候我,说道:"你今天回来晚得实在可怕!"我说:"这是最后一次了。我被解职了。"我们两个人拥抱在一起,如释重负。

3月29日,我跟我的同事们告别,把工作移交给克雷布斯,收拾好我的一点点行李。3月30日我便和夫人一起,离开措森,乘火车驶向南方。我原本打算到图林根森林的奥伯霍夫附近,找一个可以狩猎的房子住下,只是由于美军的推进速度太快而不得不改变计划。于是,我们决定到慕尼

---

[1] 指凯特尔。——译者注

黑附近的埃本豪森疗养院，以便在那里进行疗养，尽快治疗好我的心脏病。4月1日，我住进疗养院，得到著名心脏病专家齐默尔曼博士的精心治疗。有一位朋友告诉我，盖世太保正在监视我的行动，于是我请了两位战地警察负责保护我。

5月1日，我陪同夫人一起来到迪特拉姆斯采尔，她留住在冯·施利歇尔夫人那里，我一人则到了蒂罗尔的装甲兵总监司令部，准备住在这里，一直待到战争结束。1945年5月10日无条件投降后，我与司令部的其他人员一同成了美军的俘虏。

关于3月28日以后的情况，我都是通过收音机收听到的。所以，对这些事我无权评说。

第十三章

第三帝国的领导人物

我的职业生涯使我有机会和一系列对于我国人民的历史具有重大影响的人物接触。因此，我有义务把与这些人接触中所得到的印象写出来，供读者参考。我知道，个人的一孔之见难免带有主观性。但是，我的这些印象是基于德国军队的传统和荣誉观，有别于政治家们的印象，他们往往带有明确的目的性。我的这些印象也许会成为对这些人物进行观察和判断的一种补充，有助于人们通过对不同资料的比较，获得比较正确和比较全面的认识。因为，造成我们的不幸和国家的彻底崩溃的结局，与他们的所作所为有着密不可分的关系，他们难辞其咎。

前面叙述我的经历和印象的时候，我都是以当时的资料为依据的，为的是尽量不受到事后的资料的影响。但在下面的叙述中，我的主要依据将是德国崩溃后的一些谈话和资料。

希特勒

决定我们命运的中心人物当属阿道夫·希特勒。

希特勒出身微贱，受学校教育有限，缺少家教，言语粗鲁，举止不雅。这个深受人民信任的人，最享受与他亲密老乡在一起的感觉。最初，在具有较高文化素养的人面前，尤其是当谈起艺术、音乐等话题时，他会谈笑风生，无拘无束。只是到后来，他亲信中的一些人，尤其是一些素质低下的人，生怕希特勒受到那些出身名门、教养高深的人物的影响，便有意识地唤起他对这类人物的强烈的厌恶感。他们的努力最终取得了极大的成功。

之所以会如此，原因之一是，在希特勒的内心潜藏着一种对年轻时凄凉生活的怨恨；其二是，他自以为是一个伟大的革命家，怕这些旧传统的代表人物扯他的后腿，甚至被引入歧路。

这就是我们走进希特勒内心世界的第一把钥匙。在这种变态心理的驱使下，他日渐远离王公贵族、学者容克和文武官员，拒绝与他们交往。虽然，他在夺取德国权力后的初期，还尽力约束自己的行为举止，使其符合上层社会和国际交往惯例，但在战争爆发后，他便把这一切抛到九霄云外。

他有一个绝顶聪明的头脑，具有超乎寻常的记忆力，尤其是对于历史事件发生的日期，以及技术和国民经济方面的数据，他都能倒背如流。他博览群书，汲取知识的营养，以此来弥补他教育上的缺陷。更使人称奇的是，他总能把他读到的或听到的，一字不差地背出来。他后来当上总理和国防军总司令之后常说的一句话就是："您六周前和我讲的跟现在完全不一样！"这句话经常会使对面的人手足无措。因为，凡是有人说出的数据和他的不一致时，他都会搬出当时的谈话记录来证明他是正确的。

他先天就有一种本领，能利用简明易懂的方式将其思想表达出来，进而不断重复，将他的讲话铭刻在对方的心中。不管站在他面前的是成千上万的人，还是几个人，几乎每次讲话时他说的第一句话都是："当我 1919 年决定做政治家的时候……"而在每次政治演讲和训话结束时，都会说："我不会屈服，绝不会投降！"

他天生具有一种超凡的口才，无论是一般的群众，还是受过教育的人，都会被他的讲话打动。他懂得如何巧妙地迎合听众的心理。比如，他对工业家讲话就不同于对军人讲话，对党内亲密同志讲话则不同于对政见不一者讲话，对省党部头目讲话又不同于对小官吏讲话。

希特勒最突出的一个特性是他的意志力。他可以利用他的意志力，迫使大家跟着他走。他的这种意志力能产生一种强大的诱惑力，甚至可以对某些人产生一种催眠作用。这种情况我曾经历过多次。在国防军总司令部，几乎没有一个人敢反对他。他手下的那些人，要么被永久催眠，如凯特尔；要么俯首听命，如约德尔。但是也有一些十分自信、在敌人面前永不低头的人，也被希特勒的讲话征服，不得不屈从于他的逻辑，最后只好缄默不语。当他对少数人讲话的时候，他会注视着每一个人，仔细观察每一个人的反应。当他发现他的话在某一个人或某几个人身上没有产生诱导效果，换句话说当他发现有"不易接受催眠术"的人时，他就会站在这个人面前没完没了地说，直到把这个人征服为止。如果这个人始终不为其所动，那么这位催眠师便会恼羞成怒，恶狠狠地喊道："我没有把这个人说服。"过不了多久，这个人就消失了。他愈成功，就愈骄纵，愈容不得任何人。

有些人认为，希特勒之所以能对人们产生如此强大的影响力，只是由于德国人是易受感召的人。其实，在人类的各个时代和各个民族之中，都曾涌现过一些具有强大感召力的伟人，而且其中有些人用基督观点看也算不上好人。在近代史上，最恰当的一个例子就是法国革命，以及受众人追捧的拿破仑。虽然法国人早就发现，他最终必将失败，但还是跟随着这位伟大的科西嘉人一直到彻底的毁灭。尽管美国人民是爱好和平的，但在两次世界大战中他们还是在其总统的强大的感召之下，走上了战争之路。意大利人一直跟随他们的墨索里尼走到最后。俄国就更不用说了，那是一个伟大的民族，但是他们背离其传统的思想，被列宁的思想引向了布尔什维克化。然而，作为同时代的我们，也正是从这个例子可以看出，列宁的革命思想之所以能够生根开花，是由于沙皇时代统治上的失败为其提供了适宜的温床。也正是由于沙皇混乱的管理，致使广大民众民不聊生，怨声载道，才使得他们轻信布尔什维克改善状况的许诺，并心甘情愿地追随其后。

至于德国人屈从于希特勒的感召力，其主要原因应归咎于战胜国在第一次世界大战后采取的错误政策。这一错误政策给德国带来的失业、割让领土、丧失自由与平等，以及被剥夺防卫权，成了纳粹主义发展壮大的前提条件。在缔结《凡尔赛和约》的时候，那些战胜国并没有遵守威尔逊的十四点[1]，他们失信于德国人民，德国人民也不再信赖西方大国。徒有虚名的魏玛共和国虽经多方努力，但一直未在外交上取得突破，内政上也无法摆脱困境。也就是在这个内外交困的时刻，一个人挺身而出，向德国人民许诺，他可以砸碎《凡尔赛和约》的枷锁，让人民获得解放。于是，他利用内政外交上的许诺，轻而易举地获得了无数人的拥戴，接着他便通过民主手段创建了强大的党，直至执掌国家大权。因此说，面对一种感召力，不是德国人比其他国家的人民更为敏感，而是有其客观条件存在的。

希特勒向德国人民许诺，他可以在外交上废除不平等的《凡尔赛和约》，在国内消除失业现象和党派之争。他心里很清楚，这些是每一个善良的德国人最急切想达到的目标。谁不想达到这一目标？在他政治生涯开始的时候，他就是利用这个每个德国人热心期盼和奋力追逐的明确目标，引导无数民众怀疑起政治家们的能力，以及当初敌人的所谓善心。随着国际会议无果而终的次数的增多、战争赔款负担的日益沉重，以及不平等关系的继续存在，便有越来越多的人聚集到卐字旗下。1932年岁末至1933年年初，德国再次陷入几乎绝望的境地。失业人数超过600万，如果把失业人员的家庭也算在内，那么饥寒交迫的人数就达到大约2500万。堕落的年轻工人在柏林和其他大城市的街头无所事事地游荡，犯罪率直线上升。共产党乘此形势，捞取了600万张选票。假如不是希特勒的纳粹党把数百万张的选票拉到自己一边，假如不是希特勒提出一种新思想和新信仰来占领思想阵地，那么共产党的选票肯定还会大大超出这个数字。

人们大概还记得，就在不久前，法英两国曾经禁止德国和奥地利缔结经济同盟，实际上这个同盟对德奥两国经济状况的改善极为有限，在政治上也不会对西方国家构成任何威胁。奥地利由于受《凡尔赛和约》附属条

---

[1] 第一次世界大战末，美国总统威尔逊在1918年1月8日给国会的信中提出"公正和持久和平"的十四条和平条款。主要精神是：解放人民；对友对敌同样公正；建立国际联盟保障和平。但在实际实施中，西方国家不仅没有完全履行十四点精神，而且反其道而行之。——译者注

约《圣杰曼条约》的限制，当时的经济已经走到了崩溃的边缘，如果不与一个大经济区域结盟，它将无法生存下去，所以他们希望能缔结一个欧洲经济同盟来解决他们的问题。因此，当时西方国家阻止德、奥缔结经济同盟一事，也使一向守规矩、"倾向西方"的德国人大为不满。这件事使德国人认识到，战争虽已结束12年，德国加入国际联盟也已经6年，但德国依然没有获得全面的谅解，战胜国依然还是那样专横跋扈。应当说，上述这件事无疑为希特勒在1931年和1932年的选举中捞取大量选票发挥了重要作用。

终有一天，希特勒的纳粹党强大到了无人敢小视的地步。年高德重的总统冯·兴登堡老元帅，经过长时间的内心斗争，最后还是任命希特勒为总理。对这位老总统来说，这确实是个困难的决定。因为，他和许多其他的德国人一样，并不喜欢希特勒这个人，以及他的言谈举止。

一旦当权，希特勒便开始清除反对派。他所使用的手段之残忍，更加暴露了这位独裁者的真面目。他可以肆无忌惮地排斥异己，淋漓尽致地表现他的残酷无情，只是因为反对派的力量弱小、分散，不堪一击。结果，希特勒轻松地通过法律手段废止了魏玛共和国宪法，为实行他的独裁统治排除了障碍。

如果说他清除内部的反抗势力是肆无忌惮，那么到了谋杀罗姆的时候就已经发展成了残酷无情。一大批与罗姆没有任何干系的人物也同时被谋杀，他们是由于其他原因被杀的，其中有些人也许希特勒并不认识。这些恶行都没有得到应有的惩处。当时的总统、已人老病垂危的兴登堡元帅，无力进行干预。不过，当时希特勒至少还认识到，有必要就冯·施莱歇尔将军[1]被谋杀事件向军官团道个歉，并保证以后不会再发生类似事件。

1934年6月30日杀害冯·施莱歇尔将军这一恶行，并没有得到应有

---

[1] 曾任魏玛共和国总理和国防部部长，1933年1月被解职、退役。1934年6月30日与其夫人在家中被暗杀。——译者注

的惩处，说明德国的法制已受到严重威胁。但是，事情还不止于此，这更增强了他的权力意识。他巧妙地通过一项法律，解决了对兴登堡权力的继承问题，又巧妙地搞了一个公民投票，最终冠冕堂皇地爬上了德国最高权力的宝座。

有人曾经问过希特勒，他是不是想恢复帝制，以此来巩固他的地位，并使其合法化。后来，有一次他在柏林对军官们讲话时说，他确实曾经认真地考虑过这个问题。他说，他在历史上只找到了一个君主信赖一位首相，并与其自始至终共同治理国家的例子。这位君主应当说是聪明的，首相也是杰出的——这就是威廉一世皇帝和俾斯麦。他说，历史上再也找不到第二个具有如此思想境界和开明睿智的君主。他说他也曾和他的朋友墨索里尼谈过这件事，而墨索里尼则向他描述了他与意大利国王打交道的难处。于是，希特勒决定不恢复君主政体，省得自找麻烦。

希特勒选择了独裁！

希特勒通过独裁取得了一系列重大成就：消灭了失业，鼓起了全民的工作干劲，增强了民族意识，消除了党派之争。不承认这些成就也是不公正的。

在巩固了国内权力地位之后，希特勒便开始实施其外交政策计划：夺回萨尔，重整军备，军事占领莱茵兰，吞并奥地利。这一切都得到德国人民的拥护，同时也是在外国的容忍或者说是认同之下进行的。因为，西方人民出于正义感，已经认识到《凡尔赛和约》是战胜国一个不幸的错误，同时也充分理解了德国人民的合法要求。但是，对希特勒来说，收复苏台德区，解放那里的德国人是一项比较困难的任务，那里的人民已经在捷克民族主义的蹂躏下生活了长达20年之久。捷克与法国是缔结有盟约的。所以，如果两国的盟约受到侵犯，法国就有可能履行盟约义务而进行干预，战争就有爆发的可能。不过，希特勒凭借其高度灵敏的政治嗅觉和直觉的判断力，以及他长期以来对西方政治家们的印象，认为法国人民及其温和的政治家们，不会以此作为开战的理由。同时他还判断，英国人民的内心深处也是希望和平而不想打仗的。希特勒的估计是正确的。英国首相张伯伦和法国总理达拉第与希特勒的朋友墨索里尼一起，在慕尼黑与希特勒签署了一项协定，从而使德国对捷克斯洛伐克的进攻变成了合法。就眼前而论，这项协定维护了和平，但长远看它却极大地增强了希特勒在西方国家面前的自信心，这也使他的野心更加膨胀。希特勒现在已经看到，只要他施加压力，西方政治家们最终都是会妥协的。所以，当有人提醒英国要警惕德国人时，他们却不以为然，而这又反过来促使希特勒的态度更加嚣张。

到了1938年初，希特勒已经把国家的所有机构都牢牢地掌握在自己手里。他认为，此后能够对他的统治构成严重威胁的组织就只有陆军了。所以，在吞并奥地利之前，他就大胆而巧妙地利用"布洛姆贝格—弗里奇事件"❶剥夺了陆军的指挥权，而军队也未做抗争，便默默地接受了。当时的陆军领导虽说头脑是清醒的，却软弱无力，一直没有敢提出抗议。而其他的大多数将领，甚至是整个军队，自始至终保持沉默。对于此事的真相，大多数将领以至军队也都并不知晓。即使有少数知情者，也将其反抗的念头藏在心里，或充其量将其写入其备忘录中，最后锁进书桌里。因此，从表面上看，没有任何人曾经试图对希特勒的倒行逆施提出警告或者进行反抗，也没有人将此事在更大范围内扩散，似乎都奉公守法，忠诚正派。然而，随着岁月的流逝，随着希特勒青年团的人和效忠希特勒的分子不断涌入军队，军队里的反抗力量日渐缩小，军官团也年复一年被年轻的纳粹党人所充斥。

随着自信心的日渐增强，国内权力的不断壮大，以及外交上的捷报频传，骄纵傲慢在希特勒身上油然而生，似乎他已成了这个世界的主宰。再加上被他安排在第三帝国领导位置上的那些平庸小人的无耻吹捧，希特勒的这种骄纵傲慢更是到了无以复加的地步。如果说，他此前还能比较客观地考虑问题，至少还能倾听别人的意见，能够与别人交换意见，那么从这个时候开始，他就一天比一天专横。我在这里举一个非常能说明问题的例

---

❶ 参见第三章。——译者注

子，那就是他从1938年开始，就再也没有召开过内阁会议。各位部长都是直接和希特勒进行联系的，也就是说每一位部长都是单独接受希特勒的指令，从来没有召开一次全体会议对重大的政治问题进行集体商议。尽管许多部长都想找机会向希特勒做当面汇报，但从此刻起，他们再也没有或很少能找到这样的机会。虽然，部长们都希望按照正规的程序办事，但是除了国家的机构之外，又冒出一个与之平行的党的机构。希特勒的原则是："不是国家指挥党，而是党指挥国家！"因此，就出现了一种完全有别于过去的局面，即政府的权力不再掌握在国家手里，而是转移到了党的手里，确切地说，是转到了省党部头目的手里。这些省党部头目之所以能够在政府里担任要职，不是凭借其工作能力，而是由于他们在党内曾取得过某些功绩，至于他们的人品根本就没有人去考虑。

于是，许多党的官员也效仿希特勒的样子，为达自己的目的，无所不用其极，全国政治风气急剧恶化，国家行政管理成了一副空架子。

同样的情况也发生在司法界。臭名昭彰的授权法赋予了独裁者一种权力，他无须经过国会就能颁布有法律效力的法规和命令。即使有国会参加，但自1934年之后国会已形同虚设，无力影响事情的进程。现在，在俄国也正是这种情况。

到了1939年春，希特勒的傲慢已发展到无法无天的地步，他竟然决定要将捷克斯洛伐克作为一个保护国合并到德国。对于希特勒的这一行动，英国发出了严正的警告。值得庆幸的是，希特勒的这一步并没有引发一场战争，但是不能不引起人们的反思。在占领捷克斯洛伐克之后，又夺回了梅默尔地区。到了这个时候，德国似乎已经强大到不费吹灰之力，便可静等民族愿望的全部实现。可希特勒并不这么想。究其原因，是希特勒有一种奇特的预兆，他认为他会早死。他说："我知道我不会活得太长。没有太多的时间供我去浪费。我的继承人没有我这样的活力，面对艰苦的抉择，他们表现得软弱无力。我必须在有生之年亲自来做这些事情！"就这样，他煽惑着自己，煽惑着他的同伙，也煽惑着整个民族，向着他所选定的目标马不停蹄地狂奔。他说："当机会女神从你眼前飘过的时候，你必须跳起来,把她抓住。如不这样,她就永远消失了!"于是,他跳起来了!

1939年秋,希特勒决定除掉波兰走廊。现在回过头来看,他当时向波兰提出的建议可以说并不算苛刻。但是,波兰人尤其是波兰外交部部长贝克却不想接受希特勒提出的条件。正当波兰人犹豫不决的时候,英国向他们做出了担保,于是他们选择了战争。当骰子掷下去以后,英国以及在其影响下的法国便对德国宣战了。就这样,第二次世界大战爆发了。希特勒本想把战争局限在波兰境内,但现在这个打算落了空。

希特勒出于小心谨慎,在波兰战局爆发之前与苏俄签署了一项协定,这样他就不必担心德国的后方安全了。于是,两线作战的危险总算暂时避免了。不过,为了促成这项协定的签署,希特勒出于政治考虑也不得不把他反布尔什维克的思想暂时放在一边。正如他在1939年10月一次早餐上对我说的[1],他对这一步在人民中的反应还没有把握。尽管战争已经在错误的方向上爆发了,但当战争现在真的打响之后,人民尤其是军队对于他争取到的后方安全还是表示十分满意。因为,德国人民和军队并不想跟苏联打仗。当1940年西线战场的战争结束的时候,他们本来有幸从此过上和平的日子。

在西线战局结束之后,希特勒的事业可以说已经到达了最高峰。不过,英国远征军大部从敦刻尔克逃回英国,还是为德国埋下了后患。温斯顿·丘吉尔曾说过,尽管英军在敦刻尔克遭受了损失,但是如果从英国空军对德国空军的作战角度来说,英国的这次撤退仍可以说是一次胜利。因为,在敦刻尔克上空和后来在英国本土上空,德国空军由于使用不当遭受重大损失,使它起初所具有的一点点空中优势化为乌有。

空军在使用上的错误,应归罪于希特勒和戈林两个人。由于这位空军总司令的虚荣心和自负,以及希特勒对他最得意信徒的百般迁就,使得空军的勇敢精神及其高超的军事技术未能得以充分发挥。直到很久以后,希

---

[1] 参见第84页。——译者注

特勒才逐渐认清了戈林这个人的真正价值，或者说是才知道原来戈林是一钱不值的。但是，令人不解的是，希特勒——按照他的说法是出于"国家政策的原因"——依然没有把他从对战争结局最具影响的空军职位上撤下来。

人们常说，希特勒十分忠诚于他党内的"老战士"们。这个说法具体到了这位德国元帅身上，还真的得到了验证。希特勒虽然也经常埋怨和严厉指责戈林，也已认识到事情的利害关系，但是一直无动于衷。

1940年的西线战局又显露出希特勒的另一种特性。希特勒在筹划他的计划时异常大胆。比如，对挪威的作战就是一个大胆的计划，装甲部队对色当的突破也称得上大胆。在这两次行动中，他都采纳了最大胆的建议。可是，在执行过程中只要他一遇到困难，就会突然变卦，这与他在政治上遇到困难时表现出的坚忍不拔，形成了鲜明的对比。究其原因，这或许是因为他本能地感到自己在军事领域缺乏天分的缘故。

在对挪威作战行动中就发生了这种情况。当纳尔维克形势趋于恶化时，本应保持冷静，不要放弃。正当希特勒犹豫之际，多亏冯·洛斯贝格中校和约德尔将军的坚持，才使形势转危为安。在色当作战中也是如此。当德军出乎意料地取得重大战果时，最重要的是趁此有利时机迅速、有力地扩展战果。我曾于1940年5月15日，接着又于17日两次接到希特勒的命令，要求我停止前进。我没有停止，继续向前推进，这并不是希特勒的功劳。不过，最为糟糕的是在敦刻尔克前方的阿运河停止了前进❶。正是由于这一停止，使英军躲进了敦刻尔克要塞，接着登舟逃回英国。假使我们的装甲部队有权自主行动，那么我们就有极大的把握抢在英军之前进入敦刻尔克，将其退路切断。如果是那样的话，那将是对英军的一个重大打击，同时也能大大增强德军在英国登陆的把握，进而迫使我们的敌人、精力充沛的丘吉尔屈膝求和。

---

❶ 参见第118页。——译者注

我们在接下去的行动中，又连续犯了一系列错误：平白无故地与法国达成停战；在尚未到达地中海海岸前就结束西线战局；放弃在非洲的登陆；在法国战局结束后放弃对苏伊士运河和直布罗陀的进攻。这一切都印证了我上面提出的看法：希特勒在制订计划时表现得十分大胆，甚至有些鲁莽，但在将其军事企图付诸实施时，又踌躇不决，畏首畏尾。如果反过来，他能在制订计划时做到审慎周密，在行动时迅速坚定，那么德国会从中获得更大的益处。还是那句话："三思而后行！"

在非洲行动上出现的问题，则是出于另外的两个原因：其一，希特勒认为必须顾及墨索里尼的看法；其二，受大陆思想的束缚。由于他的眼界受到局限，因此对世界的认识甚为肤浅，对于和制海权相关的一系列问题缺乏理解。我不知道，他是不是读过美国海军将军马汉的书《海权对历史的影响，1660-1783》❶。但是，不管他是否读过，事实说明他所采取的行动和书中的观点是相悖的。

正是由于上述错误，希特勒在1940年夏的时候，面对如何才能给他的人民带来和平的问题时，表现得手足无措。他不懂得如何与英国人打交道。他看到，已经动员起来的国防军已准备就绪，整装待发，而与此同时军队却无所事事。军队急于行动的状态给了希特勒极大的压力。能给他们找点什么事干呢？于是，他发现，在东方的边境线上，一个是他思想上的宿敌，还安然无恙地矗立在那里。此时，正好在西线战场取得暂时性的胜利，尚无战事，在时间上为他提供了保障。于是，他忽然觉得此时正是他和苏维埃来一个彻底清算的大好时机。他十分清楚，以苏联为代表的、以争夺

---

❶ 《海权对历史的影响，1660-1783》是美国海权论者艾尔弗雷德·塞耶·马汉（1840—1914）的代表作。作者在分析1660年—1783年的大量海战战例后，首次提出以争夺制海权、控制海洋、消灭敌人舰队为首要任务的海军战略。指出，争夺制海权是进行海战的基本法则，是取得整个胜利的决定性条件。制海权是民族强盛和繁荣的主要因素，是海上强国的天赋特权。要控制海洋必须有一支强大的海军。1898年德国海军下令将此书的德文译本提供给国内所有公共图书馆、学校和政府机构。——译者注

世界霸权为目的的共产主义，对欧洲和西方世界构成了重大威胁。他也知道，他的这一认识与他的大多数人民乃至许多欧洲国家都是一致的。至于他这一思想在军事上是否可行，则另当别论。

如果说，他的这一想法起初只不过是突发奇想，那么，久而久之他就真的开始加以认真对待了。他异常活跃的幻想力，使他低估了苏联的实力。他认为，地面和空中的机械化为战争的胜利开辟了一片全新的天地，已无法与瑞典的查理十二以及拿破仑时代同日而语。他还认为，只要第一次打击就取得成功，苏维埃体制肯定就会顷刻瓦解。然后，俄国人民就会转而信仰他的民族社会主义思想。然而，当战争真的打响之后，却发生了太多太多他意想不到的事情，他的如意算盘也随之一个个被打碎。德国纳粹党和政府高级代表们在占领区内粗暴对待当地的居民；希特勒企图将俄国肢解，并将俄国大部领土并入德国版图——这一桩桩的事情，将所有俄国人逼到了斯大林的旗帜之下。现在，他们同仇敌忾，同心协力，为保卫自己的祖国与外来入侵者拼死奋战。

他之所以会犯如此重大的错误，主要归咎于他对其他种族和民族的蔑视。这在他战前残酷对待国内犹太人的行动中已经暴露无遗，而现在则更是变本加厉了。这说明他目光短浅、残酷无情不计后果，招致恶果也是必然。如果问，是什么东西损害了民族社会主义和德国的伟大事业，那当属这种疯狂和愚蠢的民族政策。

希特勒想统一欧洲，但是他对各民族间差异的蔑视，以及他采取的中央集权制的做法，注定了他失败的命运。

对俄国的战争爆发不久，就暴露出德国实力的局限性。但是，希特勒并没有迷途知返，停止其行动，或者起码缩小行动的规模，他反而变本加厉，跳进一个无底的深渊。他决心采取最为残酷的手段迫使俄国屈膝称臣。接着，他又鬼使神差地挑起了对美国的战争。当然，罗斯福总统"射击命令"[1]

---

[1] 1941年9月11日，罗斯福宣布，一旦发现轴心国船只进入"美国防务必须保护的"海域，立即射击。——作者注

的下达，实际上已近似一种开战状态。但是，此刻德国距对美国宣战本来还是有很长一段路，如果不是希特勒的骄横跋扈，美、德之间的战火不会这么早就被点燃。

随着他迈出这可怕的一步，他便在莫斯科城下遭到对俄开战以来的首次重大失败。希特勒战略的破产，应归咎于他缺乏连贯性和计划性，朝令夕改，举棋不定。最后，他只有用严刑酷法对待自己的部队，去弥补失去的东西。这种做法起初还有效，但终究不是长久之计。他把德国人民的利益与他自己的利益相提并论，可是他连人民最基本的生活需求是什么都还没有搞清楚。

下面我说一说希特勒在个性方面给我留下的印象。他到底是一个怎样的人呢？他是一个素食者，不喝酒，不抽烟。按理说，这些个人品质都是很值得人尊重的，来源于他的信念以及他的苦行僧式的生活方式。不过，他在人与人之间的关系上却很失败，没能寻得一个知己，最终落得一个孤家寡人的可悲结果，并给国家和人民带来了灾难性的影响。追随他的那些党内老同志也只能算是同志，绝称不上朋友。据我个人的观察，他身边没有一个能够推心置腹的人，没有一个打心底值得信赖的人，他也没有同任何人敞开心扉地谈过话。他没有找到一个朋友，也从未深爱过一个女人。他没有结婚，没有孩子。凡是人类生活中算得上崇高圣洁的事，比如高尚的友情、纯洁的爱情、对儿女的亲情，所有这一切都统统跟他没有关系。他孤寂地走在人世间，在他脑子里除了他那个宏大的计划之外，再没有任何其他东西。人们也许会反驳我说，埃娃·布劳恩不是一个例子吗？可是，对于他和埃娃·布劳恩的关系，我一点也不知道。尽管，有几个月我几乎天天都在和希特勒及其亲信打交道，而且我也曾专门留意过这个人，但我从未见过她。关于她和希特勒的事我还是后来在狱中才听到的。这个女人显然没有对希特勒产生什么影响，这确实有点遗憾！她本可以使希特勒变得和善宽容一点。

我们看到，这位德国的独裁者尽管对弗里德里希大王和俾斯麦崇拜得五体投地，但可惜他并不具备这两位伟大人物那样的才智和自制力。他孤身一人马不停蹄地奋战,从一个胜利奔向一个胜利,然后又一个失败接着一个失败。他被宏伟的目标不停地驱赶着,他总是把希望寄托于最后的胜利上,总是将他自己与整个民族相混淆。

他把夜晚当成白天。一个会议接着一个会议,一直开到午夜。在斯大林格勒会战失败之前,他还经常和国防军总司令部的成员一起用餐。此次会战失败以后,他就开始一个人吃饭了。只是少有几次偶尔邀请一两个客人同他一起用餐。他一边狼吞虎咽地吃着蔬菜和面食,一边喝着凉水或啤酒。在晚间汇报会开完之后,他又和他的副官和女秘书们坐在一起,继续讨论他的计划,直到天亮,然后他才去睡觉。按惯例,最迟要睡到上午9点钟,到这个时候收拾房间的女侍者便会用扫帚敲他卧室的门,把他叫醒。起床之后,他会用很热的水洗一个澡,据说这可以使他的思维从蒙眬的睡意中恢复清醒。当他处在最得意的那个阶段时,这种不规律的生活起居并没有对他产生明显的坏影响。可是,当一个失败接着一个失败把他的神经搞得疲惫不堪的时候,他就开始大量服药了。为了能够睡眠,为了恢复活力,为了能镇静下来,为了能提神,他不停地让医生给他注射。而他的私人医生莫雷尔对他的所有要求,也都一概不加拒绝。但是这位病人还是不满足,经常超剂量地服用,尤其是大剂量地注射含士的宁的强心剂,结果使他的精神和肉体都受到了极大的损害。

在斯大林格勒会战失败后,也就是我再次见到他的时候,已经过去了14个月,我发现他的状态大不如前。他的左手不停地颤抖,腰向前弯曲着,眼光呆木无光,眼珠突出,面颊上出现许多红斑。在他暴怒的时候,比以前更容易失态,说起话来颠三倒四,采取的决定反复无常。其实,从他的外表就可以窥见他的病情已日渐严重,只不过每天围着他转的那些亲信并没有觉察到。最后,在1944年7月20日之后,他不但左手发抖,而且整个左半身都在颤抖。为了不让人觉察到,他坐着的时候常常把右手放在左手之上,把右腿搭在左腿上。他步履蹒跚,弯腰驼背,行动迟缓,好像电影中的慢动作。当他要坐下来的时候,得让人把椅子放在他的身下。尽管如此,他的心依然十分活跃,不过这种活跃令人有点毛骨悚然。因为,现在支配他思想和行动的是对人类的不信任，以及企图掩盖其身体、精神、政治和军事全面崩溃的一种病态心理。就这样，他欺骗着世界，也欺骗着自己，借此维持着他的事业。其实，他对自己及其事业的真相是再明白不过了。

他以坚韧不拔的毅力，拼命抓住最后一根稻草，幻想着他自己及其事业逃过此劫，有朝一日能起死回生。他将其全部的强大意志力集中在一个思想上，并完全被这一思想所支配："永不屈服，永不投降！"他一直是这样说的，也一直在这样做。

起初，德国人民之所以拥他为国家魁首，是希望他能建立一种新型的社会秩序，能使德国摆脱一战失败的阴影，在国内外创建一种真正的和平。而现在，他却着了魔，中了邪。他不仅神经错乱地毁掉了他自己的全部事业，同时也把一个优秀、高尚、勤劳和坦诚的民族拖入地狱。

我在监狱里曾遇到一位医生，他不仅认识希特勒而且还知道希特勒的病情。我从与他的聊天中得知，希特勒得的是"震颤性麻痹"，也叫"帕金森氏病"。不懂医学的外行人只能从外表看出他身患疾病，但并不知道他到底得了什么病。我还记得那是1945年初，第一位能确切地诊断出希特勒病情的医生是柏林的德克里尼教授，但没过多久这位医生就自杀了。希特勒的诊断结论一直没有公布于世，连他的私人医生也没吐过半个字。估计，德国国会也一直没有搞清楚希特勒到底得的是什么病，即使知道，也不会从中得出什么结论。听人说，他的病源并不是过去人们说的某种性病，而是一种类似神经性流感那样的重感冒。这还是留给医生们去研究吧。对于德国人民而言，他们只是知道曾经领导过他们并深受他们信赖的那个人是个病人。这种病固然是他自己的不幸，但也是他的人民的不幸。

党

除了希特勒的代理人鲁道夫·黑斯之外，被定为他继承人的赫尔曼·戈林当属德国民族社会主义工人党中最重要的人物。在第一次世界大战中，戈林是空军现役军官，歼击机飞行员，成为继里希特霍芬元帅之后的第二位空军元帅，曾获普鲁士高级骑士勋章，一战后是冲锋队创始人之一。

戈林是一个无所顾忌、极为不拘小节的人。起初，他在工作中表现出非同一般的活力，为德国组建一支现代空军奠定了基础。他一直都在致力于把空军建设成独立的第三军种，如果不是他对这项工作全身心地投入，那么德国也就不可能拥有今天这样一支新型的、能担负战略任务的军种。因为，尽管当时有德国首任空军总参谋长韦威尔将军的杰出领导，但当时国防军中许多老一辈的人并不看好空军，对空军的这种发展很少给予支持。

当戈林经过努力将年轻的德国空军建成第三军种之后，他便在刚刚赢得的权力驱使下，开始追逐贵族的生活。他收集各种徽章、宝石和古董，为自己建造了著名的卡林别墅，尝遍各地的美味佳肴。有一次，在一个东普鲁士的古堡里，他盯着一幅古画，沉思了半天，突然高声喊道："妙极了！现在我也是文艺复兴时代的人了。我真是太喜欢这种富丽堂皇了！"他的穿着总是奇装异服。在他的别墅里和狩猎时，他就把自己打扮成古日耳曼人。工作时，他总不按规定着装，有时脚蹬一双配有镶金马刺的俄罗斯红皮马靴——尽管这对飞行员来说纯粹是画蛇添足；有时在参加希特勒召集的汇报会时，穿一条长长的裤子，足下一双黑漆皮舞鞋。全身散发着香水的味道，脸上经常化妆，手指戴满镶着大颗宝石的大戒指，时不时地伸出十个指头，向人们炫耀一番。从医学角度来看，他这种令人生厌的打扮实属激素紊乱。

他是四年计划的全权代表，对德国经济有着举足轻重的影响力。

在政治方面，与党内其他同志比较而言，他算是有远见的。在最后一刻他还试图阻止战争的爆发。为了达到这个目的，他曾经利用一个叫比尔耶·达勒鲁斯的瑞典熟人的关系，可惜没有成功。

在战争期间，他发挥了非同一般的坏作用。由于他把他的空军威力估计得过高，因此造成一系列军事行动的失败：在敦刻尔克城前停滞不前；对英国进攻的失利；他满口答应对被合围于斯大林格勒的第6集团军实施空中补给，可结果却自食其言。如果没有他的许诺，希特勒或许不会命令第 6 集团军死守该城。而他的罪责还远不止于此。

根据我 1943 年以后对他的观察，发现他对空军事务知之甚少，或者说根本就不了解。当他干预陆军事务时，不是表现得愚蠢透顶，就是充满嫉恨。

由于他享有希特勒继承人的身份，所以每每出头露面他都表现得妄自尊大。

最后到了 1944 年 8 月，希特勒也认识到了他这位空军总司令的无能。希特勒曾当着约德尔和我的面，直截了当地指责他："戈林！空军一点用都没有，它已经不配当独立军种了。都怪你，你太懒了！"听罢这一席话，两行泪珠顺着这位帝国元帅的脸颊滚滚淌下。他无言以对。看到这种尴尬场面，我便拉着约德尔走出房间，留他们俩在这儿说吧。自从我亲历了这一场面之后，我便想趁热打铁，利用这一时机促请希特勒采取措施，用一位能力较强的空军将领替换戈林。我对他说，决不能由于姑息像戈林这样的人而冒整个战争失败的危险。没想到希特勒却回答："出于政治考虑，我不能按照您说的做。如果我那样做了，党是不会理解我的。"我说，正是出于政治考虑，如果人们还想保住这个国家的话，就必须要更换空军总司令。但我的话没有产生任何作用。直到战争结束，戈林的帝国元帅的官职和级衔依旧未动。只不过是在最后几个月，戈林为了表示他对希特勒批评空军的抗议，学着加兰德❶的样子，将挂满胸脯的奖章勋章上交了。他虽然依旧按照希特勒的命令参加情况汇报会，但穿着已经简单许多，不再佩戴奖章勋章，只是头戴了一顶士兵的船形帽，看起来滑稽可笑。

对希特勒说实话，他缺乏这种胆量。

只有将其投入监狱以及用他的生命，才能赎他的大罪于万一。不过，

---

❶ 阿道夫·加兰德（1912—1996），德国空军中将，参加过西班牙和对法、英战争，共击落敌机 104 架，屡次受勋，1944 年晋升为中将。战后，到阿根廷任军事顾问。自 1954 年回德国从商。——译者注

在他为其行为做了公开辩护之后，他便以自杀逃避了对他的判决。

在希特勒所有的追随者当中，最令人感到神秘莫测的要算党卫队帝国领袖海因里希·希姆莱。这是一个不大引人注目的人，带有一种明显的种族自卑感，外表单纯朴实。他的个人生活方式和戈林迥然不同，可以说近乎斯巴达式的简朴。

但是，他却具有一种荒诞无稽的幻想力，似乎生活在另一个星球上。他持有一种错误的种族理论，并导致他犯下无法饶恕的罪行。他企图让德国人民接受纳粹主义的教育，结果却将他自己送进了集中营。直到1943年，在斯大林格勒会战失败以后，他依然坚持认为，德国应向乌拉尔以西的俄国领土移民。有一次在和他聊天的时候，我说现在已经找不到自愿到东方的移民了，他却坚定地认为这是可以做到的，就是利用强制移民和武装农民的方式，使乌拉尔以西地区德意志化。

就我个人的观点或个人经验而论，由于我对希姆莱的种族理论知之甚少，因此对这种理论的弊端难以做出评说。因为，对于他们计划中的这一部分，希特勒和希姆莱一直是严守机密的。

希姆莱在集中营里所采取的"教育方式"，现在已大白于天下了。但是在他还活着的时候，人们很少知道这方面的情况。如果不是德国崩溃了，那么舆论界，甚至包括我在内，都不会知道他们在集中营里所进行的非人道暴行。因为，集中营有一套十分完善的保密措施。

7月20日之后，希姆莱先是担任后备军总司令，接着又被任命为一个集团军群的司令，这总算满足了他在军事上的虚荣心。希姆莱首先在军事上跌了跤，而且是一败涂地。他在对我们敌人的判断上很幼稚，真可谓乳臭未干。在1945年指挥维斯瓦集团军群时，被吓破了胆。尽管如此，希特勒依然始终不改对他的信任。这位追随者当然在希特勒面前也是毕恭毕敬，言听计从。我曾经有好几次看到他在希特勒面前完全丧失了自信心，甚至连说话的勇气都没有了。最明显的一个例子大概要属1945年2月13

日的事[1]了。

创建党卫队是希姆莱最令世人关注的事。在德国崩溃之后，党卫队不分青红皂白地遭到人们的批驳。这实在是不公正的。

起初，党卫队只是希特勒的一支私人卫队。后来，在规模上进行了扩充，用以对一般大众和党的各级组织进行监督。集中营建立之后，希姆莱便将监督集中营的任务交给了党卫队。正因为如此，党卫队就被分为"武装党卫队"和"一般党卫队"两部分，前者主要担负军事任务，后者主要遂行非作战任务。我在什切青时，曾任我的参谋长的豪塞尔将军，现在负责训练武装党卫队新兵的工作。豪塞尔将军是一位非常优秀的军官，智勇兼备，为人正直，无可挑剔。他是武装党卫队创始人之一，在武装党卫队的创建和发展方面功不可没。纽伦堡法庭在对党卫队判决的时候，把所有诋毁之词都放在他的身上，这是不公正的。

战时，希姆莱没完没了地要求扩充武装党卫队的规模，武装党卫队因此日渐扩充。从1942年开始，志愿入伍者的数量已不能满足党卫队的不断扩编，于是他也采用了像陆军师一样的补充兵员的办法。这样，党卫队原本的特殊性质就因此消失了。希姆莱一直在兵员和装备方面给武装党卫队以特殊照顾，企图以此对党卫队施加影响，但他的这种偏爱并没有影响武装党卫队与陆军部队在战场上的关系。我曾亲自指挥过党卫队的"阿道夫·希特勒"近卫部队和"帝国"装甲师，在担任装甲兵总监之后也视察过不少党卫队师。我对其总的评价是，遵守纪律，重视友情，作战表现出色。在战场上，其与陆军的装甲师并肩作战，久而久之，你就会发现其与陆军一样出色，分不出谁是陆军部队，谁是武装党卫队。

希姆莱之所以这样扩充武装党卫队的规模是别有用心的，这是毫无疑义的。因为，他们运用的手段见不得天日，而且他们的图谋一旦败露，势必会遭到陆军的反抗，所以希特勒和他一样对陆军都抱着一种不信任的态

---

❶ 参见第423页。——译者注

度。因此，尽管他们明知道这样做会带来许多负面影响，但还是把武装党卫队师的数量扩充至大约 35 个之多。这样，由外国人组成的部队的数量也日渐增加，其中有一部分是可靠的，但也有一部分是靠不住的。发展到最后，希特勒对他的所谓最信赖的人也产生了怀疑。于是，到了 1945 年 3 月，希特勒便下令扯下武装党卫队的臂章，说明希特勒与武装党卫队已经决裂。

至于说到"一般党卫队"，则另当别论。其中也不乏一些理想主义者，起初他们以为参加一个担负特殊使命的团体，便可以获得某些特权。这些人来自各个阶层，从事不同职业，其中有不少人在人品和能力上都属上乘，但他们大部分都是在未经征询本人意见的前提下便被希姆莱拉入了党卫队的。可是随着党卫队接管大量性质可疑的警察职能后，党卫队的性质也随之发生变化。"一般党卫队"也有武装。由外国人组成的部队日渐增多，他们要比在武装党卫队里的外国人坏得多，比如卡明斯基旅和迪勒汪格勒在镇压华沙起义行动中的表现❶。

我同党卫队保安局及其特别行动队不曾有过任何来往，所以对他们我没有什么可说的。

对于自杀行为，尽管希姆莱生前一贯给予谴责和鄙视，并禁止他的党卫队采取这种方式，但是他自己却以自杀结束了生命。他以此逃脱了对他的最后审判，把难以饶恕的罪责转嫁于他人。

在希特勒的圈子里，约瑟夫·戈培尔博士应当算最聪明的人，他是柏林党总部首领，担任宣传教育部长。他是一个能言善辩的演说家，在过去对共产主义的斗争中以无人能比的勇敢为纳粹党争取到大量柏林的选票。但他也是一个危险的蛊惑者，他疯狂地煽动反教会和犹太人，反父母和教师，参与了 1938 年 11 月臭名昭彰的"水晶之夜"❷。

---

❶ 参见第 368 页。——译者注

❷ 1938 年 11 月 9 日夜，希特勒和戈培尔鼓动德国纳粹在德国和奥地利，对犹太人进行大肆屠杀，7500 家犹太商店和 177 座犹太教堂被毁，死伤多人，满街都是亮晶晶的玻璃碎片，故被嘲讽地称为"水晶之夜"。——译者注

他可能已经认识到了纳粹体制的缺点和弱点，但缺乏向希特勒说明这一切的勇气。和戈林和希姆莱一样，他在希特勒面前也形同一个矮子。他惧怕他，又崇拜他。希特勒强大的影响力在戈培尔身上表现得尤为明显。这个具有雄辩才能的演说家，一到希特勒面前就变成了哑巴。他总是竭力揣摩希特勒的思想，在他独具天分的宣传领域，费尽心机地使独裁者感到心满意足。

使我尤感失望的是，1943年在关于国防军和德国领导体制这样一个"棘手问题"❶上，他没有勇气向希特勒陈明利弊。最终，他自己及其家人不得不吞食因他这一懦弱表现所结出的恶果。对此，他本人早有所料。

除了希姆莱之外，在希特勒的亲信当中，第二个令人厌恶的人物就是中央党部领导马丁·博尔曼。此人身材矮胖，面目阴沉，沉默寡言，举止粗俗。他对陆军怀有切骨之恨，将陆军看作他扩张党权的永久性障碍。因此，他到处诋毁陆军，把希特勒周围和在关键职位上的那些诚实正派人士挤走，换成他的走狗爪牙。

博尔曼不让希特勒知道国内确切的政治情况，他甚至禁止各地党部头目们进见希特勒，以致闹出许多荒诞之事。比如，一些地方的党部头目，尤其是西普鲁士林业主管和瓦尔特高的老人，竟跑来找我，求我帮他们引见希特勒。可他们不知，我是一个不被信任的军人。之所以会如此，只是因为通过博尔曼这个正常渠道，无法见到他们的元首。

希特勒病情愈严重，战争形势愈糟糕，能够见到独裁者的人就愈少。一切事情都要由博尔曼这个阴险家伙来安排，他也因此而得势！

不仅如此，他还总是运用阴险的党政手段，介入纯军事事务，对军队采取的各项紧急措施予以干扰和破坏，给我们的事业造成伤害。为此，我多次与他发生激烈争吵。

博尔曼俨然成了第三帝国的幕后指挥。

---

❶ 参见第305、337页。——译者注

中央党部领导和省党部头目

德国民族社会主义工人党由中央党部和省党部两层机构实施领导。德国人民生活的方方面面都被纳入党的框架,均受党的各级组织所控制。首先,要加入希特勒青年团和德国少女联盟。在离开这些青年组织后,男性青年便要加入德国青年义务劳动队,这个组织的前身是志愿劳动队。青年义务劳动队由希尔领导。希尔为人正派,加上这个组织曾做了不少有益于公众生活的事,所以名声在外,影响很大。不过,对于其严格的军事化组织形式和训练方式,今天仍遭到不少人的指责。

德国的劳动者由德国组织领袖莱博士控制。工人的休假疗养是通过名为"力量来自快乐"的组织进行的,贫困的劳动者可以得到寒冬赈济组织和纳粹慈善机构的照顾和救济。私人和教会的慈善活动不仅不受欢迎,而且还受到限制。

此外,还有德国卫生保健领袖、德国农民领袖等等。

在司法方面,是在中央党部领导人弗朗茨的领导下,受德国民族社会主义工人党思想的控制,不过在这个领域,纳粹主义却显得活力不足。

在外交政策方面,中央党部领导人阿尔勒弗雷德·罗森贝格是个异想天开的理想主义者,他经常将外交部部长置于一边而自作主张,背离官方政策,给国家和军队造成不良影响。

甚至连体育领域也在党的控制之下。不过,由于德国体育领袖冯·恰默尔和奥斯滕的出色工作,在奥运会活动中为第三帝国争得了荣誉。

最后,还有一位德国妇女领袖。

正是靠着这样一套完整的控制系统,纳粹党的触角深入到德国的各个方面。

我所举的例子挂一漏万,我只是想通过这些事例来说明纳粹党所奉行的原则。我们能感觉到有一股强大的与之对抗的力量存在。总而言之,党的所有这些组织与政府机构同时在不停地运转着,因此与政府机构发生摩擦或遭其抵制的现象屡见不鲜。

如果我们将目光由中央党部领导转移到党的下一级即省党部头目，那么对这种相互平行、相互抵制的现象就会看得更加清楚。

纳粹党的成员们想给德意志换一种新的形态，于是他们将过去的州改成省，然后给各省任命一名省党部头目，以此来推行这种改革。在合并奥地利、兼并波希米亚和摩拉维亚，以及占领波森和西普鲁士之后，也都把这些地区划成德国的省。这些省就一直以德国境外省的形式存在。由此也可以看出德国在将来会采取的组织体制形式。不过，像其他计划一样，总是雷声大，雨点小。到最后，此举也只能是虎头蛇尾，半途而废。

实际上，省党部头目就是希特勒派往各地的摄政。在德国各省，这些头目也被称为德国的地方长官。但是，他们之所以能被任命为地方长官，唯一的依据是他们在党内的功绩，而不是根据其人品及管理才能。所以，在他们之中除了少数备受尊重的人物之外，多为可恶的家伙，对于德国和民族社会主义声誉而言，只能说是一群成事不足败事有余的败类。

省党部头目同时兼任当地国家最高行政长官，只是个别现象。比如美因弗兰肯的省党部头目，他同时还担任这个省的省主席。一般而言，省党部头目都平行或凌驾于省主席之上。

希特勒及其纳粹党力争实现和一直宣扬的所谓领袖国家，实际上并不存在。恰恰相反，由于他们在国家权力机构中任命了各种各样的所谓德国全权代表、总督、特使等，无政府状态日趋严重，国家的行政管理状况日益恶化。

其实这种情况在建筑领域也表现得十分明显。比如像国家高速公路这样的大型建筑计划，还有建造党代会大厦，以及柏林、慕尼黑和其他大城市的改建等，都是有始无终，半途而废。同样，全国性的改革也在刚起步时便宣告夭折。学校改革由于教育部长鲁斯特的无能而中途停止。全国大主教米勒对基督教会的重新划分，也无果而终。总而言之，计划轰轰烈烈，结局却冷冷清清。其原因在于缺乏智慧和节制力，以及他们在这些领域的骄横傲慢。最后，战争一旦爆发，一切便被束之高阁，不了了之。

希特勒的亲信

纳粹党的政治领导人物们的形象是阴暗面多于光明面。从希特勒选择纳粹党领导人物这件事情上，足见他鉴别人的能力是何等之差。然而，令人难以解释的是，在他周围却有一批精选出来的年轻人，尽管身处险地，却始终保持着正直的人品。他手下的军事副官和政治副官们都表现不凡，谨言慎行，彬彬有礼。

在最后一段时期，令人厌恶的人除了博尔曼之外，就是费格莱因，他是希姆莱派驻元首大本营的常驻代表。他和希特勒的情妇埃娃·布劳恩的妹妹结了婚，一夜之间成了希特勒的连襟。他则利用这一层特殊关系为所欲为。另一个令人生厌的人是，希特勒的蹩脚私人医生莫雷尔。最后就是在施蒙特死后当上陆军人事局局长的布格多夫将军。这些人组成一个小集团，施展各种手腕，在希特勒四周筑起一座围墙，将其与世隔绝，使他无法了解到真实的情况。特别是到了德国临近崩溃的阶段，他们酗酒成性，令人作呕，臭名昭著。

政　府

除了处于特殊地位的纳粹党之外，行使国家职权的还有德国政府。由兴登堡任命的内阁，多数成员是资产阶级出身的部长，也有少数纳粹党的成员。纳粹党员除了希特勒之外，还有内政部部长弗里克和航空部部长戈林。接着，又有多个纳粹党员进入内阁，其中有宣传教育部部长戈培尔博士、教育部部长鲁斯特、粮食部部长达雷、邮政部部长奥内佐格和不管部部长黑斯和罗姆。

一直留在内阁任职的有副总理冯·巴本、外交部部长冯·诺伊拉特男爵、财政部部长施威林·冯·克罗西克伯爵、劳动部部长泽尔德特、国防部部长布洛姆贝格、经济部部长胡根贝格（后来相继由施米特、沙赫特继任）、司法部部长居特纳尔、交通部部长巴龙·埃尔茨·冯·吕本纳赫（后来由多尔普米勒接任）。他们都十分优秀，其中不乏专业精湛的部长。不过，他们对希特勒产生的影响很小。

当希特勒独揽国家大权、纳粹党的地位也日渐得到巩固之后，那些能干的部长便被打入了冷宫。自1938年之后，内阁就再也没有开过会，各位部长也只能各管各的那一摊事务。在国家的大政方针上，他们已经不可能发挥丝毫的影响力。比如在外交领域，则表现为冯·诺伊拉特男爵的去职，以及冯·里宾特洛甫的继任。也就在同一天，希特勒自任国防部部长和国防军最高统帅，独揽军队指挥大权。早在1934年6月30日巴本就被排挤下台。后来，沙赫特也被冯克所取代。1941年，黑斯飞往英国。

在这些部长当中，我比较熟悉的是财政部部长施威林·冯·克罗西克伯爵和劳动部部长泽尔德特，以及在战争期间被任命的装备、军工部的两位部长托特和施佩尔，还有粮食部部长达雷。

施威林·冯·克罗西克伯爵是德国杰出的高级官员的典范。他曾在英国接受教育，是一个富于教养和从不声张的人。

泽尔德特曾有一段时间担任冲锋队领导，为人正直，但没有发挥过什么影响。

托特，是个有头脑的人，懂得节制，善于化解矛盾。

施佩尔，虽然在第三帝国的末期他的周围尽是虚伪狡诈之人，但他始终保持着一颗善良的心，他是一个好同事，聪明且不乏理智，为人朴实，对人坦诚。最初他是一个自由建筑师，由于托特的早逝使他继任了装备、军工部部长的职务，他鄙弃官僚作风，工作中尽力以合乎一般人情为原则处事。我们一起工作得十分融洽，尽其所能相互帮助，我们觉得这样做是一种非常自然的事。可是，当时有几个人能够做到这一点啊！施佩尔做事始终脚踏实地，朴实无华。我从来没有看见过他因为某件事情而发过火。每当他的同事大发脾气的时候，他都能将事情平息下来，部门之间的矛盾也常常被他调解疏通。

施佩尔具备一种勇气，他敢于开诚布公地向希特勒直言自己的观点。很早的时候，他就曾以确凿无误的论据向希特勒指出，战争不可能取胜，必须结束。希特勒为此大发脾气。

粮食部部长达雷早在战前就已经和希特勒闹对立。他好像是因为受到党内对手的陷害被打入冷宫。

令人遗憾的是，就总体而言，德国内阁未能对第三帝国的事件施加过任何哪怕是微弱的影响。

第十四章

德国总参谋部

沙恩霍斯特❶和格奈泽瑙❷是德国总参谋部的鼻祖。弗里德里希大王的思想，以及德意志民族挣脱拿破仑桎梏的坚强意志，都给总参谋部的建设打上了深深的烙印。在取得反拿破仑统治的解放战争胜利之后，欧洲出现了一段很长的和平时期。国民经济由于连年战争遭到破坏，因此必须压缩军费开支，以求振兴经济。在这样一个和平的欧洲，普鲁士总参谋部的继续存在并没有引起人们的过多关注。在这段平静的时期里，一部重要的军事著作悄然问世，那就是普鲁士军事学院院长卡尔·冯·克劳塞维茨的《战

---

❶ 格哈德·约翰·达维德·沙恩霍斯特（1755—1813），普鲁士军事家、将军。自1786年在炮兵学校教授炮兵学。青年时期就以炮兵专家和军事作家的身份为众人所熟知。1801年由汉诺威军队转入普鲁士军队，次年任柏林军官学校校长。在对法战争中任参谋长。1807年任军事局局长，兼总参谋长和军队改组委员会主席，同年晋升为少将，1813年晋升为中将。1808年任陆军大臣。自1807年与格奈泽瑙一起对普鲁士军队进行改革，重点是：军队编制和军官训练；缩短服役期；建立训练有素的后备军；制定义务兵役制；改进武器装备；改革后勤体制。普鲁士的军事改革为日后弗里德里希大王时期建设一支强大的普鲁士军队，打下了坚实的基础。1811年因主张对拿破仑作战，在拿破仑压力下，被解职。1813年在与拿破仑军队作战中负重伤，因伤口恶化血液中毒，在布拉格去世。著有多部军事著作，其中《炮兵手册》受到广泛重视，马克思的评价是：这是"第一部有关这一课题的真正内容全面的著作"，沙恩霍斯特是"他那个时代首屈一指的炮兵专家"。——译者注

❷ 奥古斯特·威廉·安东·奈德哈特·格奈泽瑙（1760—1831），普鲁士元帅。1786年开始在普鲁士军中服役。1813年任西里西亚集团军总军需长、参谋长，同年晋升为少将，1815年晋升为上将。1830年任普鲁士军队总司令。与沙恩霍斯特一起进行军事改革，是沙恩霍斯特的有力助手。——译者注

争论》。

对这部著作，研读的人不多，但招致的批评却不少。这是第一部企图确立战争哲学体系的著作，是第一次从一个中性的、超脱的立场对战争进行特殊分析的尝试。它对塑造几代德国总参谋部军官的精神素质和品质发挥了重大影响。它教会了他们如何客观、冷静地观察人和事，而这正是德国最优秀的总参谋部军官的突出特征，同时也增强了他们的爱国主义和献身精神，这种精神时刻激励着他们奋斗不息。

如果将沙恩霍斯特、格奈泽瑙和克劳塞维茨视为普鲁士－德意志总参谋部的思想之父，那么，冯·毛奇伯爵元帅就应当说是它最伟大、最杰出的儿子。施利芬说过："多做实事，少出风头，多些实在，少些虚假。"这正是毛奇的写照，也是他的学派的特征。借助那位政治家[1]杰出的政治手腕，毛奇取得了三次战争的胜利，为德意志帝国和德意志民族的统一做出了贡献。同时，作为他指导和进行战争的工具——总参谋部——的权威，也被树立起来。

毛奇死后，德国总参谋部似乎也未能完全摆脱新旧世纪交替所带来的影响。统一战争胜利后，德意志不断增长的财富不可能不对军官团和总参谋部产生影响。德国最后在欧洲确立的强国地位，极大地增强了其在军事上的自信，这在军官团和总参谋部的英才们身上表现得最为突出。总参谋部正是以这种状态投入第一次世界大战的。在这次战争中，他们做到了恪尽职守。如果说在战争中总参谋部比起将领们来比以往更多地抛头露面，那么其原因不都在总参谋部，更多地在于那些将领本身。他们要么是由于垂暮年迈，要么是由于缺乏掌控军事技术的能力和对部队勤务的全面认识，才使他们自己被远远弃于局外。

人们常说在鲁登道夫领导下的总参谋部过分揽权。但是，如果没有鲁登道夫巨大的创造力，德国总参谋部和德国陆军就难以取得如此重大的成

---

[1] 指普鲁士宰相俾斯麦。——作者注

就。德国在第一次世界大战中最终被敌人战败,不应归罪于鲁登道夫。因为他在 1916 年 8 月才走上领导职位,而在这个时候,如果不是他和兴登堡的出现,战争早就失去了。这两个伟大的军人接过了常人力所不及的千钧重担,如果因此而责难他们,那是不公正的。尽管战争最后不幸失利,以及由此引发了一系列对战争失利的纷争,但兴登堡和鲁登道夫仍不愧是杰出的德国总参谋部的杰出代表。战争的沉重负担迫使鲁登道夫经常采取严厉措施,有时甚至是肆无忌惮。后来,他的一些晚辈误将他这种因陷入困境而被迫所表现出的一面,作为一个优秀总参谋部军官必备的作风,对他这种在战争实践中的令人有些厌恶的特点加以模仿。于是,就出现了一类粗暴无情和浮夸钻营的人,他们极大地损害了总参谋部在部队和公众心目中的声誉。但是,如果我们回忆一下普鲁士-德意志总参谋部一系列杰出的代表性人物,可以发现,刚刚提到的那些品行和作风几乎难以在他们身上寻觅到一丝踪影。

沙恩霍斯特,一个下萨克森农民的儿子,沉默寡言,头脑冷静,勇敢忘我,谦虚质朴,有主见,不谋私。他是解放战争时期普鲁士军队的组织者,总参谋部的创建者,因在战场上身负重伤而去世。

格奈泽瑙,布吕歇尔❶的参谋长,参与了 1806 年科尔贝格保卫战,活泼热情,足智多谋,在无数次或胜或败的会战中,为他的总司令出谋献策。在 1815 年 6 月 16 日利尼之战失利后,他力劝布吕歇尔向结盟的英军方向开进,他的这一建议为 1815 年 6 月 18 日盟军在滑铁卢取得对拿破仑的决定性胜利做出了重大贡献。

克劳塞维茨,撰写了《战争论》一书,在解放战争中没有晋升到关键职位。他是个文静寡言、矜持节制的学者类型的人,在德国总参谋部军官

---

❶ 格布哈德·莱贝雷希特·布吕歇尔(1742—1819),普鲁士元帅。1760 年由瑞典军队转入普鲁士军队。1807 年-1811 年任波美拉尼亚总督。1813 年任俄国普鲁士西里西亚集团军司令。1815 年任普鲁士萨克森军队总司令。由于在对拿破仑军队交战中刚毅果断,被同时代人称为"前进元帅"。——译者注

中常常可以看到这种类型的人。他在世的时候，很少为人所知，却对后世产生了重大影响。

毛奇，德国陆军最重要的总参谋长，闻名于世的思想家、筹划者和天才的战争指导者。高雅恬淡，思维缜密。他最突出的一点是独树一帜，自成学派。他不仅是一个伟大的军人，而且还是一个高尚的人，一个出色的作家，一个关注异国他乡民风民情的观察者❶。

施利芬，高雅，聪明，冷静，喜欢冷嘲热讽。在他所处的那个时代，政策无常，首相无所作为，因此他只好通过制订目标清晰和意志坚定的军事计划，来弥补政治家们的盲目和无能。他像毛奇一样，能认识到时代对技术的要求。他思想的明确性及其令人折服的力量，给他的继任者小毛奇以巨大影响，以至于他的作战计划在他死后只做了很少改动，便在1914年被付诸实施，只不过当时的条件已经发生了变化，因此，所谓施利芬计划失败的责任，不应归咎于他，而是因为照搬照套和一味模仿。他始终没有机会到战场上一显身手。

兴登堡，朴实无华，头脑清晰，意志坚定，平易近人，仗义豪侠，他能真正做到"疑人不用，用人不疑"。凡是他信任的人，他便会大胆放手，任其发挥。而他本人也具有清晰的总揽全局的本领，以及出众的知人善任的能力。他说："如果坦嫩贝格会战失利了，人们不要去争论谁该为这场失败负责任。"

鲁登道夫，是个意志坚强的人，具有超凡的工作活力，杰出的组织才能。在炽热的爱国热情激励下，他以巨人般的力量，企图拯救其民族于即将来临的溃败。他在国家最危难的时期做出了伟大贡献。

泽克特，头脑清楚，行事审慎，沉着冷静，在公众面前表现得还有点

---

❶ 毛奇在生活窘迫的青年时期，利用军校学习之余，出版小说，翻译名著，撰写大量论文。后在出国考察期间，又撰写了许多游记，对外国民族的风土人情做了绘声绘色的描述，文字优美，引人入胜，成为德国书札文学宝贵财富中不可多得的组成部分。——译者注

腼腆。他在战略和组织方面都独具天分，但在对技术的领悟上却不及毛奇和施利芬。1918年德国失败后，他为魏玛共和国组建了一支十万人的陆军。由于《凡尔赛和约》苛刻条件的限制，德国陆军未能保留总参谋部。泽克特也不能不接受这一现实。但他另辟蹊径，找到了另外一条能保持总参谋部军官传统精神的途径，使旧时总参谋部的精神在那个被迫裁减军备的年月里依然未减。他努力使军队摆脱党派政治的影响，这在他那个时代是完全正确的。但是，随着时间的推移，却带来了一些不利的后果，它使军官团尤其是即将跨入总参谋部的年轻军官们，对国内外政策缺乏理解。这是他的体系的弱点。

贝克，受过高等教育，沉静，高雅，在德国重整军备之后，致力于重建毛奇风格的总参谋部，但他对时代对技术的要求了解不多。他对航空、摩托化和无线电一概不知。对于新技术而引发的战争指导领域的革命，他不但拒之千里，而且竭力加以阻挠；但同时他也不接受纳粹主义的政治革命。他生性保守，做事迟疑，这种性格正是他失败的根源所在。

仅从对这几个德国总参谋部的杰出代表的概略描述中，我们就可以归纳出德国总参谋部的精神要素。总参谋部在其长时间的发展过程中，一直致力于通过教育和训练，选择能领导德国国防军在艰苦环境中奋战不息的德才兼备的优秀军官。

进入总参谋部工作的先决条件是，无论在勤务内还是勤务外，都要呈现完美无瑕的人格、无可挑剔的行为举止和生活作风。其次才是看其军事能力、实战经验，并要求其对战术技术有充分的了解，具备组织才能，在身体和精神上具有强大的抵抗力，勤奋好学，客观求实，具有决断力。

在以这样的条件挑选军官时，有时会看重智力的高低，忽略人品尤其是人心的优劣；而人品人心是不易被看透的，通常也不会为人们所注意。

大多数总参谋部军官尤其是老参谋军官，对这些传统要素都有深入了解。但这并不能说，这样的军官都握有能挑选后备人才的权力。即使他们身处要职，也不能说他们都具有知人之明。

毫无疑问，古老的传统对一支军队来说是思想上的一笔巨大财富。上文所描述的过去几位优秀总参谋部军官的品格，可树为年轻一代效仿的样板，但这要以不妨碍甚至阻碍时代发展为原则。然而在现实中，传统并没有一直被视为思想上效仿的样板，而是局限于当作一种实用的范例加以模仿，以图取得同样的辉煌成果，全然不顾环境和条件发生的根本性变化。这种对传统的错误理解是任何一个旧组织机构几乎无法避免的。普鲁士－德意志军队及其总参谋部也多次犯过这种错误。因此，被误解的传统与新任务之间的差异肯定会引发内部的不和，而新任务的出现是由多种多样的因素而造成的：德国的政治环境发生变化；欧洲及世界的力量对比发生变化；技术的影响不断扩大，致使战争在很大程度上已发展为"总体战"，同时也使政治势力范围向整个世界扩展。

很显然，并不是所有总参谋部军官都对形势的这一变化有清楚的了解。即使一部分身居要职的年迈军官也是如此，或者说主要是这些军官缺乏对这种变化的认识。现代社会的发展即政治、军事和技术的发展，要求整个国防军有一种新型的组织体制，尤其是统一的指挥。然而，二战前的陆军总参谋部领导并没有提出这一最重要的要求。恰恰相反，对于及时建立一个有效的国防军统一指挥体制，战前总参谋部的领导却表示反对，甚至为那些阻挠者摇旗呐喊。

像国防军指挥体制问题一样，对于建立一支独立的空军和新组建的装甲兵的发展问题，陆军总参谋部同样百般阻挠。对这两个领域的技术成就对国防军作战所具有的意义，他们没有进行充分的评估和认识，因为他们害怕由此降低了陆军和旧有兵种的作用。

总参谋部军官在政治领域的视野之所以会受到极大局限，原因之一是总参谋部的传统将他们束缚在纯军事领域；其二，是希特勒采取的一条原则。他规定，国家的每一个部门都只能在其本专业的狭窄圈子里活动，只能知道为完成本职工作所应知道的事情。只有希特勒一个人了解全局，这对整个事业有百害而无一利。

对于出现的紧张关系，年轻的总参谋部军官比起年长的军官来更为敏感，并急于加以消除。他们的这种急切之心不为年长的先生们所接受。年轻人认为，时不我待，一切都必须抓紧；而代表传统的老一辈则希望四平八稳，按部就班地做他们力所能及的事。

正是这种对传统的错误理解以及对它的维护，使总参谋部陷入与希特勒的对立之中，引发了希特勒对总参谋部能力和真诚的怀疑，形成两者之间长时间的矛盾冲突，对战争指导产生了灾难性的影响。

一个理想的总参谋部军官应当具备以下几个特征：品行端正，聪明机智，谦虚朴实，先公后私，自信自强，并具备将自己的观点以适当方式报告给指挥官的能力。自己的观点一旦不被采纳，就应以足够的自制力服从上级命令，并忠实地予以执行。对部队的需求有充分的理解，对部队体恤关怀。熟谙战略、战术和技术。在技术方面，不一定非要熟知具体的细枝末节，但必须有足够的能力判断技术成就对战争的指导意义。

当然，总参谋部军官更应具备每一个军人和军官所应具备的职业素质：大胆、决断力、责任心、应变能力、健壮的体魄、忍耐力以及勤奋上进。

每一个总参谋部军官应有计划地到他本兵种或其他兵种的前线司令部，积累不同职位上的经验，学习掌握实际指挥部队的能力。但是，在这个非常重要的问题上，实际上在战前的后几年里做得大多都不尽如人意。其主要原因是《凡尔赛和约》对德国大总参谋部的严格限制，致使总参谋部军官极为短缺。这种恶劣的状况在战争期间更加严重，因为高级司令部懒于亲自动手，因此他们不愿意放手让熟悉业务的助手上前线。在这方面做得最坏的要算国防军总司令部和陆军总司令部。他们的部分人员，在近六年的战争期间从来没有到过前线一次。

就总体而言，总参谋部的工作的特点，是通过教育使其成员在判断战略战术情况时能达成原则上的一致，并由此得出一致的结论。在这个原则性一致的基础上，进而争取决断上的一致。法国人将其称为"思想统一"。由于总参谋长不拥有实现其意志的指挥权，因此企图首先使全体总参谋部军官在思想上达成一致，进而将其影响贯彻到每一个师，从而保证在基层具有统一的战术战役观点。为实现这一理念，总参谋部创建了所谓的"总参谋部工作程序"，这种工作制度曾引起一定的争执，也遭到希特勒的反对。

总参谋部的战略思想不应固守僵死的原则，而必须适应不断变化的政治形势和任务。在地理位置上，德国地处欧洲中心，被强邻包围，它因此不得不对多线作战问题进行研究。而这种战争通常是与优势之敌作战，因此更需精心研究。旧总参谋部的作战思想主要是针对大陆的。但空军的出现，也迫使我们必须对外国入侵问题予以更多地考虑。可是，对这一问题我们并没有充分清醒的认识。

未来战争中我们有可能同时与数个敌人作战，因此我们必须选择一种战略，使我们能在次要战线实施防御，而在主要战线上实施进攻。同时，还必须能保证这种进攻由一线转到另一线。

由于资源有限，总参谋部不得不考虑如何使战争尽快结束。于是，在各个领域实现摩托化的思想便应运而生。在我们于二战初期成功实施了快速打击之后，敌人便启用一个词语，叫"闪击战"。

由于地理条件的原因，德国不得不一直实施"内线"作战，同时要不断进行攻防转换。施利芬伯爵早就说过："现在欧洲已是一个大家庭，每一个成员都难以置身于家庭纷争之外，特别是当你的房间正好位于中央时。"此话恰如其分地描绘了我们所处的无法更改的状况，它把我们卷入了欧洲的每一场冲突，实非我们所愿。德国民族绝不比欧洲其他民族更好战。只是因为"房间正好位于中央"，因此在漫长的历史中当邻国爆发冲突时，德国很少能摆脱其影响。然而，德国的政治家和军事领导找到了一种途径，为这个在此种地理条件下似乎无法解决的问题找到了答案：由于我们的物质条件有限，每一次冲突都力争速战速决，避免长期的消耗战和第三国的介入。能够解决这一任务，实在是俾斯麦的政略和毛奇的战略的杰作。

第一次世界大战失败后，陆军指挥层清一色由皇家军队的军官们构成。除了他们再也找不到别人。尽管这些军官并不完全赞成由君主制向共和制转变，但依然为魏玛共和国效力。他们不得不牺牲某些特权、某些心爱的传统，为的是使其祖国免遭当时已汹涌而至的亚洲布尔什维克主义浪潮的冲击。魏玛共和国不懂得将这种恋爱变成婚姻。没有能在新国家与军官团之间建立起一种内在的亲密无间的关系，尽管有一些重要人物，如长时间担任国防部部长的格斯勒博士，以及聪明过人的格希克和赫尔茨都曾为此尽过力。此事所造成的结果对后来军官团对待纳粹主义的态度发挥了重要影响。魏玛共和国的历届政府虽然内忧外困，资金短缺，但还是尽力去解决这支小型国防军的需求。尽管如此，也未能与军官团建立密切联系，国防军也没有受到国家政治理想的鼓舞。国防军对这个新国家始终有一种陌生感。善于冷静思考的泽克特的态度，更加深了军官团的这种置政治于身外的倾向。而在这方面发挥重要作用的主要是部队局即总参谋部。

当纳粹主义打着新的民族旗号出现时，军官团尤其是其中的年轻人迅速为纳粹党的爱国思想所激励。多年来国家捉襟见肘的装备对军官团来说，好似阿尔卑斯山一样压在头上，几乎让人窒息。因此，他们对于重整军备举双手表示赞成，因为这会给历经15年风雨萧条之后的国防军带来全新的生活。纳粹党对国防军的影响力要远远大于希特勒起初对国防军表示友好所带来的效果。于是，国防军在政治上有了一个指路者，对政治问题的兴趣也被焕发出来，尽管纳粹党所采用的方式是武断的，也不是民主斗士们所希望的。之所以如此，是因为自纳粹主义夺得政权之后，国防军的领导已无法脱离纳粹党的政治轨道，即使他们想摆脱也摆脱不了。在阻止这种事态的发展方面，总参谋部并没有发挥主导作用，更不用说站在其对立面了。对这种状态持怀疑态度的，在总参谋部为首的只有贝克将军。在核心组织里，贝克将军虽然也有一批追随者，但对陆军或者说对国防军的影响力微不足道。尽管总参谋部在贝克和他的继承人哈尔德领导下，竭力阻止核心组织里的这种发展，但对政治的总体走向并没有产生什么作用，反而与总参谋部所希望的方向背道而驰。像在第一次世界大战初期那样，德国在二战伊始就再次陷入政治困境，尽管表面上看还不能说已经绝望。军人们不得不在其将领们和总参谋部军官的领导下，再次去寻找摆脱困境的出路。但是，造成这种状态的责任不应由他们来负。

事后本国人民和国际法庭对国防军领导人的所有指责，都忽视了一个关键性的事实：政策历来都不是由军人而是由政治家们决定的，今天依然如此。在任何一次战争爆发的时候，军人都不得不接受此时此刻既成的政治、军事形势。遗憾的是，当子弹横飞的时候，政治家们总是将自己制定的政策抛到九霄云外，竭力撇清责任，将"政治以另一种手段的继续"❶留给军人们。

军人如何为战争做准备，也就是所谓的战争指导思想，是由国家政策决定的。近几年国际法庭的审理证明，直到1938年德国总参谋部一直将防御作为其战争准备的指导思想。德国的外交处境和军事政策状况也不允许有其他选择。尽管自1935年就已开始重整军备，但总参谋部的专业人员们都清楚，到国防军具备充足的战斗力，尤其是建立空军和装甲兵等新型军兵种，还需要一段相当长的时间。只是由于希特勒这位国家政治首领的命令，军人才被迫走上了违背自己意愿的道路，别无选择。

1938年秋以前，在陆军内部一直有一种制度，即自总参谋长直至军参谋长对指挥官下定的决心共同负责的制度。在这种制度下，当对指挥官的决定存有异议时，参谋长可直接向上报告自己的意见，这种制度后来被希特勒取消了。这样，总参谋长尤其是陆军总参谋长的地位发生了根本性的变化。参谋长共同负责制是旧普鲁士军队的传统，经过魏玛共和国的十万人军队，一直延续到重整军备时期第三帝国的国防军。在第一次世界大战中，这种制度常常使参谋长的个人地位居于指挥官之上。而依据希特勒所宣扬的领袖准则，希特勒是唯一握有军队指挥权的最高长官。这样，在他这位国防军最高司令面前，总参谋长共同负责制自然就等于被废止了。

上文我已经说到，陆军总参谋部拒绝建立一个有效的国防军统一指挥体制。如果不是这样的话，那么我们在二战前就会有一种有效的指挥体制，就能做到由国防军总参谋部和国防军总司令部对军队实施统一指挥，而不会有现在这样机构交叉重叠、纷繁杂乱的现象。总参谋部里固然也有一些赞同实行统一指挥体制的人，但对整个事态的改善无所补益，况且空军和

---

❶ 克劳塞维茨的原话是："战争无非是政治通过另一种手段的继续。"——译者注

海军始终表示反对。至于说到国防军总司令部，由于三军总司令都是共和体制的忠实拥护者，对统一指挥都漠然置之。如果按照我上文的逻辑，总参谋部的地位实际上是要屈居于国防军总司令部之下。国防军总司令部是冯·赖歇瑙将军的一项创造，他竭力想使他的这一伟大构想为希特勒和布洛姆贝格所接受，但由于遭到三军尤其是陆军总参谋部的坚决反对而夭折。在赖歇瑙担任国防军办公厅（后改为国防军局）主任期间，他的努力确实取得一定进展，但随着凯特尔的接任，事情就停滞不前了。凯特尔没有力量与三军总司令对抗。

在这里我还想简单说一说国防军总司令部。凯特尔元帅从本质上说，是一个品行端正、勤奋努力的人，凡交给他的任务他都会竭尽全力去完成。但是不久，他便被希特勒的魔力所迷惑，时间越长，陷得越深，最后不能自拔。他那下萨克森人的忠实，一直到死都没有丝毫改变。希特勒知道，对这个人他可以绝对信赖。所以，希特勒虽然明知凯特尔的战略才能不过尔尔，但一直留用他。这位元帅对作战的进程没有发挥过什么影响。他的主要工作是在行政管理领域，即过去国防部部长的职责范围。凯特尔的不幸在于，他没有勇气反对希特勒下达的那些违反国际法和道德的命令。正因为如此，诸如政治委员命令、处置战俘的法令、对待敌国居民的法令以及其他命令，才得以下达到部队。这些过错给他带来的人生结局是，在纽伦堡以命相抵，连他的家人都不允许到他的灵前吊唁。

约德尔大将，国防军指挥参谋部参谋长，自1940年4月挪威行动之后，他就是整个国防军作战的实际领导者。他同凯特尔一样，诚实正直，起初也被希特勒迷惑，但他不像凯特尔那样着魔，还没有完全丧失判断力。在斯大林格勒会战期间，他曾与希特勒发生一次争吵，此后他便只管自己分内的工作，其他事情一概不加过问。对于军事、政治领导改革问题，以及总参谋部的体制调整和统一领导问题，他都不闻不问，任其发展。直到战争结束前的最后几周，他才被晋升到另一职位。最后他的命运也和凯特尔一样悲惨。

如果这两位军官能对希特勒采取另外一种态度，就可以避免许多灾祸的发生。只有当希特勒面对一个统一战线的时候，他才会低头。可是，在军事领域几乎从来就没有出现过这种团结一致面对希特勒的局面，因而才使希特勒敢于将陆军总司令部逼得走投无路，将其话语权剥夺得一干二净。

但不管怎么说，他们毕竟是我的同事。

至于说到陆军总司令部，在波兰战局期间它还是有一定权威的。但是，应当承认当时双方的分歧已见端倪，希特勒因此将挪威行动的直接指挥权交给了国防军指挥参谋部，把陆军总司令部撇在一边。1940年关于对西方作战计划的争论，更加剧了彼此对立的情绪。在对俄战争中，希特勒对陆军总司令部的不信任已发展到十分严重的地步，直到1941年12月希特勒与陆军总司令冯·布劳希奇元帅彻底决裂。布劳希奇是一位受过良好教育的总参谋部军官。遗憾的是，他不是希特勒的对手。面对希特勒，他从一开始就没有处于一个完全独立的地位。因此，他的言行始终被一种束缚感笼罩，他所应有的活力也因此而丧失殆尽。

布劳希奇被解职后，陆军不再有总司令。所谓总司令，顾名思义，他应具有指挥权。但实际上，这个指挥权要么受到限制，要么徒有虚名。最后，到1941年12月19日这个指挥权全部落入希特勒之手。实际上这就意味着，深深打上普鲁士－德意志传统烙印的总参谋部已寿终正寝。

我本人身着总参谋部军服度过了整整15年，我很引以为荣。在我的师长和上司中，可称为典范的人物比比皆是，我对他们感激至深，没齿不忘。在我的同事中有许多忠实的好友；在我的下属中，有许多优秀的助手和顾问。我对他们表示由衷的感谢。

在两次大战失败后，总参谋部都因遭到战胜国的禁止而解散。战胜国的这两次措施只说明一点，即我们昔日的敌人也不得不对这个杰出的组织表示敬畏之意。

"剩下的就是沉默！"❶

---

❶ 莎士比亚《哈姆雷特》台词。意思是"剩下的还是以不说为妙"，或"剩下就不用说了"。——译者注

现在的问题是，有所为还是不作为？

我的叙述就到此结束了。如果要求我说清楚，第二次失败给我们造成了怎样的结果，以及我个人在这当中的体验，这对我来说实在太难了。我深知，人的认识能力是有限的，我对于自己的短处和我们组织机构的错误，不可能认识得很清楚。

在那艰苦的时期，一位皇室的王子送给我一张弗里德里希大王的小画片，他在上面写了几句话，这几句话是这位伟大的国王在一次面临失败时写给他的朋友阿尔让斯侯爵的："没有任何东西能改变我灵魂深处的东西，我将走我自己的路，做我认为有用的和光荣的事。"后来，我把这张小画片丢失了，但国王的那几句话却深深铭刻在我的脑海里，成为我行动的指南。

当年有一位名叫博吉斯拉夫·冯·泽尔绍夫的皇家海军军官，他曾写过几句诗。他写道：

> 坚信德国未来，
> 民族复兴重现！
> 纵然地覆天翻，
> 笃守崇高信念。
> 诉诸你的行动，
> 勿忘责任在肩，
> 背负德国命运，
> 戮力同心奉献！

这些诗句用在今天十分贴切。为了统一、正义和自由，为了我们德意志的复兴，赶快投入工作吧！

附录

1. 我的经历

1888年6月17日出生在维斯瓦河畔的库尔姆。

1894年在阿尔萨斯的科尔马入学读书。

1901年—1903年入巴登的卡尔斯鲁厄候补军官学校。

1903年—1907年入柏林附近的大利希特费尔德重点候补军官学校。

1907年2月28日分配到位于比奇的汉诺威第10轻步兵营任候补军官。

1907年4月—1907年12月在梅斯军事学校短训。

1908年1月27日被委任为少尉,任命日期从1906年6月22日算起。

1909年10月1日随第10轻步兵营移防到哈尔茨山的戈斯拉尔。

1912年10月1日—1913年9月30日在科布伦茨第3电报营服役。

1913年10月1日—1914年大战爆发前在柏林军事学院工作。

第一次世界大战时期

1914年8月2日—1915年4月任部队无线电台台长,起初隶属西线第5骑兵师,后调往驻佛兰德第4军。

1914年10月晋升中尉。

1915年4月—1916年1月任第4军助理通信官。

1915年12月晋升上尉。

1916 年 1 月—1916 年 8 月任第 5 军助理通信官，先后在该军下属的多个司令部服役。

1916 年 8 月—1917 年 4 月任第 4 军助理通信官。

1917 年 4 月在第 4 步兵师参谋部服役。

1917 年 5 月埃纳河会战期间任第 52 预备役师代理参谋。

1917 年 6 月任近卫军代理参谋。

1917 年 7 月任第 10 预备役军代理参谋。

1917 年 8 月调回第 4 步兵师。

1917 年 9 月任第 14 步兵团第 2 营营长。

1917 年 10 月任 C 军参谋部参谋。

1918 年 1 月—2 月在色当接受总参谋部军官短训。

1918 年 2 月 28 日调往集团军参谋部服役。

1918 年 5 月任第 38 预备役军参谋部军需官。

1918 年 10 月任德国总参谋部驻意大利代表处作战处长。

志愿军团[1]和边防军时期

1918 年 11 月在柏林普鲁士国防部东方边防总局服役。

1919 年 1 月在布雷斯劳南方边防司令部服役。

1919 年 3 月在巴滕施泰因北方边防司令部服役。

1919 年 5 月在里加的"铁师"参谋部、后到米陶参谋部服役。

1919 年 10 月在汉诺威国防军第 10 旅服役。

---

[1] 魏玛共和国初期，德国国内出现 200 多支由旧军队组成、各自为政的所谓"志愿军团"。由比绍少校领导的"铁师"是其中一支较大的部队。后大多数被编入共和国国防军。——译者注

1920 年 1 月任驻戈斯拉尔第 10 轻步兵营第 3 连连长。

1920 年 3 月参加希尔德斯海姆和鲁尔区的暴动❶。

1920 年秋进驻位于维斯瓦河畔的弗里德里希费尔德中立区。

1921 年 3 月—5 月参加德绍和比特费尔德地区的暴动。

两次大战之间

1922 年 1 月 6 日—3 月 31 日被调往慕尼黑第 7（巴伐利亚）汽车营。

1922 年 4 月 1 日到国防部汽车部队处工作。

1924 年 10 月 1 日在什切青第 2 师参谋部服役。

1927 年 2 月 1 日晋升少校，在运输兵监察部汽车部队处。

1927 年 10 月 1 日在国防部部队局陆军汽车部队处服役。

1928 年 10 月 1 日兼任柏林汽车训练司令部战术教官。

1930 年 2 月 1 日任驻柏林－兰克维茨第 3（普鲁士）汽车营营长。

1931 年 2 月 1 日晋升中校。

1931 年 10 月 1 日任国防部运输兵监察部参谋长。

1933 年 10 月 1 日晋升上校。

1934 年 7 月 1 日任装甲兵司令部参谋长。

1935 年 10 月 15 日任驻维尔茨堡第 2 装甲师师长。

1936 年 8 月 1 日晋升少将。

1938 年 2 月 4 日任驻柏林第 14 军军长，晋升中将。

1938 年 3 月 10 日参加占领奥地利行动。

---

❶ 1920 年初，一批由容克、官僚等反动分子组成的武装力量，在柏林等地发动旨在推翻新生的魏玛共和国的暴动，部分国防军、志愿军团等武装力量给予支持。——译者注

1938 年 10 月 3 日参加占领苏台德区行动。

1938 年 11 月 20 日任快速部队司令，晋升装甲兵上将。

第二次世界大战时期

1939 年 8 月任第 19 军军长。

1939 年 9 月参加波兰战局。

1940 年 5 月—6 月参加西线战局。

1940 年 6 月 1 日任古德里安装甲集群司令。

1940 年 7 月 19 日晋升大将。

1940 年 10 月 5 日任第 2 装甲集群司令。

1941 年 10 月 5 日任第 2 装甲集团军司令。

1941 年 12 月 26 日调回陆军总司令部，以待后用。

1943 年 3 月 1 日任装甲兵总监。

1944 年 7 月 21 日兼任陆军总参谋长。

1945 年 3 月 28 日退休。

两次大战中所获勋章

1939 年 9 月 5 日获二级铁十字勋章。

1939 年 9 月 13 日获一级铁十字勋章。

1939 年 10 月 27 日获铁十字骑士勋章。

1941 年 7 月 17 日获骑士勋章橡树叶。

2. 国防军最高指挥机构（1944）

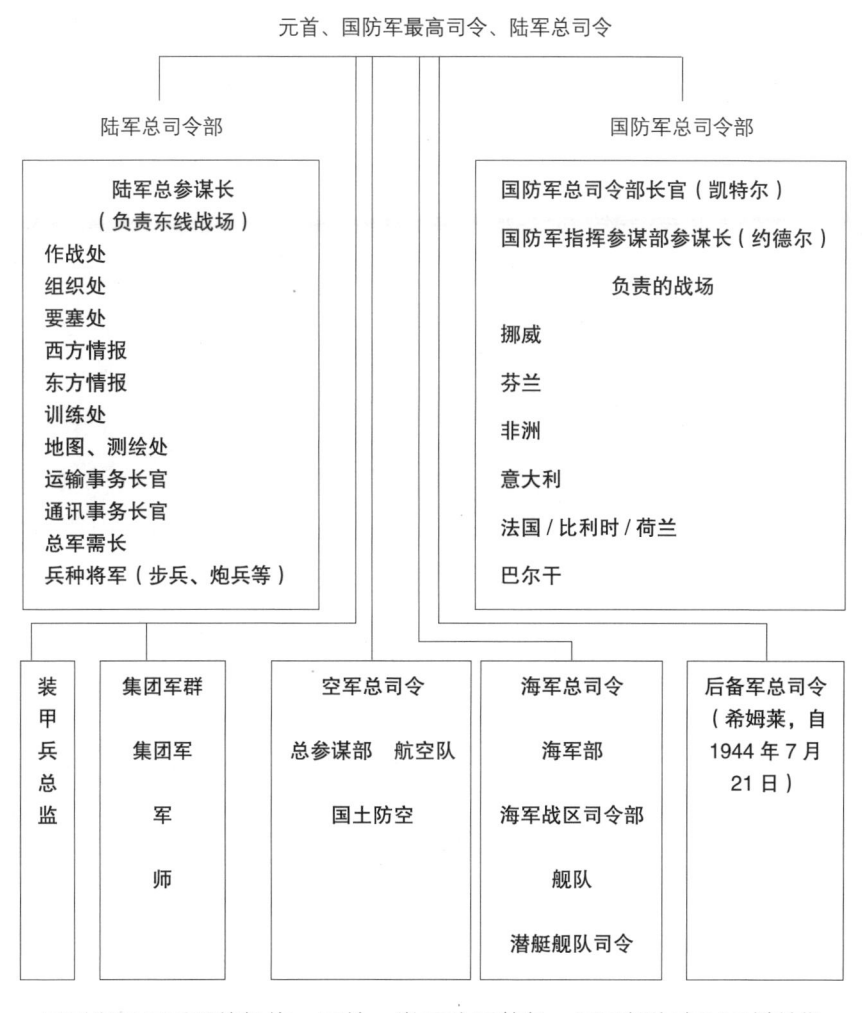

元首、国防军最高司令、陆军总司令

陆军总司令部

- 陆军总参谋长
- （负责东线战场）
- 作战处
- 组织处
- 要塞处
- 西方情报
- 东方情报
- 训练处
- 地图、测绘处
- 运输事务长官
- 通讯事务长官
- 总军需长
- 兵种将军（步兵、炮兵等）

国防军总司令部

- 国防军总司令部长官（凯特尔）
- 国防军指挥参谋部参谋长（约德尔）
- 负责的战场
- 挪威
- 芬兰
- 非洲
- 意大利
- 法国 / 比利时 / 荷兰
- 巴尔干

装甲兵总监

集团军群
集团军
军
师

空军总司令
总参谋部　航空队
国土防空

海军总司令
海军部
海军战区司令部
舰队
潜艇舰队司令

后备军总司令
（希姆莱，自1944年7月21日）

只列举了最重要的机构。另外，党卫队和装备、军工部也直属于希特勒